Maîtriser l'analyse et l'interprétation
du thème astral

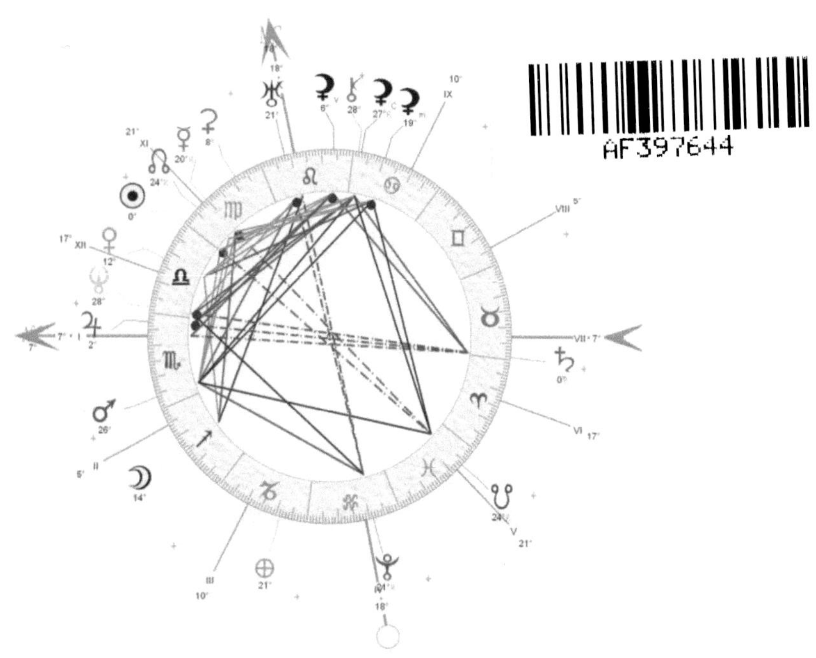

Edité par Eric Jackson Perrin
6 Rue du Capitaine Ferber - 69300 Caluire et Cuire.
jacksoneric@neuf.fr

**Impression : Libri Plureos GmbH, Friedensallee 273,
22763 Hambourg (Allemagne)**

ISBN 979-10-94871-06-5
Dépôt légal : Octobre 2015

Table des matières

Préface et remerciements

L'astrologie est en pleine évolution depuis quelques décennies et chacun a son opinion sur cette discipline. Certains, comme ils disent, n'y croient pas, en ont peur et préfèrent adopter une attitude méfiante et critique plutôt que de se donner la peine de vérifier de façon objective et expérimentale comment fonctionne le système astrologique et ce qu'il peut leur apporter. D'autres sont satisfaits de vivre uniquement dans le monde extérieur. Certains n'en ont pas besoin et sont capable de travailler sur leur développement spirituel avec d'autres outils et d'autres techniques. D'autres finalement voient en l'astrologie un outil de développement personnel pratique et efficace. Ils souhaitent utiliser cet outil. Ce livre et les suivants ont plusieurs objectifs. Le premier est de donner à toutes et à tous les moyens nécessaires pour vérifier la validité, l'efficacité et l'utilité de cette discipline, à travers une approche méthodique et expérimentale.

Le second est de servir d'ouvrages de référence, que ce soit pour apprendre l'astrologie en individuel ou pour servir de support de cours. Le troisième est de permettre d'utiliser, de façon responsable et en respectant la liberté de choix individuelle, l'astrologie comme un outil de développement personnel. Ce livre et les suivants, dont je suis simplement l'interprète, sont issus de deux millénaires de civilisation occidentale baignée par l'astrologie. Ils ont pu être écrits parce que des astrologues anciens d'Iraq, d'Egypte et de Grèce, puis des astrologues Arabes, Européens et Américains ont effectués des recherches et différentes publications, et parce que les personnes qui nous guident dans les hautes sphères de l'invisible sont là pour faciliter leur réalisation.

Un fervent hommage et un chaleureux merci à : Henri Georges Gouchon, André Barbault, Anne Barbault, Joëlle de Gravelaine, Dane Rudyar, Alain de Chivré, Liz Greene, Sylvie Beauget, Jean-Pierre Nicolas, Bernard Blanchet et à Christophe de Cène.

Ce livre et les suivants sont dédiés :

- A toutes les personnes qui souhaitent utiliser un outil source de conscience.

- Aux professionnels des sciences humaines et de la relation d'aide pour qu'ils expérimentent l'outil astrologique.

Aux anciens et à mes ancêtres

Enfin, un chaleureux merci aux ami(e)s de Besançon.

Besançon le 01/01/1996 et Lyon le 01/10/2015 et le 01/05/2021

INTRODUCTION

Cet ouvrage vous permet, grâce à une approche méthodique, d'interpréter un thème en profondeur et d'analyser les différents domaines de la vie que sont la profession, l'amour, la santé et les flux socio-économiques de la civilisation. Il est nécessaire, pour interpréter un thème, de connaître la signification des différentes parties qui le compose à l'aide de mots clefs ou de phrases clefs, puis d'utiliser une méthode d'interprétation. La méthode proposée dans cet ouvrage est la suivante.

Résumé de la méthode d'interprétation.

A) Renseignements généraux.

1) La forme du thème

2) La distribution des planètes dans les hémisphères et dans les quadrants.

3) Le calcul et l'interprétation de la dominante élémentaire et vibratoire.

B) Les bases psychologiques.

1) Le calcul et l'interprétation de la dominante planétaire.

2) L'interprétation du signe et secteur solaire : le Soleil en signe et en secteur. Comparaison avec la dominante.

3) L'interprétation du signe ascendant : l'Ascendant en signe.

4) L'interprétation du signe descendant : le Descendant en signe.

5) L'interprétation du signe lunaire : la Lune en signe et en secteur.

6) Première synthèse.

7) Analyse des maîtres du Soleil, de l'ascendant et de la Lune.
Interprétation du maître du Soleil en signe et en secteur.
Interprétation du maître de l'ascendant en signe et en secteur.
Interprétation du maître de la Lune en signe et en secteur.

8) Analyse des aspects au Soleil, à l'ascendant et à la Lune.
Interprétation des aspects au Soleil et au maître du Soleil.
Interprétation des Aspects à l'ascendant et au maître de l'ascendant.
Interprétation des Aspects à la Lune et au maître de la Lune.

9) Interprétation des nœuds lunaires, de la lune noire et de la part de fortune.
Interprétation du nœud nord et du nœud sud en signe et en secteur.
Interprétation des maîtres des nœuds nord et sud en signe et en secteur.
Interprétation du la Lune Noire en signe et en secteur.
Interprétation du Maître de la Lune noire en signe et en secteur.

10) Deuxième synthèse.

C) Analyse plus détaillée

Interprétation des planètes en signe, en secteurs et leurs aspects.
- Les planètes en signes.
- Les planètes en secteurs
- Les aspects entre planètes

Interprétation de Mercure en signe et en secteur. Interprétation du maître de Mercure en signe et en secteur. Interprétation des aspects à Mercure

Interprétation de Vénus en signe et en secteur. Interprétation du maître de Vénus en signe et en secteur. Interprétation des aspects à Vénus

Interprétation de Mars en signe et en secteur. Interprétation du maître de Mars en signe et en secteur. Interprétation des aspects à Mars

Interprétation de Jupiter en signe et en secteur. Interprétation du maître de Jupiter en signe et en secteur. Interprétation des aspects à Jupiter

Interprétation de Saturne en signe et en secteur. Interprétation du maître de Saturne en signe et en secteur. Interprétation des aspects à Saturne

Interprétation d'Uranus en signe et en secteur. Interprétation du maître d'"Uranus en signe et en secteur. Interprétation des aspects à Uranus

Interprétation de Neptune en signe et en secteur. Interprétation du maître de Neptune en signe et en secteur. Interprétation des aspects à Neptune

Interprétation de Pluton en signe et en secteur. Interprétation du maître de Pluton en signe et en secteur. Interprétation des aspects à Pluton

Interprétation des aspects aux nœuds lunaires et à la Lune noire.

D) Analyse des différents domaines de l'existence, notamment la vie professionnelle, la vie affective, l'évolution intérieure... Les secteurs en signes.

Les différents domaines sont analysés à travers les secteurs en signes et les significateurs. Cela fait l'objet d'un chapitre ultérieur. Il est essentiel de considérer le thème comme un ensemble, d'une façon globale, où chaque élément joue un rôle, majeur ou mineur. Il est donc nécessaire, lorsque vous analysez un élément du thème, par exemple une planète en signe ou un aspect, de le comparer avec les autres éléments, c'est-à-dire avec l'ensemble du thème, en cherchant des éléments qui vont dans le même sens et des éléments qui, parce qu'ils sont en contradiction, vont nuancer votre interprétation.

Dans chaque thème apparaissent une structure et un système d'alliances. Certaines planètes, groupes de planètes ou aspects s'allient à d'autres pour s'entraider à satisfaire des besoins, tandis que certaines planètes ou certains aspects sont gênés dans leur expression. Vous pourrez cerner la structure d'un thème lorsque vous établirez une hiérarchie des différentes parties du thème et lorsque vous saisirez les liens, harmoniques ou conflictuels, qui existent entre ces différentes parties. Il est également essentiel, à travers le dialogue ou des recherches biographiques si vous vous intéressez à un personnage célèbre, de comprendre comment les besoins, les tendances et le contexte du sujet créent concrètement sa vie extérieure, et donc de lier le thème au vécu.

S'il est important de souligner les points forts du thème, il est également utile d'évoquer les excès et les manques, les points faibles et les contradictions, en identifiant des peurs ou des croyances limitatives, puis d'envisager un moyen, à un niveau psychologique et à un niveau concret, de les canaliser et de les positiver. L'objectif de l'astrologie étant d'effectuer une prise de conscience aboutissant à une transformation et à une évolution, une interprétation, pour donner le meilleur d'elle-même, devrait être interpréter dans une optique d'évolution.

E) Les prévisions : Les transits, les révolutions solaires et les progressions.

Cette partie du livre vous révélera des clefs pour décrire le déroulement de la passionnante histoire d'une destinée humaine et pour en comprendre ses rouages.

CHAPITRE 1 : METHODE D'INTERPRETATION

A) Renseignements généraux.

1) Forme du thème.

Les planètes sont le plus souvent réparties d'une certaine façon autour du zodiaque, donnant au thème une certaine apparence, une certaine forme. On dit qu'un thème appartient à tel ou tel type en fonction de son apparence générale. Certaines écoles d'astrologie interprètent la forme globale du thème et tirent des conclusions générales sur le type d'existence que peut avoir une personne en fonction de la forme de son thème. Cette source d'information en est cependant à un stade encore expérimental et demande à être exploitée avec prudence. Seule votre propre expérience vous permettra d'infirmer ou d'affirmer la validité et l'utilité de cette démarche. Les informations suivantes vous permettent d'expérimenter cette approche. La plupart des thèmes peuvent être classés dans les sept schémas suivants.

Le type locomotive : Les deux tiers du thème sont occupés par des planètes tandis que le tiers restant est vide. Les planètes sont réparties à peu près uniformément. On interprète les personnages ayant un thème de type locomotive comme étant dynamiques, ambitieux, confiants, recherchant une position sociale et la réussite, et comme ayant à leur disposition de grandes réserves d'énergie. Ils aiment le pouvoir, sont opportunistes, savent entraîner les autres et peuvent être amenés à diriger. Dans la mesure où les planètes sont réparties dans plusieurs signes, la personne dispose d'un clavier psychologique varié. La planète en tête de la locomotive et le secteur qu'elle occupe sont mis en valeur et tendent à être les moteurs de la personnalité.

Le type bol : Les planètes sont réparties dans la moitié du thème. Cela indiquerait une personne autonome, vivant dans son monde, ayant tendance à ne rien devoir à personne et à se suffire à soi-même. Les personnes ayant ce schéma auraient un besoin de progrès et d'évolution personnelle en vue d'une réalisation de soi, c'est-à-dire en vue de découvrir l'autre moitié du bol qu'elles ne connaissent pas.

Le type miroir ou sablier : Les planètes sont concentrées en deux groupes qui se font face. Cela indiquerait la présence de deux personnalités opposées mais complémentaires chez une même personne qui peut être initialement tiraillée dans deux directions opposées mais qui peut aussi acquérir une grande richesse en réunissant en elle les deux signes opposés.

Le type trois : Les planètes sont regroupées en trois amas répartis dans l'ensemble du thème. Cela met en valeur trois états d'esprit et indiquerait une forte personnalité à la fois variée et typée.

Le type doriphorie : Toutes les planètes sont groupées dans quelques signes. Cela indique de fortes capacités à se spécialiser mais la personne n'est pas toujours très complète car elle ne dispose que d'un ou deux états d'esprit à son arc et où se limite dans quelques domaines d'activité bien précis.

Schéma 1.1 : Forme du thème.

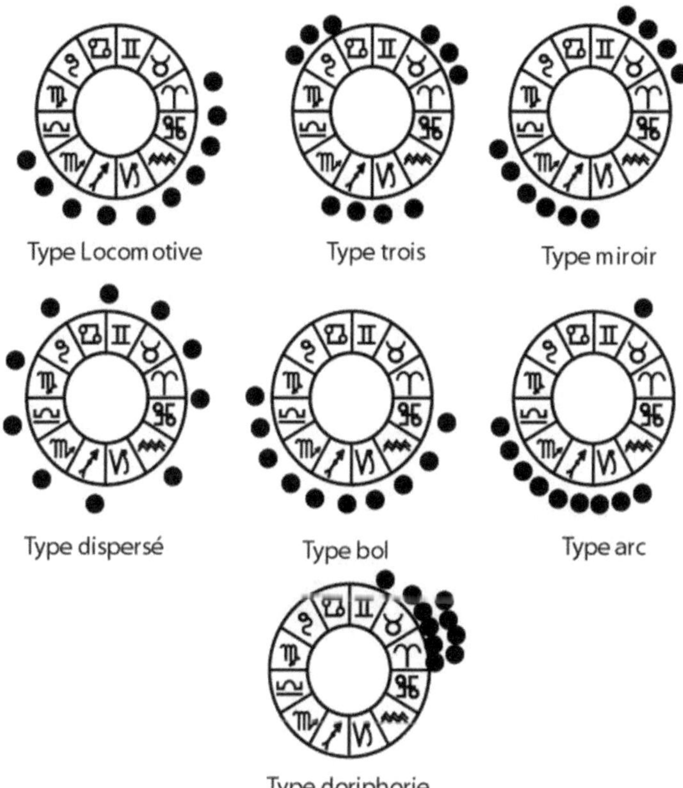

Le type arc ou sceau : Une planète fait face aux autres regroupées dans 3 ou 4 signes dans le type arc et dans 5 ou 6 signes dans le cas du type sceau. Cela indiquerait le besoin et la capacité, chez ces personnes, de produire des œuvres à long terme. La fonction psychologique représentée par la planète opposée aux autres est parfois refoulée et source de tensions, ou elle peut au contraire être la fonction qui porte et entraîne les autres fonctions.

Le type sceau dispose d'un clavier psychologique plus important que le type arc dans la mesure où un plus grand nombre d'états d'esprit sont représentés.

Le type dispersé ou splash : Les planètes occupent un maximum de signes. Cela indiquerait soit une personnalité variée et complète capable de se réaliser et de réaliser dans des domaines très divers, soit un manque de réalisation ou de profondeur suite à une tendance à la dispersion.

2) Distribution des planètes dans les hémisphères et dans les quadrants.

Cette approche est basée sur la répartition des planètes dans les secteurs. Le cercle représentant le thème est coupé en deux hémisphères par l'axe ascendant/ descendant. Le demi cercle situé au dessus de l'ascendant est appelé l'hémisphère nord ou diurne tandis que le demi cercle situé sous l'axe Ascendant/Descendant est appelé l'hémisphère sud ou nocturne. Le thème est également divisé en deux par l'axe Milieu du ciel/Fond du ciel. Le demi-cercle situé à gauche de cet axe se nomme l'hémisphère Est ou occidental tandis que le demi-cercle situé à droite de cet axe se nomme l'hémisphère Ouest ou oriental.

Les hémisphères et les Quadrants :

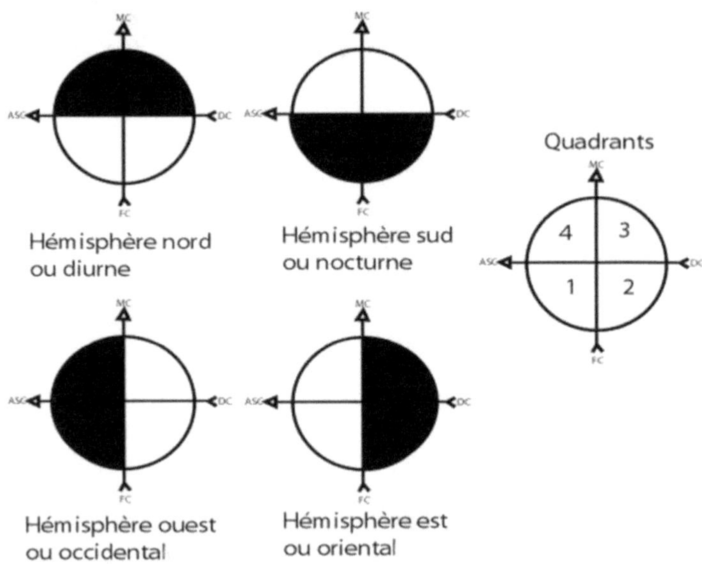

On parle d'hémisphère dominant quand au moins sept planètes se trouvent dans un hémisphère et de quadrant dominant quand au moins quatre planètes occupent un quadrant. Pour savoir si un hémisphère ou un quadrant est dominant, il suffit de compter le nombre de planètes présentes dans chaque hémisphère et dans chaque quadrant. (Schéma 1, 2).

Plusieurs cas peuvent se présenter : Un hémisphère peut être dominant ou les planètes répartie de façon équilibrée, soit selon une répartition 5/5/ soit 6/4.

Hémisphère nocturne (Sud) dominant dont le centre est le fond du ciel.

L'individu tend à accorder plus d'importance à sa vie privée, à son intimité, à son passé, à ses racines, à son bien être et à la satisfaction de ses besoins personnels qu'a sa vie extérieure et sa réussite professionnelle. La société et le monde extérieur sont parfois vécus comme étrangers à la personnalité et vus sous un angle plus ou moins perturbateur. Il est plutôt introverti, sédentaire et tourné vers la vie intérieure.

Il agit en fonction de ce qu'il sent, de ce qu'il croit ou de ce qu'il imagine. Il réagit vivement aux ambiances et à l'impact émotionnel qu'on sur lui les êtres et les événements. Il apprécie la vie en communauté, en famille, ou au sein d'une cellule intime (parti, clan, corporation etc.). Sa grande sensibilité peut lui permettre de vivre en osmose avec son milieu, de se laisser porter par les événements et de pressentir certaines vérités universelles. Il doit apprendre, à partir de son être intérieur, à s'extérioriser dans le monde.

Premier quadrant dominant. (Secteurs 1, 2, 3).

La personne recherche des expériences concrètes ayant pour but de satisfaire des besoins courants. Elle vit en fonction de son ressenti, de ses sensations, de ses pulsions. Elle s'appuie sur l'expérience concrète et accorde surtout de l'importance à ce qui a une utilité pratique. Elle ne s'embarrasse pas de subtilités philosophiques, spirituelles, idéologiques ou culturelles, ni de règles morales, et ne tend à se fier qu'à ce qui est concret, fonctionnel et utilitaire. C'est une débrouillarde réaliste qui s'adapte à son environnement avec spontanéité, sans préméditation ni programme.

Ce quadrant correspond à l'adaptation de base à la vie terrestre à travers l'acquisition d'un savoir faire, à travers la capacité à gérer un porte feuille et à travers l'utilisation et la transmission d'informations.

Second quadrant dominant. (Secteurs 4, 5, 6).

L'individu recherche ici la relation et l'échange avec l'autre de façon à vivre en lui l'expérience de l'amour, de la joie émotionnelle, de la quiétude. Il s'exprime au sein d'une relation privilégiée protégée de l'extérieur à travers ses élans du cœur, la sympathie, le dévouement, la générosité, la solidarité et le sens du service. Mais il réagit néanmoins en fonction du milieu dans lequel il vit et en fonction d'un savoir, d'une éducation et de réflexes qui lui ont été inculqués. Il vit des relations profondes à travers lesquelles il se définit mais au risque de s'installer dans une situation de dépendance. Il dispose d'un grand potentiel de créativité. Ce quadrant est celui des relations du cœur et des créations.

Schéma 1.2 : Hémisphères et Quadrants dominants.

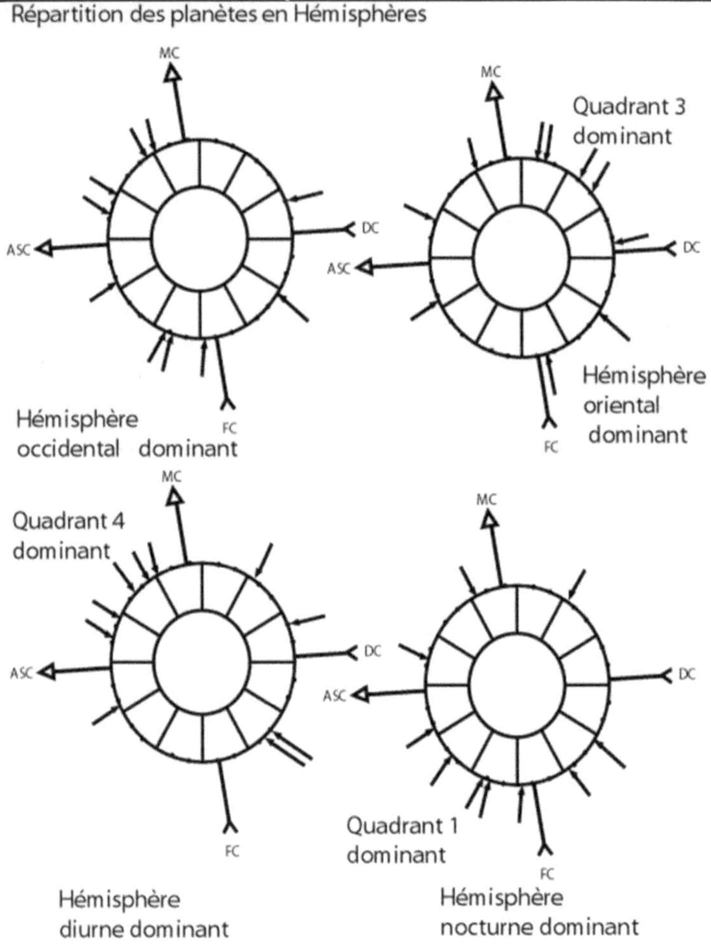

Répartition des planètes en Hémisphères

Hémisphère diurne (nord) dominant dont le centre est le milieu du ciel.

La personne a besoin de s'extérioriser, de jouer un rôle dans le monde, de paraître, d'être connue et reconnue, de se mettre en valeur, d'occuper une position sous le feu des projecteurs et d'avoir une influence sur les autres. Elle se détermine en fonction d'un idéal, accorde beaucoup d'importance à l'apparence extérieure et cherchera à exploiter les événements pour se réaliser. Elle est en général convaincue d'avoir un rôle à jouer dans le monde extérieur.

Elle tendra à imposer son propre système de valeurs aux autres mais aussi à agir en fonction de se qu'elle observe à l'extérieur d'elle-même. La quête d'un idéal, d'une élévation, d'une libération, et d'une recherche spirituelle ou le plus souvent une ambition socioprofessionnelle tendra à être sa préoccupation majeure. Elle vit en fonction d'objectifs précis, de principes ou de conventions et d'une organisation logique dans l'espace et le temps. Elle cherche à se réaliser dans le monde et à travers lui. Son principal défaut est de négliger sa vie privée et affective.

Troisième quadrant dominant. (Secteurs 7, 8, 9).

La personne agit en fonction d'informations venant du monde extérieur, en fonction d'informations d'ordre humaines et relationnelles, en fonction d'informations et d'émotions non apparentes concernant l'envers du décor et les sous-entendus et en fonction d'informations d'ordre économiques, géographiques, culturelles et en rapport avec les règles de son système socioculturel. Elle peut être douée pour rassembler des informations en un ensemble cohérent, pour donner un sens aux événements, pour déceler les causes des événements, pour initier et pour enseigner. Elle tendra à rechercher les liens sociaux, les associations, la coopération au sein de son milieu, les échanges culturels et tendra à se comparer aux autres pour se situer. Elle sera sensible à l'autorité, au pouvoir, aux lois extérieures, aux lois religieuses ou métaphysiques. Ce quadrant est celui de l'insertion dans le monde et de l'adaptation à la vie extérieure.

Quatrième quadrant dominant. (Secteurs 10, 11, 12).

La personne cherchera à participer à l'évolution de son groupe ou de la société après s'être construite psychologiquement et spirituellement, et après avoir trouvé sa place dans la société. Elle peut être individualiste, centrée sur elle-même, indépendante, intuitive, inspirée mais peut aimer s'investir dans des projets d'ordre collectifs, faire des plans et des programmes, envisager des perspectives nouvelles et apporter quelque chose au collectif. Elle peut avoir l'impression d'être étroitement liée au reste de l'humanité et d'avoir une mission à remplir.

Elle peut être à la foi solitaire et sociable, intuitive et logique. Elle a par contre tendance à vivre dans le conceptuel, dans des rêves utopiques et à manquer de sens pratique. L'argent parfois la laisse indifférente tant elle se sent loin du monde matériel.

Hémisphère occidental (ouest) dominant dont le centre est l'ascendant.

La personne tendra à se déterminer en fonction d'elle-même, en faisant fi des influences extérieures, en faisant appel à son dynamisme mais également à un idéal, à une ambition, à des objectifs personnels pour se réaliser dans le monde et à travers lui. Elle exerce un ascendant sur le monde plutôt que de laisser celui-ci déterminer sa vie. Elle est indépendante, vit dans le présent mais se projette facilement dans l'avenir. Elle vit avant tout en fonction de ce qu'elle ressent, quitte à paraître égocentrique, mais peut structurer son ressenti, le définir et l'organiser en un idéal ou un projet.

Hémisphère oriental (Est) dominant dont le centre est le descendant.

L'être s'affirme et se détermine en fonction des autres et de son milieu quitte à en être dépendant. Il est doué pour créer et entretenir des relations humaines, qu'elles soient de nature personnelles et intimes ou socioculturelles. Le travail en groupe lui convient à merveille.
Les notions d'intégration sociale, d'harmonie et de juste milieu sont importantes pour lui. Dans le thème de Mr D établi dans l'ouvrage consacré aux bases de l'astrologie, vous pouvez remarquer que les planètes sont à peu près uniformément réparties sur l'ensemble du thème.

Le quadrant un est occupé par un amas et le quadrant deux est vide. Lorsqu'un quadrant est vide, cela signifie en général que les valeurs et les expériences représentées par le quadrant ont pour le natif une importance moindre, ou qu'il y a un vide par rapport à ces expériences dans la destinée. On appelle ces quadrants des espaces vides. Une personne ayant des espaces vides sera naturellement attirée par une personne ayant ces mêmes espaces occupés par des planètes.

3) Dominante élémentaire et dynamique.

La dominante élémentaire correspond à l'élément (avec ses besoins, tendances, qualités et faiblesses) qui est le plus mis en valeur à un moment donné dans le thème astral. La dominante dynamique correspond au mode vibratoire qui s'exprime le plus dans le thème.

Pour calculer les dominantes élémentaires et dynamiques, les astrologues, quand ils ne les voient pas à vue d'œil, utilisent une méthode de calcul qui attribue aux astres et aux angles un certain nombre de points ou de pourcentage en fonction de leur importance respective. Si par exemple un angle ou une planète est en signe d'air, alors vous attribuez le nombre de points, ou de pourcentage correspondant, à la planète en question à l'élément Air. Il en est de même si des planètes ou un angle sont dans les signes de Feu, d'Eau ou de Terre. L'importance d'un angle ou d'un astre dépend du rôle qu'il joue au sein de la personnalité.

Les planètes lentes qui correspondent à des fonctions psychologiques collectives ont une influence moins importante. On leur attribue donc moins de points ou de pourcentage que les luminaires et que les planètes dites rapides. Les méthodes de calcul sont donc basées sur l'importance relative de chaque fonction psychologique au sein de la structure psychologique globale. Pour l'interprétation, vous pouvez utiliser les textes sur les éléments et les modes vibratoires de l'ouvrage consacré aux bases de l'astrologie.

Vous interprétez un élément ou un mode vibratoire dominant en mettant en valeur les caractéristiques auxquelles il correspond tandis qu'un élément ou un mode vibratoire peu représenté signifiera que les caractéristiques auxquelles il correspond seront peu exprimées. Certaines planètes qui sont mises en valeur dans la personnalité peuvent parfois compenser un élément manquant ou un mode vibratoire peu valorisé, comme nous allons le voir dans l'exemple suivant.

Méthode de calcul pour la dominante élémentaire et dynamique

Soleil, Lune et ascendant = 11 points
Mercure, Vénus et Mars = 8 points
Jupiter, Saturne   = 7 points
MC   = 6 points
Fond de ciel, DC   = 3 points
Uranus, Neptune, Pluton = 1 points
Maître du Soleil et de l'ascendant = 7 points

Prenons l'exemple de Mr D dont le thème a été calculé dans le tome 1 page 144.
En signe de terre, il y a le Soleil, Mercure, Mars, Jupiter, Saturne, le maître du Soleil et de l'ascendant = 55 points
En signe de feu, il y a l'ascendant, le FC Vénus et Pluton = 23 points
En signe d'air il y a le MC, le DC, Uranus et Neptune = 11 points
En signe d'eau, il y a la Lune = 11 points
Mr D à donc une dominante élémentaire Terre/Feu. En signe cardinal, il y a le Soleil, Mercure, Mars, Jupiter, le MC, le FC, Neptune et le maître du Soleil ce qui fait un total de 51 points.

En signe mutable il y a l'Ascendant, Vénus, Saturne, le Descendant et Uranus et le maître de l'ascendant ce qui fait un total de 37 points En signe fixe, il y a la Lune et Pluton ce qui fait un total de 12 points Mr D est donc dominé par le mode cardinal et le mode mutable.

Pour résumer, on peut dire que le personnage est tourné vers les réalisations concrètes. Il est à la foi introverti, réfléchi et pragmatique tout en étant fonceur, spontané, fougueux et idéaliste. Il va de l'avant, ne supporte pas l'inaction et a besoin d'une certaine variété dans sa ligne de conduite. Tout en étant bien structuré avec la terre, il s'adapte à toute situation de part son élément mutable. L'élément eau et les signes fixes sont peut représentés. Cela peut s'interpréter comme une difficulté à se fixer en un lieu, dans un état psychologique constant, dans une relation ou dans une œuvre pendant une période trop longue, et comme une tendance à accorder moins d'importance à ses émotions qu'au reste ou à avoir moins de facilités pour gérer le monde de l'émotion (eau) que par exemple le domaine des réalisations concrètes (terre).

Malgré le faible nombre de points en élément eau chez Mr D, la présence d'un aspect Lune-Mars et de Neptune proche du milieu de ciel compensent ce manque, en lui donnant une façon de s'exprimer et une vie extérieure marquée par l'élément eau. Lorsque vous interprétez une partie du thème, il est essentiel d'observer les autres parties du thème pour repérer des éléments (dans notre cas un aspect et une planète angulaire) qui vont nuancer ou accentuer votre interprétation. En conclusion, l'observation de la forme du thème, de la répartition des planètes dans les secteurs et des dominantes élémentaires et dynamiques permettent d'obtenir des généralités qui peuvent ou non être modifiées par d'autres éléments dans le thème.

B) Les bases psychologiques.

1) La dominante planétaire du thème.

Nous abordons à présent l'individu à travers ses traits psychologiques prédominants. En analysant son Soleil, sa Lune, son Ascendant et sa dominante, nous pouvons mettre en lumière les fondements de sa personnalité, ses bases psychologiques. Par rapport à la dominante, les planètes en signes et en maisons préciseront la nature du caractère tandis que les aspects et les maîtrises apporteront la finesse indispensable à l'interprétation. Ces derniers éléments (planètes en signes, planètes en secteurs et aspects) doivent cependant toujours être interprétés en fonction de la dominante, du Soleil, de la Lune et de L'ascendant. En effet, une personne dominée par ses sentiments (dominante vénusienne) ne réagira pas de la même façon qu'une personne dominée par ses instincts (dominante martienne) ou par sa raison (dominante mercurienne) etc. Et l'interprétation d'un aspect ou même d'un amas planétaire peut être complètement faussée si l'on néglige la dominante, les luminaires et l'ascendant. Ce qu'on appelle la dominante peut être une planète (et parfois plusieurs), un signe ou un secteur qui sont particulièrement mis en valeur dans le thème.

1 a) Calcul et interprétation de la dominante planétaire astrale.
La dominante planétaire représente la ou les fonctions psychologiques les plus fréquemment utilisées (d'une façon constructive ou non constructive) car les plus accessibles à la conscience. Il est rare de ne localiser qu'une seule dominante et dans la pratique, l'on rencontre deux ou trois fonctions psychologiques très présentes. L'objectif est de localiser les deux ou trois planètes dominantes mais aussi les deux planètes les moins valorisées. Les premières sont mises en valeur par leur importance tandis que les secondes, aussi appelées planètes aveugles, sont mises en valeur par leur absence.

Rappel : Une planète peut être exprimée sous une forme inférieure ou déséquilibrée, sous une forme intermédiaire et sous une forme élevée, ce qui est l'objectif (voir mes livres Les bases de l'astrologie et surtout Les planètes, les signes et les secteurs).

La dominante planétaire se trouve parmi:

1) Les planètes conjointes aux angles et aux luminaires.
2) Le maître ou la maîtresse du signe solaire, lunaire ou ascendant.
3) Le maître ou la maîtresse d'un signe ou d'un secteur occupé par plusieurs planètes.
4) Une planète aspectée à de nombreuses autres. Elle sera alors sollicitée et utilisée à chaque fois qu'une autre fonction intervient, c'est a dire tout le temps si elle est aspectée aux neuf autres éléments (les planètes, la Lune et le Soleil).

- Une fonction dominante peut parfois être refoulée lorsqu'elle reçoit des aspects dissonants. Certaines fonctions psychologiques seront naturellement plus développées que d'autres en fonction de l'âge. Cette théorie, qui s'appelle la théorie des âges, stipule que chaque planète est particulièrement forte à une période spécifique de la vie où elle se développe et s'exprime beaucoup.

Age de la Lune : L'enfance. 00-05 ANS.
Age de la Mercure : L'adolescence. 05-14 ans.
Age de la Vénus : La jeune fille et la femme. 14-21 ans et 22-36 ans.
Age de la Soleil : L'âge des idéaux. 19-41 ans.
Age de la Mars : Le jeune homme et l'homme. 15-36 ans et 41 à 56 ans.
Age de la Jupiter : La maturité. 36-60 ans et 56 à 68 ans.
Age de Saturne : La vieillesse. 60 à 84 ans. **Age d'Uranus :** 84 à 98 ans.

Ainsi, les enfants ont une fonction lunaire très développée. Chez les adolescents, c'est Mercure. Chez les jeunes adultes, c'est Vénus puis le Soleil qui sont particulièrement développés. Puis viennent Mars jusqu'à la quarantaine voir la cinquantaine, Jupiter jusqu'à la soixantaine et enfin Saturne et Uranus à la retraite. Avec le temps et la pratique, vous pourrez repérer la dominante d'un simple coup d'œil. En attendant, voici une méthode de calcul. A vous de vérifier sa validité, de l'appliquer ou d'en trouver une autre si les résultats ne vous satisfont pas. Afin d'éviter trop de complications, cette méthode ne tient pas compte des secteurs qui peuvent être mis en valeur lorsqu'ils sont occupés par une ou plusieurs planètes.

Si vous le souhaitez, vous pouvez, en accordant à chaque planète le même nombre de points qui leur a été attribués dans le calcul de la dominante élémentaire, ajouter ce nombre de points au maître du secteur occupé par la planète évoquée. Si par exemple le Soleil (à qui on a attribué 8 points) est en secteur un, vous attribuerez au maître structurel du secteur un, c'est-à-dire à Mars, 8 points. Notez que le signe occupé par la dominante génère un état d'esprit dominant tandis que le secteur occupé par une dominante prédispose à s'orienter vers le domaine d'expérience concerné. Nota: On ne compte pas de points pour les planètes en secteur 1, 4, 7, et 10 lorsque la planète a déjà été comptée comme étant conjointe à l'un des angles.

Méthode de calcul de la dominante planétaire

Toute planète conjointe au **AS, MC, DC, FC**, NN, NS = 20 points
Toute planète conjointe au Soleil/Lune   = 15 points
Toute planète conjointe à Mercure, Vénus, Mars   = 07 points
Toute pl. c. à Jupiter, Saturne, **Pl en maisons 1, 10, 4, 7** = 04 points
Toute planète conjointe à Uranus, Neptune, Pluton   = 01 point

Le maître du/de/des   Soleil, Lune, **signe AS**   = 17 points
   «   «   Maître du Soleil et **de l'AS**   = 10 points
   «   «   Deux Nœuds (Nœud Nord et N.Sud) = 10 points
   «   «   la Lune noire   = 10 points
           Mercure, Vénus, Mars, **MC** = 14 points
     «   « Jupiter, Saturne, **FC, DC**   = 09 points
     «   « Uranus, Neptune, Pluton   = 01 point

Planète aspectée au   Soleil, Lune, (option **AS)**   = 06 points
     «   « Mercure, Vénus, Mars, (option **MC)** = 05 points
(Hors conjonction)   Jupiter, Saturne   = 03 points
     «   «   Uranus, Neptune, Pluton   = 01 point

Calculons la dominante de Mr D ! (27/12/1948, Chateauroux, 08h00)

- Soleil : (Conjoint à l'AS, 20 p), (Conjonction Mercure, 7p), (Conjonction Jupiter, 4p), (Maître Pluton, 1p), (Aspect Saturne, 3p) = 35 points.
- Lune : (Aspect à Mars, 5 points).
- Mercure : (Conj. Sol, 15p), (Conj,Jup, 4p), (Maître Sat, 9p), Maître Uranus, 1p), (Aspect Saturne, 3p), (maître DC, 9p) (Maître du Maître du Soleil, 10p) = 51 points.
- Vénus : (Maîtresse MC, 14p), (Maîtresse Neptune, 1p), (Aspect Saturne, 3p), (Aspect Pluton, 1p) = 19 points.
- Mars : (En secteur 1, 4p), (aspect Lune, 6p) (Maître FC, 9 p) = 19 points.
- Jupiter : (Conj. Sol, 15p), (Conj. Mercure, 7p), (en secteur 1, 4p), (Maître AS, 17p), (Maître Vénus, 14p), (aspect Sat, 3p), (Aspect Neptune., 1p), (Aspect Uranus., 1p) = 62 points.
- Saturne : (Maîtresse Sol, 17p), (Maîtresse Mercure, 14p), (Maîtresse Mars, 14p), (Maîtresse Jupiter, 9p), (maîtresse du maître de l'AS (10 points), (Aspect Vénus, 5p), (Aspect Sol, 6p), (Aspect Jupiter, 3p) = 78 points.
- Uranus : (Conj. DC, 20p), (Aspect Sol, 6p), (Aspect Jupiter, 3p) =29 points.
- Neptune : (Conj. MC, 20p), (aspect Mercure, 5p), (Aspect Jupiter, 3p) (Aspect Pluton, 1p) =29 points.
- Pluton : (Maître Lune, 17p), (Aspect Neptune, 1p) = 18 points.

Nous avons donc une dominante Jupiter /Saturne.

Vous pouvez interpréter les dominantes planétaires en vous référant aux textes sur les planètes dans l'ouvrage consacré aux planètes et aux signes. Avec une dominante, Saturne Jupiter, Mr D est un homme à la fois introverti, réservé, craintif, aimant la solitude, détaché, exigeant, ayant besoin de durée, de sécurité et de sérénité. Il est organisé, pragmatique, concret et perfectionniste tout en étant extraverti, expansif, chaleureux, optimiste, confiant, opportuniste, tourné vers la culture, les voyages et vers l'insertion dans son contexte socioprofessionnel. Un contraste entre deux opposés donc. Des points communs entre Jupiter et Saturne existent, l'organisation, la durée, le poids, les capacités de travail, la grandeur et la recherche de valeurs morales, culturelles ou philosophiques.

1 b) Les signes ou les secteurs dominants.

Un signe est dominant lorsqu'il est occupé par le Soleil, par l'Ascendant, par la Lune, par le maître de l'Ascendant, par de nombreuses planètes, ou par le milieu du ciel.

Le signe en question génère alors un état d'esprit dominant. Le secteur occupé par ces mêmes planètes prédispose à s'orienter vers les expériences concrètes représentées par le secteur concerné et à accorder à ces expériences une priorité.

1 c) Les aspects dominants.

Après avoir établi l'importance respective de chaque fonction dans la structure psychologique, vous pouvez établir l'importance de chaque aspect dans le thème, en considérant en priorité les aspects majeurs.

Dans le Thème de G.D, l'aspect le plus important est le trigone Jupiter Saturne qui totalise 109 points lorsqu'on additionne le nombre de points totalisés par les fonctions Jupiter et Saturne. Puis viennent les aspects Jupiter / Soleil, Soleil / Saturne et Jupiter / Uranus. Vous pouvez ainsi établir une échelle d'importance des différents aspects. Cependant, ce n'est pas parce qu'un aspect est moins important qu'un autre qu'il n'est pas important.

2) Interprétation du signe et du secteur solaire.

Le signe solaire

Si par exemple vous êtes né le 25 mars, vous êtes du signe du Bélier. Et l'on dit familièrement que vous êtes du signe du Bélier parce que le Soleil, lorsqu'il s'est levé au dessus de l'horizon, le jour de votre naissance, était dans l'étape ou dans le signe du Bélier. Dans la structure psychologique d'une personne, le Soleil en signe indique dans quel état d'esprit cette personne aborde la vie, affirme sa volonté et ses ambitions, se met en valeur et s'exprime. Il décrit ses idéaux, ses repères, ses valeurs, son cadre de référence, ses convictions, ces centres d'intérêt, et les modèles lui servant de référence. Le modèle servant de référence est souvent le père, mais il peut aussi être un homme qui a marquée la vie du sujet. Cette personne ne se situe pas forcément parmi les gens qu'il a connu, ce peut être une personnalité publique, un auteur ou quelqu'un dont il a entendu parler.

Le Soleil en signe met en valeur le signe qu'il occupe et le maître ou la maîtresse du signe dans lequel il se trouve, et donc un ensemble de besoins, de tendances et de traits psychologiques correspondant au signe et à la planète maîtresse concernés. Il arrive cependant qu'une autre fonction psychologique, dont les besoins sont différents voire en contradiction avec les besoins et tendances correspondant au signe solaire, (exemples : la Lune, Saturne, Neptune ou Pluton), ou qui est en aspect dissonant avec le Soleil, soit mise en valeur.

La mise en valeur d'une planète contradictoire au signe solaire peut inciter l'individu à ne pas exprimer celui-ci et donc l'état d'esprit correspondant au signe dans lequel se trouve le Soleil. Un Soleil en Lion en aspect dissonant avec Saturne, Neptune ou Pluton modifie le comportement de la personne qui n'a pas forcément le tempérament typique d'un Lion.

De même, une personne qui a le Soleil en Lion et un amas planétaire en Vierge, en Scorpion, en Capricorne ou en Poissons n'aura pas forcément des comportements typiquement Lion, même si elle aura toujours certains traits du signe.

Finalement, une planète présente dans le signe occupé par le Soleil se traduira par un apport de comportements, de besoins et de croyances qui peuvent être radicalement différents de ceux du signe. (Exemple : conjonction Soleil-Pluton en Lion, conjonction Soleil Mars en Balance, conjonction Soleil Saturne en Sagittaire ou en Cancer, conjonction Soleil-Lune en Capricorne ou en Bélier).

Le Soleil indique aussi ce que signifie réussir pour le sujet et les compétences qui peuvent l'y aider, ses buts, les grandes lignes directrices de son existence et la voie qu'il doit prendre pour se réaliser, pour prendre conscience de son identité et pour parvenir à une réalisation de soi. Il renseigne également sur l'image de marque, sur la façon dont la personne se définit et sur son potentiel créatif.

Il est souvent utile de voir si l'image que la personne a d'elle-même lui correspond réellement. Si ce n'est pas le cas, il est utile d'arriver à définir les différences qu'il y a entre l'identité de la personne et l'image qu'elle a d'elle-même, puis de chercher les causes de ces différences.

Quand vous entendez dire, «je suis de tel ou tel signe», cela est en fait une affirmation inexacte ou plutôt incomplète. En effet, le signe occupé par le Soleil ne correspond qu'à une partie d'une personnalité, et pas toujours à la partie la plus importante lorsque la dominante est autre que le signe solaire. Il est plus exact de dire, «Je suis un esprit humain de pôle féminin ou masculin entouré d'une âme, le tout incarné dans un corps ».

C'est cet ensemble que représente le thème et le Soleil représente l'Esprit autour duquel la personnalité gravite. Pour interpréter le signe solaire, vous pouvez vous reporter à l'ouvrage consacré aux signes mais également à l'ouvrage consacré aux aspects du Soleil. Un Soleil en Sagittaire a par exemple de nombreux points communs avec un aspect du Soleil au Maître du Sagittaire, c'est-à-dire avec un aspect Soleil-Jupiter. Pour interpréter le signe solaire, vous pouvez vous reporter à l'ouvrage consacré aux signes.

Le secteur solaire.

Le secteur occupé par le Soleil aura une importance particulière car ce sera par les expériences correspondant au secteur que l'être acquerra une claire conscience de soi et un sentiment d'identité. Ces expériences tendront à constituer des centres d'intérêt, à servir de repères et seront souvent une source principale de dépense d'énergie.

Etant donné que dans le domaine concerné, le sujet aura des comportements solaires, il cherchera à être conscient, dynamique et engagé, à briller, à exercer sa volonté, à jouer un rôle central et à déployer des moyens et une énergie importante. Il aura donc d'autant plus de chance de réussir dans le secteur en question. Dans un autre ordre d'idées, les expériences et les personnages représentés par le secteur contribueront au développement de la volonté, des capacités d'engagement, de la conscience et pourront aider le sujet à réussir.

Dans un sens négatif, le Soleil en maison indiquera les circonstances où le sujet aura tendance à avoir de l'orgueil, de l'autoritarisme et des complexes de supériorité. Les planètes aspectées au Soleil tendront à être utilisées et mobilisées pour réussir, pour incarner un idéal ou des valeurs, pour développer une plus grande conscience de soi, pour mettre le sujet en valeur et pour rayonner.

Exemple : Soleil en secteur 3.

Voyons maintenant dans quel domaine de votre existence, dans quel secteur d'activité s'exprime votre « Soleil » !

Vous êtes particulièrement capable de vous repérer et d'être clair, d'être soucieux de l'image que vous donnez et de votre réputation, d'incarner votre idéal, vos valeurs et vos principes, de vous fixer des objectifs et de déployer votre volonté pour les atteindre, d'être créatif, de vous engager en donnant le meilleur de vous-même, de vous imposer avec autorité, de maîtriser la situation, de réussir voir même de briller et de rayonner dès que quelque chose vous intéresse, lorsqu'il s'agit d'être informé, de comprendre, d'exprimer ou de défendre vos idées, de découvrir l'inconnu, d'explorer l'environnement, de communiquer, de négocier, de faire du commerce, de vous adapter et lorsque vous êtes entre copains ou avec des proches. Votre pensée est rationnelle, synthétique, claire, bien organisée et très active. Vous recherchez facilement à atteindre un niveau d'étude élevé, à vous mettre en valeur par vos connaissances, vos diplômes ou vos contacts. Vous avez besoin de communiquer, de dialoguer et d'échanger des informations, en donnant parfois une certaine importance à ce que vous racontez. Vous cherchez parfois à éblouir par votre savoir et pouvez développer une forme d'orgueil intellectuel.

Les études, le savoir, les contacts, les échanges commerciaux, la communication et les échanges d'informations, le mouvement et les petits déplacements peuvent être pour vous un centre d'intérêt majeur, une source principale de dépense d'énergie et un moyen de vous mettre en valeur.

Vous témoignez parfois une véritable frénésie pour apprendre, pour comprendre et pour communiquer. Vous êtes soucieux d'avoir de bonnes relations avec votre entourage, de donner une certaine image de vous. Vous recherchez parfois à soumettre votre entourage et devez veiller à ne pas développer un complexe de supériorité vis à vis de vos proches. Votre coté chaleureux et la générosité dont vous savez faire preuve vis à vis de vos proches vous permettent d'avoir un certain succès dans votre entourage.

Vous recherchez parfois l'admiration de votre entourage et vous efforcez de la mériter. Votre sens de l'adaptation, vos capacités de communication, votre dextérité manuelle, vos capacités commerciales, vos facultés de communication et la qualité de votre environnement proche peuvent contribuer à votre réussite.

Vous avez facilement besoin d'être le maître de votre savoir ou de votre environnement et savez faire preuve de volontarisme, d'autorité et parfois d'autoritarisme, de clarté, de conscience et de puissance lorsqu'il s'agit d'apprendre ou de vous adapter. Ce que vous savez ou le regard de vos relations peut vous aider à mieux vous aimer. Dans toute situation essentielle, vous avez besoin d'être bien informé, de vous documenter, de comprendre, de parler autour de vous en instaurant un dialogue en faisant de vos affaires personnelles celles de votre environnement, d'aller voir comment les mêmes événements se passent ailleurs. Votre tendance à vouloir toujours comprendre et à tout intellectualiser peut néanmoins vous empêcher de vivre des expériences ou la pensée n'intervient pas. Le Soleil en trois peut vous conférer des aptitudes pour le commerce et les affaires, pour informer et retransmettre des informations, pour les activités nécessitant mobilité, dextérité manuelle ou souplesse intellectuelle et pour les activités impliquant de nombreux petits déplacements.

3) Interprétation du signe ascendant

Comme nous l'avons vu précédemment, l'ascendant correspond à la position du Soleil au moment exact de la naissance par rapport à sa position lorsqu'il s'est levé au dessus de l'horizon à l'aube. Une personne née en même temps que le lever du Soleil aura un signe solaire et ascendant identiques, une personne née vers minuit ou midi aura un signe ascendant en carré (90°) avec son signe solaire.

L'ascendant et les trois autres angles sont donc des points de conscience, des autres Soleils qui engendrent des repères, des besoins, des tendances, des comportements etc. qui vont s'ajouter à ceux du Soleil. Une deuxième fonction psychologique sera donc mise en valeur par l'ascendant. L'ascendant tend à prendre de plus en plus d'importance au fur et a mesure qu'une personne prend de l'âge.

L'ascendant renseigne sur la manière, (dans quel état d'esprit et avec quelle fonction psychologique), dont le sujet cherche à exercer un ascendant sur autrui, sur la manière dont il s'affirme dans le monde, sur l'apparence extérieure qu'il donnera ainsi que sur l'apparence physique (la constitution et la santé). L'ascendant est donc un mode d'expression. On l'associe souvent à l'ego, au moi terrestre à la persona de Jung alors que le Soleil correspond au moi éternel (le soi) et à l'être profond. Avec un peu de pratique et en connaissant les signes, vous pourrez deviner facilement quel est le signe ascendant d'un sujet alors qu'il vous faudra le connaître un peu plus pour localiser son signe solaire.

Quand le Soleil est dans le même signe que l'ascendant, le sujet tend à apparaître et à se montrer tel qu'il est. Quand les deux sont en carré, le sujet tendra parfois à donner une apparence qui ne représente pas sa personnalité profonde, ou il aura deux personnalités très différentes qu'il devra apprendre à concilier. Le Soleil et l'Ascendant sont indissociables et forment une unité, un peu comme le corps et l'esprit. On associe également le Soleil à l'idéal et l'Ascendant aux moyens de réaliser cet idéal, à la force d'action dans la matière.

Il est important d'apprendre à concilier les valeurs et tendances propres au signe solaire et ascendant. L'analyse de l'ascendant permet également de définir l'état d'esprit, le monde qui permettra au sujet de prendre conscience de son identité et de se réaliser. Les planètes aspectées à l'Ascendant aideront le sujet à s'affirmer si les aspects sont harmoniques ou le gêneront si les aspects sont dissonants.

4) Interprétation du signe descendant

Si on entend souvent parler du signe ascendant, on entend beaucoup plus rarement parler du descendant ! Grave omission, surtout si le consultant est une femme ! Le Descendant est aussi un deuxième Soleil qui est situé en face de l'Ascendant. C'est la position du Soleil couchant.
Si l'ascendant symbolise la force masculine en action dans la matière, le descendant symbolise son alter-ego féminin en action dans la matière. Psychologiquement, il décrit votre façon d'entrer en relation avec autrui, de créer des liens et de participer à la civilisation, ce que vous attirez et ce par quoi vous vous sentez attiré(e).

Un homme s'exprime selon son ascendant et considère son descendant comme un antipode, un opposé complémentaire, qu'il recherche dans sa partenaire. La femme s'exprime selon son descendant et considère son ascendant comme un antipode, un opposé complémentaire, qu'elle recherche chez son partenaire. Quand un être humain trouve en lui un équilibre masculin-Féminin, il exprime alors de façon équilibrée son signe ascendant et son signe descendant. Pour interpréter les signes ascendants et descendants, vous pouvez vous reporter à l'ouvrage consacré aux signes. Enfin, le signe descendant peut constituer une partie de votre part d'ombre ou les valeurs, celles du signe, qui sont au départ déséquilibrées et qui doivent être exprimées de façon équilibrée grâce à un effort voir un travail sur vous. Le signe occupé par votre descendant peut alors être un défi majeur, celui d'exprimer le signe de façon équilibrée.

5) Interprétation du signe lunaire

Le signe lunaire est important dans la psychologie du sujet dans le sens où il permet de décrire les croyances qui déterminent ses comportements quotidiens inconscients, instinctifs et naturels, sa seconde nature, sa vie intime, privée et quotidienne. Il a souvent plus d'importance chez une femme et décrit sa façon d'être. Il décrit comment (dans quel état d'esprit et avec quelle fonction psychologique) l'être ressent les choses et exprime ses émotions, ce à quoi il est sensible, les effets qu'ont le monde sur lui, ce qu'il a tendance à croire et donc ses habitudes et ses comportements dans sa vie intime et familiale. Il indique comment le sujet tend à préserver son équilibre de base, comment il rassure l'enfant en lui, comment il se ressource, se recharge et trouve le bien être, quelles sont les valeurs refuges qui lui permettent de le faire, comment il crée des ambiances intimes et sécurisantes et comment il s'évade du monde en recréant son propre monde.

Le signe lunaire permettra de localiser un état d'esprit et une fonction psychologique (le maître ou la maîtresse du signe) auxquels le sujet est identifié, avec lesquels il vit, et qu'il utilise quotidiennement de façon naturelle, machinale, instinctive et familière. Ce signe indique aussi l'état d'esprit dans lequel la personne se sent particulièrement à l'aise, en intimité, comme chez elle et auquel elle s'habitue facilement. Il renseigne sur la façon dont a été vécue l 'enfance, sur la mère, sur la relation avec elle et sur les comportements ou le type de relation envers la famille, les femmes et les enfants. Chez l'homme, la Lune représente en particulier son image de la femme. A sa naissance, l'homme possède en lui un reste de son pôle complémentaire, qui est plus ou moins développé selon la nature de la scission en deux (en un pôle masculin incarné et en un pôle féminin inconscient) de son être androgyne lors de sa chute dans la matière.

Cette image de la femme permet à l'homme de comprendre, de ressentir, de vivre et d'intégrer sa féminité. Elle conditionne la façon dont la femme est ressentie, les réactions, les réflexes et les attitudes types vis à vis des femmes, l'idéal féminin et donc les modèles féminins (au niveau de l'être) vers lesquels l'homme est attiré.

Chez la femme, le signe lunaire représente en particulier la façon dont elle se définit et se voit, l'image qu'elle a d'elle-même, sa façon de vivre sa maternité, d'exprimer ses émotions et sa sensibilité, de se ressourcer et de se sentir bien. Dans un sens difficile, la Lune en signe décrit les peurs et les angoisses du sujet, les êtres ou situations qui perturbent son intimité et son bien être, qui le rendent mal à l'aise, qui lui donne facilement un sentiment d'insécurité voire qui créent en lui des complexes d'infériorité et une dépendance. L'état d'esprit correspondant au signe lunaire peut être ressenti comme un point vulnérable.

Exemple : La Lune en Crabe

Au jour et à l'heure de votre naissance, la LUNE occupait le Signe du CRABE. Le monde de l'émotion, de la musique et de la nourriture, la création d'ambiances intimes, la famille, les enfants, la création d'un foyer tendent à être vos valeurs refuge, vos nourritures et des éléments indispensables à votre bien être. Ils vous permettent de vous ressourcer et de vous créer un univers personnel ou un monde familier que vous protégez de tout ce qui n'en fait pas partie. Ils vous permettent également de vivre votre part de rêve.

Le bien-être et l'intimité, le naturel et la sympathie sont chez vous comme une seconde peau. Cela vous permet d'être bien presque partout et de susciter spontanément la sympathie là où vous êtes. La sensibilité, l'imaginaire, le rêve, l'irrationnel et les émotions prédominent chez vous. Vous avez votre grenier à souvenirs et avez besoin de votre jardin secret. Votre imagination fertile va souvent de pair avec un goût pour la poésie, le folklore, le fantastique, les histoires et les anecdotes qui enrichissent la vie quotidienne. Elle vous permet de vous faire des films dans votre tête, vous donne un coté parfois folklorique et peut déboucher sur une puissante créativité.

Votre nature est contemplative. Vous vivez dans un monde fait d'images, de sensations, d'émotions. Votre jardin secret est une véritable jungle de symboles et de souvenirs. Vous gardez une mémoire très vive du passé, un sentiment toujours actuel des expériences et émotions antérieures. Vos racines familiales restent ainsi omniprésentes dans vos comportements intimes et déterminent vos habitudes. Vous avez un côté très sélectif et auto-protecteur : vos intimes seront triés sur le volet, vos proches dûment choisis pour leur naturelle adéquation à votre univers personnel. Le monde extérieur est souvent dérangeant.

Mieux vaut alors vous forger un milieu clos dans lequel pourra s'épanouir à loisir une sensibilité fragile. Le risque est seulement d'enfermer vos rythmes de vie dans des rites immuables, dans un cérémonial quotidien réducteur. Des comportements intimes plus souples permettraient à votre sensibilité de donner sa pleine mesure, de réaliser l'harmonie absolue dont vous rêvez.

Vous êtes facilement influencé par le milieu ambiant, enregistrant tout ce qui se passe de façon souvent inconsciente. Vous êtes particulièrement sensible à toute variation d'ambiance, aux cycles de la nature, à l'énergie des lieux, aux courants qui passent entre les gens, à tout ce qui affecte votre nature humaine avec ses besoins physiologiques et vous réagissez instinctivement à tout changement. Doté d'une forte émotivité, d'une grande sensibilité et d'un très bon ressenti, vous captez d'emblée l'ambiance émotionnelle des lieux et des êtres. Sensible et émotif, vous êtes souvent sujet à des humeurs et états d'âmes qui peuvent vous faire osciller entre une joie intense et une profonde tristesse de façon cyclique, en fonction de l'air du temps. Vous êtes naturellement méfiant envers tout ce qui est extérieur à votre intimité, et notamment envers « la civilisation » et vous pouvez être très susceptible.

Introverti, réservé, pudique, intuitif, parfois timide et capricieux, facilement inquiet, vous vous repliez parfois sur vous-même, sur votre petit monde, sur votre passé, vous identifiez facilement à votre mère et à votre famille, et abordez parfois le monde dans une attitude d'enfant réceptif, étonné, émerveillé ou effrayé. Quand quelque chose ou quelqu'un vous émeut, vous étonne ou vous séduit, vous ne l'abordez pas de façon directe comme le ferait un Bélier. Vous tournez autour du pot jusqu'à ce que vous vous accrochiez. Mais quand vous vous accrochez, vous vous agrippez et tenez bon avec ténacité, comme le crabe avec ses pinces.

Si vous êtes plus extraverti, votre mobilité tend à vous faire changer fréquemment d'activité ou de lieu de résidence jusqu'à ce que vous ayez trouvé votre voie ou jusqu'à ce que trouviez l'endroit adéquat pour posez vos valises et vous installer. Votre capacité à vous incarner dans la vie, à être proche des gens et de leur vie quotidienne, à l'écoute de leurs besoins ou de ce qu'ils ont à dire vous permettent de susciter la sympathie, de vous intégrer dans le groupe et parfois de participer à la cohésion de la société à travers des relations avec un public. Mais alors, même si vous êtes extraverti, vous veillez toujours à vous préserver et à protéger votre bulle. Le bien être est pour vous essentiel. Vous pouvez aussi être doué pour susciter ou déclencher l'émotion, l'attention et la tendresse d'autrui, pour influencer subtilement autrui à travers l'émotion et les sentiments, pour solliciter la protection de personnes qui vous rassurent, pour vous abriter derrières des personnalités fortes ou pour vous faire prendre en charge.

Ces attitudes peuvent être synonymes de dépendance et de passivité, mais elles peuvent aussi déboucher sur une grande richesse relationnelle ou affective. Votre capacité à être réceptif à vos besoins les plus naturels et à les satisfaire peut vous permettre d'accéder au bien être tandis que votre capacité à être à l'écoute de votre âme peut engendrer une certaine quiétude. Votre aptitude à explorer les richesses de votre inconscient peut déboucher sur une profonde spiritualité. Lorsque l'on fait parti de votre monde où que l'on vous étonne, vous êtes nature et naturel, sympathique, spontané, intimiste, serviable, compréhensif, avec un coté bon enfant et une douceur toute maternelle qui font que l'on vous pardonne toujours vos étourderies et caprices. Vous pouvez avoir des goûts, des aptitudes et des talents naturels pour exprimer vos émotions et permettre aux autres d'exprimer les leurs, pour cuisiner et nourrir, dessiner, materner, protéger, imiter, loger, pour préserver la cohésion d'un groupe, pour ressourcer et vous ressourcer, vous détendre et détendre, pour raconter contes et histoires et pour avoir des contacts avec un public. Votre image de la féminité est celle d'une femme douce, intuitive, pleine de vie, aimante, maternelle, intimiste, naturelle, aimant la vie, les enfants et la nourriture.

Remarque : La Lune en Crabe est « chez elle », dans le signe qui lui correspond le mieux et où elle peut le mieux satisfaire ces besoins.

Interprétation résumée de la Lune en signes : Phrase : Pour vous sentir bien, vous ressourcer, exprimer vos émotions et prendre soin de vous et de la vie, vous avez besoin de :

En Bélier : de passion, de nouveauté, de vous affirmer, d'une activité permanente, d'objectifs, de stratégie et de résultats, de combats et de victoires, de rapidité et d'efficacité et d'une vie riche en événements.

En Taureau : de joie et de plaisir, de gérer un patrimoine, de gérer des ressources pour être en sécurité, d'être bien nourri, de tranquillité, de paix et de beauté, d'être proche de la nature et de créer votre bonheur sur Terre.

En Gémeaux : de satisfaire votre curiosité, de stimulations intellectuelles, d'apprendre et d'explorer, de vous amuser, d'humour et de légèreté, de communiquer, de créer des relations de types frères et sœurs, de faire du commerce, de mouvement et d'être adapté à votre environnement.

En Crabe : d'écouter vos ressenti, d'exprimer votre imagination créatrice, d'explorer votre inconscient, de faire parti d'une famille ou d'un clan avec qui vous passez du temps, de relations émotionnelles intimes, de bien-être, d'un foyer ou d'un refuge, de nettoyer vos mémoires, de vous nourrir correctement sur tous les plans, de rêver et vivre vos rêves et de prendre soin de vous et d'autrui.

En lion : d'exprimer votre vision, votre idéal, vos valeurs et la meilleure version de vous-même, de relations privilégiées, d'aimer et d'être aimée, de valoriser ce qui peut l'être, d'être visible, reconnu, admiré et parfois célèbre, d'exprimer votre créativité, d'éduquer des enfants, de faire du théâtre, de ressentir la lumière divine puis de la manifester et de rayonner.

En Vierge : d'organisation et de sécurité, d'humilité et de discrétion, de pureté et de propreté, de travailler avec les nombres, les plantes ou les animaux, de répéter afin de développer une expertise technique afin de servir la vie, de maîtriser des outils et des techniques, de vous perfectionner, de générer de l'hygiène et de la santé et vie et d'être adapté au monde de la matière.

En Balance : de contemplation et de paix, d'ordre et de remettre es choses en ordre, de justesse, de faire ce qui est juste pour vous, de justice, de vérité, de restaurer l'équilibre et d'harmonie, de beauté structurée et de faire de votre vie une œuvre d'art, de coopération et de partage, d'une intense activité relationnelle, d'une vie de couple harmonieuse et de participer à la civilisation.

En Scorpion : d'authenticité, de passion et d'intensité, de rupture d'équilibre, d'évacuer, d'éliminer et de détoxiner, de décoder et décrypter, de percer les secrets et les mystères de la vie et de la mort, d'exprimer une forme de médiumnité, d'être éveillé à l'au-delà, d'être initié à quelque chose, de vivre une vie sexuelle épanouie, de surveiller, de contrôler et de dominer, de gérer des crises ou des questions de sécurité et d'exprimer votre pouvoir personnel en le mettant au service de la vie.

En Sagittaire : d'explorer l'espace et de gérer un territoire, de voyages et d'aventure, d'affirmer mon autorité et ma puissance, de prendre ma place dans le monde et de jouer un rôle économique, de faire des affaires, d'être conforme aux valeurs de la société afin d'être bien intégré, de trouver les bons enseignements, de les assimiler et de les restituer, d'incarner une forme d'expertise, d'être un médecin du corps et de l'âme et d'être une personne épanouie dans ce monde.

En Capricorne : de répondre aux questions essentielles, d'être en chantier et de gérer des chantiers, de construire, de structurer et de bâtir, de chercher votre vérité profonde, de profondeur, de respect, de sécurité et de solidité, de concrétiser et réaliser, de simplicité, de temps, de calme, de sérénité, d'objectifs à long terme nécessitant efforts et discipline, d'assumer des responsabilités, de solitude et de détachement des choses extérieures, de trouver la paix intérieure et d'éternité.

En Verseau : d'imprévus et de nouveauté, d'exprimer une intelligence psychologique ou technologique, votre spécificité et votre génie, d'inventer quelque chose, d'utiliser les outils modernes de communication, de modernité, de projets, de vous projeter dans le futur, d'être avant-gardiste, de science-fiction et d'astrologie, de réparer ce qui doit l'être et trouver des solutions, de créer un monde meilleur, d'être adapté au monde moderne, d'effectuer des activités en groupe, de faire parti d'un réseau et d'entreprendre des actions collectives, d'ami(e)s, d'air et d'espace, de liberté et d'être une personne libre et heureuse et de manifester sur terre la volonté de la Source de toute Vie.

En Poissons : de vous libérer de vos souffrances, d'addictions, du chaos, de l'errance, de vos mémoires généalogiques et/ou karmiques et de l'emprise des religions, puis d'incarner des valeurs spirituelles, d'exprimer votre hypersensibilité voire un don de voyance, d'avoir la foi, de pardonner, de faire preuve de compassion, de vivre une vie qui vous enchante et qui corresponde à vos aspirations profondes, d'enchanter les êtres et les lieux, d'être inspiré, de communier avec la vie, de soulager les souffrances et les misères du monde, d'apporter des messages par le son, l'image et la vibration afin de révéler et guérir ce qui doit l'être, de répondre aux besoins de la collectivité, d'expériences divines, d'être amour inconditionnel, d'être la petite goutte d'eau qui retourne à l'océan et d'accomplir votre destinée.

Le secteur lunaire.

Le secteur où se trouve la Lune est également important. Il indique les expériences de la vie où le sujet peut au mieux vivre selon ses besoins naturels et exprimer ses émotions, où il est naturel, sympathique (et parfois populaire), spontané et abandonné à sa nature intime, où il fait naturellement preuve d'imagination, de sensibilité, d'intuition et de fécondité créatrice. Il indique aussi les expériences qui lui servent de tranquillisants, de valeurs refuges, qui lui permettent de se ressourcer, de créer des ambiances et un univers personnel lui permettant de se protéger du monde extérieur. Les expériences correspondant au secteur où se trouve la Lune permettent de développer la fonction lunaire, c'est-à-dire l'imagination, la sensibilité, la capacité à créer des ambiances et à vivre l'intimité, la capacité à se ressourcer grâce à des valeurs refuges, la capacité à se créer un univers personnel et la capacité à vivre la maternité ou la paternité. Dans un sens négatif, le secteur pourra être un lieu de vulnérabilité, de dépendance, de subjectivité, d'inadaptation et de fuite du réel dans des mondes imaginaires. Les planètes aspectées à la Lune faciliteront ou entraveront, suivant la nature des aspects, le bien être, la tranquillité émotionnelle, la vie intime et familiale, le besoin de créer un univers personnel et les besoins correspondant à la Lune.

Exemple : Lune en secteur 11

Voyons maintenant dans quel domaine de votre existence, dans quel secteur d'activité s'exprime votre « Lune », votre sensibilité, votre âme et votre besoin de bien-être !

Vous êtes particulièrement capable d'être en accord avec l'ensemble de votre personnalité, de vous ressourcer, de vous détendre et vous reposer, de vivre selon vos rythmes naturels et vos habitudes, d'être naturel, convivial et sympathique, de vous créer un univers personnel ou un monde familier que vous protégez de tout ce qui n'en fait pas partie, de créer du lien émotionnel, de ressentir l'ambiance, de vous nourrir et d'être nourri(e), de véhiculer des émotions et de gérer les émotions présentes, d'exprimer votre sensibilité, votre imagination mais aussi vos craintes, bref, d'exprimer votre seconde nature dès lors qu'il s'agit de concrétiser vos projets, **lorsqu'il s'agit de** vivre des expériences inconnues ou d'explorer de nouveaux horizons, de trouver des solutions ou faire des réformes visant à améliorer les situations, d'utiliser les nouvelles technologies et de vous adapter à la vie moderne où lorsque vous êtes dans un groupe ou avec des ami(e)s.

Pour vous sentir bien et vous ressourcez, vous avec besoin d'amitié(e)s, de projets, de surprises, d'espoir, de faire partie d'un groupe ou peut-être des technologies qu'offre la vie moderne. La vie est pour vous une affaire de connexions et vous avez besoin d'être connecté(e) pour vous sentir bien. C'est à travers l'intimité, la sympathie, l'imagination, et la création d'ambiances sympathiques que vous vivez vos relations amicales. Vous avez besoin de donner vie à vos relations amicales, aimez une certaine variété en amitié et pouvez vous sentir très l'aise en groupe, surtout quand il y a de l'ambiance. Cela vous permet d'être très apprécié(e). Vous avez besoin pour qu'il y ait relation qu'il y ait un courant qui passe, qu'il y ait un accord de sensibilité, et de vous sentir en confiance voir en sécurité.

Vos amis constituent une seconde famille, ils vous rassurent et ils peuvent jouer un rôle de valeur refuge. Ils peuvent être votre moyen de vous ressourcer, de vous recharger et de préserver votre équilibre de base. D'où parfois une certaine avidité relationnelle. Vous n'avez pas toujours une image claire de l'avenir et vous projetez dans l'avenir de façon incertaine, d'où parfois une peur de l'avenir et une inquiétude de vieillir. Vous pouvez avoir tendance à subir l'influence des amis, à vous laissez choisir, influencer et parfois absorber par vos amis envers qui vous pouvez être assez dépendant. Vos relations peuvent parfois être instables et fluctuantes car vous éprouvez l'amitié comme un sentiment spontané, irraisonné, changeant et parfois capricieux, variant en fonction de vos humeurs et de l'ambiance du moment.

Si votre imagination peut vous être d'un précieux soutien dans la réalisation de vos projets, vous devez surmonter un manque de volonté et de persévérance et éviter une subjectivité excessive. Bien vécue, cette position permet d'être sensible aux synchronicités et aux coïncidences qui jalonnent la vie et d'avoir un sens naturel de la psychologie.

6) Synthèse et développement des éléments vus précédemment.

Première partie.

1) Extraire des renseignements généraux d'après la répartition des planètes en hémisphères et d'après les dominantes « élémentaires » et « dynamiques » (modes vibratoires). Il est important d'observer les hémisphères, quadrants, modes vibratoires qui sont présents mais également ceux qui sont manquants.

2) Calculez et interprétez la dominante planétaire.

3) Lorsque vous avez localisé les deux ou trois fonctions dominantes, vous pouvez alors expliquer le rôle de ces fonctions, les besoins, les attitudes, les comportements, les excès et défauts qui s'y rattachent, les situations concrètes que ces tendances psychologiques produisent dans la vie du sujet et par quelles activités ou attitudes il peut les développer, les canaliser, les positiver et les exploiter au mieux.

4) Observez si les fonctions dominantes sont de nature similaire et si elles se complètent, ou si au contraire elles sont de nature différente, contradictoire et donc source de tension voire de conflit. Le tableau des maîtrises permet de voir la nature des liens entre deux planètes, c'est-à-dire d'observer dans quelles mesures elles se complètent et où elles se contredisent. Idem pour les éléments et les modes vibratoires. L'important est toujours d'intégrer chaque partie du thème au reste de la personnalité et de trouver les moyens de la canaliser d'une façon constructive.

Deuxième partie.

1) Vous pouvez décrire l'état d'esprit qui correspond au signe solaire, le rôle, les besoins, les tendances et les comportements que confèrent la fonction psychologique maîtresse du signe, comment il vit les différents éléments représentés par le Soleil (image de soi, idéal etc.) et les conséquences que ces éléments peuvent avoir sur sa vie extérieure, le chemin de vie qui lui permettra d'acquérir un sentiment d'identité et les qualités qu'il peut développer et exploiter pour réaliser ses idéaux. Finalement, vous pouvez décrire les expériences déterminantes pour le sujet en analysant le secteur occupé par le Soleil.

2) Idem pour la position en signe de l'ascendant et du descendant, puis la position en signe et en maison de la Lune.

3) Si la dominante est autre que le maître du Soleil et de la Lune, ou que le maître de l'ascendant, vous pouvez évaluer si la dominante et les maîtres du Soleil, de la Lune ou du signe ascendant se complètent, se renforcent ou se contredisent, et si cette dominante favorise ou freine l'expression de traits secondaires. Quand la dominante facilite l'expression de l'ascendant, c'est-à-dire la réalisation et l'affirmation de soi, cela est une source de facilité qui doit être exploitée, dans le cas contraire, cela est une source de tensions et de difficultés tant que les contradictions internes n'ont pas été résolues. Il faut alors comprendre le sens et la cause de ces difficultés puis trouver les moyens (comportements et actes) qui permettent de concilier et d'exploiter les contradictions internes.

4) Vous pouvez observer si les besoins et tendances représentées par le signe ascendant tendent plutôt à compléter et à renforcer ceux représentés par le Soleil, ou s'ils tendent au contraire à les contredire. Vous pouvez ainsi repérer des rapports de complémentarité, avec les facilités et l'unité qu'ils apportent. Vous pouvez également localiser les contradictions en analysant les différences entre signe solaire et ascendant, décrire les tensions et les difficultés qu'elles apportent, et envisager des solutions.

5) Puis faire la même comparaison entre le signe solaire et le signe lunaire.

6) Le Soleil, la Lune et l'Ascendant forment la trinité de L'esprit, de l'âme et du corps. Le corps permet l'expression de soi dans le matériel grâce à l'Esprit et à l'âme. La coordination consciente de ces trois éléments est l'une des étapes clefs dans le développement personnel. Il faut donc ensuite faire la synthèse entre la dominante, le Soleil, la Lune et l'Ascendant en analysant les rapports de complémentarité entre les différentes fonctions, en analysant les différences qui existent entre elles et les points où elles peuvent s'entendre malgré tout et se compléter. Le plus important étant, à travers le dialogue ou une connaissance biographique du sujet, de faire le lien entre les points précédents et le vécu du sujet. Cela vous donne les bases et fondements du caractère.

7) Analyse des planètes maîtresses des signes solaires, ascendants et lunaires

La prise en compte des planètes maîtresses permet d'affiner l'analyse des signes et secteurs solaires, ascendant et lunaires. Nous avons vu que la planète maîtresse d'un signe est celle qui anime et engendre l'état d'esprit ou le monde représenté par le signe.

Le maître principal contribue le plus largement à engendrer et à animer l'état d'esprit représenté par le signe tandis que le ou les maîtres secondaires apportent une contribution moins importante mais non négligeable. Lorsque vous interprétez une planète en signe, il est essentiel d'affiner en interprétant la situation (signe, secteur, aspects) du maître du signe, car ce maître peut considérablement nuancer l'interprétation «brute» de la planète en signe. Voyons comment fonctionne le système des maîtrises.

a)Le système des maîtrises.

Une planète maîtresse d'un signe créé un lien, une association de besoins et tendances entre le signe /secteur où elle se trouve et le signe dont elle est la maîtresse. Elle engendre un transfert de besoins et tendances du signe dont elle est maîtresse vers le signe qu'elle occupe.
Le système des maîtrises permet de préciser, d'affiner l'état d'esprit dans lequel s'exprime une fonction et de déterminer un deuxième secteur d'activité où elle tend à se manifester.

Exemple : Si Jupiter est en Lion et que le Soleil, maître du Lion est en Taureau, alors c'est un peu comme si Jupiter était lui-même en Taureau. Concrètement, cela signifie que le besoin d'insertion socioprofessionnelle du sujet (Jupiter) se manifeste en fonction de ses idéaux, de ses valeurs personnelles, de ses centres d'intérêt (Lion) et que le sujet a besoin de jouer un rôle central, de diriger et d'être mis en valeur au sein de sa vie professionnelle. Or ses valeurs, ses idéaux et ses centres d'intérêt sont avant tout « Taureau ». Autrement dit, l'acquisition et la gestion d'un capital, l'utilisation d'un sens artistique et la jouissance des plaisirs concrets de la vie sont pour lui des valeurs importantes qui influenceront ses choix professionnels et ses comportements dans le domaine du travail.

Autres exemples : Si la personne a le Soleil en Cancer, que la Lune, maîtresse du Cancer, est en secteur 7 en Sagittaire, c'est un peu comme si elle avait directement le Soleil en Sagittaire en 7. Si Mars est en Balance en 12, Vénus est alors maîtresse de Mars et des expériences du secteur 12. Si Vénus est en Verseau en 4, c'est un peu comme si le sujet avait Mars en Verseau en 4, et il y aura un lien entre les expériences du secteur 12 et celle du secteur 4, c'est-à-dire entre la famille, le foyer, la vie privée et les épreuves, l'évasion ou le développement spirituel. Si l'influence des maîtrises est essentielle, elle est quand même moins importante que l'influence directe. Le sujet ayant Mars en Balance et Vénus en Verseau, et donc Mars en Verseau par maîtrise sera moins marqué par le Verseau qu'un autre sujet ayant directement Mars en Verseau.

L'analyse en signe et en secteur du maître de l'ascendant, appelé aussi le gouvernant ou la gouvernante du thème, permet de comparer la nature des besoins et tendances liés au signe ascendant avec ceux liés au signe occupé par le maître ou la maîtresse de l'ascendant.

Quand on analyse la position en signe, en secteur et les aspect du Soleil, de la Lune et de l'ascendant, il est important d'observer si certains besoins importants pour le sujet seront en mesure d'être satisfaits (facilement) et si les tendances liées au signe ascendant, solaire ou lunaire pourront pleinement s'exprimer, et si c'est le cas, comment, et si ce n'est pas le cas pourquoi, à cause de quelles difficultés, et quelle solution psychologique ou matérielle peut remédier à ces difficultés. On compare donc le besoin, la volonté, les moyens, et les possibilités.

Vous pouvez ainsi décrire les capacités, les points forts, le potentiel de base de la personne. Vous pourrez aussi formuler et décrire les conflits résultant d'un excès ou d'un manque, de tendances contradictoires, ou de besoins non satisfaits, puis rechercher des solutions chez une fonction complémentaire, en exploitant un aspect harmonique ou un autre élément qui permettra de compenser les manques et d'atténuer ou de gérer les excès. Cela peut s'exprimer par : « Vous avez tendance à être excessivement ou pas assez ceci mais pouvez gérer ou compenser cela par votre tendance et vos capacités à... »

b) La planète maîtresse du Soleil en signe.

La démarche est identique pour le Soleil, sauf que l'on compare, avec le Soleil, un besoin de réussir, d'exprimer des valeurs personnelles, de créer, de s'engager et de trouver son identité avec les possibilités de satisfaire ses besoins.

La position en signe du maître du Soleil indique un deuxième état d'esprit qui est mis en valeur, qui est associé au signe solaire et qui s'exprime de façon sous-jacente lorsque le signe solaire s'exprime. Il faut alors faire la synthèse entre les deux signes, en respectant la hiérarchie signe solaire / signe de la planète maîtresse et en établissant une continuité entre le signe solaire et le signe occupé par la planète maîtresse.

Un exemple : Un Soleil en Bélier pourra s'interpréter de la façon suivante. « Dynamique, spontané impulsif, enthousiaste et passionné, vous avez besoin de vous affirmer, d'agir et d'expérimenter sur le terrain. Pratique et fonctionnel, vous êtes motivé par des résultats à court terme, par la découverte et par les commencements. Combatif, vous vous donnez les moyens de réaliser vos objectifs et d'incarner votre idéal. Les combats et les défis vous stimulent et vous avez besoin d'intensité, d'aventure et d'une vie riche en événements.

Vous vous repérez en fonction de votre idéal, de vos réalisations et des réalités de la vie. C'est à travers l'action et en exprimant les qualités du Bélier que vous découvrirez votre véritable identité.

Pour voir comment le sujet s'affirme, agit, lutte, se motive et s'engage, il faut voir la position de Mars en signe. Suivant la position de Mars (maître du Bélier) en signe, certaines caractéristiques de notre Bélier vont être accentuées ou au contraire nuancées. Certains besoins pourront être satisfaits facilement et d'autres moins facilement, ou que dans certaines conditions. Si Mars est en Sagittaire (signe de feu), les besoins et tendances correspondant du Bélier pourront s'exprimer facilement. C'est alors un peu comme si le Soleil est lui-même en Sagittaire ou qu'il y a un Soleil «Bélier-Sagittaire».

L'interprétation peut alors se poursuivre ainsi : « Et plus précisément, votre dynamisme, votre combativité et vos élans sont canalisés par des influences socioculturelles et orientés vers l'insertion professionnelle, vers une exploitation judicieuse de vos ressources ou vers un élargissement de vos horizons. Votre idéal et vos entreprises sont adaptés à vos moyens, mais aussi au contexte et aux opportunités qui peuvent se présenter «. La personne se réalisera alors en s'affirmant à travers les valeurs « Sagittaire ».

Si Mars est en Balance, certaines caractéristiques du Bélier peuvent être atténuées, notamment l'agressivité, l'impulsivité, la confiance en soi, la rapidité et le goût du risque. Mars en Balance réfléchit avant d'agir. Il a besoin des autres et de tenir compte des autres pour s'affirmer ou alors les caractéristiques du Bélier s'exprimeront en présence des autres, à travers une vie sociale ou associative très active et lorsque le sujet participe à la civilisation.

Si Mars est en Cancer, c'est un peu comme si le Soleil était lui-même en Cancer. Le sujet aura besoin d'exprimer des émotions, d'un climat d'intimité, d'un monde clos ou d'un public, de sécurité et d'une ambiance sympathique pour s'affirmer. Le Cancer se nourrit de rêves et le Bélier pourra donner au Mars Cancer les moyens de réaliser ses rêves. Ces deux signes ont cependant des contradictions et l'un peut parfois gêner l'expression de l'autre.

L'impulsivité du Bélier peut perturber ou rejeter la quiétude et les petites habitudes du Cancer tandis que l'émotivité et les craintes du Cancer peuvent gêner ou rejeter la force de frappe, le besoin d'action et l'efficacité du Bélier. (Voir le chapitre consacré à la comparaison des signes dans le livre 1). Il est utile de s'exercer au raisonnement analytique permettant d'interpréter la position en signe du maître du Soleil, et des maîtres des autres planètes.

Exemples : Si le Soleil est en Sagittaire, le sujet a besoin de s'insérer dans la société et d'élargir ses horizons. Dans quel état d'esprit élargit-il ses horizons et s'insère-t-il dans la société ? Comme un Verseau si Jupiter est en Verseau. Et ses repères, ses idéaux, sa façon de diriger son existence seront alors influencés par des valeurs et comportements « Verseau «. Nous avons donc un Soleil « Sagittaire - Verseau «. Il ne s'agit plus alors seulement de participer à la société et d'acquérir une certaine culture mais également d'apporter sa contribution à l'évolution technologique, psychologique ou humaine de la société. Le besoin d'aventure du Sagittaire s'exprimera à travers des valeurs « Verseau ».

Si le Soleil est en Capricorne, la personne a besoin de sécurité, de se construire et de construire dans le concret, d'un projet à long terme et d'assumer des responsabilités. Si Saturne est en Poissons, elle pourra se construire en fonction de valeurs spirituelles ou assumer des responsabilités dans un organisme collectif ou social. Nous avons donc affaire à un type « Capricorne – Poissons ».

c) La planète maîtresse du Soleil en secteur.

Le Soleil en secteur indique où le sujet s'affirme, se met en valeur et s'impose, c'est-à-dire dans ou à travers les expériences correspondant au secteur. Ces expériences sont pour lui des repères l'aidant à acquérir un sentiment d'identité. La position en secteur du maître du Soleil précise où les besoins et les capacités du Soleil vont également s'exprimer. Le secteur occupé par le Soleil et le secteur occupé par le maître du Soleil sont liés et la personne a besoin des deux ensembles d'expériences représentés par ces secteurs pour rayonner, pour s'exprimer et pour réussir. Il y a une continuité entre les deux secteurs.

Exemple : Soleil en secteur 10 et maître du Soleil en secteur 7.

Avec un Soleil en 10, la personne a besoin de s'exprimer et de rayonner à travers une activité professionnelle, à travers des responsabilités et en organisant sa vie d'une façon rationnelle. Et plus précisément, il a besoin d'une activité professionnelle ou de responsabilités qui le mette en relation avec d'autres, qui implique des associations et l'utilisation de la sociabilité ou du sens artistique (secteur 7).

Exemple : Soleil en secteur 10 et maître du Soleil en secteur 2.

Si le maître du Soleil en 10 est en secteur 2, le sujet aura alors besoin dans le cadre de sa vie professionnelle ou des responsabilités qu'il assume de produire, de gérer et de rentabiliser des biens ou de l'argent, de s'enrichir, d'exprimer des capacités artistiques ou simplement d'éprouver du plaisir dans son travail (secteur 2).

d) La planète maîtresse de l'Ascendant en signe et en secteur.

Le maître de l'Ascendant est toujours très important car la personne s'identifie à lui, s'en sert pour se repérer et pour s'affirmer. Sa position en signe apporte des précisions sur comment (c'est-à-dire dans quel état d'esprit et à l'aide de quels comportements) la personne s'affirme et sur ce qu'elle doit faire de sa vie.

Exemple : Un ascendant Balance par exemple développe la fonction et les besoins vénusiens et peut s'interpréter de la façon suivante. «Vous avez tendance à vous affirmer, à exercer un ascendant sur autrui et à acquérir un sentiment d'identité à travers des relations de type sociales, associatives ou affectives, à travers les autres et le pôle complémentaire, en participant à la vie mondaine ou à la civilisation, en recherchant votre propre équilibre et en exerçant votre charme, votre sens de la séduction ou votre sens esthétique.

Votre sentiment d'identité et de réalisation de soi dépend donc de votre affectivité, de votre vie de couple, de votre partenaire et de vos associations. De nature sentimentale, agréable, gentille, pacifique et sociable, votre charme provient en partie d'une capacité à vous accorder à l'autre, à servir de miroir à l'autre et à équilibrer l'autre». Le sujet s'affirme donc à travers le charme, en participant à la civilisation, à travers une vie sociale variée ou à travers une vie de couple.

Pour savoir dans quel état d'esprit et à l'aide de quels comportements il entre en relation avec autrui, séduit et participe à la civilisation, il faut tenir compte de la position en signe de Vénus. Si Vénus, maîtresse de l'ascendant est dans un signe qui lui permet de s'exprimer facilement et si elle reçoit des aspects harmoniques, le sujet a besoin des autres, de relations et d'une vie de couple. Il a aussi les moyens ou les comportements nécessaires pour d'établir des relations positives avec autrui et pour créer une union avec son pôle complémentaire. Il pourra donc s'affirmer et combler ses besoins assez facilement.

Si Vénus est dans un signe où elle a des difficultés à satisfaire ses besoins parce qu'ils sont contraires aux besoins du signe dans lequel elle se trouve (Bélier, Scorpion, Capricorne), ou si elle reçoit des aspects dissonants, le besoin d'harmonie, de relations et d'association sera toujours important mais le sujet aura des difficultés à se lier aux autres ou à créer une union avec son pôle complémentaire en dehors de certaines conditions particulières. Il aura parfois des lacunes dans ses comportements relationnels.

En caricaturant, l'on pourra alors dire qu'il aura tendance à heurter et provoquer les autres avec un aspect dissonant de Vénus à Mars ou si Vénus est dans un signe martien, à les rejeter en adoptant des attitudes de froideur ou de timidité avec un aspect dissonant de Saturne ou si Vénus est en Capricorne, à être envahissant et autoritaire avec un aspect dissonant à Jupiter, à provoquer des crises, des jalousies et des rapports de force avec Pluton ou si Vénus est en Scorpion, à être ambigu, peu clair ou à se faire des illusions avec Neptune, à être individualiste et trop indépendant avec Uranus.

Les demandes Vénusiennes ne sont alors plus satisfaites sans efforts, sans une adaptation du comportement et sans excès. Parfois, elles ne sont plus satisfaites du tout tant que le sujet n'aura pas effectué un travail sur lui-même, maîtrisé ses excès et canalisé de façon constructive les tendances apportées par les aspects dissonants. Un aspect entre l'ascendant et son maître apportera une facilité, une cohésion, une cohérence ou au contraire une tension, une difficulté, un conflit, une contradiction au sein de la personnalité, suivant si l'aspect est harmonique ou dissonant. Le signe occupé par la planète maîtresse de l'ascendant devient valorisé et donne des indications supplémentaires sur l'état d'esprit avec lequel la personne s'exprime. Il nuance et précise la simple étude du signe ascendant.

Autre exemple : Un ascendant Gémeaux indique que le sujet tend à s'affirmer à travers la communication et qu'il a besoin de contacts. Si Mercure est en Cancer, il communique avec sympathie, de façon naturelle, intime, parfois capricieuse et tendra réduire ses contacts à un cercle d'intimes. Si Mercure est en Scorpion, il communique comme un Scorpion, de façon sélective, subtile, lucide, piquante mais intense. Cela diminuera la multiplicité des contacts mais ils gagnent en intensité et peuvent jouer un rôle initiatique, apporter des révélations et parfois des conflits, des crises et problèmes. Le secteur occupé par le maître de l'ascendant indique un domaine d'expression privilégié où l'on affirme sa personnalité. Si l'ascendant est en Lion et si le Soleil est en secteur deux, le sujet tendra à s'investir et à s'affirmer dans le domaine du concret, pour gagner et dépenser de l'argent, pour créer des formes esthétiques ou artistiques et pour exprimer sa sensualité.

Si l'ascendant est en Cancer et la Lune en 10, le sujet tendra à s'affirmer à travers sa sensibilité, sa sympathie, son imagination, son coté naturel, ses émotions etc. et ce dans sa vie professionnelle, cette dernière étant la catégorie d'expériences où il se comportera le plus comme un Cancer. Inversement, c'est à travers sa vie professionnelle qu'il peut se réaliser. Si le maître du secteur 1 est en secteur trois, le sujet tendra à s'exprimer et à s'affirmer à travers les expériences du secteur trois, et donc à travers les échanges, la communication, les écrits etc.

e) La planète maîtresse de la Lune en signe.

La Lune en signe décrit le type d'univers recherché par une personne pour se sentir bien, pour exprimer ses émotions, pour se ressourcer et pour trouver son équilibre. Elle indique également dans quel état d'esprit le sujet exprime ses émotions et sa sensibilité et sa façon de se créer un univers personnel.

Un signe est mis en valeur par la Lune et les comportements propres à ce signe sont comme une seconde nature. Avec la Lune, on compare un besoin d'exprimer ses émotions, de bien être, de sécurité, d'intimité, de créer un univers personnel et la faculté de satisfaire ses besoins.

Le signe occupé par la planète maîtresse de la Lune apportera des précisions sur l'état d'esprit dans lequel s'exprime la Lune et permettra d'affiner « la seconde nature » de la personne et d'apporter des nuances qui peuvent être importantes lorsque le signe lunaire et le signe occupé par la planète maîtresse de la Lune sont très différents. Il faut donc faire la synthèse entre les deux signes pour analyser la Lune.

Exemples : Si la Lune est en Balance, le sujet a besoin des autres, de relations privilégiées, d'être sociable et gentil ou de participer à la civilisation pour se sentir bien, pour exprimer ses émotions et pour trouver son équilibre.

Si Vénus est en Verseau le sujet cherchera à trouver son bien être et à exprimer ses émotions à travers les autres, et plus précisément à travers le groupe ou une association, à travers des relations amicales ou à travers des activités Verseau, dans une attitude ouverte et fraternelle. Il aura besoin, pour se sentir bien et pour exprimer ses émotions, de préserver une certaine indépendance dans ses relations avec autrui. Si Vénus est en Cancer, on a certes besoin des autres, mais pas de tout le monde et pas dans n'importe quelles conditions. On établi des frontières, on sélectionne et on personnalise ses relations en fonction du courant qui passe, du bien être éprouvé et du climat émotionnel qui règne dans la relation. Il y a ceux qui font parti des intimes et les autres.

f) La planète maîtresse de la Lune en secteur.

La Lune en secteur indique les expériences de la vie où le sujet exprime ses émotions et sa sensibilité, où il a particulièrement besoin de bien être ou de sécurité et qui sont indispensables à son bien être. Le secteur occupé par la planète maîtresse de la Lune indique également où le sujet a besoin d'exprimer ses émotions et sa sensibilité, où il cherche bien-être et sécurité, en apportant des précisions par rapport au secteur lunaire.

Le secteur occupé par la Lune et celui occupé par la planète maîtresse de la Lune sont donc liés et il faut faire la synthèse entre les deux pour analyser la Lune en secteur.

Exemple : Lune en secteur 3 et maître de la Lune en secteur 5. On se ressource et exprime ses émotions en s'adaptant à son environnement, à travers la communication et les contacts, et plus précisément dans un environnement ou à travers des contacts qui permettent d'exprimer sa personnalité, de se mettre en valeur, de réussir, éventuellement dans une activité en rapport avec l'enseignement, les arts, les jeux ou les loisirs.

Lune en secteur 3 et maître de la Lune en secteur 10 : On se ressource et exprime ses émotions à travers la communication et les contacts, et plus précisément dans son cadre professionnel ou lorsqu'on assume des responsabilités.

Lune en secteur 8 et maître de la Lune en secteur 11 : On a besoin pour se sentir bien et pour exprimer ses émotions de transformer et se transformer, d'effectuer une recherche spirituelle ou initiatique, de manier des énergies subtiles, de faire face à des problèmes ou à des gens qui ont des problèmes, d'exercer un pouvoir ou d'exprimer sa sexualité (secteur 8), ce qui pourra se faire par le biais des autres, d'une activité de groupe, d'une association, des amis ou dans le cadre d'une relation d'aide (secteur 11).

8) Analyse des aspects au Soleil, à l'ascendant et à la Lune.

i) Les aspects au Soleil :

Ils révèlent les fonctions ou planètes, et donc les comportements, les besoins et les tendances qui facilitent où entravent le besoin et la capacité d'aimer, la volonté et la vitalité, les repères et la faculté de réussir, la créativité, le sentiment d'identité et l'image de soi.

ii) Les aspects à la Lune :

Les fonctions ou planètes, et donc les comportements, les besoins et les tendances qui facilitent où entravent la capacité à trouver le bien-être, à vivre des relations intimes, à se ressourcer, à exprimer son enfant intérieur et à se sentir en vie.

iii) Les aspects à l'Ascendant :

Ils révèlent les fonctions ou planètes, et donc les comportements, les besoins et les tendances qui facilitent où entravent l'affirmation de soi, l'expression de la personnalité dans la vie concrète et les possibilités de réalisations.

i) La part de Fortune.

a) Calcul.

Vous repérez la position du Soleil (ex 20° Lion). Vous repérez la position de la Lune (ex 20° Poissons). En partant du Soleil et en allant dans le sens des signes, vous calculez la distance qu'il y a entre le Soleil et la Lune. La distance entre 20° Lion et 20° Poissons est de 210°. Vous repérez la position de l'Ascendant (exemple : 20° Balance). Puis vous ajoutez à l'Ascendant la distance Soleil-Lune en allant dans le sens des signes. Soit, dans l'exemple utilisé ici, 20° Balance plus 210°, ce qui donne une part de Fortune à 20° Taureau. Si votre naissance a eu lieue en journée : Part de Fortune = Longitude de l'ascendant+ longitude de la lune- longitude du Soleil. Si votre naissance a eu lieu la nuit : Part de Fortune = Longitude de l'ascendant- longitude de la Lune+ longitude du Soleil.

b) Définition.

La part de Fortune correspond au lieu où la Lune se lève au dessus de l'horizon le jour de naissance de la personne. C'est en quelque sorte l'ascendant de la Lune. Cet ascendant lunaire est perçu comme un point symbolique dans la structure psychologique. Ce point symbolique est constitué et animé par le Soleil, la Lune et l'Ascendant qui s'expriment ensemble d'une façon harmonieuse, dans un même état d'esprit, à travers une même fonction psychologique et dans un même secteur d'activité.

Si on l'appelle la part de fortune, c'est sans doute parce que l'association de ce que représente le Soleil (Le Père, l'Esprit Créateur, la volonté) la Lune (Le Fils, l'Ame, les émotions, Les croyances et l'imagination) et l'Ascendant (Le Saint Esprit, le corps, l'action, la motivation, l'affirmation de soi et la combativité) permet d'obtenir prospérité, bonheur et satisfaction des besoins. La part de Fortune est donc un lieu de vie et d'abondance, de même que l'endroit où se trouve son maître.

c)Interprétation.

La part de Fortune en signe s'interprète comme un domaine et une fonction psychologique que le sujet peut maîtriser naturellement. Elle permet au sujet d'utiliser ce qu'il y a de meilleur dans le Soleil, la Lune et l'Ascendant.

L'usage constructif de la fonction psychologique représentée par le maître du signe occupé par la part de fortune peut apporter au sujet des joies, des satisfactions et des gains matériels.

La part de Fortune en secteur indique les expériences concrètes où le sujet a des capacités naturelles et où il peut bénéficier d'une certaine chance. Dans l'exemple précédent, la part de Fortune est en Taureau en secteur 7. Le sujet sera naturellement doué pour profiter des plaisirs de la vie, pour acquérir et gérer un capital, pour créer des formes artistiques, pour développer une relation avec la nature, pour jouir avec ses sens et pour construire.

Il est également doué pour créer des liens harmonieux avec autrui, pour faire preuve de diplomatie, pour entretenir des relations sociales privilégiées et une vie de couple. Lors de l'interprétation de la part de Fortune, il est essentiel de tenir compte du reste du thème car plutôt que d'apporter quelque chose en plus, elle met souvent en valeur un potentiel qui existe déjà dans le thème et permet surtout de focaliser l'attention sur une partie existante du thème.

Exemple : Part de Fortune en Lion :

Pour prospérer, vous enrichir, favoriser la chance et expérimenter la «bonne fortune», il est nécessaire de donner le meilleur de vous-même et d'exprimer la force de l'Amour, en ayant un idéal, des valeurs, des repères clairs, des grandes lignes directrices qui structurent votre vie, en vivant une relation chaleureuse avec votre père, en vous reconnaissant pour ce que vous êtes et en exprimant votre lumière et votre autorité d'une façon juste. Votre puissante volonté, votre créativité, votre confiance en vous, votre capacité à diriger votre vie et/ou celle des autres sont pour vous des ressources vous permettant de vous enrichir et de nourrir la chance dans votre vie.

Sont pour vous une source de richesse, de prospérité et de chance vos aptitudes pour éclairer, diriger, manager, coacher, présider, encadrer, organiser, éduquer, maîtriser, réussir, vous faire remarquer, être en position centrale, de briller, être connu, reconnu et mis en valeur, pour reconnaître la valeur des êtres et des choses, pour être indépendant(e) et autonome, et pour faire preuve de clarté, de puissance et de rayonnement, pour être un modèle, pour maquiller, pour faire du spectacle et du théâtre, ou pour être une source de vie, de lumière, d'énergie et de chaleur. Les grandes entreprises connues peuvent être pour vous un terrain d'expression et une source d'enrichissement, de Fortune.

Les autres parts : Les anciens astrologues babyloniens, égyptiens et grecques attribuaient de l'importance à de nombreuses parts. Il y en avait une dizaine au départ et il y en a eu jusqu'à presque une centaine. L'astrologie moderne a relégué toutes ces parts aux oubliettes de l'histoire car elles semblent plutôt apporter de la confusion qu'autre chose. Selon mon expérience, les seules parts pouvant éventuellement apporter un éclairage sont les parts correspondant aux levez des planètes ou ascendants planétaires. La longitude de la Lune est alors remplacée par la longitude de la planète. Si votre naissance a eu lieue en journée : Part de Fortune = Longitude de l'ascendant+ longitude de la planète- longitude du Soleil. Si votre naissance a eu lieu la nuit : Part de Fortune = Longitude de l'ascendant-longitude de la planète+ longitude du Soleil. Les couples Vénus/Mars et Jupiter/Saturne et Uranus/Neptune peuvent également être intéressant.

ii) Les nœuds lunaires ou l'axe du dragon.

a) A quoi ils correspondent astronomiquement.

La Lune est tantôt, par rapport à l'écliptique, en dessous de l'équateur terrestre et tantôt légèrement au dessus. Les éphémérides indiquent qu'elle atteint une latitude de 18° nord par rapport à l'écliptique puis qu'elle redescend jusqu'à environ 18° sud en dessous de l'écliptique. Lorsqu'elle coupe la projection de l'écliptique en remontant, elle traverse le nœud nord. Lorsqu'elle coupe la projection de l'écliptique en descendant, elle traverse le nœud sud. Les nœuds sont donc des points sur l'écliptique. (Voir représentation astronomique dans le livre consacré aux bases de l'astrologie). La position du nœud nord est donnée dans les éphémérides dans la colonne à droite de Pluton. Le nœud sud est opposé au nœud nord. Les nœuds parcourent environ trois degrés par mois et mettent environ 18 ans et demi pour faire un tour du zodiaque. Le nombre 18 est ainsi associé à la Lune.

b) Définition.

S'ils ont une réalité astronomique, les nœuds lunaires sont avant tout des points symboliques. Pour comprendre leur signification, il faut avoir intégré les notions de karma, la croyance qu'il existe une vie dans un autre état de conscience avant la chute ou l'incarnation dans la matière sur la Terre, et la croyance en l'existence d'une autre forme de conscience dans l'au-delà après la mort du corps terrestre. Chacun est bien sur libre de croire ce qui lui convient mais au-delà des croyances, il y a la Réalité. Dans une optique de vie éternelle, les nœuds correspondent au chemin de vie qu'il faut parcourir pour évoluer, en allant du nœud sud au nœud nord.

Le nœud sud : Il révèle un mode de fonctionnement répétitif et quasiment automatique qui est enraciné en vous. Il est une zone de confort que vous connaissez parfaitement bien. Le signe occupé par le nœud sud est ainsi parfaitement intégré mais le plus souvent vécu de façon excessive et au détriment du Nœud Nord. C'est un trop plein avec une charge karmique. Toute planète proche du Nœud Sud est ainsi très bien intégrée mais a tendance à fonctionner en excès et à prendre trop de place.

D'un point de vue karmique : Le nœud sud aussi appelé queue du dragon représente des expériences vécues par des personnes qui n'ont pas unifié certaines fonctions psychologiques à leur volonté Divine éternelle, à leur centre, soit parce qu'ils n'ont pas eu les moyens, la volonté ou le temps d'aller jusqu'au bout de leurs projets, ou soit le plus souvent parce qu'ils ont utilisé d'une façon excessive, néfaste et abusive les fonctions psychologiques en question. Ces forces de l'âme ou fonctions psychologiques (par exemple la combativité, le sens de l'organisation, la diplomatie, la sensibilité) non intégrées à la volonté éternelle retournent un temps dans l'inconscient collectif jusqu'à ce qu'un esprit en train de s'incarner les attire comme un noyau atomique attire des électrons. Ces forces qui constituent l'âme se réincarnent ainsi à nouveau et les personnes suffisamment sensibles peuvent arriver à se souvenir des expériences passées associées à ces forces. Suite à un sens de l'introspection et de la différenciation insuffisamment aiguisé, les orientaux ont longtemps cru, et croient encore, que c'est l'Esprit humain qui se réincarne, en même temps que les forces de l'âme qui gravitent autour. D'ou des commentaires du type «j'ai été tel ou tel personnage dans une vie antérieure «.

D'après Bô Yin Râ, cela ne serait pas totalement faux mais en partie inexact. Selon lui, la réincarnation d'un Esprit humain ne se produit que lorsque une personne meurt très jeune, lorsqu'elle met fin à ces jours ou lorsque sa tendance à se maintenir dans un état de barbarie l'empêche d'évoluer et donc d'unir ces fonctions psychologiques à sa volonté éternelle. Dans tous les autres cas, l'Esprit ne se réincarne pas. Seules les forces de l'âme non intégrées à la conscience se réincarnent.

Les forces de l'âme ou les fonctions psychologiques représentées par le signe où se trouve le nœud sud font donc naturellement parti du sujet et peuvent avoir été dans de nombreux personnages avant lui. Il sait donc en général très bien les utiliser. Le nœud sud représente donc un savoir être ou un savoir faire acquis et une base pouvant permettre d'évoluer. Par contre, l'état d'esprit correspondant au signe a pu être vécu ou utilisé dans son coté excessif, néfaste, abusif et en négligeant les valeurs complémentaires associées au Nœud Nord.

C'est parfois ce coté obscur et excessif qui s'exprime. Si ce n'est pas le cas, le sujet peut simplement être très sensible à ce que le signe peut avoir de dérangeant et de négatif. Il en est de même pour une planète conjointe au nœud sud. Un travail est nécessaire pour vivre cette planète de façon harmonieuse.3

Le nœud nord : aussi appelé la tête du dragon, il représente les moyens et la direction à prendre pour évoluer, pour vous libérer d'une utilisation abusive et excessive des fonctions psychologiques représentées par le signe où se trouve le nœud sud et pour dépasser la tendance à être excessivement centré sur les expériences représentées par le secteur où se trouve le nœud sud. Il est une zone d'inconfort, un inconnu, un pays étranger que vous devez explorer et habiter. En développant la fonction psychologique et les expériences représentées par la position en signe et en secteur du nœud nord, en utilisant de façon constructive les acquis du nœud sud comme point d'appui et en évitant un usage abusif et excessif de ce que représente le nœud sud, le sujet se libérera de son karma. **C'est en exprimant le signe et le secteur occupé par votre nœud nord que vous pouvez saisir le sens global de votre existence et vous réaliser. Il est votre boussole intérieure pour trouver ou retrouver « le Nord ».**

Pourquoi les anciens appelaient les nœuds lunaires la tête et la queue du dragon ? Sans doute parce qu'ils s'exprimaient à travers la pensée imagée et symbolique. Dans cette optique, la queue du dragon peut être les acquis liés au karma, ce que l'on traîne derrière soi et ce dont on a quelques remords suite à des abus commis. La tête ou le cerveau du dragon peut représenter les peurs et les obstacles auxquels on doit faire face pour évoluer. Combattre le dragon signifie alors utiliser le libre arbitre pour combattre ou dépasser la fatalité et le Karma, se libérer des peurs, de ses propres démons et des croyances limitatives. Les princes, les princesses et les chevaliers des contes et légendes, lorsqu'ils vainquaient le dragon devenaient libres, riches et rencontraient l'âme sœur. Lors de l'interprétation des nœuds, il faut tenir compte du reste du thème et notamment des maîtres des deux signes occupés par les nœuds. Une planète conjointe (ou aspectée) au nœud sud indique des tendances et souvent des abus correspondant à la planète que l'on apporte avec soi en s'incarnant tandis qu'une planète conjointe (ou aspectée) au nœud nord pourra être utilisée pour évoluer « vers son nœud nord «. Les nœuds tendent à focaliser et à mettre en valeur une partie du thème de part la « charge karmique » qu'ils apportent. Ils permettent d'avoir une vision synthétique de l'évolution du sujet et de confirmer certaines informations déjà présentes dans le thème. Les expériences de la petite enfance reflètent parfois les expériences des vies antérieures de l'âme dans la mesure où le sujet vient juste de s'incarner sur la terre.

c) Les repères nécessaires pour l'interprétation.

Les nœuds lunaires et la part de fortune peuvent être interprétés à différents moments d'une analyse. Leur interprétation peut s'effectuer juste après l'interprétation du Soleil, de la Lune et de l'Ascendant. Ils permettent alors d'affiner la synthèse en ce qui concerne les bases de la personnalité. Ils peuvent également être interprétés à la fin de l'analyse, et permettre d'affiner la synthèse globale du thème. Ils n'ont cependant de sens que part rapport au reste du thème.

1) Nœud nord en Bélier et/ou en secteur 1. (Nœud sud en Balance et/ou en secteur 7).

Par le nœud sud, le sujet tend à être doué pour exprimer tout ce que représente la Balance, c'est-à-dire le monde des relations et des associations, la diplomatie, l'art du compromis pour avoir la paix, l'utilisation d'un sens artistique. Par contre, il est possible que des personnes ayant porté ses forces de l'âme dans des vies passées aient eu tendance à ne vivre que pour et à travers les autres, à faire preuve de lâcheté et d'indécision, à vivre dans une recherche excessive de perfection et dans une culpabilité d'être une personne imparfaite et à incarner les faiblesses liées à une identification excessive à Vénus (dépendance des contraintes sociales, peur de ne pas être aimé, besoin excessif des autres, vie dilettante dépourvue d'objectifs, manque d'affirmation de soi) au détriment de Mars. Le sujet se retrouve dans sa vie sur Terre avec ce bagage. C'est donc en développant l'état d'esprit, les qualités et les expériences correspondantes au signe du Bélier et au secteur un qu'il évoluera et parviendra à se libérer de son karma, et donc en menant sa barque lui-même, en sachant dire non, en assurant et en s'assumant de façon autonome et indépendante, en prenant des initiatives, en combattant pour réaliser et se réaliser, en s'affirmant dans la vie et l'action. C'est quand le sujet aura pleinement intégré l'état d'esprit Bélier et les expériences du secteur un, et qu'il saura éviter l'utilisation excessive ou abusive des valeurs Balance ou du secteur sept, (tout en évitant de tomber dans l'excès inverse), qu'il se libérera de son karma.

2) Nœud nord en Taureau et / ou en secteur 2. (Nœud sud en Scorpion et / ou en secteur 8).

Par le nœud sud, le sujet tend à être familiarisé avec le domaine du Scorpion et du secteur huit. Il peut être doué pour exprimer l'état d'esprit Scorpion et pour maîtriser les expériences correspondant au secteur huit. D'un point de vue psychologique, il peut être particulièrement passionné, capable de tout changer et de repartir à zéro, d'entretenir un climat de guerre et de suspens, être expert dans l'art de faire la guerre en agissant de façon secrète, de cultiver l'angoisse ou d'entretenir des tensions émotionnelles, dans l'art de manipuler ou d'utiliser des mécanismes de sabotage et de destruction et dans l'art de mettre en lumière les problèmes, défauts et perversités qu'il rencontre. Il peut être doué pour faire face à la mort, pour évacuer et pour se déposséder de ses avoirs. Il peut également être doué pour utiliser l'énergie sexuelle ou des connaissances occultes ou pour opposer une résistance générale à tout ce qui l'approche et pour se régénérer et renaitre de ces cendres. Par contre, il est fort possible que des personnes ayant porté ses forces de l'âme aient vécu, fait ou subi une utilisation abusive des valeurs Scorpions. Concrètement, ses porteurs ancestraux ont pu avoir été rejetés, trahis, assassinés ou meurtris, d'où une méfiance excessive envers autrui. Ils ont pu avoir tout perdu brutalement ou avoir vécu dans un environnement extrêmement hostile et dans des conditions misérables et difficiles où il fallait lutter pour survivre, participer à des guerres. Ils ont pu avoir été tuées au combat ou commis des meurtres, avoir utilisé ou subit un pouvoir (occulte ou autre) dans un sens néfaste, avoir mal utilisé leur énergie sexuelle ou avoir fait de grosses bêtises etc. Le sujet se retrouve donc sur la terre avec ce bagage où il fonctionne en mode « survie », en mode « soldat » qui est « en guerre ». C'est en évoluant vers le signe du Taureau et du secteur deux, et en incarnant les qualités de ce signe qu'il parviendra à se libérer de son karma. C'est-à-dire en enterrant la hache de guerre, en apprenant à faire confiance aux autres et à la vie, en trouvant une paix et une sécurité, en sortant du secret pour vivre au grand jour, en menant une vie stable et paisible, en apprenant à gérer des ressources, de l'argent ou des approvisionnements, en vivant en harmonie avec la nature plutôt que de la saccager, en construisant une vie de couple et une vie de famille, en développant des capacités artistiques et un sens de la beauté plutôt que de vivre des expériences ressemblant à des films d'horreur, en profitant des plaisirs de la vie à travers ses sens, en apprenant à vivre la sexualité sainement, en vivant ancré et de façon harmonieuse dans le monde matériel, en prenant soin de son corps, en générant l'abondance dans sa vie, en construisant, en acquérant et en gérant un capital et en apprenant à vivre dans la joie et le bonheur au quotidien etc.

3) Nœud nord en Gémeaux et / ou en secteur 3. (Nœud sud en Sagittaire et /ou en secteur 9).

Par le nœud sud, le sujet tend à être familiarisé avec le domaine du Sagittaire et du secteur neuf. Il peut être doué pour exprimer ce qu'ils représentent. D'un point de vue psychologique, il peut être naturellement doué pour vivre tout ce qui concerne les voyages, l'étranger, l'exploration et l'aventure, l'élargissement de ses horizons par la culture ou par une forme de recherche spirituelle, pour légiférer, faire respecter la loi, pour représenter ou incarner une autorité etc.

Par contre, il est fort possible que des personnes ayant porté ses forces de l'âme aient vécu ou subi une utilisation abusive des valeurs Sagittaires / secteur 9. (Besoin excessifs d'espace et de liberté, dogmatisme ou conformisme excessif). Ces prédécesseurs animiques ont peut-être été de grands voyageurs errant à la surface du globe suite à la nécessité d'immigrer, des hommes de lois ayant abusé de leur pouvoir, des hommes d'affaires peu scrupuleux ou des guides spirituels utilisant leur influence de façon égoïste et abusant de la confiance d'autrui, ou simplement des personnes passionnées de culture ou privilégiant les grandes choses et le lointain et négligeant leur entourage proche, les relations d'homme à homme et les petites choses de la vie pratique quotidienne. C'est donc en évoluant vers le signe des Gémeaux et vers les expériences du secteur trois, et en exprimant les qualités de ce signe que le sujet parviendra à se libérer de son karma, c'est-à-dire en rangeant ses valises, en se fixant dans un environnement, en apprenant à vivre avec son entourage proche de façon fraternelle, en communiquant avec autrui, en apprenant à écouter au lieu de s'imposer, en faisant profiter autrui de ses connaissances d'une façon pratique et en devenant plus léger.

4) Nœud nord en Cancer et/ou en secteur 4. (Nœud sud en Capricorne et / ou en secteur 10).

Par le nœud sud, le sujet tend à être familiarisé et à être naturellement doué pour exprimer les valeurs du Capricorne et du secteur 10, c'est-à-dire pour assumer des responsabilités, pour vivre avec peu, pour satisfaire des ambitions d'élévation sociale, pour contrôler et maîtriser sa vie ou celle des autres, pour construire et pour s'assumer de façon autonome, sans toujours tenir compte de l'avis des autres. Par contre, il est possible que les personnes ayant porté ses forces de l'âme aient vécu ou subi une utilisation excessive ou abusive des valeurs Capricornes / secteur 10 au détriment des valeurs Cancers / secteur 4. Ces personnes ont pu assumer de lourdes responsabilités mais en négligeant leur vie familiale et privée. Elles ont pu avoir tendance à se couper du monde et des gens en s'enfermant dans une tour d'ivoire, à refuser d'exprimer leurs émotions et sentiments et à refuser de vivre des liens affectifs intimes. Elles ont pu abuser du pouvoir moral dont elles disposaient ou faire preuve de misanthropie, de matérialisme ou de rigidité. C'est donc en évoluant vers le Cancer ou vers les expériences du secteur 4 que le sujet parviendra à se libérer de son karma, c'est-à-dire en fondant un foyer et en construisant une vie familiale, en vivant des relations intimes avec des gens, en exprimant ses ressentis, ses émotions, son imagination et sa sensibilité, en sachant se reposer et consacrer du temps à sa vie privée, en laissant aux autres le poids des grosses responsabilités et en prenant soin de soi et d'autrui.

5) Nœud nord en Lion et / ou en secteur 5. (Nœud sud en Verseau et / ou en secteur 11).

Par le nœud sud, le sujet tend à être naturellement doué pour exprimer les valeurs Verseau / secteur 11, c'est-à-dire pour mener une vie indépendante et individualiste, pour créer et entretenir des relations amicales et une vie sociale intense, pour se consacrer à des valeurs humanitaires, pour aider autrui, pour participer au progrès collectif, pour inventer des projets et propager des idéologies, pour se détacher des valeurs matérielles et pour s'identifier à des idées, au mental ou à des événements extérieurs à lui. Par contre, il est possible que les personnes ayant porté les forces de l'âme actuellement présentes dans la psychologie du sujet les aient vécu de façon excessive ou abusive, au détriment des valeurs Lions / secteur 5. C'est donc en développant des qualités correspondant au Lion/secteur 5 que le sujet parviendra à se libérer de son karma, c'est-à-dire en définissant la vision de la meilleure version de lui-même, en développant sa créativité, sa confiance en soi et sa force intérieure, en ayant des objectifs aboutissant à des réalisations, en développant le pouvoir de sa volonté et sa générosité, en se consacrant à la réalisation de soi, en vivant une relation d'amour avec une personne par rapport à des liens fraternels avec un nombre croissant d'individus; en apprenant à écouter son cœur autant que son mental, en maîtrisant sa trajectoire de façon autonome, en rayonnant, en dirigeant les autres, en incarnant un rôle de chef/modèle et en réussissant sa vie.

6) Nœud nord en Vierge et / ou en secteur 6. (Nœud sud en Poissons et / ou en secteur 12).

Par le nœud sud, le sujet tend à être naturellement doué pour exprimer les valeurs Poissons, c'est-à-dire pour s'évader des réalités pratiques, pour accéder à d'autres formes de conscience, pour développer des valeurs spirituelles et vivre l'expérience divine, pour pardonner, faire preuve de charité et de compassion, pour capter des informations et des émotions présentes dans l'inconscient collectif voir exprimer un don de voyance, pour visualiser et utiliser son imaginaire, pour fusionner dans un groupe, dans la collectivité ou dans un tout plus vaste et pour soulager les souffrances et les misères du monde. Par contre, il est possible que les personnes ayant porté les forces d'âme actuellement présentes en lui aient subies ou vécues les valeurs Poissons de façon excessive, dans leurs aspects néfastes et qu'elles les aient vécues au détriment des valeurs Vierges. Ces personnes ont pu avoir tendance à être habité par leurs ancêtres, à fuir les responsabilités dans la vie matérielle, à manquer totalement de sens pratique et de limites, à errer et mener une vie chaotique, à se sacrifier, à se réfugier dans des mondes imaginaires, à vivre dans l'illusion, des addictions, dans des paradis artificiels ou dans un ordre mystico-religieux au détriment d'obligations plus terre à terre.

Elles ont pu être désordonnées ou vivre des épreuves en rapport avec la maladie et la souffrance, en rapport avec l'esclavage, la prison ou l'inquisition ou simplement par incapacité à faire la différence entre leurs énergies et celles d'autrui. C'est donc en évoluant vers un état d'esprit Vierge et vers les expériences du secteur six que le sujet parviendra à se libérer de son karma, c'est-à-dire en s'incarnant de façon organisée dans la réalité matérielle pratique, en maîtrisant sa sensibilité et ses émotions, en rendant des services concrets et en étant au service de la vie, en développant sa précision, ses capacités de gestion et d'organisation, en utilisant sa raison analytique, son sens critique et son intellect pour entre autre dépasser les mythes, rumeurs et illusions dont il a pu être victime, en apprenant à différencier et à trier ce qui entre dans son champ de conscience, en apprenant à gérer ses émotions et en prenant soin de son corps et de sa santé et de son alimentation.

Pour les nœuds nord dans les signes suivants, il suffit de procéder par un raisonnement inverse.

Ainsi, pour **un Nœud Nord en Balance et un Nœud Sud en Bélier,** le sujet devra passer d'un état d'intense activité et d'indépendance parfois égocentrique, d'un tempérament violent, batailleur et rebelle à un état d'engagement affectif ou relationnel. Il devra apprendre à partager, à s'associer avec autrui, à coopérer, à être diplomate, à trouver un équilibre et à développer sa capacité à laisser de coté ses opinions personnelles pour tenir compte de celles des autres. Avec un **Nœud Nord en Scorpion et un Nœud Sud en Taureau**, le sujet devra exploiter sa capacité à être incarné et à gérer la matière pour apprendre à découvrir le monde des causes, le monde de l'émotion et les réalités invisibles sous-jacentes aux réalités visibles. Il évoluera en se dépossédant, à acceptant l'inconnu et les transformations qui sont nécessaires à l'évolution et en s'intéressant à tout ce qui concerne la psychologie, l'astrologie ou l'ésotérisme. Avec un **Nœud Nord en Sagittaire et un Nœud Sud en Gémeaux**, le sujet devra se défaire d'une tendance à l'instabilité, d'une tendance à la superficialité, d'une difficulté à s'engager, à utiliser son sens de la communication et de l'adaptation pour élargir ses horizons à travers des voyages ou à travers une ouverture d'esprit, en participant activement à la vie socio-économique de son milieu, en ayant un idéal et des objectifs, en développant sa culture ou en s'intéressant aux religions, à la philosophie ou à l'ésotérisme. Avec un **Nœud Nord en Capricorne et un Nœud Sud en Cancer,** le sujet devra aller de la dépendance envers autrui (famille, partenaire), d'un manque de maturité, d'une tendance à s'accrocher au passé, d'une émotivité excessive à un état d'indépendance, et sortir de son monde intime pour assumer ses responsabilités dans le monde extérieur et au niveau de son évolution intérieure, pour s'engager dans un projet à long terme, pour apprendre à se discipliner etc. Enfant, il doit mûrir pour devenir un adulte autonome et responsable. Avec un **Nœud Nord en Verseau et un Nœud Sud en Lion**, le sujet doit se défaire d'une recherche excessive de pouvoir ou de prestige, d'une tendance à l'égocentrisme, de goûts de luxe utiliser sa confiance en lui, sa puissante volonté et ses capacités d'engagement pour servir l'humanité, pour participer à une action de groupe, pour aider autrui et accepter l'aide d'autrui et pour se libérer psychologiquement. Il doit passer de l'égoïsme à l'amour fraternel universel. Finalement, avec un **Nœud Nord en Poissons et un Nœud Sud en Vierge**, le sujet doit, tout en étant adapté d'une façon réaliste aux réalités matérielles qui l'entourent, intégrer à sa vie une dimension spirituelle, se libérer de ses mémoires ancestrales, soulager les souffrances et les misères du monde ou participer à une action collective apportant un mieux être pour l'humanité. Il doit apprendre à exprimer ses émotions, à développer sa foi, à se détendre et à se décrisper.

iii) La Lune Noire.

Définition :

La Lune Noire correspond au second foyer de l'orbite lunaire, le premier foyer étant la Terre. On considère surtout la Lune noire corrigée ou la Lune noire vraie. Sa position est donnée par des éphémérides spécifiques et dans la majorité des cas par les logiciels d'astrologie. Tout comme la Lune, la Lune Noire est en lien avec l'inconscient, les émotions, la sensibilité, les mémoires, le passé, la maternité et la naissance, les valeurs refuges et le bien-être. Elle est un point symbolique où se trouve un portail énergétique relié à une zone spécifique de l'inconscient. Dans cette zone de l'inconscient se trouve des mémoires d'âme traumatiques, plus ou moins refoulées, de vies passées, auxquelles on est encore attaché, parce qu'on ne les a pas acceptées, pas intégrées d'une façon juste et parce qu'on ne s'est pas pardonnées les expériences vécues en lien avec ces mémoires mais aussi les mémoires collectives de l'humanité en lien avec les énergies du signe astral où elle se trouve. Ces mémoires peuvent être associées à des jugements sur soi, à de la culpabilité, à des attitudes de rejet, à des événements collectifs ayant eu un impact sur soi ou simplement à une conscience très aiguë du potentiel destructeur des énergies du signe où se trouve la Lune Noire.

Il y a en conséquence un puissant désir de vivre les expériences en liens avec le signe où se trouve la Lune Noire, une vive conscience que ces expériences, dans leurs aspects positifs, manquent pour que l'âme puissent vraiment trouver le bien-être et une certaine peur et donc une difficulté à vivre ces expériences et à en retirer d bien-être et, de la satisfaction, à cause des mémoires traumatiques. La Lune noire reste dans un signe un peu plus de neufs mois.

Elle est une pulsion énergétique magique qu'il est nécessaire de transformer et de vivre d'une façon positive en se transformant, en se dépassant, en allant au-delà de ces peurs et en mettant les énergies du signe où elle se trouve au service des autres, de la Vie et de l'Amour.
La Lune noire devient alors une source d'initiation et de transcendance. Elle est représentée graphiquement par le demi-cercle de l'âme surmontée de la croix de la matière, symbolisant les actions de rééquilibrages et les transformations nécessaires à l'âme pour retrouver son unité et sa lumière. La Lune Noire en signe décrit un état d'esprit que vous avez besoin de transformer afin d'en extraire le meilleur. Elle décrit dans quel état d'Esprit vous exprimez certaines pulsions inconscientes boulimiques et compulsives, des instincts primitifs, une énergie sexuelle et quel chemin initiatique vous pouvez prendre afin de vous réconcilier avec le passé de votre âme.

Les caractéristiques du signe occupé par la Lune Noire peuvent être perçues sous leur aspect négatif et vous pouvez avoir besoin de vivre tous les aspects du signe de façon extrême pour pouvoir procéder à un rééquilibrage. Vous pouvez être très sensible au coté obscur et inférieur du signe qui peut être bloqué car rejeté, où inversement être exprimé dans son aspect excessif, avec une sensibilité et un attrait pour les tabous et les interdits qui lui sont associées. Les énergies du signe où se trouve la Lune Noire doivent être transformées à la lumière de la conscience et de l'amour et équilibrées par l'énergie du signe complémentaire afin d'accéder à un profond bien-être.

Repères nécessaires pour l'interprétation en signe et en secteur :

Exemple : Lune noire en Bélier

Avec une Lune Noire en Bélier, vous pouvez ressentir un besoin compulsif mais aussi une peur profonde d'être à 100% dans l'instant présent, de chauffer et de surchauffer, de vous battre, de vous motiver, de prendre des initiatives, de déployer les grands moyens, d'être offensif et agressif, d'être efficace, percutant et performant, de vivre des expériences et d'expérimenter sur le terrain, de vous affirmer dans la vie, de vous mobiliser pour obtenir des résultats, vous imposer en faisant usage de la force, vous engager dans un combat, de vous positionner en leader et de diriger, bref d'agir et de réagir. Où vous pouvez ressentir des difficultés à vivre ce qui vient d'être dit parce que vous avez en mémoire des expériences traumatiques où le signe du Bélier à été vécu dans son ombre, dans son côté destructeur. Vous avez pu vivre une tendance systématique à vouloir gagner par la lutte et le combat ce que vous obtenez et à n'accepter que ce qui est le résultat d'une victoire, attirant dans votre existence des luttes et des rivalités sanglantes.

Lorsque l'énergie débordante qui vous anime n'est pas canalisée, cela peut déboucher sur des comportements agressifs, révoltés et contestataires, insociables et violents, sur des accès de jalousie, des excès sexuels, une tendance à brûler les étapes, à brûler la chandelle par les deux bouts et à gaspiller vos forces. Il est particulièrement important pour vous d'apprendre à gérer votre colère et votre impulsivité car vous avez parfois la tendance à vous énerver pour des choses insignifiantes, à vivre dans l'urgence, à surchauffer parce que vous ne savez pas vous détendre et à avoir le don de mettre le feu aux poudres.

Des revirements de situations vous obligeant à tout recommencer trouvent souvent leurs origines dans votre impulsivité, votre témérité, le manque de recul et de réflexion dont vous faites preuve, dans des coups de têtes, des actes irréfléchis et dans une tendance à vouloir forcer là où il faut y aller en douceur. Avec une Lune Noire en Bélier, vous devez transformer en vous la gestion de l'énergie, les idéaux, le besoin de conquête et d'aventure, la relation à l'entreprise et au sport, l'énergie de la passion, du combat et de l'action. Vous devez à la fois les vivre en conscience, en trouvant une activité où elles peuvent s'exprimer au service de la Vie et de l'Amour et les équilibrer avec les valeurs du signe de la Balance que sont la coopération, le partage, la vie de couple, l'intelligence relationnelle et la participation à la civilisation. Vous pouvez alors suivre un parcours initiatique et faire des choses remarquables en lien avec l'action, le sport et l'entreprise.

Exemple : Lune noire en secteur 10

Voyons maintenant dans quel domaine de votre existence, dans quel secteur d'activité, s'exprime votre «Lune Noire» ; votre lucidité, vos besoins compulsifs, vos plus grandes peurs et l'un des leviers de votre évolution ! Vous pouvez ressentir une peur profonde et une difficulté voire une fatalité, ou au contraire un besoin compulsif d'ordre et de vous organiser, d'avoir des objectifs à long terme, de faire l'expérience d'une carrière, d'une vocation librement choisie, de travailler avec acharnement, d'autonomie et de maturité, de vous intégrer dans une structure, d'être en chantier ou de vous occuper de chantiers, d'acquérir un statut social ou de profondeur, de silence, d'accéder à votre vérité profonde, de méditation et d'effectuer un cheminement vers la sagesse, de donner à votre vie un sens spirituel, de construire des bases solides, d'assumer des responsabilités dans le monde extérieur et de réaliser vos ambitions. Vos difficultés éventuelles peuvent provenir d'une tendance à l'arrivisme, aux abus de pouvoir, au fanatisme, à l'ambition égoïste et calculatrice au sein d'une entreprise, d'un parti ou d'une organisation ou au contraire à refuser de vous laisser influencer par votre milieu et de vous couper du monde en vous enfermant dans une tour d'ivoire.

Vous risquez alors de vous dépersonnaliser en vous identifiant à votre moi social, de vous couper de vos racines, de ne devenir qu'un instrument de votre système, de négliger votre vie privée, votre intimité et vos besoins plus personnels, et d'en subir les conséquences par la suite. Votre égoïsme, votre solitude, votre besoin de tout contrôler et votre détachement excessif peuvent vous isoler des autres et vous rendre triste. Il peut être important pour vous de retrouver, puis de désamorcer, transformer et régler les mémoires en rapport avec ces expériences citées dans le paragraphe précédent, que vous devez vivre en conscience, en trouvant une activité où elles peuvent s'exprimer au service de la Vie et de l'Amour et les équilibrer avec les valeurs du secteur opposé qui vous permettent de créer des liens émotionnels intimes avec autrui, de vous ressourcer à travers des valeurs refuges, d'exprimer votre imagination, votre sensibilité et vos émotions, de créer des liens émotionnels en acceptant la dépendance inhérente à ces liens et de faire parti d'une famille ou d'un clan. Vous pouvez alors suivre un parcours initiatique et faire des choses remarquables en lien avec l'état et les administrations, la carrière et le monde du travail, le bâtiment et les chantiers, la gestion et l'organisation, la vérité, un éducateur moral, un maître initiateur et la sagesse.

10) Deuxième synthèse.

Vous reprenez ici les informations essentielles de la dominante, des signes solaires, ascendants et descendants puis lunaires et enfin des éléments karmiques.

Structure de l'interprétation du cœur du thème

1- Généralités : Forme du thème et répartition dans les hémisphères.
2- La dominante planétaire et sa position en signe et en secteur
3- Le Soleil en signe et en secteur
4- Le maître du Soleil et signe et en secteur
5- La Lune en signe et en secteur
6- Le maître de la Lune en signe et en secteur
7- Le signe ascendant
8- Le maître de l'ascendant en signe et en secteur
9- Le signe descendant
10- Le maître du descendant en signe et en secteur
11- Le signe du Milieu du ciel
12- Le maître du Milieu du Ciel en signe et en secteur
13- Le signe du Fond du Ciel
14- Le maître du Fond du Ciel en signe et en secteur
15- Le nœud sud en signe et en secteur
16- Le maître du Nœud Sud en signe et en secteur

17- Le nœud Nord en signe et en secteur
18- Le maître du Nœud Nord en signe et en secteur
19- La Lune noire en signe et en secteur
20- Le maître du la Lune Noire en signe et en secteur
Vous interprétez ensuite les planètes en signes, en secteur et les aspects, puis le karmique et enfin tout l'aspect prévisionnel.

C) Analyse plus détaillée.

1) Les planètes en signes.

a) Généralités.

Nous avons vu que les planètes représentent les différentes fonctions psychologiques avec leurs besoins, leurs tendances, leurs capacités etc., et que les signes sont des états d'esprit auxquels sont aussi rattachés des besoins, tendances et capacités. Une planète en signe décrit dans quel état d'esprit s'exprime une planète. L'interprétation d'une planète en signe répond aux questions suivantes. Comment le sujet utilise t'il la fonction psychologique correspondant à la planète et qu'est ce qui le motive ? Comment communique-t-il ? Comment exprime-t-il ses sentiments ? Comment se comporte-t-il dans sa vie professionnelle ?

Chaque planète prend une coloration différente et s'exprime différemment en fonction du signe où elle se trouve. Certaines de ses tendances et caractéristiques seront amoindries tandis que d'autres seront au contraire renforcées et mises en valeur. Une planète en signe peut s'exprimer de multiples façons. Chez certaines personnes, telles caractéristiques du signe seront exprimées et chez d'autres personnes, d'autres tendances du signe occupé par la planète se manifesteront. L'important est de voir comment la personne vit sa planète en signe puis de situer la combinaison planète signe dans la contexte du thème, par rapport à la personnalité globale de la personne, en évoquant différentes façon possibles pour elle d'exprimer sa combinaison planète signe.

Une planète en signe associe une fonction psychologique (planète) et un état d'esprit (signe). Au niveau de l'interprétation, il y a des liens entre une planète en signe et un aspect de cette même planète avec le maître du signe. Par exemple, Mars en Gémeaux ressemble à un aspect Mars Mercure. Les ouvrages sur les aspects peuvent vous aider à cerner et à exploiter l'association de besoins entre une planète et le signe qu'elle occupe.

Si Vénus est en Sagittaire, vous pouvez construire votre interprétation ainsi :

1) En tenant compte des textes sur l'interprétation de Vénus en signe.
2) En utilisant le texte sur le signe du Sagittaire dont entre autre la partie consacrée à la vie affective puisque Vénus est l'affectivité, en sachant que Vénus s'exprime dans un état d'esprit « Sagittaire ».
3) En exploitant l'aspect Vénus Jupiter qui décrit les effets d'une association entre les besoins, tendances de Vénus et ceux de Jupiter, le maître de Sagittaire.

b) Influence de l'élément et du mode vibratoire.

Avant d'interpréter une planète en signe, il est utile de considérer l'élément et le mode vibratoire correspondant au signe où se trouve la planète.

Planète en signes de feu :

Les besoins et tendances de la planète seront influencés mais aussi activés et dynamisés par la volonté, par un idéal, par une passion, par un besoin d'expression personnelle et par des objectifs personnels conscients. Elles seront ouvertes aux sollicitations extérieures, mais aussi extériorisées et utilisées pour s'affirmer.

Planète en signes de terre :

Les besoins et tendances de la planète sont influencés par un besoin de sécurité, d'ordre et d'organisation, par des besoins concrets, pratiques et matériels. Elles ont tendance à résister aux sollicitations extérieures qui sont sélectionnées. Elles sont utilisées pour structurer la personnalité et pour s'ancrer dans la réalité matérielle.

Planète en signes d'air :

Les besoins et tendances de la planète seront influencés par un besoin de communication, de mouvement, d'échange, de participation au monde et d'ouverture sur le monde. Elles sont ouvertes aux sollicitations extérieures, mais aussi intellectualisées, extériorisées et ont une certaine liberté d'expression. Elles seront utilisées pour s'adapter au monde.

Planète en signes d'eau :

Les besoins et tendances de la planète seront influencés par la sensibilité et les émotions, par l'imaginaire et le fantasme, par des craintes, par un besoin de sécurité et par des besoins inconscients. Les planètes en signes d'eau ont tendance à se protéger des sollicitations extérieures. Elles sont utilisées pour percevoir, pour créer des relations émotionnelles et pour le développement émotionnel de la personnalité.

Les planètes en signes cardinaux seront utilisées pour déclencher un mouvement et seront-elles-même dynamisées. En signe fixe, elles seront utilisées pour structurer, pour consolider, pour atteindre un épanouissement ou une plénitude, pour amener à maturité et seront elles même stabilisées.
En signes mutable, elles seront utilisées pour se réorienter, pour s'ouvrir à ce qui dépasse l'individu et pour s'adapter au changement et à l'évolution de la vie.

c) L'expression dite qualitative des planètes.

Le signe ou état d'esprit dans lequel est vécue la fonction planétaire peut être en harmonie, en complémentarité ou en contradiction avec les besoins et comportements correspondant à la fonction planétaire. Il peut faciliter l'expression de la fonction, et donc satisfaire ses besoins, ou au contraire gêner son expression et engendrer des situations concrètes qui sont plus ou moins bien vécues.

Une planète située dans un signe qui ne lui convient pas aura du mal à s'affirmer et à se réaliser normalement parce que les besoins de la planète sont en contradiction avec les valeurs du signe. Selon que la fonction puisse s'exprimer facilement ou non, il en résultera un bien être et des facilités dans la vie ou au contraire un état de tension, des contradictions et des difficultés.

Il faudra donc en tenir compte et trouver des solutions adéquates, et il y a toujours moyen de canaliser et d'orienter, en fournissant les efforts nécessaires, une fonction psychologique de façon constructive, en l'utilisant dans des activités en harmonie avec le signe où elle se trouve.

Une planète en exil peut s'exprimer plus facilement si elle est mise au service des autres. Elle s'exprime de façon plus limitée pour satisfaire des besoins personnels. Si elle est dans un signe qui lui convient (domicile, exaltation), elle tendra à s'exprimer plus facilement pour une utilisation personnelle mais elle sera moins facilement mise au service d'autrui.

En règle générale, une planète « d'eau » et donc liée à l'émotion (Lune, Pluton, Neptune) ne s'exprimera pas facilement si elle est en signe d'air et une planète de feu (Soleil, Mars, Jupiter) s'exprimera de façon limitée en signe de terre parce que ces éléments sont totalement différents tant qu'un effort conscient n'aura pas été fait pour les réconcilier. Il en est de même pour les planètes de terre en signe de feu et les planètes d'air en signe d'eau.

Les aspects harmoniques à une planète apporteront des attitudes propices à l'expression de la fonction psychologique tandis que les aspects dissonants tendront à correspondre à des comportements excessifs ou à des refoulements qui gênent l'expression normale de la fonction tant qu'un travail sur soi n'a pas été effectué.

Voici comment la tradition décrivait les effets des planètes en signes et en secteur :

Cette façon est sans doute un peu simpliste et caricaturale, mais pouvant néanmoins vous donner des indices pour l'interprétation. La tradition avait tendance à tout cataloguer en termes de " bon " ou " mauvais ".
D'après l'astrologie moderne, rien dans le thème n'est " bon " ou "mauvais ".

-Une planète située dans le signe dont elle maîtresse était dite " en domicile î et s'exprime facilement. Lorsqu'elle est dans le signe opposé au signe dont elle est maîtresse, elle est dite en exil (sous entendu en prison) et ne peut que difficilement se réaliser. Lorsqu'elle est située dans un signe dont elle était le second maître, la planète est dite en exaltation tandis que quand elle est située dans le signe opposé, elle est dite en chute. Une planète en exaltation aide le sujet à évoluer alors qu'une planète en chute à beaucoup de mal à satisfaire ses besoins dans de bonnes conditions. Finalement quand elle est située dans un signe dont l'élément correspondait à sa nature (planète de terre en signe de terre par exemple), elle est dite en pérégrination. Cela sous-entend qu'elle peut plutôt bien s'exprimer.

-Le Soleil, la Lune, Mercure, Vénus et Jupiter (planètes qui étaient dites bénéfiques) bien placés en signe et en maison tendent à s'affirmer, à satisfaire leurs besoins et à faire vivre au sujet les expériences représentées par la maison dans un sens positif de façon telle qu'il retire un bénéfice des expériences en question.

-Si le Soleil, Vénus et Jupiter sont bien placés en maison mais mal placés en signe, ils auront du mal à s'affirmer et à satisfaire leurs besoins, ou ne le feront qu'avec difficulté, aux prix de sacrifices. Les bénéfices des expériences représentées par la maison seront amoindris.

-Le Soleil, Vénus et Jupiter bien placés en signe mais dans une maison qui ne leur convient pas tendront à s'exprimer que de manière limitée.

-Mars, Saturne, Uranus, Neptune et Pluton (planètes qui étaient dites maléfiques !?!) bien placés en signe et en secteur peuvent s'exprimer et satisfaire leurs besoins, mais elles tendent à faire vivre les expériences représentées par la maison avec une certaine difficulté, le natif étant obligé de lutter, de fournir de gros efforts, de résoudre des difficultés et franchir des obstacles.

-Ces mêmes planètes bien placées en signe mais dans une maison qui ne leur convient pas tendent à s'exprimer que de façon limitée.

-Si elles sont mal placées en signe et en secteur, elles tendent à s'exprimer à travers leurs cotés négatifs, à être refoulées, et à produire des difficultés.

Quand vous interprétez une planète en signe, il est utile de se demander si les besoins et tendances qui lui correspondent peuvent s'exprimer facilement, et ce dans le secteur d'activité où se trouve la planète.
Si ce n'est pas le cas, vous pouvez identifier les comportements qui tendent à freiner l'expression des besoins et tendances, soit du signe, soit de la planète. Vous pouvez vous demander : «quel usage peut faire le sujet de sa planète en signe et en secteur?» Autrement dit «quelle forme donner à l'expression de la planète pour qu'elle soit propice au développement de la personnalité?» «Comment canaliser ses besoins de façon constructive ? »

La comparaison planète-signe pourra être affinée par la position en signe et en maison du maître du signe occupé par la planète et par les aspects qu'elle reçoit.

Si par exemple Vénus est en Bélier, signe où elle n'arrive pas toujours à s'exprimer pleinement et à satisfaire ses besoins, et si Mars, le maître du Bélier est en Poissons en aspect harmonique avec la Lune, avec Jupiter ou avec Neptune, c'est alors un peu comme si Vénus elle même était en Poissons et en aspect harmonique avec la Lune, Jupiter ou Neptune.

Cela facilitera son expression et la satisfaction de ses besoins. L'analyse du maître ou de la maîtresse du signe permet d'affiner l'interprétation d'une planète en signe.

- Les planètes maîtresses en signe. Le deuxième thème, le thème sous jacent ou le thème des sous personnalités.

Si vous prenez les douze planètes, si vous les placez à coté de leurs maîtres et si vous enlevez ensuite les maîtres, vous obtenez alors un deuxième thème, (avec de nouveaux aspects et de nouvelles positions en signe et en secteur), qui va affiner le premier. Cette démarche se fait naturellement lors de l'interprétation, lorsque sont analysés la position en signe, la position en secteur et les aspects du maître d'une planète.

Elle est surtout intéressante si vous faites un travail de développement personnel car de nouvelles combinaisons planètes-signes, planètes secteurs et de nouveaux aspects apparaissent. Avant d'entreprendre cette démarche, il est indispensable d'avoir déjà intégré le premier thème afin d'éviter les risques de confusion.

d) Exemples d'interprétation des planètes en signes et en secteurs :

Le Soleil : Pour y voir clair, développer une vision de la meilleure version de vous-même mais aussi un idéal et des valeurs, pour vous organiser efficacement, vous repérer, exprimer votre créativité, exprimer votre cœur et la puissance de l'Amour, pour aimer, réussir et rayonner, vous avez besoin de ... (qualités du signe + expériences du secteur).

La Lune : Pour vous sentir bien en vous et chez vous dans votre habitation, vous sentir nourri, nettoyer vos mémoires, être naturel, croire, créer des relations émotionnelles intimes, exprimer l'amour maternel, prendre soin de vous et d'autrui, fonder une famille, générer de la fluidité, vivre vos rêves et exprimer votre imagination créatrice, vous avez besoin de ... (qualités du signe + expériences du secteur).

Mercure : Pour apprendre, comprendre, réfléchir, calculer, organiser l'information, bricoler, communiquer, vous amuser, vous mettre en mouvement et vous adapter à votre environnement, vous avez besoin de... (qualités du signe + expériences du secteur).

Vénus : Pour ressentir du plaisir, de la joie et du bonheur, exprimer vos sens et votre sensualité, gouter et choisir, mettre de la couleur, attirer, plaire, séduire, rendre amoureux/se, produire, rentabiliser, gérer la matière et les ressources harmonieusement, vous incarner, créer des liens avec autrui et une vie de couple harmonieuse, pour participer à la civilisation, pour ressentir la beauté et l'harmonie, harmoniser et embellir, gérer la forme, pour exprimer vos talents artistiques, faire de votre vie une œuvre d'art et ressentir ce qui est juste pour vous, vous avez besoin de...(qualités du signe + expériences du secteur)

Mars : Pour avoir confiance en vous, faire preuve de courage, allumer votre énergie, prendre des décisions, vous fixer des objectifs, mettre au point des stratégies pertinentes, passer à l'action, obtenir des résultats et des victoires, être rapide et efficace, sportif ou passer en mode soldat et travailler avec le métal, vous avez besoin de...(qualités du signe + expériences du secteur).

Jupiter : Pour vous extérioriser, prendre votre place, gérer l'espace, affirmer votre autorité et votre puissance, jouer votre rôle économique, trouver les bons enseignements, exprimer votre sens pédagogique, vous intégrer socialement, élargir vos horizons, faire des affaires et vous épanouir dans le monde extérieur ...(qualités du signe + expériences du secteur).

Saturne : Pour vous intérioriser, questionner, chercher, planifier, gérer le temps, gérer des chantiers dont le chantier de votre vie, évoluer, grandir, faire preuve de patience, structurer, surmonter une blessure d'abandon, une sensibilité aux manques et des frustrations, bien vivre la solitude, pour avancer, vous sentir en sécurité et trouver la paix intérieur, vous avez besoin de ... (qualités du signe + expériences du secteur).

Uranus : Pour exprimer votre intelligence psychologique et/ou technologique et votre génie, pour trouver des solutions, réparer ce qui doit l'être, vous libérer de tout ce dont il est nécessaire de se libérer, pour être libre et heureux, exprimer votre différence et votre spécificité, vous adapter à l'inconnu, à l'imprévu et à la vie moderne avec ses structures d'informations et nouvelles technologies, pour vous faire des amis et travailler en réseau, vous avez besoin de ......(qualités du signe + expériences du secteur).

Neptune : Pour vous libérer de vos mémoires généalogiques, de vos illusions, du chaos et de vos souffrances, pour accepter, pardonner et lâcher-prise, pour accéder à un état d'enchantement, de transcendance et de communion avec le Divin, pour faire l'expérience de la communion avec la vie et avec les courants d'amour qui inondent en permanence l'univers, pour répondre aux besoin de la collectivité, pour soulager les souffrances et les misères du monde, pour être inspiré et exprimer votre don de voyance ou votre intuition, vous avez besoin de.........(qualités du signe + expériences du secteur).

Pluton : Pour sortir de la crise, de la douleur, de la peur, de l'esclavage, de la dévalorisation, d'une blessure de rejet et de trahison, gérer des crises et des problèmes, transformer ce qui doit l'être, évacuer, éliminer et détoxiner, exprimer une médiumnité ou une perception de l'invisible, développer une relation consciente à l'au-delà, explorer l'au-delà, vivre des expériences initiatiques, prendre conscience de votre vie éternelle, préparer votre vie future dans l'Au-delà, être une personne passionnée et faire ce qui vous passionne, vivre une vie sexuelle épanouie, gagner de l'argent, reprendre votre pouvoir et exprimer votre pouvoir personnel, jouir du monde de la matière et parcourir le chemin de l'initiation, vous régénérer et renaitre de vos cendre en la forme de vie que vous étiez avant de vous incarner sur Terre dans un corps de mammifère, vous avez besoin de.........(qualités du signe + expériences du secteur).

Structures possibles des phrases d'interprétation

1-Pour ... (besoins de la planète), vous avez besoin de (besoins et qualités du signe).
2-Votre besoin de (besoin de la planète) passe par l'expression de/d'un besoin de, d'une capacité à (besoins et qualités du signe).

Vous pouvez utiliser les exemples de la Lune dans les différents signes pour compléter les phrases des autres planètes qui démarrent par « pour tatata vous avez besoin de... ».

Les secteurs correspondent à des expériences concrètes dans la vie terrestre. Lorsqu'un secteur n'est occupé par aucune planète, les expériences qu'il représente seront simplement vécues à travers l'état d'esprit correspondant au signe derrière le secteur.

L'analyse en signe, en secteur et l'analyse des aspects du maître du signe qu'occupe le « secteur vide de planètes » permettra d'apporter plus de précisions sur la façon dont le sujet vivra les expériences concernées par le secteur étudié. Une planète en secteur s'interprétera comme un ensemble de besoins et de tendances, vécus dans l'état d'esprit correspondant au signe occupé par la planète, orientés vers certaines expériences de la vie et en relation harmonique ou dissonante avec d'autres planètes.

Quand plusieurs planètes occupent un secteur, les expériences représentées par le secteur sont mises en valeur. Elles prennent de l'importance dans la vie du sujet et engendrent chez lui un état d'esprit proche de celui engendré par le signe qui correspond au secteur. Un amas planétaire en maison neuf poussera l'individu à vivre l'expérience du voyage, de la culture, de la recherche spirituelle ou de l'insertion professionnelle. Il tendra ainsi à acquérir une mentalité de voyageur, d'homme d'affaire, de pédagogue, de religieux etc. Lorsqu'il y a un amas planétaire dans un même secteur, il faut détecter la planète qui joue le rôle le plus important au sein du groupement, c'est-à-dire celle qui influencera le plus les expériences correspondant à la maison et l'état d'esprit correspondant au signe.

Le système de calcul de la dominante et de l'importance respective de chaque planète permet de le faire, sinon, il faut utiliser ce vieil instrument qu'on appelle le flair, tout en dialoguant avec le sujet. Quand les besoins et tendances d'une planète sont contraires à ceux du secteur occupé, les expériences représentées par le secteur peuvent être retardées ou limitées. Là encore, il faut trouver le moyen de canaliser les besoins et tendances d'une façon constructive, en utilisant la fonction psychologique non pas pour soi mais pour les autres.

Exemple : Le soleil en maisons :
Le Soleil représente votre vision, ce qui est important pour vous, de quoi vous avez besoin pour aimer, créer, affirmer votre volonté et votre puissance, être la meilleure version de vous-même et pour rayonner comme un Soleil.

Soleil en maison 1 : C'est en vous affirmant à travers des objectifs, des stratégies et des résultats, comme un sportif, un entrepreneur ou un soldat, que vous réaliserez vos buts de vie et que vous rayonnerez.

Soleil en maison 2 : C'est en focalisant votre vitalité sur la bonne gestion des ressources et de l'argent et sur la création de votre bonheur sur Terre en étant bien enraciné/ancré et en sécurité matérielle/affective que vous réaliserez votre but de vie et que vous rayonnerez. Cela peut impliquer la création d'une vie de couple et d'une vie de famille et/ou une activité en lien avec la nature, le corps ou l'art.

Soleil en maison 3 : C'est en focalisant votre attention sur l'expression de votre curiosité, des découvertes, un partage d'informations, la communication, l'écriture, le commerce et l'adaptation à votre environnement que vous réaliserez le but de votre vie et que vous rayonnerez.

Soleil en maison 4 : C'est en focalisant votre attention sur vos ressentis, sur une recherche de bien-être en nettoyants vos mémoires, en vous nourrissant et en vous ressourçant correctement, en exprimant vos émotions, en créant des relations émotionnelles intimes fortes au sein d'une famille ou d'un clan et en prenant soin de vous et de la vie que vous réaliserez le but de votre vie et que vous rayonnerez.

Soleil en maison 5 : C'est en focalisant votre attention sur l'expression de vos valeurs, d'un idéal, d'une vision, de votre cœur et de votre créativité, donc en aimant ce que vous faîtes et en faisant ce que vous aimez et en exprimant qui vous êtes que vous réaliserez le but de votre vie et que vous rayonnerez.

Soleil en maison 6 : C'est en maîtrisant des informations, des outils ou des techniques, en prenant soin des détails et de la santé, en perfectionnant ce qui peut l'être, en utilisant par exemple des nombres, les plantes ou les animaux, en répétant de façon à développer une expertise technique pour pouvoir proposer des services à la vie et ainsi gagner de l'argent et être adapté au monde de la matière que vous réaliserez le but de votre vie et que vous rayonnerez.

Soleil en maison 7 : C'est en focalisant votre attention sur la notion de génération d'harmonie et de restauration de l'équilibre, de beauté plus structure, sur la création de relations sociales nombreuses et variées mais aussi d'une vie sentimentale/de couple harmonieuse, à travers une intense activité relationnelle/artistique/juridique et en participant à la civilisation (entreprise, administration, association ou activité consistant à apporter de l'équilibre) que vous réaliserez le but de votre vie et que vous rayonnerez.

Soleil en maison 8 : C'est en focalisant votre attention sur l'expression de votre instinct de survie, vos pulsions et vos passions, votre sexualité, sur ce qui est occulté, sur votre relation à l'invisible et à l'au-delà, sur votre parcours initiatique, vos mémoires karmiques, votre capacité à vous transformer pour être authentique grâce à une forme d'initiation que vous réaliserez le but de votre vie et que vous rayonnerez.

Soleil en maison 9 : C'est en focalisant votre attention sur le lointain, les voyages, l'exploration et l'étranger, sur une philosophie de vie, une religion ou une recherche spirituelle, sur le fait de trouver les bons enseignements, de les assimiler puis de les restituer sous la forme d'une expertise ou de conseils/de guidance, sur votre capacité à vous intégrer socialement, à affirmer votre autorité et votre puissance, à prendre votre place et à jouer un rôle économique que vous réaliserez le but de votre vie et que vous rayonnerez.

Soleil en maison 10 : C'est en focalisant votre attention sur des questionnements, sur une recherche, sur un objectif à long terme nécessitant efforts et discipline, sur l'exercice de responsabilités sociales en étant un modèle ou un dirigeant éclairé, sur l'expérience d'une carrière valorisante et sur une recherche de votre vérité profonde pour trouver la paix intérieure que vous réaliserez le but de votre vie.

Soleil en maison 11 : C'est en focalisant votre attention sur l'expression d'une intelligence psychologique ou technologique capable de trouver des solutions, réparer ce qui doit l'être et créer un monde meilleur, sur une capacité à travailler en réseau et à gérer une clientèle ou des activités en groupe, sur la participation à des projets ou des actions collectives ou sur le fait d'incarner la volonté de le Source de toute Vie sur Terre que vous réaliserez le but de votre vie.

Soleil en maison 12 : C'est en focalisant votre attention sur une capacité à vous libérer de vos mémoires ancestrales, à sortir de la souffrance, à entreprendre une recherche spirituelle nécessitant solitude et intériorité, à accéder à un état de joie spirituelle, d'enchantement et de communion avec le divin/le Grand Tout, mais aussi en répondant aux besoins de la collectivité et en contribuant à soulager les souffrances et les misères du monde que vous réaliserez le but de votre vie.

Voici quelques contradictions dues à des différences entre les besoins et tendances d'une planète et le signe ou secteur qu'elle occupe.

Vénus en secteur 8 : Vénus peut avoir du mal à extérioriser ses besoins affectifs et à créer des relations harmonieuses en dehors d'un contexte où existent des crises, des difficultés, des situations tendues. Cette position peut par contre être canalisée dans des activités consistant à aider des gens qui ont des problèmes, dans la médecine, la chirurgie, l'acupuncture, les métiers sociaux, les assurances, la sécurité, l'astrologie, l'expérience initiatique et la voyance.

Lorsqu'elle n'est pas ou mal canalisée, la vie affective et relationnelle peut comporter des tensions et des crises. Idem pour le Soleil en secteur 8.

Mars en Cancer ou en secteur 4 : Les besoins de conquête, de lutte et de victoire, de se tailler une part du gâteau dans le monde extérieur, d'auto affirmation peuvent avoir du mal à s'exprimer dans un état d'esprit correspondant à un besoin de détente, d'autoprotection, d'intimité, de vie familiale, de foyer et de sympathie. Cette position peut par contre permettre de se battre pour fonder une famille, pour construire un foyer, pour s'occuper des enfants ou tout simplement pour réaliser ses rêves. Elle peut aussi être canalisée dans une activité en rapport avec le public, la musique, la gastronomie, l'industrie alimentaire, le dessin, les valeurs refuges et tout ce qui touche aux enfants.

Soleil en 6 : Les besoins solaires d'être mis en valeur, de jouer un rôle central, de diriger et de commander peuvent avoir du mal à se réaliser dans un secteur qui incite à servir autrui, à se placer sous une autorité, à s'effacer et qui confère parfois une certaine timidité. Mais régner n'est t'il pas avant tout servir ? Cette position peut être canalisée dans des activités maison 6 (services) où le sujet pourra réussir et briller.

Saturne en secteur 5 ou 7 : Les attitudes distantes, réservées, inquiètes, égoïstes ainsi que le besoin de solitude et les exigences perfectionnistes de Saturne ne favorisent guère les relations amoureuses, la vie de couple, les enfants et les associations. Cette position peut néanmoins être canalisée en vivant avec le conjoint ou le/la partenaire les expériences saturniennes d'évolution intérieure, de construction de la personnalité dans le temps, de maturation, de recherche etc.

Saturne en 2 : Les attitudes saturniennes ne favorisent pas toujours l'abondance, la richesse et la capacité à profiter des joies et plaisirs de l'existence. Certains ouvrages traditionnels indiquent que Saturne en secteur 2 est un indice de pauvreté. L'expérience prouve cependant le contraire car des personnes fortunées ont Saturne en secteur 2 tout comme des couples avec plusieurs enfants ont Saturne en secteur 5.

Le système des maîtrises appliqué aux planètes en secteurs.

Lorsque le maître réel d'un secteur est dans un secteur différent de celui dont il a la maîtrise, cela correspond dans la personnalité à un lien entre les deux catégories d'expérience représentées par les deux secteurs.

Exemple : Si le secteur 9 est en Cancer. Le maître réel du secteur 9 est la Lune puisque la Lune est maîtresse du signe du Cancer. Supposons que la Lune soit en secteur 3.

Il y a alors un lien entre les expériences du secteur 9 et les expériences du secteur 3. Plus précisément, les expériences du secteur 3 vont contribuer au développement des expériences du secteur 9. Concrètement, le secteur 9 correspond à l'expérience de l'insertion dans un système socioculturel, à l'aspiration spirituelle, à l'élargissement des horizons par la culture, les voyages, la religion etc. Ces expériences auront tendance à se faire dans un état d'esprit Cancer puisque le secteur 9 est en Cancer.

Le secteur trois correspond à l'expérience de la communication, des contacts, de l'échange, de l'acquisition et de la transmission d'information, de l'adaptation à l'environnement proche etc. Comme la maîtresse du secteur 9 est en secteur 3, le consultant peut s'insérer socialement, participer à la vie économique de son pays, se cultiver, voyager, élargir ses horizons spirituels à travers une forme de commerce ou d'échanges intellectuels, à travers les contacts qu'il peut établir, à travers des livres, en transmettant des informations, en étant un intermédiaire etc. Vous avez vu l'interprétation du Soleil, de la Lune et de l'ascendant, voyons à présent les autres fonctions psychologiques.

3) Les aspects entre planètes.

Les aspects permettent de préciser et d'affiner, en affirmant ou en infirmant, les renseignements fournis par les planètes en signes et en secteurs. Un aspect représente une relation entre deux planètes et donc entre deux fonctions psychologiques. Plusieurs situations peuvent se présenter lorsque deux planètes sont en relation.

Ce qu'il se passe dépend de la nature des deux planètes, de la distance angulaire qu'il y a entre elles et de la façon concrète dont la relation est vécue, intérieurement et dans la vie extérieure. Deux planètes peuvent cohabiter comme deux personnages inséparables, l'un se manifestant toujours quand l'autre s'exprime. Elles peuvent travailler ensemble pour satisfaire un même besoin et atteindre un même objectif, l'une faisant appel à l'autre pour l'aider et la soutenir.

Mais l'une des deux planètes peut aussi avoir tendance à freiner, à inhiber, à empêcher ou à déformer l'expression de l'autre en lui mettant des bâtons dans les roues parce que la personne est plutôt sensible aux effets négatifs et aux répercussions négatives d'une fonction sur l'autre.
Une planète vécue comme gênante et perturbatrice peut alors être rejetée, devenir plus ou moins dissociée de la conscience voire de la personnalité. Elle peut s'exprimer de façon indépendante et inconsciente, un peu comme un enfant dont on ne s'occupe pas et qui fait des bêtises, en produisant des effets perturbateurs dans la vie du sujet.

Elle peut aussi perturber la planète qu'elle aspecte parce qu'elle s'exprime de façon excessive. *Notez que les aspects sont activés ou mis à l'ordre du jour par des transits planétaires.*

Pour connaître la nature d'un aspect : On place de façon imaginaire la première planète sur le point vernal à zéro degré du Bélier et la seconde à une distance correspondant à celle de l'aspect. La nature de l'aspect est alors Bélier-second signe).

Exemples : La conjonction a une nature Bélier-Bélier. Les deux planètes sont tournées vers l'action. Le sextil (60°) a une nature Bélier-Gémeaux. Les planètes sont tournées vers l'adaptation. Le carré (90°)a une nature Bélier-Crabe et il y a une tension émotionnelle à gérer.
Le trigone (120°) est tourné vers la réussite et a une nature Bélier-Lion. Le Quiconque (150°) a une nature Bélier-Vierge et l'opposition (180°) une nature Bélier-Balance.

3 i) Pour interpréter un aspect.

1) Vous devez dans un premier temps être conscient(e) du rôle, des besoins, des tendances, des capacités et des défauts de chaque fonction.

2) Il est important de localiser la fonction à laquelle la personne tend à s'identifier en priorité, c'est-à-dire celle qui tend à dominer. Dans certains cas, une des deux fonctions composant l'aspect prédomine alors que dans d'autres cas aucune des deux fonctions n'est plus valorisée que l'autre.

3) Vous devez connaître la nature de l'aspect (harmonique ou dissonant) et son fonctionnement psychologique.

4) Les signes occupés par les planètes formant l'aspect décrivent les états d'esprits et les mondes dans lesquels s'exprime un aspect.

5) Les secteurs occupés par les planètes formant un aspect indiquent les circonstances concrètes de l'existence qui sont concernées par l'aspect.

6) Localiser les événements concrets, les symptômes ayant correspondu ou correspondant à l'aspect. Le dialogue avec le consultant ou la voyance permet de le faire. Le but est de voir clairement comment le vécu intérieur s'est manifesté par un vécu extérieur et de localiser les croyances, les décisions et les causes du vécu actuel.

7) Faire la synthèse de ces quatre points en envisageant des solutions, c'est-à-dire en donnant à l'aspect une forme qui permettra au sujet d'évoluer, en exploitant consciemment les facilités liées à un aspect dit harmonique et en transformant les faiblesses liées à l'aspect dit dissonant en forces.

Parmi les solutions aux aspects dits dissonants on peut citer celles ci :

1) Le sujet peut adopter la solution dite d'alternance ou d'oscillation, où il différencie chaque fonction, apprend à voir ses aspects positifs et négatifs, puis apprend consciemment à vivre chaque fonction dans des états d'esprits différents, en fonction du signe et du secteur occupé, s'identifiant tantôt à l'une tantôt à l'autre, en étant capable d'osciller rapidement entre les deux.

2) Lorsque l'aspect est canalisé, chaque fonction tendra à rectifier l'autre au moindre excès quand l'une d'elle se manifeste de façon excessive, où alors chaque planète sera vécue dans le domaine qui lui correspond, et l'état d'esprit correspondant à son signe.

L'aspect dit dissonant ressemblera alors à l'aspect harmonique mais sera vécue de façon beaucoup plus consciente et surtout de façon beaucoup plus dynamique et plus puissante.

Exemple : Avec une opposition Lune-Uranus, le sujet saura vivre son besoin d'affirmation et de participation au progrès collectif, son besoin d'engagement et de maîtrise dans sa vie professionnelle, dans un état d'esprit particulier, puis vivre des moments de quiétude et d'intimité, en se consacrant à son foyer ou sa famille dans un autre état d'esprit très différent du premier.

Chaque planète est canalisée vers le domaine qui lui est propre, en tenant compte de sa nature mais en tenant compte aussi du secteur dans lequel elle se trouve. Le sujet saura se détendre à la moindre surchauffe, au moindre excès de tension mais saura se remuer à la moindre paresse. Il pourra être très doué pour assurer une totale indépendance mais être aussi capable de relations émotionnelles riches avec autrui.

3 ii) Les différents types d'aspects.

a)Les aspects pouvant être harmonique ou dissonants

La conjonction.

Deux planètes sont en conjonction quand la distance angulaire qui les sépare est inférieure à 12°. On constate cependant que deux planètes qui sont dans le même signe et qui forment une distance angulaire supérieure à 12° peuvent avoir des rapports de conjonction. Les deux planètes opèrent dans le même état d'esprit et peuvent se manifester ensemble quand le sujet adopte cet état d'esprit. Elles peuvent avoir tendance à fusionner comme un couple dont l'union fait la force mais aussi à rivaliser dans un rapport de force engendrant une tension intérieure. Le sujet peut avoir des difficultés, initialement, à faire la différence entre les deux planètes dans la mesure où il ne les vit qu'intimement liées.

La conjonction correspond au début d'un cycle et contient potentiellement tous les autres aspects. La conjonction est parmi tous les aspects celui qui engendre la relation la plus intense entre deux planètes. Elle est un aspect qui peut produire des résultats positifs ou moins positifs dans la vie du sujet en fonction des planètes concernées, du signe et du secteur concerné, des aspects reçus par la conjonction, de la dominante et de l'ensemble du thème.

Chaque signe réagit à celui qui le précède pour continuer le processus de développement présent dans le zodiaque, en enclenchant une nouvelle étape du cycle zodiacal. Deux planètes en conjonction dans deux signes différents peuvent avoir tendance à réagir l'une contre l'autre. Chacune cherchant à s'exprimer à sa manière sans forcément tenir compte des besoins de l'autre qui se manifeste dans un état d'esprit différent. Celle qui est en tête cherchera à tirer la retardataire vers l'avant tandis que cette dernière tendra à résister en freinant l'avance de l'autre.

La conjonction ressemblera alors plus à un duel qu'à un duo et pourra être interpréter comme un aspect dissonant ou difficile à vivre. Cependant, chaque signe est aussi complémentaire à celui qui le précède. Une conjonction dans deux signes différents pourra permettre d'exploiter le meilleur de chaque signe et de trouver un équilibre entre les deux signes, mais cela demande une démarche de réflexion consciente et des d'efforts. Si elle est plus difficile à exploiter qu'une conjonction dans un seul signe, elle pourra être beaucoup plus riche. Il faut souvent un certain temps, une certaine maturité et beaucoup de subtilité pour intégrer une conjonction dans deux signes différents. Il faudra trouver en fonction du thème et du vécu les situations et comportements pouvant permettre de donner à la conjonction la forme adéquate pour qu'elle soit vécue d'une manière constructive.

Lorsque deux fonctions sont aspectées, la première prendra des caractéristiques de la seconde et vice versa. Lors d'un aspect harmonique, les deux fonctions opèrent en symbiose, en échangeant des informations et des traits de caractère. Elles se comportent comme deux partenaires se dirigeant vers un même objectif. La première tendra à appuyer, à soutenir et à favoriser l'expression de la seconde qui s'affirmera elle-même grâce aux besoins et tendances de la première. Les échanges se font de façon naturelle et continue, sans que cela exige des efforts particuliers.

Un aspect harmonique, s'il est facile à vivre, ne doit pas être systématiquement considéré comme bénéfique. Il rend simplement sensible aux effets positifs que chaque fonction a sur l'autre. On retrouve chez des criminels de nombreux aspects harmoniques. L'aspect faisant ressortir les bons cotés de chaque fonction, un sujet pourra commettre des crimes, délits et actes allant à l'opposé de son évolution, en croyant bien faire, en y voyant que des avantages et sans se rendre compte de ce qu'il fait. L'aspect harmonique tend aussi à endormir dans une vie tranquille mais monotone.

Le trigone 120° +-7°

La tradition parle de cadeau de naissance, de chance, de protection et de facilité. Le trigone représente d'après elle une chance pure, indépendante du conscient, un don karmique provenant des ancêtres et capable de créer des circonstances favorables qui sont extérieures au sujet. Il est le plus puissant des aspects dit harmoniques. Les deux fonctions se complètent, combinent harmonieusement leurs courants, s'enrichissent grâce aux informations qu'elles échangent et permettent au sujet de s'adapter à la vie.

Le trigone adoucit, apporte une vie facile et calme. Il tend à endormir et peut conduire à une vie passive, paresseuse, comportant peu de réalisations. Il doit être activé et stimulé par des aspects dit dissonants ou dynamiques pour que le sujet se mobilise et pour qu'il exploite les opportunités qui lui correspondent. Le trigone grâce aux facilités qu'ils confèrent, peut être utilisé pour résoudre les difficultés correspondant aux aspects dissonants.

Si dans la pratique on se rend compte que la tradition n'a pas tort, elle explique en revanche peu de choses sur la situation et le climat psychologique intérieur que représente le trigone. En langage moderne, l'on peut dire que lorsque le sujet s'identifie à une fonction, il est sensibilisé aux effets positifs de la seconde sur celle à laquelle il est identifié. Il tend à considérer la seconde fonction comme étant positive et tend à croire qu'elle peut lui apporter que du bien sans qu'il fasse trop d'efforts.

Et l'image intérieure positive qu'il a de la seconde fonction tend à attirer les circonstances positives équivalentes dans sa vie. Par contre si un problème lié à l'une des deux fonctions se présente, lors d'un transit par exemple, il aura quelques difficultés à le résoudre dans la mesure où il n'aura pas eu l'opportunité de réfléchir et de vivre les cotés négatifs des fonctions concernées.

Le sextil est un aspect dit mental et relationnel parce qu'il se développe par une ouverture sur autrui, par une activité mentale consciente par les décisions et les actes qui s'ensuivent et par l'expérimentation. Il représente une capacité réalisatrice grâce à l'effort personnel et permet d'apporter au sujet des résultats positifs grâce à l'action dans la vie extérieure. La sensibilité aux effets positifs que chaque fonction a sur l'autre et la compréhension des expériences vécues engendrent une dynamique et un optimisme qui facilite les réalisations et qui permet d'avancer d'un pas assuré sur le chemin de l'évolution. Les secteurs indiqueront les expériences qui sont concernées. Il faut donc œuvrer et tenir compte de l'environnement pour tirer des bénéfices du sextil, sinon l'aspect ne reste que potentiel.

c) Les aspects dit dissonants.

Dans le cas d'un aspect dissonant, c'est-à-dire à priori difficile à vivre et source de problèmes tant que la difficulté ou le conflit qu'il représente n'a pas été surmonté, le sujet est sensibilisé aux effets négatifs d'une fonction sur une autre. Croyant que la seconde fonction perturbera systématiquement la première, à laquelle il est identifié, il tendra à rejeter, en partie ou totalement, cette seconde fonction, et attirera dans sa vie concrète, les perturbations qu'il se créé mentalement sous formes d'images.

Prenons l'aspect dissonant Vénus-Saturne. Si par exemple la planète Saturne est vécue comme perturbatrice et si elle est partiellement refoulée, le sujet aura des difficultés à prendre du recul, à s'organiser, à grandir et à gérer son existence à long terme. Lorsqu'une fonction jugée perturbatrice (ici Saturne) est tenue à l'écart d'un domaine quelconque représenté par l'autre fonction (ici Vénus, donc la vie affective et relationnelle), il y aura un manque d'éléments de la première fonction (Saturne) sur tout ce que représente la seconde (Vénus).

Un rejet d'une fonction pourra également produire une impression réelle de manque d'éléments de la seconde fonction sur la première. Si Saturne est la fonction rejetée, le sujet se plaindra d'un manque de stabilité, d'évolution, de durée, de sécurité lorsqu'il vit la fonction qu'aspecte Saturne. Il y aura dans certains cas une boulimie compensatrice et donc un excès de ce que représente la seconde fonction sur la première.

Ainsi, un sujet pourra être trop ceci ou trop cela quand il communique, exprime ses sentiments, agit etc. Finalement, une fonction pourra être utilisée par l'ego et par les peurs afin d'empêcher le sujet de vivre l'autre fonction.

Un sujet ayant un aspect dissonant mal intégré entre Vénus et Saturne peut avoir tendance à s'arranger pour ne pas s'engager affectivement, par crainte de l'engagement affectif, en utilisant comme prétexte sa carrière, son surcroît de travail, ses exigences morales, ses devoirs etc. Ou inversement il se servira de sa vie de couple pour éviter de prendre ses responsabilités.

Le carré, 90° +-7°

Cet aspect tend à engendrer un conflit intérieur et un excès de tension. Cela se traduit par des événements conflictuels dans le monde extérieur. Il représente un problème devant être résolu et des obstacles à surmonter pour devenir libre et autonome. Il oblige le sujet à fournir des efforts pour se dépasser et pour franchir les obstacles qui lui barrent la route.

Il provoque un excès d'énergie qui doit être contrôlé et canalisé de façon constructive. Il correspond à une guerre intérieure d'où le sujet doit sortir vainqueur; seulement alors il pourra être en paix avec lui-même. Le carré peut correspondre à un blocage, à une difficulté à s'exprimer. Les deux planètes en carré peuvent se gêner mutuellement, l'une empêchant l'expression de l'autre et vice versa. Mal vécu, il peut engendrer des comportements névrotiques. Mais il indique aussi la possibilité d'une maîtrise consciente des deux fonctions psychologiques en carré, et une opportunité d'évolution ou d'accroissement des forces de l'âme.

Peu de progrès peuvent être accompli sans un carré car il pousse le sujet en avant en l'obligeant à réagir. Il empêche de s'installer dans une vie calme, monotone, et comportant peu de réalisations. Lorsqu'un carré est bien intégré, la personne peut devenir experte dans les problématiques liées au carré et aider les autres à solutionner ces problématiques. Le carré est plus brusque, plus violent que l'opposition et correspond souvent à des événements vécus ponctuels, précis et limités dans le temps.

L'opposition 180° +- 10

Elle indique une tension continue entre deux fonctions planétaires vécues dans deux états d'esprit qui sont totalement différents mais qui peuvent être complémentaires. L'opposition est moins violente que le carré et correspond à des périodes de temps plus ou moins longues plutôt qu'à des événements ponctuels. Le sujet peut être obligé de lutter sur deux fronts dans la mesure où quand il vit une fonction, il est souvent obligé de sacrifier une partie de l'autre. Avec une opposition, il est difficile de vivre les expériences correspondant aux deux planètes en même temps, ou alors le sujet doit les vivre dans deux états d'esprit différents, en oscillant entre l'une et l'autre, ce qui peut alors produire de brusques changements de comportements ou une double personnalité. C'est en apprenant à vivre, à faire fonctionner ensemble et à l'intérieur de l'être les deux fonctions, mais aussi en apprenant à croire que ce que représente l'une des fonctions peut parfaitement avoir des effets bénéfiques sur l'autre que les conflits et problèmes existant dans le monde extérieur et liés à l'opposition existant à l'intérieur de la personnalité se résoudront.

En fournissant les efforts nécessaires pour vaincre ses dissonances, le sujet acquiert un éveil de sa conscience, un enrichissement spirituel et une puissante maîtrise des fonctions en question. Les aspects dissonants font des personnalités fortes qui ont souvent une vie agitée, parfois désordonnée mais riche en événements et en réalisations.

Si le sujet ne réagit pas aux dissonances, il risque de s'enfoncer dans la peur, dans la névrose, et de commettre des actes qui vont à l'encontre de son évolution voire de son bonheur. En résumé, les aspects dissonants bousculent pour faire évoluer. Cela n'est pas très agréable mais c'est souvent le meilleur moyen de ne pas s'endormir et de progresser.

Lorsqu'un aspect dissonant est bien géré et maîtrisé, les problèmes qu'ils représentent existent toujours, mais le sujet peut alors utiliser l'expérience qu'il a des difficultés et problèmes liés à l'aspect comme un moyen d'expression.

Un aspect dissonant entre Mercure et Saturne sensibilise aux difficultés à communiquer ou à se déplacer. Le sujet peut le canaliser en s'occupant de malentendants ou de personnes ayant des problèmes de mouvement ou de communication.

Un aspect entre Vénus et Jupiter peut sensibiliser aux difficultés à exprimer ou traduire dans un langage les sentiments et le sens esthétique. Cette sensibilité peut permettre de réussir dans une carrière artistique, dans les métiers en rapport avec l'accueil, le relationnel, le conditionnement et la décoration. L'important est donc d'arriver à canaliser les aspects dissonants d'une façon constructive.

L'ensemble du thème doit être étudié comme un modèle d'équilibre qu'il faut incarner, un équilibre dynamique qui englobe toutes les fonctions et aspects, y compris les dissonances. Comme disaient les anciens, il n'y a pas de thèmes déséquilibrés, il n'y a que des gens qui ne savent pas interpréter correctement une carte du ciel et canaliser de façon constructive les tensions intérieures.

L'astrologie peut indiquer comment les aspects dissonants, c'est-à-dire nos contradictions intérieures, peuvent être orientées d'une façon bénéfique. Chacun doit devenir un chef d'orchestre dont les musiciens et les instruments sont nos différentes fonctions psychologiques.

Tant que le sujet n'a pas résolu son conflit intérieur, chaque fonction tendra à perturber l'autre dès qu'elle s'exprime. Il ne faut donc pas ignorer un aspect dissonant mais chercher des solutions en partant du problème posé par l'aspect.

Exemple : Avec un carré Soleil-Neptune, le besoin de rêverie et d'évasion qu'éprouve le sujet risque d'être gêné voir empêché par des réactions autoritaires, par l'image de marque à donner, par des principes rigides, par un besoin de réussite sociale. Inversement, le sujet peut s'identifier à son besoin d'évasion et rejeter toute forme de clarté, d'organisation ou d'engagement volontariste.

Mais la fonction neptunienne refoulée risque de se manifester au détriment du sujet, par des excès de tabac ou d'alcool, par des accès de fatigue, par des vertiges, par des oublis et lapsus plus ou moins graves, par des fuite de gaz ou par d'autres symptômes qui ont pour but de rappeler au sujet que la fonction existe et demande à être vécue en lui.

Chassez le naturel et il revient au galop! Il peut alors suffire pour que le sujet arrive à exprimer son Neptune dans la musique, à travers des croyances religieuses, à travers des activités charitables ou à travers une autre activité représentée par Neptune pour que bon nombre de difficultés soient atténuées. Une planète refoulée, l'est souvent parce que le sujet a vécu des expériences négatives en rapport avec cette planète. Il doit alors apprendre à voir puis à exprimer les cotés positifs de la planète.

Exemple : Avec une opposition Vénus-Jupiter, le sujet peut avoir été sensibilisé aux effets perturbateurs que peuvent avoir des voyages et les longs déplacements, des différences socioculturelles, des difficultés matérielles ou la vie professionnelle sur la vie affective.

Une seule des formes d'expression d'une fonction suffit souvent à l'âme pour croire que la fonction toute entière ne peut qu'avoir des effets perturbateurs sur l'autre. Le sujet peut ainsi croire que l'ensemble de la fonction jupitérienne perturbera systématiquement sa vie affective parce qu'un jour, une mutation l'a éloignée d'une personne chère ou parce qu'une différence de race ou de classe sociale l'a empêché de se lier avec une personne. La personne aura alors peut-être tendance à refouler tout comportement jupitérien dans sa vie affective et à manquer de qualités jupitériennes. Mais le Jupiter refoulé risque de se manifester d'une manière ou d'une autre, jusqu'à ce que le sujet ait intégré sa dissonance. Ce peut être des problèmes avec la loi, avec un médecin, des désaccords financiers ou des difficultés en rapport avec un voyage etc. Il est important de noter qu'un aspect peut être vécu de multiples façons.

Il est donc important de voir quelle forme revêt l'aspect dans chaque cas; comment précisément il est vécu par le sujet ; à quels événements concrets il correspond; puis de faire le lien entre ce que le sujet a tendance à croire et les événements concrets correspondant à ses croyances.

L'aspect dissonant indique toujours une peur qui doit être surmontée. Un thème comportant de nombreux aspects dissonants n'indique pas forcément des tendances criminelles. Le sujet peut être simplement assailli par des peurs qui l'empêchent d'agir et de se réaliser.

Dans la mesure où la peur incite le sujet à attirer dans sa propre existence ce qu'il redoute, il lui faudra transformer ses peurs en confiance par un travail sur soi, par une connaissance des problèmes liés à la dissonance. Cela implique une prise de conscience, une évacuation de déchets psychologiques, une libération émotionnelle et une certaine connaissance des mécanismes psychologiques et ésotériques qui régissent notre univers. Parmi l'ensemble des aspects présents dans son thème, le sujet cherchera souvent à s'identifier et à incarner les aspects dans lesquels il se sent le mieux, où il vivra le moins de tensions, de perturbations et de désagréments, c'est-à-dire les aspects harmoniques. Il tendra par contre à fuir, à refouler ou à réduire l'importance du reste, c'est-à-dire les dissonances.

Il sera donc important de mettre en valeur les aspects harmoniques afin de donner au sujet une base d'équilibre lui permettant d'évoluer et de maîtriser ses aspects dissonants. Une planète formant un aspect harmonique à une planète recevant une dissonance peut être un point de fuite, de refuge et d'allégement de la tension produite par la dissonance. Le sujet tendra alors à s'identifier à l'aspect harmonique et à mettre de coté l'aspect dissonant mais peut utiliser l'aspect harmonique pour apprendre à gérer sa dissonance.

Le saviez-vous ? Les anciens considéraient qu'il y avait un aspect dissonant, d'un point de vue symbolique, entre deux planètes situées dans deux signes en carré ou en opposition quelles que soient le degré où se situent les planètes. Ainsi, de leur point de vue, Mars à 1 degré du Bélier et la Lune à 29 degrés du Cancer forment un carré alors que leur angle est de 118 degrés. C'est à vous de vérifier ce que cela donne dans la pratique !

Les aspects mineurs sont :

Le demi-sextil : Les planètes sont à 30° l'une de l'autre. L'orbe admis étant de deux degrés. La tradition le dit faiblement bénéfique. D'un point de vue psychologique, cet aspect représente un lien entre deux fonctions vécues dans deux états d'esprit totalement différents mais complémentaires. Il peut donc permettre à l'individu de passer d'un état d'esprit l'autre de façon naturelle.

Le semi sextil tend à être interprété comme un outil psychologique pouvant être utilisé dans des activités concrètes au niveau de l'organisation de la vie quotidienne. Il est fonctionnel, pratique et permet un processus de croissance. On peut imager les deux planètes en semi sextil comme deux nouveaux voisins qui apprennent à se connaître pour voir ce qu'ils peuvent faire de constructif ensemble.

Le semi-carré : Les planètes sont à 45° l'une de l'autre. L'orbe généralement tolérée est de trois degrés. La tradition le dit faiblement maléfique. D'après l'astrologue Dane Rudyar, le semi-carré sensibilise aux problèmes d'extériorisation et aux effets produits sur les autres et sur le monde par l'expression des fonctions en semi carré. Il oblige à tenir compte des autres et des réactions probables des autres dans tout processus d'affirmation. Comme le carré, il implique une prise de conscience des difficultés et problèmes, une lutte, un défi, un effort, une crise, une remise en question, et la nécessité de faire face à des difficultés. Mais l'être ressort grandit des obstacles qu'il a franchis.

Le sesqui-carré : Les planètes sont à 135° l'une de l'autre. L'orbe généralement tolérée est de quatre degrés. La tradition le dit faiblement maléfique. Parce qu'il est la somme de trois semi- carrés, Il implique la rencontre avec des obstacles et donc une remise en question des acquis et des facilités produites par le trigone.

Il demande un réajustement pour mieux tenir compte des besoins d'autrui, du monde, et des réactions possibles des autres, et donc de faire une prise de conscience dans un état d'ouverture d'esprit et de partage.

Le quinconce : Les planètes sont à 150° l'une de l'autre. L'orbe généralement tolérée est de 6°. La tradition le décrit comme étant faiblement bénéfique. Mais parce qu'il se situe entre le trigone et l'opposition, il est parfois difficile à vivre. Le quinconce sensibilise aux limites des résultats produits par les fonctions psychologiques concernées.

Il permet, une fois les limites et les éventuels problèmes intégrés, de réorganiser l'utilisation des fonctions et d'en faire une meilleure gestion. Cette réorganisation devrait tenir compte à la fois de ses objectifs personnels, de ses moyens et de l'entourage, afin de procéder à des améliorations et dans le but de trouver un nouvel équilibre. Il est donc un aspect de réorientation après un bilan, d'amélioration et de préparation à la phase d'opposition. Comme le semi sextil, les planètes tendent à s'exprimer à travers des états d'esprit différents mais complémentaires. Les planètes en quinconce forment un équilibre subtil. Vous comprendrez mieux cet aspect en établissant les points communs et les différences entre les signes qui sont à 150° l'un de l'autre.

L'astrologue D. Rudyar se base, pour interpréter cet aspect, sur les significations des secteurs six et huit. Il impliquerait soit une tendance à la régression et l'inadaptation, soit dans un sens positif une gestion lucide, consciente, fonctionnelle et précise des fonctions concernées. Le quinconce est sans doute le plus subtil et le plus fin des aspects. Les aspects étant en grande partie basés sur une division des 360° du zodiaque en des nombres de 2 à 9, il existe également des aspects résultant de la division du zodiaque par 5 (le quintile), par 7 (le septile) et par 9 (le novile) mais ils sont beaucoup moins importants que les aspects majeurs et les aspects mineurs vus précédemment.

e) Autres informations sur les aspects.

Il existe des aspects invisibles. Deux planètes qui sont dominantes et qui ne forment pas d'aspects directs entre elles peuvent malgré tout fonctionner ensemble et établir une relation. Si par exemple Mars et Saturne sont dominantes sans former d'aspects entre elles, elles peuvent en revanche être aspectée dans la tête du sujet qui pourra alors se reconnaître dans un aspect Mars / Saturne. Vous trouverez les aspects interprétés en détail dans d'autres ouvrages. Une des règles d'or dans l'interprétation est de ne jamais affirmer quelque chose avec certitude avant d'avoir observé le reste du thème. Les ouvrages d'astrologie ont tendance à décrire les composantes d'un thème à l'état pur, ce qui est normal dans la mesure où il faut d'abord connaître chaque élément à l'état pur avant de cerner la façon dont il s'associe avec d'autres éléments.

Exemple : Une Lune au milieu du ciel prédispose ainsi, à priori, à ne pas prendre sa vie en main mais à se laisser porter par les événements. Cependant si la Lune est en signe de feu ou aspectée à des planètes qui au contraire poussent l'individu à mener sa propre barque, l'affirmation précédente devient inexacte. En analysant un point du thème, il est donc utile de voir quels sont les autres points qui vont dans le même sens et ceux qui vont dans le sens contraire.

Mercure en signe.

Il indique comment (dans quel état d'esprit) ont été vécu l'adolescence et la période scolaire, et les besoins, les tendances etc. (liées au signe et à son maître) qui prédominaient durant cette période. Il décrit la nature des rapports avec les camarades, rapports qui sont souvent reproduits plus tard avec les collègues.

Il est utile de noter que la fonction mercurienne tend à se développer durant l'adolescence et la période scolaire. Il sera donc important d'analyser le vécu de cette période pour voir comment la fonction de communication s 'est développée, pourquoi elle s'est développée de telle ou telle manière et les conséquences que cela a sur la vie présente de la personne.

Mercure en signe décrit le type d'intelligence, comment (c'est-à-dire dans quel état d'esprit) la personne pense, apprend, comprend, s'exprime et communique avec son entourage, comment elle s'adapte à son entourage, comment ou pourquoi elle se déplace et les attitudes, les besoins et les croyances qu'elle a lorsqu'elle aborde les gens.

Mercure en signe répond également aux questions suivantes : Quel est l'état psychologique dont le sujet a besoin pour communiquer, pour faire preuve d'intelligence et pour s'adapter ? Comment réagit-elle à ce qui stimule sa curiosité ? Comment elle aborde ses centres d'intérêt et comment elle a tendance à adopter des masques où à jouer des rôles ?
Mercure en signe indique finalement l'image que le sujet a des jeunes, des adolescents, du facteur, des voisins et de tout ce qui est mercurien, les comportements qui découlent de celle image et donc la nature des relations qu'il a avec eux.

Exemple : Mercure en Lion. L'intelligence tend à être claire et synthétique. Les idées qui peuvent être objectives mais aussi dépendre de ses valeurs et croyances personnelles. On est sensible aux compliments et aux blessures d'amour propre. Il y a une facilité pour comprendre les symboles et l'aspect symbolique de toute chose.

Les besoins et capacités « mercuriennes » (études, sens de l'adaptation, sens de l'humour) sont mises au service d'une ambition, d'un besoin de réussir et de se mettre en valeur. On communique pour se mettre en valeur, pour s'affirmer, pour donner une certaine image de soi et pour s'imposer.

Mercure en signe fixe prédispose aux idées fixes. Il peut conférer une tendance à imposer ses idées et à ne pas accepter les idées des autres sans être fermement convaincu. On communique comme un Lion, de façon théâtrale, en cherchant à convaincre, avec chaleur et enthousiasme et l'on a besoin des valeurs " Lion " (d'être mis en valeur, de jouer un rôle central) pour communiquer et s'adapter.

Exemple : Mercure en Scorpion. Vous avez besoin, pour comprendre, pour communiquer et pour vous adapter de ressentir les émotions sous-jacentes à la situation, de tenir compte de ce qui est caché, de maîtriser la situation, de présence et d'intensité, de vérité et d'authenticité.

Votre intelligence est tranchante, critique, polémique.
Vous tenez à remettre en question les bases de votre savoir, à percevoir le sens caché des informations, les enjeux sous-jacents des relations humaines. Rien n'est simple. Si vous êtes parfois cynique ou provocant, c'est pour découvrir la véritable nature de ceux qui vous entourent.

Communiquer, c'est comprendre les mécanismes profonds d'une personnalité, quitte à parfois pousser l'autre dans ses derniers retranchements. Aimer ou détester, qu'importe ! L'essentiel est de n'être jamais indifférent. Votre intelligence est à la foi engagée dans l'intensité du moment et capable de prendre du recul. Elle est lucide, aiguisée, pénétrante et perspicace. Elle est capable de capter les réactions émotionnelles inconscientes d'autrui et de les traduire en paroles.
Votre force est de savoir gérer les émotions qui sous tendent tout échange verbal. Votre facilité à vous concentrer facilite les études. Votre goût pour l'investigation et la dissection, votre flair et votre curiosité vous rendent facilement attiré par les mystères et peuvent vous permettre de percer les secrets de l'homme et de la nature.

Vous êtes doté d'une intelligence lucide, pénétrante, aiguisée et perspicace, et d'une curiosité intense. Vous pouvez être particulièrement à l'aise là où il faut investiguer, sonder, fouiner et explorer. Vous pouvez savoir lire entre les signes, comprendre l'envers du décor et les causes qui engendrent les événements et arriver à tirer des conclusions à partir du moindre indice.

Vous pouvez aussi avoir des facilités pour décoder les symboles, pour décrypter les signes ou les messages codés et pour transpercer les défauts des cuirasses. Vous pouvez donc être apte à percer puis à arracher les secrets les mieux gardés, à élucider les énigmes et les mystères qui échappent aux autres et à décortiquer puis résoudre des problèmes complexes.

Vous avez tendance à trier les informations que vous communiquez et à ne pas dévoiler n'importe quoi à n'importe qui, et notamment en ce qui concerne les fruits de vos investigations. Vous pouvez avoir un coté très secret. Votre intelligence peut vous apporter le flair et la mentalité du détective ou du psychanalyste capable de déceler les motivations, les intentions et les besoins derrière les paroles, derrière les actes et derrière les comportements.

Vous êtes particulièrement capable de faire preuve d'intelligence, de compréhension, de souplesse et d'ingéniosité, de ruser et de vous adapter lorsque vous êtes face à une situation difficile, à des crises, à des problèmes ou à des obstacles, à des pressions occultes ou à des tentatives de manipulation, lorsque votre sécurité et votre survie sont en jeu, lorsque vous êtes en temps de guerre ou face à l'ennemi, lorsqu'il s'agit d'influencer les autres ou le cours des événements ou lorsqu'il s'agit de parcourir les différentes étapes de l'initiation.

Vous avez tendance à avoir des idées fixes et défendez avec ténacité et acharnement vos convictions. Face à une idée ou une rencontre nouvelle, vos premières réactions peuvent être des réactions de méfiance et de résistance. Vous savez que les apparences et les discours cachent toujours quelque chose et cherchez à en savoir plus avant de vous positionner. Vous changez assez difficilement d'idées mais lorsque vous le faites, c'est souvent suite à une remise en question totale ou à des révélations bouleversantes. Si malgré votre méfiance et votre scepticisme naturel, vous savez être disponible et vous intéresser à toute sorte de choses, vous savez trier le grain de l'ivraie, ne retenir que l'essentiel et surtout, vous savez ne pas vous laisser distraire de votre ligne de conduite par des informations hors sujet. Cela vous permet de fixer votre attention vers un domaine bien précis.

Vous pouvez faire preuve d'un puissant pouvoir de concentration lorsque quelque chose ou quelqu'un vous intéresse, à un tel point d'être parfois complètement indifférent à ce qui se situe en dehors de votre champ de concentration. Une intelligence exclusive pourrait-on dire. Votre médiumnité intellectuelle fait qu'un mot, une phrase, un objet, un indice peut prendre pour vous une importance toute particulière. Si vos analyses et vos raisonnements peuvent être redoutablement lucides et perspicaces, vous pouvez aussi commettre des erreurs d'interprétation parce que vous focalisez sur un détail insignifiant et restez aveugle à ce qui est le plus important ou parce que vous partez sur de mauvaises bases.

Vous communiquez selon une logique qui vous est propre et qui n'est pas toujours accessible au plus grand nombre.

Vous avez parfois tendance à parler par énigmes ou dans un langage codé pour que seuls comprennent ceux qui doivent comprendre ou ceux qui ont le décodeur approprié. Et parce que communiquez parfois plus par le non dit que par les mots, vous pouvez avoir du mal à vous faire comprendre et à communiquez avec autrui dans la mesure où tout le monde n'est pas télépathe.

Vous avez besoin, lorsque vous communiquez, d'intensité, de passion, d'authenticité et de vérité. Il faut que ce que vous dîtes correspondent à votre réalité profonde, et vous dîtes parfois ce que vous dîtes parce que c'est plus fort que vous, parce qu'une pulsion ou une nécessité impérieuse vous pousse à le dire, même si ça fait mal. Vous avez parfois tendance à vouloir toujours avoir raison, à vouloir toujours avoir le dernier mot et à vouloir maintenir votre façon de voir et vos vérités même si les plus criantes évidences vont dans le sens contraire. Vous aimez tester et mettre à l'épreuve les idées qui vous sont présentées pour en vérifier la validité et l'authenticité.

Coté mental, vous êtes sensible à ce qui ne vas pas et aux problèmes existants dans votre environnement, dans votre vie et dans celles des autres.

Cela vous confère un sens critique développé et parfois une tendance à broyer du noir. Vous vous gênez rarement pour critiquer votre entourage, pour briser les masques, pour démonter les arguments dénués de vérité et pour démystifier les idées reçues. Vos écarts de langage et votre coté blessant peuvent néanmoins susciter chez autrui des réactions virulentes. Vous avez une perception aiguë de votre entourage et avez tendance à sélectionner parmi votre cercle de relations celles qui sont les plus authentiques. Dans toutes vos relations entre en jeu votre sensibilité à l'envers du décor.

Cela vous permet de capter et de comprendre les émotions non exprimés, les rapports de force sous-jacents, les non dits et les mécanismes occultes qui sous tendent toute communication, et donc de comprendre les personnes, les choses et les événements en profondeur. Vous aimez quelquefois faire monter la pression, la tension, l'angoisse et le suspens lorsque vous communiquez, mais aussi impressionner, dominer, influencer et transformer votre entourage.

Vous avez des facilités pour décoder les symboles, pour décrypter les signes, pour trouver les failles, les faiblesses ou les dysfonctionnements d'un objet, d'une personne ou d'une situation, pour localiser l'aiguille dans la botte de foin, pour tirer des conclusions à partir du moindre indice et pour résoudre les énigmes. Vous avez les idées fixes, défendez farouchement vos convictions et reconnaissez difficilement que vous avez tort.

Vous pouvez avoir une mentalité de chercheur, de psychanalyste. Vous avez parfois l'esprit tortueux dans le sens où vous cherchez à faire compliqué quand tout pourrait être simple. Bien géré, Mercure en Scorpion permet de comprendre comment fonctionnent les lois de la vie et ce qui se passe dans l'au-delà, de s'adapter aux processus d'initiation et de transformation et de permettre à autrui de se transformer grâce à une parole juste, précise et pertinente.

<h2 style="text-align:center">Mercure en maison :</h2>

Indique les circonstances concrètes où l'être est mercurien, c'est-à-dire curieux, éloquent, rusé, communicatif, souple, commercial, où il comprend et communique facilement, où il sait s'adapter intelligemment, où il tend à multiplier ses centres d'intérêt et où il cherche à acquérir puis à retransmettre des informations. Mercure en secteur indique aussi le domaine où les facultés mercuriennes peuvent agir le plus efficacement ainsi que le genre d'expériences qui tendent à susciter un développement des qualités mercuriennes, c'est-à-dire qui réveillent et accentuent par exemple le sens de la communication, le sens de l'humour, la souplesse. Dans un sens négatif, le secteur occupé par Mercure est un lieu de dispersion, de superficialité, de ruse, de tromperie, de stupidité, de mensonge et d'inadaptation.

<h2 style="text-align:center">Exemple : Mercure en secteur 7</h2>

Voyons maintenant dans quel domaine de votre existence, dans quel secteur d'activité s'expriment votre intelligence et vos facultés d'adaptation ! Vous êtes particulièrement capable d'aborder votre entourage, de des rencontres, de communiquer, d'être informé et de comprendre, d'exprimer ou de défendre vos idées, de découvrir l'inconnu, d'explorer l'environnement, de négocier et de faire du commerce, de vous adapter et de faire preuve d'intelligence dès lors qu'il s'agit de trouver votre équilibre ou de le préserver, de créer des liens, de construire des relations sociales, d'utiliser votre intelligence relationnelle, de fonder un couple, d'exprimer votre sens esthétique, artistique ou juridique et lorsqu'il s'agit de coopérer et de participer à la civilisation.

La vie mondaine, la vie de couple, les associations et relations sont les secteurs d'activité où s'exercent naturellement votre besoin d'échange, de communication, de contacts, d'adaptation à l'environnement, de jeux et de transmission de l'information. Vous êtes le type même de l'être de contact. Les autres vous intéressent, vous étonnent, vous font rire, vous intriguent et stimulent votre curiosité. Aussi cherchez-vous à multiplier les rencontres, les relations privilégiées, les contacts et souvent aussi les aventures sentimentales.

Vous aimez découvrir l'autre, l'analyser au point de parfois trop intellectualiser vos rapports, et vous découvrir dans son regard. Vous êtes attiré par l'inconnu que représente autrui, qu'il soit partenaire ou associé. Vous êtes opportuniste dans vos relations et avez en général peu d'inimitiés car vous savez être sympathique, diplomate et habile pour aplanir les difficultés et les divergences. Les rapports avec autrui sont plus vécus comme une bonne camaraderie, comme un jeu, un échange d'informations, une expérience intéressante qu'à travers des rapports purement affectifs.

Côté partenaire, vous êtes attiré par des personnes souriantes, communicatives, drôles, aimant l'échange et le dialogue, ayant un esprit jeune, un goût du jeu et des échanges. Si votre intelligence et vos facultés de communication sont spontanément mise au service du couple ou des associations, cette position prédispose souvent à des liens basés sur la raison, les affaires et sur le dialogue et échanges intellectuels plus que sur l'amour. Le conjoint ou les associations peuvent contribuer à développer vos facultés d'adaptation et de communication.

La richesse de vos relations peut être due à une capacité à faire entrer en jeu vos sentiments ou à susciter ceux des autres lorsque vous communiquez. Vos idées sont souvent soumises à vos sentiments, aussi ne comprenez-vous entièrement que ce qui vous procure un certain plaisir. Vous pouvez être attiré par les situations affectives doubles et être assez superficiel dans vos engagements affectifs ou associatifs, ce qui peut parfois se faire au détriment de la stabilité et de la profondeur.

Aspects à Mercure :

Ils indiquent les fonctions qui entravent ou facilitent le contact, la communication, l'ouverture, l'adaptation au monde, l'analyse, la compréhension et la transmission d'informations. Les planètes formant des aspects ont influencé l'adolescence, la manière de communiquer avec les camarades et les collègues, les attitudes vis à vis de l'entourage, les études et de tout ce qui est « mercurien ».

Vénus en signe indique :

-Les valeurs, les objets, les êtres et les circonstances, les besoins et activités qui tendent à engendrer un équilibre et à être une source d'équilibre. -Ce qui fait plaisir à l'individu, ce qui lui procure de la joie voire du bonheur, le monde et l'état d'esprit où le sujet exprime et extériorise le plus facilement ses sentiments, la nature de ses goûts, désirs et préférences.

-Comment l'être cherche à plaire, à séduire, à attirer, ce qui lui plaît, l'attire, et le séduit chez les autres, le genre de personnes et d'événements qu'il a tendance à attirer, qui le séduise, l'attire et l'équilibre.

-La façon dont ont été vécus les liens affectifs avec les parents et les premiers partenaires, l'idée ou l'image que le sujet a du couple, image qui conditionne ses comportements amoureux. Dans quel état d'esprit il exprime ses sentiments, ses émotions amoureuses et son sens esthétique ?

Quelles sont les conditions psychologiques dont il a besoin pour exprimer son affectivité ou ses talents artistiques? Quels sont ses comportements face aux autres ? Comment le sujet gère son porte feuille ?

-Chez la femme, Vénus en signe indique comment (à travers quel état d'esprit) elle se sent belle et séduisante, comment elle se sent Femme, comment elle charme et séduit pour attirer, comment elle exprime sa féminité, comment elle vit son corps et sa sensualité.

-Chez l'homme, elle décrit comment a été vécue la relation avec sa mère, comment il voit la femme, quelle genre de femmes l'attirent, plus précisément, quelle est la fonction qu'il souhaite voir développée chez sa partenaire et les comportements qu'il induit chez la femme en fonction de ses images intérieures. Elle décrit son image du couple, ses comportements affectifs, ce que faisait sa mère, ses goûts, ses préférences etc.

Exemple : Vénus en Poissons

Remarque : Vénus est maîtresse du Taureau et de la Balance. Certains besoins et certaines capacités du Taureau ne s'expriment pas facilement en Poissons (Voir dans l'ouvrage consacré aux bases de l'astrologie dans le chapitre « comparaisons des signes ») alors que la majorité des besoins et tendances de la Balance s'exprime au contraire facilement, d'ou l'exaltation de Vénus en Poissons.

Avec Vénus en Poissons, on a le besoin et la capacité, lorsqu'on entre en relation avec autrui, de fusion émotionnelle, de rêve et d'évasion. Capacités artistiques et hypersensibilité. On séduit à travers l'émotion et il émane de la personne une aura de séduction qui se diffuse autour de soi comme un gaz.

Le charme des sirènes est un des clichés utilisé pour décrire Vénus en Poissons. Le romantisme «fleur bleue », le sens du dévouement et du sacrifice, la capacité à idéaliser l'autre, à l'accepter comme il est avec ses qualités et défauts permet de vivre des amours " contes de fée ".

Cette position permet de donner un sens (spirituel) aux différentes relations, à la notion de civilisation, à l'incarnation dans la matière et à l'argent. Les joies et les plaisirs sont celles de l'âme autant que celle du corps. Symboliquement, Vénus est en Poissons pour que la personne, à travers sa vie de couple, accède à une évolution spirituelle consciente en franchissant les différentes étapes du zodiaque et pour que, à travers son rôle dans la civilisation, elle développe une conscience universelle.

Dans un sens négatif, le sujet doit dépasser une peur de la souffrance, une tendance à l'instabilité, à compter uniquement sur le hasard coté cœur et une tendance à fuir les autres, à se fuir à travers les autres, à idéaliser l'autre d'une façon irréaliste ou à ne vivre qu'à travers le fantasme.

Pour ressentir du plaisir et de la joie, vous avez besoin de ressentir des émotions et de communier, de rêve et d'évasion, de transcendance et d'avoir la foi, d'exprimer votre compassion et votre amour inconditionnel, d'être en accord avec vos mémoires ancestrales et avec vos valeurs spirituelles.

Votre émotivité est très forte, mais se situe d'une certaine façon en dehors des normes. Vous avez une manière bien à vous de vivre vos émotions, vos sensations. Dans un climat parfois étrange, dont la subtilité complique votre vie amoureuse... et fait son charme. Sur l'échiquier de votre vie sentimentale se déroulent de bien étranges parties. Votre affectivité est subtile, romanesque, parfois hors normes : L'amour réinvente tout, et tout est possible lorsque le cœur est sincère.

Vous rêvez d'une fusion parfaite, d'un abandon de soi. Aucune règle, aucun code moral ou social n'est plus important que le sentiment de partager sa passion, de vivre pour l'autre. La vie affective est complexe, mystérieuse parfois : on ne sait pas pourquoi on aime, ni comment on n'aime plus... Votre vie sentimentale répond à une autre logique que celle du monde extérieur. L'amour est insaisissable et fragile. Rien n'est plus facile que de tuer un sentiment, d'oublier la passion.

Votre sensibilité réagit à un appel inconnu, un étrange signal. Aussi pouvez-vous passer d'une relation intense, presque absolue, à une cruelle indifférence. Sans savoir pourquoi, vous vous transformez. Le plus difficile est alors d'aimer un être réel, non son fantôme. Vous savez vous donner à qui comprend et respecte l'univers fragile de votre affectivité.

Si vous avez cet archétype dans votre structure psychologique, alors vos sentiments, goûts et désirs tendent à s'exprimer en fonction d'une logique qui vous est propre, d'une logique qui n'est pas facile à définir ni à communiquer parce qu'elle est irrationnelle et bien au-delà des mots et parce qu'elle fait intervenir d'autres dimensions.

Ainsi, le fait qu'un objet, qu'une personne, ou qu'un lieu vous émeut, vous touche, vous séduit, vous plaît ou ne vous plaît pas dépendra de l'effet vibratoire qu'il vous fait, de l'énergie qu'il dégage, des émotions qu'il suscite au plus profond de vous-même, de ce que vous ressentez à ce moment précis, du temps qu'il fait, ou d'autres raisons très personnelles et quelques fois inconscientes, par exemple parce qu'il évoque une impression de déjà vu, un souvenir d'un lointain passé ou d'une vie antérieure, ou parce qu'il est relié à une mémoire généalogique. Et vous pouvez être amené à rencontrer des personnes que vous avez déjà connues " dans d'autres vies " ou que vous avez rencontrées dans l'invisible, dans l'astral. Vous avez alors l'impression de les retrouver !

Tout ce qui concerne les goûts et les sentiments est pour vous une question de feeling, de sensibilité et comme vous dites, cela ne s'explique pas. D'où votre coté irrationnel, insaisissable et parfois déroutant. Et vous êtes hyper sensible, captant et ressentant dans votre chair tout ce qu'il y a dans l'air du temps, dans l'inconscient collectif et dans le cosmos.

Vivre une relation privilégiée doit être pour vous synonyme de rêve et d'évasion, de relation télépathique, d'ivresse, de fusion à la fois émotionnelle et charnelle, d'accès à des niveaux de conscience plus élevés, à des voyages astraux, à des vérités spirituelles, à des émotions quasi religieuses qui vous permettent de transcender, de dépasser mais parfois aussi de fuir les réalités quotidiennes.

Vous avez facilement besoin que vos engagements affectifs ou vos expériences des plaisirs des sens correspondent à des aspirations spirituelles plus profondes ou qu'ils soient soutenus, confirmés, validés par une foi, par la volonté de vos ancêtres, par le hasard, par les Dieux ou par ce en quoi vous croyez. Votre vie sentimentale est en tout cas très liée à vos mémoires ancestrales. Il peut être particulièrement important pour vous de faire votre arbre généalogique afin de ne pas reproduire les schémas affectifs de vos ancêtres !

L'union et votre partenaire peuvent donc avoir pour une connotation sacrée. Peut-être que quelque chose au fond de vous-même, ayant conscience de l'état d'amour qui existait entre vous et votre pôle complémentaire avant d'échouer sur terre, avant de vous incarner dans la matière, cherche à recréer et à revivre ce paradis perdu ?

Votre tendance à idéaliser l'union peut vous prédisposer à trouver les relations affectives classiques et ordinaires décevantes, et parfois vous inciter à fuir l'engagement dans une relation intime. C'est pourtant à travers l'amour inconditionnel, dans le cadre d'une union que vous vous épanouirez affectivement.

Vous croyez au septième ciel, au prince charment ou à la princesse de vos rêves, et vous recherchez une relation sublimée, romantique et romanesque, fondée sur une idéalisation de l'autre, sur une recherche de communion des corps et des âmes ou sur une évolution spirituelle. Cela peut vous permettre de dominer les plaisirs terrestres au profit de joies plus spirituelles, et vous apporter une douce folie qui fait votre charme.

Vous n'avez pas forcément besoin d'une présence physique pour qu'une relation sentimentale existe à vos yeux. Une relation affective peut exister pour vous lorsqu'il y a simplement des échanges émotionnels, une forme de communication télépathique ou un engagement spirituel. Vos aspirations et comportements ne sont cependant pas toujours compris par le commun des mortels.

L'amour n'a pour vous pas de limites et il peut faire des miracles. Vous pouvez avoir la possibilité de vous unir à une personne ayant comme vous des aspirations spirituelles et étant dans une démarche d'évolution. Quelque part, vous recherchez Dieu à travers votre partenaire !

Si vos aspirations et votre dimension spirituelle peuvent vous permettre de vivre de véritables contes de fée modernes et vous transporter dans un autre monde, elles peuvent vous empêcher de voir la réalité en face, votre réalité ou celle de l'autre. Vos aspirations peuvent vous entraîner dans des situations compliquées, et parce que vous ne gérez pas consciemment vos sentiments et votre séduction, parce vous vous faites parfois des illusions ou parce que vous faites preuve de naïveté, vous pouvez être prédisposé aux désillusions, aux déceptions et à la souffrance.

Lorsque vous aimez et êtes aimé, vous avez facilement la tendance et le besoin d'être comme fasciné, uni psychiquement avec l'autre, de vous oublier dans une fusion totale avec l'autre et d'être tenu, captivé et parfois emprisonné par mille liens subtils qui exercent une sorte d'emprise psychique hypnotique sur vous ou sur l'autre.

Si cela peut faire parti du conte de fée, vous devez cependant veiller à vivre votre individualité et votre spécificité, à ne pas vous dépersonnaliser et à accepter que le couple n'apporte pas tout, c'est-à-dire qu'il y a des expériences qui doivent être vécues en dehors du couple.

Votre sensibilité à fleur de peau et votre forte émotivité peuvent vous rendre influençable et perméable, non seulement aux sentiments et désirs des autres, mais aussi à des courants et désirs collectifs. Ce que vous ressentez dans votre corps ne vient pas toujours de vous mais d'ailleurs, de votre environnement ou de l'inconscient collectif. La tendance à faire plaisir en faisant ce que les autres veuillent que vous fassiez peut déboucher sur une grande richesse relationnelle si l'entourage et le contexte sont positifs tout comme elle peut entraîner vers la déchéance si l'entourage est négatif.

Cette hypersensibilité peut vous rendre capable de compatir, de vous mettre dans la peau de l'autre et d'avoir, si vous différenciez suffisamment votre ressenti, une clairvoyance parfois surprenante en ce qui concerne les sentiments et la vie affective. Vous n'avez pas besoin de longs discours pour comprendre.

Vous êtes également très sensible aux souffrances des autres et la part de bonté, de charité, de dévouement, de sensibilité, de douceur toute maternelle et de sincérité désintéressée qu'il y a dans votre cœur peut vous inciter à porter secours, à soigner ou assister des personnes qui sont souffrantes ou malades, physiquement ou moralement, ou à vous occuper d'œuvres sociales et philanthropiques. Peut être vivez vous à travers les autres votre part de souffrance ou ressentez vous la nécessité de payer une dette karmique envers la collectivité ? Ces qualités facilitent votre épanouissement affectif.

Vénus en Poissons peut aussi vous rendre capable de faire les sacrifices nécessaires dans toute vie de couple, ce qui peut être bénéfique pour le couple si vous n'oubliez pas de vous occuper de vous-même. Et votre capacité à faire rêver, votre sensibilité, vos aspirations spirituelles, votre charme, votre sens du dévouement et de la charité font partie de votre richesse. En revanche, la diffusion ou la dispersion de votre amour vers l'humanité toute entière peut vous donner des difficultés à concentrer votre amour sur une seule personne et à être capable d'un attachement exclusif.

Il peut émaner de vous un charme touchant et étrange, qui se diffuse autour de vous comme un gaz parfumé, tissant de multiples fils invisibles à travers l'espace et le temps, sans efforts conscients de votre volonté, comme si vous séduisiez à distance sans que ce soit vous qui détenez la télécommande. Le charme des sirènes dirons-nous, avec un sourire de Joconde.

Vous laissez rarement autrui indifférent et les autres peuvent venir à vous, vous aborder, vous séduire ou tomber amoureux, comme fasciné par quelque chose qui les dépasse et qui vous dépasse souvent aussi.

Votre tendance à attirer et à séduire de façon inconsciente peut vous donner l'impression, et donner l'impression aux autres, que vous n'avez pas décidé et que les choses se sont décidées toutes seules, alors que bien souvent, vous ou les autres n'êtes simplement pas conscient des relations de causes à effets ayant créées une relation.

Il ne tient qu'à vous d'apprendre à gérer constructivement ce charme et les éventuelles relations qui peuvent se créer à travers lui, à devenir plus conscient des effets que vous produisez sur autrui, à faire preuve de clarté dans vos relations pour compenser une apparente ambiguïté, à bien saisir le sens de chacune de vos relations, et donc à donner une forme à ce charme qui ne s'exprime pas toujours consciemment.

En effet, votre charme peut parfois être interprété comme une tentative de séduction, comme une invitation au plaisir, ou être plus simplement qualifié de bizarre et d'ambigu. La façon dont sera vécu cet archétype dépendra comme toujours du reste du thème mais aussi de la façon dont vous gérez votre charme et votre hypersensibilité.

Vous savez plus que tout autre, au niveau des sentiments et du relationnel, vous laisser aller, lâcher prise, suivre le fil conducteur de vos aspirations secrètes, vous laisser porter par le hasard des événements, faire confiance à la vie pour naviguer à la boussole ou à l'intuition, sans forcément savoir où vous allez, sans forcément savoir quelle sera l'issue de vos démarches, et sans avoir besoin de repères particuliers. Si vous ne savez pas toujours ce que vous voulez et s'il peut y avoir en vous un certain flou, voire parfois une confusion en matière de sentiments, goûts et désirs, vous savez néanmoins avoir la foi, vous laisser guider par les événements et vous laisser aller dans la relation.

Et bien souvent, le hasard ou le fil conducteur de vos aspirations secrètes font bien les choses et vous portent vers la réalisation de vos désirs, vers un bonheur affectif discret qui peut passer inaperçu mais qui vous grandit l'âme. Votre vie affective peut alors contribuer à votre développement spirituel.

Vous pouvez avoir tendance à rechercher la paix, le calme et le recueillement dans l'isolement, et à être aussi secret que discret dans l'expression de vos sentiments. Vous donnez parfois l'impression d'être indifférent, ailleurs, comme dans un état second parce que votre affectivité s'exprime subtilement et discrètement.

Vos faiblesses éventuelles peuvent provenir d'une tendance à la passivité, d'une difficulté à résister aux sollicitations des autres, d'une difficulté à faire le premier pas vers l'autre ou encore d'une tendance à vivre l'amour dans votre cœur et dans vos fantasmes uniquement, sans oser l'avouer à l'autre, tel un rêve sans réalité.

Vous y gagneriez alors à exprimer un peu plus vos sentiments, à agir de façon plus concrète et à accepter que l'autre ne soit pas forcément devin ni télépathe.

Vénus en Poissons rend sensible aux liens qu'il peut y avoir entre plaisir et souffrance, peut donner une tendance à trouver dans la souffrance un certain plaisir ou rendre capable de remplacer la souffrance par la joie et l'amour. Il permet également d'organiser, de gérer, d'incarner et de concrétiser les fantasmes, le besoin de rêve et d'évasion, l'imaginaire, les émotions, les courants collectifs, les idéaux, la foi et les aspirations secrètes.

Sous une forme inférieure, cet aspect peut engendrer une tendance à croire qu'il faut souffrir ou faire souffrir pour être aimé ou pour être beau ou belle, et de ce genre de croyance peut naître de la souffrance dans la vie affective. Si c'est votre cas, il vous faudra alors faire un travail sur vous pour dépasser cela.

Vous pouvez avoir des goûts, des aptitudes et des talents naturels pour explorer l'ailleurs, pour soulager et soigner les souffrances et misères du monde, pour utiliser votre foi et votre intuition, pour capter et ressentir ce qui se passe, pour inspirer et être inspiré(e), pour rêver et faire rêver, pour vous dévouer, pour utiliser un sens communautaire et humanitaire, pour relaxer et détendre, pour assister, pour explorer l'invisible et l'inconscient, pour sonder, pour participer à une entreprise collective, pour communier, pour faire de la magie à votre façon, pour vous évader et pour communiquer par l'image et les émotions.

Votre image de la féminité est celle d'une femme sensible, intuitive, spirituelle, dévoué, capable de compassion, de charité, de sacrifice et d'amour inconditionnel, d'être une fée ou une magicienne.

-Le secteur et les expériences qui développent et accentuent la capacité à exprimer les sentiments, la capacité à utiliser le sens esthétique, la capacité à produire des richesses, la capacité à être diplomate, séduisant(e), agréable, équilibré... -Les situations concrètes où l'être tend à vivre en fonction de ce qui lui plaît ou ne lui plaît pas, et où tendent à se manifester un besoin de paix, d'harmonie, d'équilibre, d'ambiance agréable, de faire plaisir et d'éprouver du plaisir, de créer des relations sociales, de partager etc. Parfois, elle indique le genre de circonstances où l'on rencontre le ou la partenaire principale.

Les aspects à Vénus :

Ils indiquent les fonctions psychologiques, et donc des besoins et tendances qui faciliteront ou entraveront l'équilibre personnel, les aptitudes relationnelles et l'expression des sentiments, des goûts, des désirs, du sens esthétique. Ces mêmes fonctions influencent l'image de la femme et du couple, les relations avec les femmes et l'expression de la sensualité.

Mars en signe indique :

-Comment, c'est-à-dire dans quel état d'esprit et avec quelles attitudes, comportements, besoins et capacités la personne s'affirme, lutte et agit dans le monde extérieur, comment elle réagit instinctivement à une situation, comment s'exprime son agressivité, son sens de l'initiative, son sens de l'entreprise et de la conquête.

- Comment l'homme exprime sa virilité et sa sexualité, comment il se sent homme, comment il se sent fort, quelles sont ses sources de force, quelle est la fonction qu'il tend à utiliser le plus spontanément pour s'affirmer et comment il conquiert la femme.

- Chez la femme, il décrit l'image qu'elle a de l'homme (sa façon de voir l'homme), les qualités ou la fonction psychologique qu'elle recherche en particulier chez un homme et le type de comportements qu'elle tend à induire chez lui de part ses images intérieures.

Il renseigne souvent sur l'activité qu'exerce le père et sur la manière dont celui-ci s'exprime dans la vie. Dans un sens négatif, Mars indique un lieu ou un état d'esprit de rébellion, de révolte, de refus d'accepter, d'agressivité, d'impulsivité et de difficultés.

Exemple : Mars en Vierge. On s'affirme pour s'adapter aux réalités matérielles, pour s'organiser et pour être en sécurité. On s'affirme en utilisant son intelligence ou ses capacités manuelles, en réfléchissant, en calculant, en analysant la situation, en s'organisant et en adoptant une stratégie ou une tactique.

Sens pratique, précision, débrouillardise et ingéniosité. On recherche des résultats concrets voire chiffrables. On est capable d'être efficace dans des situations complexes. On se sert de la critique et de son intelligence comme une arme. L'homme est marqué par le signe de la Vierge et la femme recherche chez l'homme des traits de caractère " Vierge ".

La personne doit éviter de sous-estimer sa force et ses capacités, de trop réfléchir, de trop analyser ou de trop calculer pour ne pas gêner l'action. Elle doit éviter de museler ses instincts, apprendre à extérioriser sa combativité et tenir compte des valeurs du signe opposé.

-Les lieux et circonstances où le sujet a le plus de capacités, où il peut être fort et se donner les moyens d'être efficace, où il doit lutter, s'affirmer, conquérir, prendre des initiatives et se renouveler, où il doit affronter la réalité et dans un sens négatif, Mars indique un lieu de violence subie ou infligée.

-Il décrit les expériences qui contribuent à développer le sens de l'initiative, le pouvoir de décision, la capacité à faire face à la réalité, à découvrir et exprimer sa force, et où les caractéristiques de la fonction martienne peuvent s'affirmer avec le plus de résultats.

Exemple : Mars en secteur 9.

Voyons maintenant dans quel domaine de votre existence, dans quel secteur d'activité s'exprime votre force de frappe !

Vous êtes particulièrement capable d'être dans l'instant présent, d'agir d'instinct en fonction de la nécessité immédiate, de mobiliser vos énergies, de vous affirmer, et de vous imposer en faisant usage de la force, d'être énergique, courageux, intrépide, vaillant, enthousiaste, sportif et entreprenant, de vous battre, de déployer les grands moyens, d'être offensif, efficace et performant mais parfois aussi agressif, colérique et blessant dès lors qu'il s'agit d'élargir vos horizons ou d'acquérir un certain confort matériel, de voyager, lorsqu'il s'agit d'exploiter une opportunité ou de provoquer la chance ou lorsqu'il s'agit de légiférer, de représenter, d'organiser, de coordonner, de gérer, d'administrer, de distribuer, d'éduquer, de conseiller, de guider, de faire des affaires ou de vous rendre utile.

Cette position est particulièrement propice à l'insertion sociale, à l'épanouissement, à l'acquisition de valeurs philosophiques, spirituelles, religieuses, à l'obtention d'une bonne culture ainsi qu'à l'élargissement des horizons et aux voyages. Elle vous prédispose à une ouverture et largesse d'esprit, à une expansion tolérante qui ne heurte personne, à un certain altruisme et à l'acquisition de connaissances spirituelles, métaphysiques, religieuses ou culturelles qui vous donne un sens des valeurs.

Vous aimez prendre conscience de la grandeur et de la beauté de l'univers et vous vous sentez attiré par les voyages. L'exploration et tout ce qui est en lien l'étranger peuvent vous permettre de vous épanouir. Vous êtes aussi attiré par les êtres ayant une certaine maturité sociale ou religieuse.

Vos aspirations morales, religieuses, métaphysiques ou culturelles peuvent être assez fortes et votre facilité à parler un langage commun et accessible à tous peuvent faire de vous un missionnaire, un représentant ou un pédagogue. Vous pouvez utiliser votre autorité et votre pouvoir social dans la gestion et l'organisation d'une idéologie, d'un groupe politique, d'une grande entreprise, d'une administration ou dans l'enseignement.

Une capacité au niveau professionnel à avoir de bonnes relations avec tous, à savoir saisir les opportunités, à agir conformément à ce que l'on vous demande, à savoir-faire preuve d'autorité, et souvent à bénéficier d'une certaine protection et d'une certaine chance vous prédispose à évoluer vers des postes à responsabilités. Vous pouvez avoir une certaine chance à l'étranger ou avec les étrangers.

Votre pouvoir spirituel peut faire de vous un homme de bon conseil. Vos principes religieux tendent à être bienveillants et tolérants. Vous avez un certain besoin de comprendre les choses et la vie, de leur donner un sens et de les réduire à des formules maniables. Votre besoin de comprendre les mécanismes du monde extérieur au niveau social, légal, politique, historique, religieux ou cosmique peut faire de vous une personne particulièrement cultivée. Vous devez éviter l'usurpation de pouvoir, une tendance au colonialisme ou l'envahissement, au dogmatisme ou à l'identification excessive au monde extérieur.

Les aspects à Mars indiquent :

-Les fonctions ou planètes, et donc les comportements, les besoins et les tendances qui facilitent ou entravent l'affirmation de soi, la vie concrète, les réalisations, et par lesquels l'être s'affirme, s'impose, se manifeste, expérimente, définit sa source de force et son image de l'homme, et fait face aux réalités de l'existence.

Jupiter en signe indique :

-Les besoins, les tendances et les capacités qui permettent à l'individu de s'intégrer dans la société et d'y exercer une activité professionnelle. Comment (dans quel état d'esprit) il s'insère dans la société, comment il exprime son autorité, son sens du pouvoir, sa générosité, son besoin d'élargir ses horizons et la fonction psychologique qu'il extériorise d'emblée.

-Le monde et l'état d'esprit où le sujet tend à avoir des facilités et de la chance de part ses comportements optimistes et opportunistes, sa confiance en lui et son aptitude à se faire des relations utiles.

-La façon globale dont le sujet gère l'aspect extérieur de sa destinée, sa conception de l'existence, sa philosophie, ses aspirations culturelles ou religieuses, son besoin d'expansion et son rôle social. Les conceptions représentées par Jupiter complètent celles conférées par le Soleil.

-L'image que le sujet a de tout ce qui est jupitérien, sa relation avec l'état et les organismes officiels.

Exemple : Jupiter en Verseau. (Voir aussi l'aspect Jupiter Uranus).

Avec Jupiter en Verseau, on a non seulement besoin de s'intégrer dans la société mais de contribuer à son progrès et à sa modernité. On a besoin de motivation extérieure pour s'exprimer et pour affirmer son autorité. Le pouvoir conféré par Jupiter est mis au service des autres et de la société. Le signe du Verseau, ses besoins et ses capacités sont extériorisées. Une compréhension intuitive et pratique des lois universelles et des mécanismes psychologiques, spirituels, techniques, scientifiques, politiques et humains qui régissent les hommes, les sociétés, la matière et l'esprit peut être canalisée à travers des activités « Verseau ».

Psychologie, métiers d'aide et de conseil, sciences et techniques, activités associatives, syndicales et humanitaires, médias, communication et télécommunications, informatique et logistique, standardiste sont des exemples d'activités permettant d'exprimer un Jupiter en Verseau. On a besoin d'une certaine liberté d'action dans son cadre professionnel. Le dynamisme, le magnétisme personnel, l'optimisme et la capacité à s'accorder aux rythmes de sa destinée est souvent synonyme de chance insolite.

Jupiter en maison indique :

-Le secteur d'activité qui révèle l'autorité socioprofessionnelle, la chance, les aptitudes à s'insérer dans le monde extérieur ou à voyager, et les circonstances où la personne tend à avoir de la chance de part les qualités jupitériennes qu'elle exprime.

- Le secteur d'activité où s'exprime les besoins et qualités de Jupiter comme l'autorité, la confiance en soi, l'optimisme, l'opportunisme, le jugement, l'expansion.

-Jupiter peut fournir des renseignements sur la profession et la vie extérieure du père, du grand-père et des autres modèles masculins.

-Dans un sens négatif, Jupiter en signe et en secteur indique l'état d'esprit et les circonstances où il y a gaspillage d'énergie, de chance ou d'argent, où il y a usurpation et abus de pouvoir ou d'autorité, où il y a des préjugés de classe ou de race, de l'intolérance, une tendance au relâchement, aux excès, à la démesure et aux délires de grandeur.

Voyons maintenant dans quel domaine de votre existence, dans quel secteur d'activité s'exprime votre « Jupiter » !

Vous êtes particulièrement capable d'élargir vos horizons, de conquérir votre place dans la société, d'occuper l'espace, d'exercer une activité professionnelle, de vous intégrer dans un groupe ayant des objectifs communs, de comprendre votre environnement social avec ses codes et sa culture, d'exprimer votre autorité, de faire des affaires, d'être optimiste, opportuniste et généreux, de légiférer, de représenter, d'organiser, de coordonner, de gérer, d'administrer, de distribuer, d'éduquer, de conseiller, de guider et d'être confortable dès lors qu'il s'agit d'acquérir un certain confort matériel, de voyager, lorsqu'il s'agit d'exploiter une opportunité ou de provoquer la chance ou lorsqu'il s'agit de légiférer, de représenter, d'organiser, de coordonner, de gérer, d'administrer, de distribuer, d'éduquer, de conseiller, de guider, de faire des affaires ou de vous rendre utile.

Cette position est particulièrement propice à l'insertion sociale, à l'épanouissement, à l'acquisition de valeurs philosophiques, spirituelles, religieuses, à l'obtention d'une bonne culture ainsi qu'à l'élargissement des horizons et aux voyages. Elle vous prédispose à une ouverture et largesse d'esprit, à une expansion tolérante qui ne heurte personne, à un certain altruisme et à l'acquisition de connaissances spirituelles, métaphysiques, religieuses ou culturelles qui vous donne un sens des valeurs.

Vous aimez prendre conscience de la grandeur de l'univers et vous vous sentez attiré par les voyages, l'exploration, l'étranger qui peuvent vous permettre de vous épanouir. Vous êtes aussi attiré par les êtres ayant une certaine maturité sociale ou religieuse. Vos aspirations morales, religieuses, métaphysiques ou culturelles peuvent être assez fortes et votre facilité à parler un langage commun et accessible à tous peuvent faire de vous un missionnaire, un représentant ou un pédagogue.

Vous pouvez utiliser votre autorité et votre pouvoir social dans la gestion et l'organisation d'une idéologie, d'un groupe politique, d'une grande entreprise, d'une administration ou dans l'enseignement. Ce qui vous guide dans la vie, ce sont les enseignements que vous avez reçu, votre philosophie, vos expériences dans le monde, votre culture, les cultures et religions du monde, les étrangers, le monde extérieur, votre confiance en vous et la chance.

Une capacité au niveau professionnel à avoir de bonnes relations avec tous, à savoir saisir les opportunités, à agir conformément à ce que l'on vous demande, à savoir-faire preuve d'autorité, et souvent à bénéficier d'une certaine protection et d'une certaine chance vous prédispose à évoluer vers des postes à responsabilités. Vous pouvez avoir une certaine chance à l'étranger ou avec les étrangers. Votre pouvoir spirituel peut faire de vous un homme de bon conseil.

Vos principes religieux tendent à être bienveillants et tolérants. Vous avez un certain besoin de comprendre les choses et la vie, de leur donner un sens et de les réduire à des formules maniables.

Votre besoin de comprendre les mécanismes du monde extérieur au niveau social, légal, politique, historique, religieux ou cosmique peut faire de vous une personne particulièrement cultivée. Vous devez éviter l'usurpation de pouvoir, une tendance au colonialisme ou l'envahissement, au dogmatisme ou à l'identification excessive au monde extérieur.

Remarque : Jupiter est ici « chez lui », dans le secteur où il peut au mieux exprimer son potentiel.

Aspects à Jupiter. Ils indiquent :

Les fonctions que le sujet utilise pour affirmer son autorité et pour s'insérer dans son milieu socioculturel, les fonctions qui facilitent ou entravent le processus d'insertion dans la société, l'expansion, la culture, l'évolution philosophique etc.

Saturne en signe indique :

-Le monde et l'état d'esprit où le sujet est particulièrement sensible à ce qui ne va pas, où il tend à douter, à s'interroger, à se remettre en question et à résister en adoptant des principes ou des jugements moraux. Saturne en signe indiquera un lieu de débuts difficiles mais aussi de réussite stable grâce au sérieux, à l'organisation, à la discipline et aux efforts soutenus dans le temps.

-Les convictions profondes, celles qui tendent à façonner le destin à long terme. L'état d'esprit, avec les besoins et les tendances auxquelles l'individu tend à se fixer et qui prennent de plus en plus d'importance avec le temps.

-La manière dont fonctionne (dans quel état d'esprit) le juge moral et les résistances ; la façon dont a été vécue la grand-mère et les éducateurs moraux (qui peuvent être le père, la mère, les grands parents...), l'image de tout ce qui est saturnien (la vieillesse, les personnes âgées).

-Le travail sur lui-même qui est nécessaire pour évoluer et les peurs qu'il doit dépasser pour se libérer.

-L'état psychologique dont le sujet a besoin pour construire, pour être en sécurité, pour se remettre en question, pour s'organiser et pour assumer ses responsabilités.

Exemple : Saturne en Bélier.

(Voir aussi l'aspect Mars - Saturne). Saturne est dit en chute en Bélier parce que les besoins et tendances propres à Saturne et ceux du Bélier sont totalement différents. (Voir le chapitre consacré à la comparaison des signes dans un ouvrage précédent).

Saturne en Bélier peut initialement gêner le Bélier, rendre l'action et l'affirmation de soi difficile et conférer un manque de confiance en ses moyens, une peur d'être le premier ou une peur d'agir parce qu'il sensibilise aux manques et insuffisances, parce qu'il incite à douter, à se remettre en question, à se montrer exigent et à rechercher une certaine perfection.

Quand l'on comprend que cette sensibilité et ces comportements sont un moyen d'évoluer, d'agir de façon juste et de réaliser des œuvres de qualités, on peut pleinement exploiter cette position. Inversement, l'expression de Saturne peut être gênée par le Bélier qui considère comme un outrage à son indépendance les obligations imposées par Saturne. Le sujet peut avoir du mal à s'organiser concrètement, à voir les choses à long terme, à prendre du recul et à faire preuve de pragmatisme jusqu'à ce qu'il comprenne que Saturne, par ses qualités d'organisation, sa persévérance, sa profondeur, sa recherche de qualité et son sens des responsabilités peut le rendre beaucoup plus efficace.

Avec Saturne en Bélier on peut trouver sa sécurité, se construire, évoluer et trouver la sérénité en s'affirmant à travers la vie et l'action, en assumant des responsabilités dans un poste de leader, en recherchant la performance et l'efficacité dans ce qu'on fait. En effectuant une réflexion profonde sur les valeurs « Bélier « que sont l'action, l'engagement, la confiance en soi, la combativité on peut apprendre à les accepter, à les exprimer et à les utiliser consciemment dans un but constructif.

On doit apprendre à trouver un équilibre entre le besoin de résultats immédiats et le besoin de résultats à long terme, entre la capacité à s'engager dans le présent et la capacité à prendre du recul, entre la besoin d'avoir un idéal et la nécessité de tenir compte des réalités concrètes du terrain, entre la stabilité et la nouveauté. Le sens de l'expérimentation est développé et l'on est quelque part toujours « en chantier ».

Cette position permet de déstabiliser et réformer les organisations, les structures ou les comportements rigides et peut conférer une grande puissance de travail.

Vous aller trouver votre sécurité, vous construire, évoluer, grandir et trouver la paix intérieure en étant totalement dans l'instant présent, en étant actif et créatif, en ayant confiance en vous, en développant des savoir-faire, à travers un engagement dans une entreprise, à travers le sport, en mobilisant vos énergies pour vous affirmer, en luttant pour obtenir des résultats, en faisant face aux réalités du monde extérieur, en vous frottant à la vie, en assumant des responsabilités dans un poste de leader, en recherchant la performance et l'efficacité dans ce que vous faîtes et en prouvant que vous existez. Vous pouvez aller au fond de vous-même grâce à votre capacité à être totalement dans l'instant présent, à être à l'écoute des vibrations et des mouvements d'énergie dans votre corps et à vous relier à votre cœur.

Saturne en Bélier peut initialement gêner et freiner vos actions et l'affirmation de votre personnalité. Elle peut conférer un manque de confiance en vos moyens, une peur de blesser et d'être blessé(e), une peur d'être le premier ou une peur d'agir parce qu'il vous sensibilise aux manques et aux insuffisances, parce qu'il vous incite à douter, à vous remettre en question, à vous montrer exigeant et à rechercher une certaine perfection.

Quand vous comprenez que cette sensibilité et ces comportements sont un moyen d'évoluer, d'agir de façon juste et de réaliser des œuvres de qualité, vous pouvez pleinement exploiter cette énergie. Et vous pouvez l'exploiter de façon optimale si vous faîtes toujours de votre mieux sans cherchez à être parfait, et si vous cherchez à évoluer en sachant que l'important n'est pas d'avancer lentement ou rapidement mais d'avancer tout de même. Et vous avez de grandes capacités réalisatrices.

L'énergie du Bélier peut aussi initialement gêner l'expression de Saturne. Vous pouvez ainsi ressentir comme un outrage à votre indépendance les obligations que vous vous imposez, être trop agité pour prendre de recul, vous poser, expérimenter le silence, méditer et réfléchir ou encore être trop pressé pour prendre votre temps et envisager les choses à long terme, jusqu'à ce que vous compreniez que Saturne, par ses qualités d'organisation, sa persévérance, sa profondeur, sa recherche de qualité et son sens des responsabilités peut vous rendre beaucoup plus efficace. En effectuant une réflexion profonde sur les valeurs «Bélier» que sont l'action, l'engagement, la confiance en soi, la combativité, vous pouvez apprendre à les accepter, à les exprimer et à les utiliser consciemment dans un but constructif.

Vous devez apprendre à trouver un équilibre entre le besoin de résultats immédiats et le besoin de résultats à long terme, entre la capacité à vous engager dans le présent et la capacité à prendre du recul, entre le besoin d'avoir un idéal et la nécessité de tenir compte des réalités concrètes du terrain, entre la stabilité et la nouveauté.

Vous devez aussi intégrer que la colère est un mouvement désordonné de l'âme offensée voire blessée parce qu'elle n'a pas accepté une personne ou une situation qui ne pouvait être autrement que ce qu'elle a été, et apprendre à pardonner.

Saturne en Bélier peut vous permettre de déstabiliser et réformer des organisations, des structures ou les comportements rigides et peut vous conférer une grande puissance de travail et un sens de l'organisation particulièrement efficace.

Dès lors qu'il s'agit de vous organiser, de vous discipliner de construire et de structurer, d'assurer votre sécurité, de faire des recherches, de planifier à long terme ; alors vous êtes particulièrement capable de concentrer votre énergie, d'être à 100% présent, de vous battre, de déployer les grands moyens et d'être offensif et s'il le faut agressif. Le sens de l'expérimentation est développé chez vous et vous êtes quelque part toujours «en chantier». Et votre juge moral tend à être viril, dur, percutant et orienté vers la recherche de résultats.

Vous pouvez développer, surtout dans la deuxième partie de votre vie, des capacités pour travailler dans monde de l'entreprise ou du sport, pour toutes les activités nécessitant l'usage du corps physique et de courage, pour les activités liées aux métaux (mécanique), nécessitant un maniement d'outils ou d'armes et pour tout ce qui concerne les machines, pour les disciplines de combats (police et justice), les professions libérales et les métiers où il y a de l'indépendance et parfois pour certaines activités médicales qui nécessitent l'utilisation d'objets en métal ou de machines.

-Les circonstances où le sujet tend à être protégé parce qu'il s'isole, se ferme au monde, se montre prudent, distant et réservé.

-Les circonstances où le sujet est conservateur, où il fait fonctionner son juge moral, où il met en avant ses principes, une sagesse ou une certaine rigidité, où il doit expérimenter par lui-même, en comptant avant tout sur ses efforts personnels, et se discipliner et où s'exercent un besoin de sécurité et une impulsion de limitation de soi en vue d'acquérir une plus grande sécurité.

-Un domaine privilégié d'investigation, de remise en question, de recherche, de réflexion profonde, où le sujet est sérieux, mûr, responsable, travailleur mais aussi solitaire.

- Le champ d'expérience où le sujet a la possibilité de construire quelque chose de concret.

-Les circonstances qui développent la fonction saturnienne et ses capacités, c'est-à-dire la sagesse, la maturité, la profondeur, la prudence etc.

Dans un sens négatif, Saturne indique un lieu de manque de confiance en soi, de peur, d'égoïsme, de froideur, de culpabilité, de pessimisme, de manque de communication, d'angoisse, de rigidité, de doute, de maladresse, d'archaïsme, de peur d'être rejeté et de complexe d'échec.

Exemple : Saturne en secteur 4.

Voyons maintenant dans quel domaine de votre existence, dans quel secteur d'activité s'exprime votre «Saturne» ! Vous êtes particulièrement capable de fournir de grosses quantités de travail, de vous organiser et vous discipliner, de construire et de structurer, d'être en chantier, d'assurer votre sécurité, de faire des recherches, de planifier à long terme en définissant les priorités et en fixant des étapes, de trouver votre sécurité, d'évoluer, de grandir, de faire preuve d'exigence, de profondeur, de simplicité et d'intégrité, d'aller à l'essentiel, de trouver la paix intérieure mais aussi parfois d'être distant, de douter et de résister dès lors qu'il s'agit de créer votre univers intime, un foyer, une famille ou un clan, lorsqu'il s'agit d'acquérir, de préserver ou de défendre votre cadre de vie, votre bien être, votre équilibre personnel ou votre progéniture.

Votre image du foyer est celle d'un foyer ordonné, sobre, rustique et de style plutôt ancien. Vous pouvez être attiré par les antiquités ou les objets ayant une signification historique. Votre intérieur est parfois austère, trop petit, propre mais sans trop de gaîté, de chaleur et d'intimité, ou comporter des inconvénients d'ordre matériel (plomberie, chauffage). Il peut aussi être un lieu propice à la réflexion et la méditation. Vous avez un certain goût pour la solitude au foyer et vos comportements réservés, discrets, parfois austères et distants n'incitent pas toujours les gens à venir souvent vous voir.

Le détachement de la famille se fait soit très tôt, parfois dû à une absence de vie de famille ou aux obligations professionnelles, soit très tard dû à un attachement profond à des coutumes et valeurs ancestrales, aux parents et au foyer natal, aux traditions ou au terroir natal.

Votre famille peut jouer un rôle important dans le développement de votre puissante capacité de travail, de votre force morale ou intellectuelle, de votre sens du devoir et des responsabilités. Elle peut vous sensibiliser à la valeur des principes et vous aider à acquérir une certaine sagesse en apprenant à tirer une leçon de toute chose.

Votre tendance est plutôt de chercher à construire un clan réduit mais solide, basé sur des relations profondes. Vous recherchez à établir des fondements solides à votre vie familiale qui peut néanmoins être astreinte à de nombreuses exigences.

Vous pouvez facilement douter et remettre en question la valeur de votre cercle d'intimes et avoir un côté plutôt sélectif. Ne fait pas partie de vos intimes qui veut car vous avez des exigences de qualité et de sécurité. Vous devez éviter d'être trop dur avec votre enfant intérieur ou vos enfants.

Aspects à Saturne. Ils indiquent :

-Les fonctions utilisées par le sujet pour construire quelque chose de durable et pour assurer sa sécurité, les fonctions qui facilitent ou entravent l'évolution, la maturité, la profondeur, la paix intérieure et l'acquisition d'une sécurité. Saturne tend à freiner, à retarder, parfois à bloquer et à inhiber, mais aussi à stabiliser, à construire et à assagir les fonctions qu'elle aspecte.

Uranus en signe indique :

Uranus reste 7 ans dans un signe. Il influence une génération et à un niveau personnel, il indique comment on peut utiliser le pouvoir légué par les forces spirituelles de l'univers pour évoluer, pour se libérer et pour faire avancer sa génération, comment on peut se différencier en tant que membre de sa génération et comment on peut aider autrui à prendre conscience de sa spécificité par rapport à l'ensemble de l'humanité. (Voir aussi le chapitre consacré à l'astrologie mondiale).

-L'état d'esprit, les valeurs et les qualités qu'on utilise pour affirmer sa spécificité et sa puissance, pour évoluer psychologiquement, pour s'adapter à l'imprévu et au monde moderne etc.
- L'état d'esprit à travers lequel on exprime son sens psychologique, un besoin d'indépendance, des dons d'invention, un besoin de progrès perpétuel et un besoin de libération intérieure.

-La manière dont le sujet se projette dans l'avenir, dont il utilise le pouvoir mis à sa disposition par la vie pour participer au progrès planétaire, dont il vit sa relation avec l'univers.
-L'état d'esprit dans lequel sera vécu l'amitié, les relations de groupe.

Vous faîtes parti de la génération ayant Uranus en Vierge

Vous êtes né(e) dans une ambiance collective où il était nécessaire de trier, d'analyser, de critiquer, de reconsidérer les limites, d'utiliser une intelligence technique et d'inventer de nouveaux outils pour gérer la matière, de traiter l'information et de traiter les conditions de travail, les questions d'hygiène et de santé. L'économie est tournée vers la gestion de la matière et de l'information, vers l'hygiène et la santé et vers le développement d'outils et de techniques permettant d'être mieux adapté au monde matériel. La phase précédente où Uranus était en Vierge, entre 1963 et 1968, a été marquée par une frénésie collective de critiques ayant abouti aux révoltes étudiantes et la remise en cause du modèle d'encadrement autoritaire. Il y a eu des bouleversements dans les méthodes d'organisation de l'information, dans le monde de l'hygiène et de la santé et dans le monde du travail.

Vous exprimez la planète Uranus dès lors qu'il s'agit d'acquérir ou de préserver une certaine liberté d'action, lorsqu'il s'agit de vous projeter dans l'avenir et de concrétiser vos projets ou des concepts, lorsqu'il s'agit de vivre des expériences inconnues ou d'explorer de nouveaux horizons, lorsqu'il s'agit de faire des réformes visant à améliorer les situations, lorsqu'il s'agit d'utiliser les moyens modernes de communication, de faire preuve d'intelligence, d'humanité, d'être optimiste et positif, de voir l'aspect prometteur et bénéfique d'une situation, de faire naître l'espoir autour de vous, de trouver des solutions qui servent l'intérêt général, d'affirmer votre spécificité et vos convictions, de vous organisez et vous disciplinez pour vous maîtriser ou pour maîtriser la situation, de faire des projets, ou, d'inventer, d'innover et de faire des découvertes, d'exprimez votre idéal, votre idéologie ou vos valeurs humaines ou spirituelles.

Dans ces situations, vous êtes alors particulièrement capable d'être bien informé, de communiquer, d'acquérir un vaste système de connaissance, d'organiser l'information, d'effectuer des échanges commerciaux, de faire le tri, d'analyser chaque détail, d'être méticuleux et perfectionniste, de faire preuve d'intelligence et de stratégie, de sens pratique, de réalisme et de pragmatisme, d'analyse et de précision, d'exprimer votre sens du service, de traiter les questions de sécurité, d'hygiène et de santé, de préserver votre pureté et votre intégrité et de vous adapter intelligemment.

Uranus en Vierge vous confère ainsi la puissance stratégique de l'intelligence technique, de l'intelligence de l'information et une intelligence pour tout ce qui touche l'hygiène et la santé pour que vous en fassiez profiter l'humanité.

Il vous permet de moderniser et de révolutionner le monde de l'analyse de l'information, du renseignement, des outils et des techniques permettant l'adaptation au monde matériel, des systèmes de soins et de santé, du commerce, de la réglementation, de la prévision, de la stratégie et de la comptabilité.

-Le domaine et les circonstances où il y a des imprévus et des événements indépendants de la volonté, où il y a la possibilité et la nécessité d'intégrer des expériences nouvelles, où le sujet revendique son indépendance, sa liberté, son besoin de ne pas faire comme les autres pour être unique et original.

-Les circonstances où le sujet est le plus capable d'utiliser son libre arbitre, où il peut explorer et expérimenter, où il est mis à défi d'incarner les lois de l'univers qui mènent à la liberté, où il peut faire preuve d'aptitudes techniques, de capacités à trouver des solutions et où il sait ce qu'il veut faire.

-Les expériences qui développeront, faciliteront ou entraveront le processus de libération intérieure, de participation au progrès collectif, d'élaboration de projets, de création de relations amicales et sociales.

Voyons maintenant dans quel domaine de votre existence, dans quel secteur d'activité s'exprime votre «Uranus», votre plus grand libre arbitre, votre liberté ! Vous êtes particulièrement capable d'acquérir ou de préserver une certaine liberté d'action, de vous projeter dans l'avenir et de concrétiser vos projets, de trouver des solutions et de faire des réformes visant à améliorer les situations, d'utiliser les moyens modernes de communication, de faire preuve d'intelligence, d'humanité, d'être optimiste et positif, de voir l'aspect prometteur et bénéfique d'une situation, de faire naître l'espoir autour de vous, d'affirmer votre spécificité et vos convictions, de vous organisez et vous disciplinez pour vous maîtriser ou pour maîtriser la situation, d'inventer, d'innover et de faire des découvertes, de vous synchroniser, d'exprimez votre idéal, votre idéologie ou vos valeurs humaines ou spirituelles dès lors qu'il s'agit de fournir de grosses quantités de travail, de construire et de structurer, d'être en chantier, d'assurer votre sécurité, de faire des recherches, de planifier à long terme en définissant les priorités et en fixant des étapes, de trouver votre sécurité, d'évoluer, de grandir, de faire preuve d'exigence, de profondeur, de simplicité et d'intégrité, d'aller à l'essentiel, de trouver la paix intérieure mais aussi lorsqu'il s'agit de parcourir les différentes étapes de l'évolution professionnelle et spirituelle.

Vous avez besoin de vous individualiser à travers votre profession ou votre destin et de faire quelque chose d'original, sortant des sentiers battus. Vous avez besoin de vous démarquer et vous différencier des autres dans votre vie professionnelle et êtes attiré par les professions où existe l'imprévu, le changement, l'utilisation de techniques modernes, une participation au progrès collectif, l'aide de vos concitoyens et les médias.

Vous pouvez être attiré par les métiers touchant à l'aviation, à l'électricité et au téléphone, à la radio et à la télévision, aux transports modernes, aux mouvements syndicaux et corporatismes, aux associations et mouvements humanitaires, aux sciences, aux ressources humaines, à la psychologie, graphologie et astrologie et à tout ce qui peut libérer vos semblables des attachements et entraves à leur liberté.

Vous avez un sens de la nécessité des choses, un besoin d'appliquer vos méthodes personnelles, une certaine ingéniosité et des aptitudes à trouver des solutions pour aider autrui. Vous pouvez devenir un spécialiste dans votre branche. Votre destin peut comporter de nombreux imprévus et un train de vie intense.

C'est grâce à votre affirmation individuelle, votre sens psychologique, vos capacités techniques et votre sens de l'organisation, à votre capacité à innover et à inventer, votre sens amical et fraternel, mais aussi grâce à vos amis ou des personnes influentes que vous pouvez vous élever socialement.

Aspects à Uranus. Ils indiquent :

-Les fonctions qui facilitent ou entravent le processus d'individualisation, d'évolution psychologique, d'accès à une liberté intérieure, de participation à la vie moderne ou au progrès collectif, d'affirmation de soi et de création de relations amicales ou sociales.

-Le type d'amis recherchés, la ou les fonctions psychologiques que l'on souhaite voir développées chez ses amis et les comportements au sein des relations amicales.

Neptune en signe indique :

Neptune reste 13/14 ans environ dans un signe et influence une génération. A un niveau personnel, il indique comment on peut s'intégrer à sa génération, comment on peut contribuer à soulager les souffrances de sa génération ou comment on peut conférer aux membres de sa génération un sentiment d'unité, d'appartenance à une collectivité, à une nation, à l'humanité, ou à la Création de l'éternel créateur. (Voir aussi le chapitre consacré à l'astrologie mondiale).

-Le domaine de l'inconscient collectif auquel le sujet est hypersensible, la manière dont il le ressent et le genre d'éléments collectifs entrant dans la conscience personnelle.

-L'état d'esprit ou le monde à travers lequel le sujet s'évade du quotidien, s'absente, fuit, transcende la vie concrète à travers la spiritualité, dissout ses limites, fusionne dans un tout plus grand, exprime ses aspirations religieuses, vit sa religion ou se fait des illusions, ainsi que les valeurs dont le sujet se sert pour exprimer sa fonction neptunienne.

-Les conditions psychologiques nécessaires pour exercer ses facultés psychiques, notamment sa foi et ses facultés magiques quand il les développe.

-Sa façon de ressentir ses vies antérieures, de vivre et d'exprimer sa souffrance, son empathie et sa compassion, de participer à une entreprise collective.
-Les valeurs, tendances et états d'esprit propres au signe dans lequel se trouve Neptune peuvent avoir été vécus, individuellement ou à une échelle collective, dans «des vies antérieures «.

A un niveau personnel, elle incarne l'énergie de vos ancêtres et de vos vies passées, votre besoin de rêve et d'évasion, votre besoin de transcendance et de spiritualité et votre besoin de participer à la collectivité. Elle montre comment vous pouvez fusionner et communier avec votre génération, comment vous pouvez conférer aux membres de votre génération un sentiment d'unité, d'appartenance à une collectivité, à une nation, à l'humanité, ou à la Création de l'Eternel Créateur, et comment vous pouvez soulager les souffrances et les misères du monde. Neptune peut être porteuse de foi, de magie et de transcendance mais aussi d'illusions, de souffrance, de confusion, de chaos, de déceptions et de désillusions tans qu'un travail sur soi n'a pas été fait.

Neptune en signe décrit les conditions psychologiques nécessaires pour que vous exerciez vos facultés psychiques, notamment votre foi et vos facultés magiques, le domaine de l'inconscient collectif auquel vous êtes hypersensible et le genre d'éléments collectifs entrant dans votre conscience personnelle. Elle montre l'état d'esprit ou le monde à travers lequel vous vous évadez du quotidien, à travers lequel vous vous absentez, fuyez, transcendez la vie concrète grâce à la spiritualité. Neptune en signe indique comment vous dissolvez vos limites, comment vous fusionnez dans un tout plus grand, comment vous exprimez vos aspirations religieuses, comment vous vivez votre religion ou comment vous vous faîtes des illusions en vous auto-mystifiant, ainsi que les valeurs dont vous vous servez pour exprimer votre foi.

Elle décrit finalement la façon que vous avez de ressentir vos vies antérieures, de vivre et d'exprimer votre souffrance, votre empathie et votre compassion et votre façon de participer à une entreprise collective.

Exemple : Neptune en Scorpion : Avec Neptune en Scorpion, on peut s'évader des réalités matérielles, acquérir un sentiment d'identité collective ou évoluer spirituellement en effectuant une recherche initiatique, à travers la psychanalyse ou l'astrologie, en utilisant un pouvoir, à travers une passion ou à travers une activité très intense.

Les valeurs Scorpion deviennent une drogue, un moyen de soulager la souffrance, ou un moyen d'accéder à une évolution spirituelle. Certaines personnes s'évadent en s'auto détruisant à travers des pratiques occultes ou sexuelles perverses.

Les valeurs Scorpion sont parfois associées à des illusions. Cette position peut faire entrer dans le champ de conscience les courants, les modes ou les souffrances liées à la transformation, aux crises, à la sexualité, à la guerre ou à l'évolution spirituelle.

Elle rend sensible aux angoisses et problèmes collectifs, et à ce qu'il est nécessaire de transformer dans les sociétés pour qu'elles deviennent plus authentiques. Les sujets nés sous cette position peuvent porter en eux des forces d'âmes ayant appartenu à des personnes ayant vécu en temps de guerre.

Interprétation.

Vous faites partie de la génération ayant NEPTUNE EN SCORPION. (1792/1806), (1956/1969).

Vous êtes né(e) dans une ambiance collective de crise et de transformation et imbibée d'un besoin de recherches de sensations fortes, d'expérience sexuelles, d'initiation, de maîtrise de l'énergie, d'accès aux vérités spirituelles et de combat.

Vous exprimez la planète Neptune dès lors qu'il s'agit de lâcher prise, de vous déconditionner des idées, des certitudes et des cultures précédemment apprises, de vous évader par la rêverie et l'imagination, d'avoir la foi, en la vie, en Dieu, en l'univers, en la Source créatrice de tout, de vous connecter à vos mémoires généalogiques et à vos vies passées en rendant à vos ancêtres ce qui leur appartient, de faire appel à vos ancêtres où à vos croyances spirituelles, d'être inspiré, de faire appel à votre sens du sacré, d'utiliser votre capacité à communier, à brancher vos antennes sur l'inconscient collectif, de répondre aux besoins collectifs et de puiser des informations dans l'inconscient collectif, de vivre en fusion émotionnelle avec la situation et les personnes qui la compose, d'utiliser votre sixième sens et votre intuition, mais aussi de faire preuve d'amour inconditionnel, de dévouement, de pardon, de compassion et de charité, de soulager les souffrances et les misères du mondes et de participer à une structure collective.

Vous êtes alors particulièrement capable de faire preuve d'authenticité, d'exercer un pouvoir, de concentrer votre énergie, d'être à 100% présent, de vous battre, de déployer les grands moyens, d'être offensif et s'il le faut agressif, de pressentir les non dits, les émotions et les craintes non exprimées, de flairer les rapports de forces, les dangers et les enjeux présent dans la situation, de déceler les tentatives de manipulations et ceux qui tirent les ficelles, de décoder les signes et les symboles, de focaliser sur des détails que personne n'avait remarqué, de capter l'envers du décor, de tirer des conclusions à partir du moindre indice, de percer les mystères, d'être lucide, de vivre une sorte d'échange médiumnique avec votre milieu, de cerner ce qui se passe dans les coulisses ou dans les profondeurs de votre inconscient, d'élucider les mystères, de faire face à l'inconnu, d'utiliser vos instincts ou des forces occultes pour de franchir les différentes étapes de l'initiation, de gérer les crises et de procéder à des transformations.

Avec Neptune en Scorpion, on peut s'évader des réalités matérielles, acquérir un sentiment d'identité collective ou évoluer spirituellement en effectuant une recherche initiatique, à travers la psychanalyse ou l'astrologie, en utilisant un pouvoir, à travers la sexualité, le tantrisme, une passion ou à travers une activité très intense. Les valeurs Scorpion de combat, de transformation, d'énergies sexuelles deviennent une drogue, un moyen de soulager la souffrance, ou un moyen d'accéder à une évolution spirituelle.

Les valeurs Scorpion de combat, d'énergie sexuelle, de transformation sont parfois associées à des illusions. Cette position peut faire entrer dans le champ de conscience les courants, les modes ou les souffrances liées à la transformation, aux crises, à la sexualité, à la guerre ou à l'évolution spirituelle. Cela signifie que si vous vous sentez angoissé, ce ne sont pas forcément vos angoisses personnelles que vous ressentez mais une angoisse collective. Elle rend sensible aux angoisses et problèmes collectifs, et à ce qu'il est nécessaire de transformer dans les sociétés pour qu'elles deviennent plus authentiques. Vous portez peut-être en vous des forces d'âmes ou des mémoires généalogiques ayant appartenues à des personnes qui ont vécues en temps de crise ou de guerre, de transformation, de pratiques occultes ou dans des civilisations où le besoin de sexualité, de développement spirituel, de combat étaient particulièrement fort, pendant l'Ere du Scorpion par exemple.(Guerres, épidémies, invasions).

-Les circonstances où le sujet tend à faire preuve de foi, de prière, d'imagination créatrice, d'inspiration ou de fantasmes, où il peut s'intégrer à une action collective et prendre conscience qu'il est une partie d'un tout plus grand, où il tend à laisser les choses se faire au hasard, où il ne cherche pas à avoir une emprise mais au contraire à lâcher prise et à se laisser porter, où il tend à se laisser guider par sa foi, par un idéal mystique et par son intuition. Les circonstances qui tendront à développer les tendances et facultés correspondant à Neptune.

-Un lieu d'accumulation d'informations irrationnelles difficiles à trier et à intégrer (mémoires généalogiques, mémoires d'âmes ou influences des vies antérieures), d'hypersensibilité, de charité, de disponibilité mais aussi d'épreuves, d'illusions, de souffrances et de perte d'énergie si le sujet n'apprend pas à tenir compte de l'invisible.

-Les expériences où le sujet sera particulièrement sensible aux souffrances d'autrui. Des expériences en rapport avec le secteur ont pu être vécues, individuellement ou à une échelle de groupe, dans des vies antérieures.

Voyons maintenant dans quel domaine de votre existence, dans quel secteur d'activité, s'exprime votre «Neptune» ; votre Foi, vos mémoires généalogiques et votre clairvoyance !

Vous êtes particulièrement capable de lâcher prise, de rêver, de vous évader ou de fuir, d'avoir la foi, de vous connecter à vos mémoires généalogiques et à vos vies passées, de faire appel à vos ancêtres où à vos croyances spirituelles, d'être inspiré, de faire appel à votre sens du sacré, de répondre aux besoins collectifs et de puiser des informations dans l'inconscient collectif, de vivre en fusion émotionnelle avec la situation et les personnes qui la compose, d'utiliser votre sixième sens et votre intuition, mais aussi de faire preuve d'amour inconditionnel, de dévouement, de pardon, de compassion et de charité, de soulager les souffrances et les misères du mondes, de participer à une structure collective mais aussi parfois de vous faire des illusions et d'être chaotique lorsqu'il s'agit de créer des liens, de construire des relations sociales, d'utiliser votre intelligence relationnelle, de créer un couple, de faire preuve d'harmonie, de douceur et de gentillesse, d'attirer, de plaire et de séduire, d'exprimer votre sens esthétique ou artistique, de gérer de l'argent et des biens matériels, d'exprimer votre sensualité et d'utiliser vos cinq sens, de satisfaire vos désirs, de conquérir votre bonheur ou de fonder une famille.

Votre besoin d'avoirs, d'acquérir, de posséder mais aussi votre besoin d'exprimer votre sensualité et de jouir des plaisirs de la chair peut être assez flou, pas nettement défini, vague, diffus et imprécis. Vos comportements financiers peuvent parfois être irrationnels.

Vous ne savez pas toujours comment vous allez gagner de l'argent ni combien vous allez gagner, mais souvent le hasard, sur qui vous comptez beaucoup, fait bien les choses et l'argent arrive au bon moment, comme si la providence ou une fée tenant une baguette magique avait agi en votre faveur. Vous avez tendance à avoir la foi coté matériel et à faire confiance au destin pour arranger les choses, d'où parfois votre chance insolite.

Votre capacité à comprendre le sens spirituel de l'argent et à mettre de coté votre ego lorsqu'il s'agit de gérer des biens peut vous rendre apte à gérer des sommes importantes provenant de fonds ou d'entreprises collectives. Un lien chez vous entre votre situation financière et la collectivité, l'état des marchés et la situation économique collective fait que des événements et des éléments extérieurs à votre vie personnelle peuvent avoir une incidence sur votre porte feuille.

Vous avez parfois tendance à faire preuve d'une certaine insouciance et de laissez allez lorsque des intérêts financiers sont en jeux voire à être parfois complètement indifférent et détaché des affaires matérielles.

Vous devez donc apprendre à faire preuve de précision dans la gestion de votre budget, apprendre à être conscient de la valeur marchande des biens et services que vous utilisez et arriver à savoir où vous en êtes coté finances pour ne pas être largué quand les factures arrivent. Vous devez aussi éviter de comptez sur les autres ou sur la société pour vous assumer financièrement.

Vous pouvez avoir tendance à cacher ou à dissimuler votre capital dont la valeur est parfois un mystère. Parce que vous êtes tête en l'air ou parce que vous ne savez pas suffisamment protéger vos biens, vous pouvez être victime de vols ou d'infractions.

Dans certains cas, vous pouvez être capable de réaliser des gains considérables dans des affaires appuyées par de grosses opérations publicitaires ou suite à des intuitions géniales. Plus modestement, vous pouvez réaliser des gains à travers le commerce de liquides ou de boissons, de pétrole ou de plastic, de tabac, de drogues et de médicaments, ou par l'exploitation d'un don occulte. Votre sensualité tend à être diffuse et à être influencée par votre imaginaire, par vos émotions et par votre hypersensibilité. Parce que vous n'êtes pas toujours conscient de vos sens et de vos besoins sensoriels, vous pouvez avoir quelques difficultés à les contrôler de façon claire et franche.

Le besoin et la tendance à fantasmer peut être très développé chez vous. Vous pouvez aussi être très sensibles aux courants et désirs collectifs en rapport avec les mœurs, le plaisir, l'art ou les revendications financières.

Neptune, telle une loupe, amplifie ou catalyse les planètes qu'elle aspecte parce que quand le sujet exprime une fonction aspectée à Neptune, il est porté par des influences collectives, c'est-à-dire par toutes les personnes qui expriment cette même fonction (effet de groupe).

Ces fonctions sont parfois exprimées inconsciemment, d'une façon étrange ou irrationnelle, entre autre parce que le sujet tend à laisser les choses se faire au hasard, à se fier à ses intuitions, à ses croyances et à sa foi. Des épreuves ou des illusions sont parfois associées à l'expression de ces fonctions. Ces mêmes fonctions peuvent être utilisées pour produire des résultats magiques et géniaux, pour soulager les souffrances des autres, pour s'évader des réalités matérielles ou pour participer à une action collective.

Elles peuvent faciliter ou entraver l'ensemble des facultés et besoins correspondant à Neptune (le besoin d'évasion, de religion). Un aspect de Neptune peut indiquer une influence des vies antérieures sur le vécu correspondant à la planète qu'elle aspecte.

La durée du séjour en signe de Pluton varie de dix ans à trente ans. Cette planète influence une génération. Pluton indique ce que l'on doit transformer en soi et dans sa génération pour devenir authentique. Il décrit un chemin initiatique, parsemé de crises, où il est nécessaire de se purifier, d'évacuer déchets psychologiques et croyances limitatives, de prendre conscience des réalités éternelles qui engendrent les causes des événements sur terre et de tout ce qui est matériel et d'utiliser un pouvoir. (Voir aussi le chapitre consacré à l'astrologie mondiale).

- L'état d'esprit à travers lequel le sujet manipule ou est manipulé, exprime ses pulsions inconscientes, ses instincts primitifs et sa volonté profonde, prend conscience de l'invisible physique et le maîtrise, vit des crises, se purifie et se transforme, intègre les notions d'au-delà et d'éternité.

- Les valeurs du signe occupé par Pluton peuvent être perçues sous leur aspect négatif ou le sujet peut être très sensible au coté obscur et inférieur du signe. Elles peuvent être occultées, décortiquées avec une grande lucidité, critiquées, rabaissées, rejetées, refoulées, détruites, purifiées, transformées, afin qu'elles deviennent plus authentiques, puis dominées.

-Un besoin intense d'incarner, d'utiliser et de transformer les valeurs et comportements propres au signe. Les conditions psychologiques dont il a besoin pour se transformer.

Exemple : Pluton en Capricorne.

Vous êtes né(e) dans une période de transformation des structures des états, des partis politiques et des systèmes d'organisation, dans une période de récession, d'épargne et de limitations où ambiance collective imbibée d'un besoin de simplicité, de sérieux et de gravité, d'organisation, de bon sens, de moralité, de profondeur, de remise en questions, d'aller à l'essentiel, de restructurations, d'optimisation des ressources et de restructurations.

Vous exprimez la planète Pluton dès lors qu'il s'agit de faire preuve d'authenticité, d'exercer un pouvoir, de concentrer votre énergie, d'être à 100% présent, de vous battre, de déployer les grands moyens, d'être offensif et s'il le faut agressif, de pressentir les non dits, les émotions et les craintes non exprimées, de flairer les rapports de forces, les dangers et les enjeux présent dans la situation, de déceler les tentatives de manipulations et ceux qui tirent les ficelles, de décoder les signes et les symboles, de focaliser sur des détails que personne n'avait remarqué, de capter l'envers du décor, de tirer des conclusions à partir du moindre indice, de percer les mystères, d'être lucide, de vivre une sorte d'échange médiumnique avec votre milieu, de cerner ce qui se passe dans les coulisses ou dans les profondeurs de votre inconscient, d'élucider les mystères, de faire face à l'inconnu, de résister à de très fortes pressions, de vivre l'intensité, de vous régénérer tel le phœnix qui renaît de ces cendres, d'utiliser vos instincts ou des forces occultes pour de franchir les différentes étapes de l'initiation, de gérer les crises et de procéder à des transformations.

Vous êtes alors particulièrement capable d'avoir de prendre de la distance et du recul, d'analyser les structures avec objectivité, d'observer avec détail et précision, de voir les problèmes en face et faire le nécessaire pour les surmonter, de poser les questions qui s'imposent et de remettre les choses en question lorsque cela est nécessaire, de procéder par étapes et de prendre le temps nécessaire, de faire la différence entre ce qui est prioritaire et ce qui est secondaire, de faire preuve de prudence, de sérieux, de sagesse et de profondeur, de tirer des leçons, des principes ou une morale des événements, de vous organiser avec rigueur et pragmatisme, de mettre de l'ordre, de structurer, de comprendre les théories, les hypothèses, les structures et les systèmes organisés, de manier des chiffres, des plans et des schémas, de trouver des applications concrètes et une utilité pratique à tout concept ou à toute découverte, de vous imposer une certaine discipline et de travailler avec acharnement jusqu'à ce que votre objectif soit atteint et votre œuvre réalisée.

Avec Pluton en Capricorne, vous pouvez transformer et vous transformer à travers le travail, la solitude, l'autarcie et la méditation, à travers des objectifs à long terme, à travers le développement personnel et la sagesse.

Pluton en maison indique :

-Les circonstances où le sujet peut exercer un pouvoir, manipuler ou être manipulé, en positif ou en négatif. Les circonstances que le destin tend à gérer à sa place et où tendent à se manifester des pouvoirs occultes.

-Le domaine de la vie où le sujet se transformera le plus.

Les circonstances favorisant les transformations et pouvant révéler les facultés plutoniennes, mais aussi les circonstances dans lesquelles il aura tendance à voir les choses de très loin, à être particulièrement lucide, à vivre des crises et bouleversements, où il lui faudra apprendre à faire face à des difficultés et gérer des problèmes, où il aura à développer son sens de l'éternité et sa prise de conscience de l'au-delà, où il saura résister à de fortes pressions, gérer des rapports de force et se régénérer pour renaître.

-Dans un sens négatif, Pluton indique un lieu d'ignorance, d'excès, d'abus de pouvoir, de crise, d'autodestruction, de rapports de force, d'angoisses etc.

Exemple : Pluton en secteur 12.

Voyons maintenant dans quel domaine de votre existence, dans quel secteur d'activité, s'exprime votre «Pluton» ; votre lucidité, votre combativité et votre besoin d'initiation vers votre vérité profonde ! Vous êtes particulièrement capable d'exprimer vos pulsions et votre vouloir le plus profond, de faire preuve d'authenticité, d'exercer un pouvoir, de concentrer votre énergie, d'être à 100% présent, de vous battre, d'être offensif et s'il le faut agressif, de pressentir les non dits, les émotions et les craintes non exprimées, de flairer les rapports de forces, les dangers et les enjeux présent dans la situation, de déceler les tentatives de manipulations et ceux qui tirent les ficelles, de décoder les signes et les symboles, de capter l'envers du décor, de tirer des conclusions à partir du moindre indice, de percer les mystères, d'être lucide, de vivre une sorte d'échange médiumnique avec votre milieu, de cerner ce qui se passe dans les coulisses ou dans les profondeurs de votre inconscient, d'élucider les mystères, de faire face à l'inconnu, de résister à de très fortes pressions, de vivre l'intensité, de vous régénérer tel le phœnix qui renaît de ces cendres, d'utiliser vos instincts ou des forces occultes pour franchir les différentes étapes de l'initiation, de gérer les crises, de procéder à des transformations et de jouer un rôle initiatique dès lors qu'il s'agit de lâcher prise, de rêver, de vous évader ou de fuir, d'avoir la foi, de vous connecter à vos mémoires généalogiques et à vos vies passées, de faire appel à vos ancêtres où à vos croyances spirituelles, d'être inspiré, de faire appel à votre sens du sacré, de répondre aux besoins collectifs et de puiser des informations dans l'inconscient collectif, de vivre en fusion émotionnelle avec la situation et les personnes qui la compose, d'utiliser votre sixième sens et votre intuition, mais aussi de faire preuve d'amour inconditionnel, de dévouement, de pardon, de compassion et de charité, de soulager les souffrances et les misères du monde, de participer à une structure collective mais aussi parfois de vous faire des illusions et d'être chaotique.

Vous avez particulièrement besoin de vous maîtriser et de vous connaître. Vous pouvez fouiller votre conscience pour vous découvrir en vue de vous réaliser matériellement et spirituellement, pour accéder à votre vérité profonde. Vous pouvez avoir une vision idéalisée de la sexualité et des besoins pas toujours très clairs. Votre morale peut être particulièrement exigeante et parfois autodestructrice. Vous devez éviter de vous ronger dans la haine et l'amertume.

Cette position prédispose à percevoir les fins fonds de l'inconscient collectif, les vérités universelles et les origines de l'être. Elle peut donner accès à des vérités qui ne sont pas toujours facile à intégrer. Elle peut aussi sensibiliser à tous les problèmes et fléaux collectifs et donner un certain fatalisme. Elle peut parfois indiquer des dons spirituels ou une crise importante vécue soit par vos ancêtres, soit dans une vie passée, avec un impact caché dans votre vie présente. Vous pouvez avoir plus que tout autre une sensibilité médiumnique capable de sonder l'invisible, de voir derrière les apparences, de déchirer les illusions, de décrypter les mythes et légendes. Vous devez aussi apprendre à gérer votre surmoi qui peut être dur et implacable et accepter les imperfections, les vôtres et celles des autres.

Aspects à Pluton. Ils indiquent :

Les fonctions qui facilitent ou entravent les transformations, la lucidité, l'exercice du pouvoir, l'utilisation de l'énergie sexuelle, l'authenticité, la création et la résolution de problèmes etc. Les fonctions aspectées par Pluton peuvent être exprimées instinctivement, être une source de problèmes ou de révélations, et elles peuvent aussi disposer d'une puissance réalisatrice considérable leur permettant de satisfaire leurs besoins.

Les secteurs en signes.

Un secteur est un domaine de la vie concrète ou un champ d'expérience. Un signe est un état d'esprit. Un secteur en signe signifie donc que tel domaine de la vie sera abordé dans l'état d'esprit qui correspond au signe se trouvant derrière le secteur. Un des moyens d'interpréter un thème, après avoir interprété la dominante et les bases, est d'analyser le thème secteur par secteur et de décrire comment, c'est-à-dire dans quel état d'esprit, chaque secteur est vécu et abordé par le sujet. Lorsqu'un secteur est occupé par aucune planète, vous pouvez décrire l'état d'esprit correspondant au signe occupé par le secteur puis analyser le maître du signe en question, c'est-à-dire sa position en signe et en secteur puis ses aspects.

Un exemple : Secteur six en Bélier et Mars en Balance. Le sujet est à priori dynamique, courageux, entreprenant, battant (valeurs Bélier) dans son travail. Mais si Mars est en Balance en rapport conflictuel avec le Soleil, il aura tendance à être contestataire, impulsif (influence du conflit avec le Soleil), à être au contraire hésitant et à ne pas trop vouloir faire d'efforts (influence de la Balance) ou à osciller entre les deux tendances. Si Mars est en Sagittaire et sextile à Uranus, la personne aura tendance à s'affirmer avec force dans son travail quotidien.

E) Quelques repères psychologiques. Blessures/complexes.

D'un point de vue de l'astrologie, un complexe est un élément chargé d'énergie, de peurs et de croyances, qui est dissocié de la conscience, qui s'exprime de façon plus ou moins autonome et qui est générateur de déséquilibres et d'inadaptation. Une blessure est également un élément chargé d'émotion et de croyances qui nourrit des déséquilibres. L'analyse du thème astral permet de détecter des complexes et des blessures possibles, via les aspects dissonants et/ou des amas planétaires et d'orienter vers un travail, d'acceptation, de pardon et de guérison.

Les blessures :
La blessure d'injustice est associée à Vénus et au signe de la Balance.
La blessure d'humiliation est associée à Jupiter.
La blessure d'abandon et la culpabilité sont associées à Saturne et aux signes du Capricorne et du Verseau.
La blessure de rejet mais aussi le déni sont associés à Mars et à Pluton.
La blessure de trahison est associée à Pluton et au signe du Scorpion mais aussi à Neptune.

Les mémoires généalogiques et karmiques sont associées à Neptune et à Pluton.

La lune, Mars et Pluton sont associés aux instincts, au « ça ».
Le Soleil, Mercure et Vénus sont associé au Moi.
Jupiter, Saturne, Uranus, Neptune et Pluton sont associés au « surmoi ».

La Lune et Mars sont associées à l'enfant et Mercure à l'adolescent
Le Soleil est associé à l'adulte
Jupiter et Saturne sont associés au Grand-père et à la Grand-Mère

Le stade oral est associé au Taureau
Le stade anal est associé au Scorpion

Une Lune déséquilibrée peut être synonyme de complexe d'infériorité
Un Soleil déséquilibré peut être synonyme de complexe de supériorité.
Un déséquilibre lié à Vénus et à Mars peut être synonyme de complexe d'Œdipe
Un Mars déséquilibré (en relation avec Jupiter, Saturne, Pluton ou la Lune Noire) peut générer le complexe du sado-masochiste.
Un mars déséquilibré en relation avec le Soleil, la Lune ou Vénus peut être synonyme de complexe de castration.
Un saturne déséquilibré peut être synonyme de complexe d'abandon et de culpabilité.
Un mercure déséquilibré peut être synonyme d'un complexe de rivalité fraternelle.
Le complexe d'insécurité peut être du à une absence de l'élément Terre mais aussi à une Lune, un Saturne ou un Pluton déséquilibré en excès.

F) La confidentialité, l'éthique et la bonne gestion

Toute personne exerçant une activité d'astrologue est tenue au secret professionnel. C'est évident mais c'est important de le préciser. L'astrologue authentique est au service de l'univers afin d'aider une personne à s'aider elle-même en lui fournissant des informations pertinentes et des clefs pour optimiser sa vie. Il est au service de la personne qui vient le consulter et fait de son mieux. Avant de pratiquer l'astrologie, il est judicieux d'apprendre à se connaitre dans toutes ses dimensions, de se purifier, d'acquérir une vision multidimensionnelle de la réalité, ce qui inclus la conscience de l'au-delà et de remettre le mental à sa juste place, c'est-à-dire en arrière plan par rapport à la vision des structures invisibles, par rapport à l'intuition et par rapport au ressenti.

La consultation astrologique étant une expérience de communication, il est important d'avoir bien identifiez votre façon de communiquer, à travers une conscience de la planète Mercure, du signe des Gémeaux et de la maison 3, mais aussi de Vénus et Jupiter.

Il est souvent utile d'observer s'il y a des liens entre la planète Mercure de la personne qui vient vous consulter et le Mercure présent dans votre thème astral. Si vous communiquez de façon totalement différente, il est alors judicieux d'en tenir compte et d'apprendre à vous synchroniser avec l'autre.

La société actuelle a tendance à faire croire à qui veut bien que l'intelligence terrestre peut tout solutionner, qu'elle est toute puissante et que le fait de savoir donne le pouvoir ! Même si l'intelligence terrestre réalise des merveilles de technique et d'ingéniosité, quand il s'agit d'accéder à l'invisible ou de se connecter à la Source de toute vie, elle est hors-jeu. Donner trop de place au mental ne fait qu'engendrer et nourrir des déséquilibres, des comportements irresponsables et un discours très limité.

La vision intuitive permet en revanche d'aller en profondeur et de percevoir la trame de la structure de l'être, la forme du chemin du retour et la trame de la destinée de cette âme créé par la Source de toute Vie. Elle permet également se sentir ce que la personne est venue chercher dans la consultation et de faire le tri entre ce qu'il est juste de lui dire et ce qu'elle n'est peut-être pas encore prête à entendre. Néanmoins, tout être humain perçoit la réalité de façon filtrée. Cela signifie qu'il a tendance à percevoir certaines informations et à en occulter d'autres plus ou moins consciemment. La physique quantique révèle même qu'un observateur peut modifier ce qu'il observe.

Il est donc essentiel d'avancer autant que possible sur le chemin de la connaissance de soi et de mettre en place un observateur intérieur, un témoin qui vérifie d'une part que vous acceptez la personne telle qu'elle est, sans la juger et d'autre part que ce que vous percevez et ressentez appartient à l'autre et non à vous-même. La connaissance de votre thème astral, de votre Diamant de Naissance et de votre thème Maya, la vie dans la monde extérieur ainsi que la méditation et les sorties hors du corps favorisent grandement la connaissance de soi.

Cela vous permet de connaitre votre dominante planétaire, vos points forts et vos points faibles et de repérer d'éventuels point communs avec la personne qui vient faire son thème. Cela vous permet d'identifier ce qui dans le thème astral et dans le discours de l'autre fait écho en vous (Planète de A en conjonction à une planète de B) puis de veiller alors à être le plus objectif possible, c'est-à-dire à observer ce qui est là avec bienveillance et non ce que vous avez envie de voir. La prise en compte de votre dominante planétaire et de celle de la personne qui vient vous consulter favorise une bonne synchronisation. L'une des lois de la vie est que qui se ressemble s'assemble. Il est donc logique que vous rencontriez des personnes ayant certains points communs avec vous.

Il est alors important de vérifier comment cette personne a vécu et vit cette configuration astrale similaire car ce n'est pas forcément de la même façon que vous.

Toute personne rencontrée agit comme un miroir d'une certaine partie de vous-mêmes. Certaines personnes sont même très douées pour agir comme des miroirs (il y a même un signe astrologique Maya qui s'appelle le miroir). Vous allez aussi rencontrer des personnes qui sont totalement différentes de vous et qui vous montreront ce que vous n'aimez pas où les endroits où vous avez des progrès à faire. L'univers vous fait alors un clin d'œil qu'il est judicieux de repérer, d'accueillir puis de gérer.

Un état de centrage dans son cœur, de joie et de calme intérieur, sans désirs, sans attentes et sans craintes permet de voir ce qui est dans l'instant présent et de vous relier à votre intuition afin de dire ce qui doit être dit pour le bien-être et l'évolution de la personne qui vous sollicite.

G) L'organisation d'une consultation.

Voici une façon de procéder et les différentes étapes

1-Prise de rendez-vous : Vous faîtes une fiche où vous notez le jour et l'heure de rdv, les prénoms, noms, date/heure/lieu de naissance. Vous pouvez demander à la personne s'il y a un secteur plus spécifique de la vie qui l'intéresse en ce moment. Vous informez la personne du tarif, de la durée de la consultation et de l'adresse.

Une consultation complète dure entre 1h30 et 2h00.

2-Accueil : Vous souhaitez la bienvenue à la personne, l'inviter à s'assoir et vous pouvez lui proposer une boisson (verre d'eau, jus de fruit ou tisane).

3- Echange Pré-consultation : Vous pouvez demandez à la personne, si elle le souhaite, où elle en est dans sa vie et ce qu'elle attend de la consultation. Vous pouvez lui proposer d'enregistrer la consultation.

4-Consultation : Analyse du thème : Vous décrivez à la personne les différentes parties de son thème selon la méthode d'interprétation apprise, avec ses points forts et ses contradictions et pouvez discuter avec elle de comment elle aimerait exprimer/canaliser les différents éléments. Vous lui parlez des transits et des éléments clefs de ses progressions. Si c'est une consultation de type « Révolution Solaire », vous effectuez l'analyse de la « RS ».

3- Echange Post-consultation : Vous informez la personne que la consultation est terminée. Vous pouvez lui demander si elle a des questions et si la consultation a répondu à ses attentes Vous pensez à lui remettre quelques cartes de visites.

J'ai découvert cet exercice lors de ma formation en coaching auprès de Lunion Formation en 2010. Le combiner avec l'astrologie est très intéressant car il permet de faire le point sans complaisance pour se situer et donc pour proposer des axes d'amélioration. Quand une personne décède, elle est amené à aller dans un lieu qui lui permet, grâce à un dispositif ultra High-Tech, de revoir sa vie défiler devant elle. Elle fait ainsi le point sur sa vie et en fonction de ce qu'elle a vécu ou pas vécu, elle peut aller à certains endroits et pas à d'autres et parfois, elle est obligée de revenir sur Terre ou sur une des autres planètes habitées de cette galaxie ou d'une autre galaxie.

L'exercice consiste ici à imaginer que c'est votre dernier jour sur Terre et que vous faîtes le point pour voir si vous avez vécu au mieux les différentes fonctions planétaires et/ou les différents secteurs de la vie.

Voici quelques exemples : Vous pouvez vous attribuer un certain nombre de points, sur 20 ou sur 100 par exemple.

Le Soleil : Est-ce que vous avez développé la vision de la meilleure version de vous-être et est-ce que vous avez œuvré pour devenir cette vision ? Avez-vous réussi ? Avez-vous réussi à être la meilleure version de qui vous pouvez être ? Est-ce que vous avez fait l'expérience de l'Amour et de la Lumière et est-ce que vous avez aimé de toutes vos forces ? Est-ce que vous avez créé quelque chose ? Avez-vous été une personne joyeuse et généreuse ?

La Lune : Avez-vous pris soin de vous et de la vie sur Terre ? Avez-vous fait le ménage dans vos mémoires personnelles, familiales et karmiques ? Avez-vous été bien et pleinement en vie ?

Mercure : Vous êtes vous bien amusé ? Avez-vous appris tout ce qui était nécessaire à votre adaptation à votre environnement ? Avez-vous pleinement satisfait votre curiosité ? Avez-vous fait preuve d'intelligence ? Avez-vous bien servi la Vie ? Avez-vous fait preuve d'humilité ?

Vénus : Avez-vous été capable de vivre une relation juste à l'argent, de bien gérer vos ressources, de vivre dans l'abondance, de vivre belles relations avec autrui et de vivre une vie de couple harmonieuse ? Avez-vous pu réunir en vous le masculin et féminin et les exprimer de façon équilibrée ? Avez-vous su créer votre bonheur sur Terre ? Avez-vous eu du plaisir et de la joie à vivre sur Terre ?

Mars : Avez-vous été capable de vous fixer des objectifs pertinents, de mettre en place les bonnes stratégies et d'obtenir des résultats ? Avez-vous su lutter pour faire ce que vous aviez à faire ?

Avez-vous été une personne courageuse, audacieuse et efficace ? Avez-vous su gérer les conflits et surmonter vos blessures ?

Jupiter : Avez-vous su bien gérer l'espace, trouver les bons enseignements, les intégrer avec autorité et intelligence, exprimer votre sens pédagogique, prendre votre place dans ce monde et vous intégrer socialement ? Avez-vous voyagé et exploré de nouveaux territoires ? Avez-vous été une personne enthousiaste, optimiste et généreuse ? Avez-vous vécu votre destinée ?

Saturne : Avez-vous fait les efforts et le travail sur vous nécessaires pour grandir, avancer, réaliser une œuvre et trouver la paix intérieure ? Avez-vous su guérir d'une blessure d'abandon ? Etes-vous en paix ?

Uranus : Avez-vous su exprimer une intelligence psychologique ou technologique pour réparer ce qui devait l'être, trouver des solution, vous libérer et apporter votre contribution pour créer un monde meilleur ? Avez-vous pu exprimer votre génie et votre spécificité ? Êtes-vous devenu une personne libre et heureuse ?

Neptune : Avez-vous su vous libérer de vos mémoires généalogiques et karmique, sortir du chaos et de vos souffrance ? Avez-vous su créer une vie qui vous enchante ? Avez-vous contribué à soulager les souffrances et les misères du monde ? Avez-vous pu intégrer une pratique spirituelle dans votre vie ? Avez-vous pu accéder à un état d'enchantement, d'amour inconditionnel, de compassion, de bonheur intense et de communion avec le divin et avec la Source de toute Vie ? Avez-vous vécu l'expérience de Dieu ?

Pluton : Avez-vous vécu une vie passionnante, en faisant ce qui vous passionne et en étant passionné par ce que vous faîtes ? Avez-vous pu surmonter vos blessures de rejet et de trahison ? Avez-vous pu faire face à vos démons, à vos zones d'ombres et bien gérer votre saboteur ? Avez-vous vécu une vie sexuelle saine et épanouissante ? Avez-vous pu vous initier et/ou initier autrui à différentes pratiques ? Avez-vous pu vous éveiller à l'au-delà, explorer l'invisible et œuvrer pour apprendre à préparer votre mort et à mourir en conscience ?

En faisant le point ainsi, vous pouvez identifier vos réussites et vos échecs et mettre en place des objectifs, des stratégies et des actions pour avancer vers plus de joie et de sérénité.

Avant d'effectuer des prévisions, il est indispensable de maîtriser l'analyse et l'interprétation du thème natal. Ensuite, il est nécessaire de comprendre les techniques, ce qui est l'objectif des textes qui suivent, puis d'expérimenter sur une période de temps importante et sur un nombre suffisant d'exemples. Le mot «prévisions » sous entend ici «prédispositions » et «possibilités » et s'oppose au mot «prédiction» qui sous entend l'occurrence d'un événement de façon certaine et fataliste.

Rappel de la nature des planètes et de maisons :

On considère **l'ascendant** qui symbolise la vie, les événements personnels, les initiatives personnelles, le cap, ce qui est fait, ce que vous devez faire, le rôle que vous devez jouer et l'état de votre corps.

On considère **le milieu du ciel** qui symbolise les événements qui marquent la destinée, la carrière, le rôle social, les responsabilités et les changements de situations. On peut aussi considérer **le descendant** pour la vie sentimentale, pour les rééquilibrages nécessaires ou pour les questions juridiques. On peut aussi considérer **le fond du ciel** pour les questions liées aux souvenirs et aux mémoires, aux archives personnelles, à votre histoire de vie, au bien-être, au foyer, à la famille, aux changements de lieu de vie et à la fin de la vie.

Le Soleil : La réussite, l'atteinte d'un objectif important, le besoin de rayonner, la notoriété, une création, votre sens de l'identité, vos relations privilégiées, votre cœur, votre joie et votre expression de l'amour.

La Lune : Vos besoins émotionnels, vos ressentis, votre foyer, un changement de lieu de vie, la naissance d'un enfant, votre sommeil, la réalisation d'un rêve, votre imaginaire, votre bien-être, votre aptitude à prendre soin de vous et d'autrui, vos nourritures, la libération de vos mémoires traumatiques.

Mercure : Vos intérêts, vos apprentissages, vos compréhensions, vos échanges commerciaux, vos déplacements et petits voyages, vos écrits et vos discours, vos outils, techniques et perfectionnements.

Vénus : Les ressources, les moments de détente, de partage, de plaisir, de joie et de paix, les rencontres/relations amoureuses, les activités artistiques et associatives, votre équilibre.

Mars : L'activité, une nouvelle activité, l'affirmation de soi, le courage, les entreprises, les activités sportives, les procès, les défis et combats, les conflits ou accidents. Les résultats obtenus.

Jupiter : Le sens donné à sa vie, les buts, une nouvelle activité professionnelle, une promotion, une croissance/une expansion de sa sphère d'activité, une ouverture, un voyage, un stage, une formation, des études supérieures, des activités philosophiques ou religieuses, des excès, des opportunités et des coups de chance, la joie de vivre.

Saturne : Les ambitions, les efforts à fournir, les périodes de recherche, de restructuration ou de solitude, les revers, les difficultés, les obstacles, les abandons, les fins de situation, les chantiers.

Uranus : les prises de conscience libératrices et les événements libérateurs, le développement de l'autonomie, les aides, les solutions, les nouvelles relations amicales, les activités en groupe, le développement d'une clientèle, les rénovations, les mises à jour, la modernisation, les projets, les contributions pour créer un monde meilleur.

Neptune : L'introduction d'une spiritualité et d'une pratique spirituelle dans votre vie, les inspirations, les expériences mystiques, les remontées de mémoires généalogiques ou de vie passées, les périodes de fuite ou de dépression, les situations d'exil, de maladie ou d'emprisonnement, une activité qui répond aux besoins de la collectivité, l'expérience divine.

Pluton : Les guérisons de blessures et les réparations des fautes commises, les confrontations à la mort ou à des sujets tabous, les expériences de sorties hors du corps, les expériences sexuelles marquantes, les crises, les excès et les initiations, les transformations, les remises à zéro, les renaissances.

La cuspide de la maison 2 : L'utilisation des ressources, les expériences joyeuses, les gains d'argent par ses initiatives personnelles, les dépenses, la joie et le plaisir, l'ancrage dans la vie.

La cuspide de la maison 3 : Comme Mercure soit les écrits, les déplacements, les apprentissages etc.

La cuspide de la maison 5 : Les enfants, les créations, la vision des choses, l'expression de soi, les réussites.

La cuspide de la maison 6 : L'hygiène, la santé, les cures, les obligations professionnelles, les expériences de purification, les perfectionnements.

La cuspide de la maison 8 : Comme Pluton, soit les héritages, les deuils, les expériences/quêtes initiatiques, les relations sexuelles, les crises, ce qui est occulté ou tabou, les fins de situations, les traumatismes, les guérisons de blessures et les transformations, les passions, le combat pour la lumière.

La cuspide de la maison 9 : Comme Jupiter. **La cuspide de la maison 11 :** Comme Uranus. **La cuspide de la maison 12 :** Comme Neptune.

La position de ces cuspides dépend de la méthode de domification (placement des maisons dans un thème) choisie. Elle sera différente de quelques degrés suivant si la méthode Placidus ou Regiomontanus est choisie. Les quatre angles sont par contre identiques avec les deux méthodes.

Les prévisions astrologiques s'effectuent avec les techniques suivantes :
-Les profections qui décrivent l'ambiance générale de chaque année
-La révolution solaire qui décrit les énergies annuelles.
-Les transits qui déclenchent des états d'être et/ou des événements
-Les directions secondaires et primaires qui indiquent des temps importants et les changements dans votre vie.

Il s'agit d'une progression symbolique du Soleil et de l'ascendant.

Cette technique est basée sur la progression symbolique d'un signe par an dans le sens des signes pour le Soleil et éventuellement pour l'Ascendant. Vous avancez le Soleil du thème de 30 degrés par année. Cela défini le climat d'une année lors d'un cycle de 12 ans. Si vous êtes par exemple né(e) sous le signe du Poissons-chèvre (Capricorne), vos 11ème, 23èmes, 35èmes et 47èmes années seront ainsi marquées par le signe du Sagittaire. Vous tenez compte de la position en signe et en secteur, dans la révolution solaire de l'année, du maître du signe où se trouve le Soleil progressé.

2) La progression symbolique du Point Vernal.

Le point vernal est le zéro degré du <u>signe</u> du Bélier

Cette technique est basée sur la progression symbolique d'un signe par 7 ans pour le Point Vernal qui symbolise les commencements et les prises de conscience. Vous avancez le Point Vernal de 30 degrés tous les sept ans. Il génère un événement marquant en lien avec la planète ou une expression plus forte que d'habitude de la planète quand il passe en conjonction avec celle-ci. L'année où cela se produit est marqué par cette progression.

3) Les révolutions solaires familièrement appelées « RS ».

Le Soleil met un an pour faire le tour du zodiaque. Tous les ans, il repasse sur le Soleil natal, au moment de l'anniversaire. Ce moment précis marque un nouveau cycle d'une année. On dresse le thème pour le moment exact où le Soleil repasse sur le Soleil natal et c'est ce thème qui s'appelle la révolution solaire ou le thème annuel. Pour calculer la révolution solaire, on utilise le jour, le mois et l'année d'anniversaire, l'heure exacte où le Soleil repasse sur le Soleil natal (qui devient l'heure de naissance annuelle) et le lieu d'anniversaire qui n'est pas forcément le même que le lieu de naissance. Pour trouver l'heure exacte ou le Soleil repasse sur le Soleil natal, il suffit de consulter les éphémérides et de procéder par règle de trois.

La révolution solaire renseigne sur le climat de l'année, sur des comportements psychologiques et/ou sur des événements qui seront mis en valeur durant l'année, sur les enjeux, les risques et les opportunités. Elle propose des choix et aide à donner du sens au vécu. L'interprétation d'une révolution solaire n'a de sens qu'en faisant le lien avec le thème natal. Une révolution solaire doit être comparée au thème natal et interprétée en fonction de celui-ci. Lorsqu'on interprète une révolution solaire, on recherche et on interprète en priorité :

- La dominante annuelle, c'est-à-dire les planètes conjointes aux quatre angles et/ou la planète maîtresse d'un amas planétaire
- Le signe ascendant annuel
- Le secteur natal occupé par l'ascendant annuel (voir Livre 1)
- Le signe occupé par le Milieu du Ciel
- Le secteur natal occupé par le milieu du ciel annuel
- L'élément correspondant au signe occupé par la Lune colore toute l'année par ce qu'il représente (aventures, réalisations pratiques, nouvelles relations et vie intérieure,
- Les secteurs natals occupés par le Soleil, la Lune et les planètes. Les maisons occupées indiquent alors des expériences de vie prioritaires.
- Les aspects présents dans la révolution solaires, en insistant sur tout aspect de la RS qui est également présent dans le thème natal.

Le nœud sud en secteur indique ce qu'il est judicieux de valider puis de laisser derrière soi durant l'année tandis que le secteur occupé par le nœud nord indique la direction que l'on doit prendre pour progresser, à travers l'état d'esprit du signe et les expériences du secteur concerné.

La lune noire en secteur indique un désir profond qui se manifeste pendant l'année. Secondairement, on peut interpréter la position des planètes en signe et en secteur, ainsi que les aspects des «planètes annuelles » entre elles. Si un aspect présent dans une « RS » existe aussi dans le thème natal, les compétences de l'aspect, ou sa problématique, seront d'actualité durant l'année. Des planètes de « RS » formant des aspects aux planètes natales tendent à activer ses dernières.

Lorsqu'on interprète une révolution solaire, il est capital de tenir compte des transits qui ont lieu durant l'année, notamment ceux de Jupiter et de Saturne qui n'apparaissent pas forcément dans la révolution solaire, et de faire la synthèse des deux. Si vous dressez les révolutions solaires pour les 84 années que peut durer une vie pour un même lieu, vous constaterez que les signes ascendants tombent régulièrement dans les mêmes signes et qu'il y a entre autre des cycles de quatre ans et des cycles de trente ans.

Il est également important d'observer si des éléments de la « RS » sont inhabituels par rapport au thème natal. Exemple : Une personne ayant une dominante natale jupitérienne ayant une « RS » avec un Saturne dominant risque de vivre une année perturbante alors que personne « saturnienne » exprimera d'une façon plus naturelle les tendance qu'elle a déjà intégré en elle.

Voici les temps de rotation des planètes autour du Soleil.

PLANÈTE	DURÉE DE ROTATION	Temps passé dans un signe
Soleil	1 année	1 mois
Lune	28 jours	2 jours
Mercure	88 jours	Environs 20 jours
Vénus	225 jours	Environs 25 jours
Mars	2 ans	2 mois
Jupiter	11,86 ans = 12 ans	1 année
Saturne	29,45 ans	2,5 ans
Uranus	84,01 ans	7 ans
Neptune	164,8 ans	14 ans
Pluton	247,7 = 250 ans	11 ans /30 ans
La Lune Noire	9 ans	9 mois
Nœuds Lunaires	18,5 ans	18 mois
Chiron	50, 46 ans.	4 à 8 ans

Le thème astrologique est une représentation graphique du Soleil, de la Lune et des planètes à un moment donné dans le temps, à la naissance d'une personne. Tout comme la vie de chaque individu évolue dans l'espace temps, les planètes, elles aussi, poursuivent leur course autour du Soleil. De la même façon qu'un voyageur de commerce transite dans différentes villes, les planètes transitent dans les différents signes du zodiaque. Si l'on positionne à différents intervalles de temps le mouvement des planètes dans le thème d'une personne, on s'aperçoit que les planètes traversent les secteurs et forment différents aspects aux planètes du thème natal. Un transit est donc soit le passage d'un astre dans un signe ou dans un secteur d'un thème natal, soit un aspect formé par une planète en mouvement à l'une des planètes du thème natal. Dans le transit, il y a la planète transitée (qui reçoit une influence) et la planète transitante (qui émet une influence).

Si vous avez par exemple votre Soleil natal à 3° du Bélier, la planète Uranus, qui était en début Verseau en 2011, est passée sur votre Soleil natal. On parle alors d'un transit d'Uranus sur votre Soleil natal. Si votre Soleil natal est en secteur 7, l'on dit alors que vous avez un transit d'Uranus dans votre secteur 7 ou qu'Uranus transite votre secteur 7. En 2025 soit 14 ans plus tard, on dira que vous avez un transit d'Uranus sextil au Soleil natal ou que vous avez un transit harmonique d'Uranus sur votre Soleil natal. Plus un transit dure longtemps et plus il peut produire des effets importants et des changements.

Un transit de la Lune dure une journée. Il peut apporter des petites choses agréables ou désagréables mais n'apporte pas de changement significatif. En revanche, un transit de Jupiter dans un secteur peut durer une année et donc produire des changements importants. Les planètes transitantes dont on tient compte à l'échelle d'une existence sont les planètes lentes. Elles apportent une influence conforme à leur nature. Mais à l'échelle d'une année, on peut tenir compte du Soleil, de Mercure, de Vénus et de Mars qui correspondent à une influence pouvant durer quelques jours, ou quelques mois pour Mars lorsqu'il est rétrograde.

Les planètes transitées dont on tient compte sont les planètes rapides ainsi que Jupiter et Saturne. On les interprète comme on le fait d'habitude, en tenant compte de leur aspect psychologique et de ce qu'elles représentent concrètement. Lorsqu'on étudie le transit d'une planète aspectant une planète natale, il est essentiel de tenir compte de la situation de la planète transitante dans le thème natal, c'est-à-dire de vérifier si elle est dominante ou puissante dans le thème, si elle est utilisée couramment, et si elle est bien vécue.

Une personne recevant par exemple un transit de Saturne sur son Soleil ne vivra pas ce transit de la même façon si la fonction saturnienne est très présente dans sa personnalité ou si au contraire elle lui est inconnue, si elle est bien intégrée parce qu'elle reçoit des aspects harmoniques ou si elle est vue sous ses aspects négatifs et vécue de façon conflictuelle.

Une personne ayant une dominante Saturnienne, un aspect harmonique Soleil Saturne dans son thème natal et recevant un carré de Saturne sur son Soleil natal aura la possibilité de gérer les doutes, les insatisfactions et les remises en question, la nécessité de mûrir, de se perfectionner, d'assumer de grosses responsabilités, de construire et de se séparer de choses précédemment considérées comme essentielles, et ce dans la mesure où la personne utilise constamment Saturne dans sa vie.

Si Saturne transite en formant un carré au Soleil natal et si il y a dans le thème natal un aspect dissonant entre le Soleil et Saturne, tout dépendra alors jusqu'à quel point le sujet aura résolu le conflit correspondant à l'aspect dissonant. Si le conflit n'est pas résolu, le sujet sera alors durement mis face à ses échecs et insuffisances et vivra difficilement un tel transit. Dans le cas contraire, le sujet aura l'opportunité d'exploiter le transit consciemment, de mûrir et de faire un grand pas en avant sur son chemin d'évolution. Dans le cas d'une personne ayant dans son thème natal un aspect harmonique Soleil Saturne ou un aspect dissonant qu'elle a suffisamment travaillé, le carré sera peut être difficile à vivre et source d'obstacles ou de retards, mais l'expérience des obstacles/retards ne sont pas une nouveauté pour la personne, elle évoluera en les assumant.

Une personne à dominante Jupitérienne, Vénusienne ou Lunaire, planètes qui sont radicalement opposées à Saturne, vivra beaucoup plus difficilement un tel carré parce qu'elle n'est pas habituée à exprimer les tendances, les qualités ou les difficultés en rapport avec Saturne.

Les effets d'un transit peuvent être soit psychologiques, soit concrets, soit les deux en même temps ou l'un derrière l'autre. Un transit harmonique de Jupiter sur Vénus natale peut coïncider avec un changement psychologique. On devient plus extraverti, plus jovial, plus euphorique, plus tolérant, moins exigeant. On à envie de sortir, de voyager, de dépenser de l'argent, de faire de nouvelles rencontres, de peindre, d'aller danser ou chanter etc. On peut ainsi faire une rencontre sentimentale (Vénus) qui influence la destinée extérieure (Jupiter), mais ce n'est pas obligatoire. De beaucoup dépendra où en est la personne dans son évolution et ce qu'elle est prête à vivre. L'astrologie ne dit pas non plus combien de temps durera l'histoire sentimentale née sous ce transit.

Ce transit correspond souvent à des opportunités de rencontres mais si la personne n'est pas prête ou disponible dans sa tête, ces rencontres ne se feront pas sous ce transit là. Le piège est donc de prédire un événement et de provoquer de la déception lorsqu'il n'arrive pas. Dans l'interprétation d'un transit il est donc capital d'envisager l'aspect psychologique, l'aspect événementiel possible et l'aspect spirituel.

Un exemple : Un transit d'Uranus sur le Soleil natal concerne les modèles, les repères, les objectifs, les idéaux, les grandes lignes de l'existence, la créativité, l'expression de l'amour etc. Uranus stresse et pousse à l'évolution psychologique, à la recherche de liberté, d'indépendance, de libération, d'affirmation personnelle, à la prise de pouvoir et à assumer des responsabilités à une échelle collective.

Si le sujet est dominé par un amas en Cancer, que la fonction uranienne ne joue pas un rôle important dans sa personnalité et qu'Il mène une vie relativement paisible. Que peut-il se passer ? Là où précédemment il était paisible, attaché à sa famille, à son entourage et à l'univers intime qu'il s'est créé, et où il exerçait depuis un certain temps une activité, il peut devenir exigeant, jamais satisfait, avoir envie de bouleverser et rénover son existence, de réaliser ce qu'il rêvait de réaliser, de s'investir dans un projet complexe, de faire de l'astrologie ou de se séparer de son passé et de ses attaches pour mener une vie beaucoup plus indépendante. Sous un transit d'Uranus, certaines personnes passent en mode mouette. Il peut également se voir imposer une promotion avec de lourdes responsabilités ou se lancer dans une association ou dans des activités en groupe. L'influence d'Uranus tend à se traduire par de brusques changements d'attitudes ou par des événements inattendus.

Ce peut être des coups de chance et parfois des tuiles qui obligent à réagir et qui permettent ou gênent la réalisation des objectifs et des rêves personnels. L'entourage de notre ami Cancer risque de le trouver très différent et de se demander qu'elle mouche le pique. Il est ainsi possible de baliser une vie d'après les différents transits des éléments du thème.

Pour résumer, pour analyser un transit, on prend en compte :
-Les besoins/tendances de la planète transitante.
-Le signe et le secteur transité.
-Tout aspect formé par la planète transitante à une planète transitée.
-Les besoins tendance de la planète transitée.
- La durée du transit
-Comment canaliser ce transit

Liste des transits significatifs dans une vie selon les âges : Vous pouvez éventuellement rajouter les sextils et trigones de Jupiter et Saturne. Vous pouvez faire un tableau où vous notez également les années

1 an : Premier retour du Soleil sur sa position natale.
2 ans : Premier retour de Mars sur sa position natale. Sextil de Jupiter.
2 ans et 3 mois : Premier carré de la Lune Noire.
3 ans : Sextil des Nœuds Lunaires.
3 ans et demi : Premier carré de Jupiter.
4 ans : Second retour de Mars.
4 ans et demi : Première opposition de la Lune Noire.
6 ans : Troisième retour de Mars, première opposition de Jupiter, premier carré de la Lune progressée.
7 ans : Premier carré de Saturne, demi-sextil d'Uranus.
8 ans : Premier trigone croissant de Saturne
9 ans : Retour de la Lune Noire.

12 ans : Premier retour de Jupiter
14 ans : Première opposition de Saturne
15 ans : Second carré de Jupiter, sextil d'Uranus
18 ans : Seconde opposition de Jupiter, premier trigone de Saturne
19 ans : Retour des Nœuds Lunaires
21 ans : Carré décroissant de Jupiter et second carré de Saturne
22 ans : Premier carré d'Uranus
24 ans : Second retour de Jupiter
26 ans : Premier sextil de Neptune
27 ans : Premier retour de la Lune progressée
28 ans : Inversion des Nœuds Lunaires et trigone d'Uranus
29 ans et demi: Premier retour de Saturne.

30 ans : Troisième opposition de Jupiter, trigone d'Uranus, retour de l'aspect natal Soleil-Lune en progressions
33 ans : Carré décroissant de Jupiter et carré croissant de la Lune progressé
36 ans : Troisième retour de Jupiter, troisième carré de saturne
37 ans : Second retour des Nœuds Lunaires, second trigone croissant de Saturne
39 ans : Carré croissant de Jupiter, opposition de la Lune progressée

42 ans : Opposition d'Uranus, carré croissant de Neptune, opposition de Jupiter
44 ans : Seconde opposition de Saturne
45 ans : Carré décroissant de Jupiter
47 ans : Opposition des Nœuds Lunaires, carré de la Lune progressée et trigone de Saturne
48 ans : Quatrième retour de Jupiter. Premier trigone de Neptune.

50/51 ans : Carré croissant de Jupiter
51 ans : Quatrième carré de Saturne,
55 ans : Second retour de la Lune progressée, troisième retour des Nœuds Lunaires
56 ans : Trigone décroissant d'Uranus
57 ans : Troisième retour des Nœuds Lunaires
59/60 ans : Cinquième retour de Jupiter, second retour de Saturne, carré croissant de Pluton, second retour de l'aspect natal Soleil-Lune en progressions

62 ans : Carré croissant de Jupiter
63 ans : Carré décroissant d'Uranus
65 ans : Opposition des Nœuds Lunaires, troisième carré croissant de Saturne
66 ans : 3m trigone croissant de Saturne, opposition de la Lune progressée
67 ans : Cinquième carré de Saturne

72 ans : Sixième retour de Jupiter
75 ans : Troisième opposition de Saturne, carré de la Lune progressée
77 ans : Trigone de Saturne
80 ans : Troisième carré décroissant de Saturne
82 ans : Troisième retour de la Lune progressée. Sixième carré de Saturne.
84 ans : Septième retour de Jupiter, retour d'Uranus, opposition des Nœuds Lunaires

Les directions sont des techniques de prévisions permettant de fournir des informations sur les événements pouvant se produire sur une année. Elles sont basées sur un lien analogique entre le jour et l'année. De nos jours, les astrologues tendent surtout à utiliser les progressions qui donnent des résultats satisfaisants.

Il existe dans notre univers tout un ensemble de correspondances analogiques. Par exemple, la structure de l'atome est similaire à la structure du système solaire. Il existe des correspondances énergétiques entre les couleurs, les sons, les formes, les planètes, les secteurs et les signes du zodiaque. Tout comme la Terre met un jour pour faire un tour sur elle- même, la Terre met aussi une année pour faire un tour autour du Soleil. L'année est donc considérée comme une journée mais à une plus grande échelle. On peut donc symboliquement dire que une journée= une année.

i) Les progressions ou directions secondaires.

Elles sont basées sur le mouvement réel des planètes que l'on peut consulter dans les éphémérides et sur l'analogie « un jour sur les éphémérides » correspond à une année de vie. Ainsi le premier jour de la vie correspond à la première année de l'existence, le trentième jour à la trentième année etc. Si une personne est née le premier Mars, on obtient des informations sur sa trentième année, par exemple, en notant sur son thème natal la position des planètes au 31 Mars.

On recherche et on interprète :
- L'année et l'âge où une planète change de signe.
- Les aspects formés par les planètes progressées aux planètes natales. On recherche l'année précise où une planète progressée forme un aspect précis avec une planète natale.
- La position en secteur natal des planètes progressées.

La méthode d'interprétation est la même que celle utilisée dans l'interprétation des transits. Comme dans le cas des transits, le Soleil, la Lune et les planètes rapides qui reçoivent des aspects progressés sont interprétées en priorité. Les progressions de la Lune sont particulièrement importantes parce que la Lune effectue plusieurs tours du zodiaque dans les trois mois représentant l'existence. Le signe occupé par la Lune en progression teinte l'année d'une certaine ambiance tandis que la maison natale qu'elle occupe met en valeur les expériences correspondantes.

Les effets des progressions dépendent en premier lieu des planètes natales qui sont les points récepteurs. Exemples : Une planète formant un aspect progressé par exemple à Vénus natale influencera la vie affective, matérielle ou relationnelle. Si Mars natal est en jeu, l'activité et les réalisations seront concernées. Si Jupiter est le point récepteur, la vie socioprofessionnelle, l'intégration sociale et l'expansion seront influencées. Saturne concerne les questionnements, les recherches et les structures. Uranus concerne l'expression de notre originalité, spécificité ou génie et notre libération.

Neptune concerne notre foi, notre recherche d'enchantement et nos expériences spirituelles/divines mais aussi la satisfaction des besoins de la collectivité et le soulagement des souffrances/mémoires généalogiques. Pluton concerne les initiations et le fait le passer de la crise, de la peur, d'un état de blessure à l'expression authentique de soi, à la passion constructive et à l'éveil à l'au-delà.

L'influence des progressions dépendra en second lieu et de la nature de la planète progressée.

Le Soleil : Il apporte la possibilité, l'opportunité ou la nécessité de redéfinir votre sens de l'identité et votre identité, les grandes lignes directrices de votre vie ou votre façon de voir/vivre la planète impactée, d'exprimer votre volonté et votre créativité et de déployer l'énergie nécessaire pour réussir dès lors qu'il s'agit de (mots clefs de la planète recevant la progression).

La Lune : Elle apporte la possibilité, l'opportunité ou la nécessité de prendre soin de vous, d'autrui, de la vie, de votre foyer, de votre famille ou de votre bien-être, de prendre en compte vos rythmes naturels, de reconnaitre et combler vos besoins, de vous nourrir correctement et de vous sentir nourri, de mettre de la fluidité, de l'émotion et de la vie dès lors qu'il s'agit de (mots clefs de la planète et du secteur recevant la progression).

Mercure : Il apporte la possibilité, l'opportunité ou la nécessité de découvrir de nouvelles informations, de retrouver sur les bancs de l'école, d'apprendre de nouveaux savoirs, d'être mieux informé, de comprendre les choses différemment ou d'effectuer de nombreux déplacement dès lors qu'il s'agit de (mots clefs de la planète recevant la progression).

Vénus : Elle apporte la possibilité, l'opportunité ou la nécessité d'aller vers les autres, de créer des liens, de vous occuper des apparences et de la forme, de gérer des ressources, de gagner de l'argent, de faire des choses qui vous font plaisir, de rencontrer de nouvelles personnes et de vivre de belles rencontres, d'expérimenter le couple ou de vivre une intense activité relationnelle, de faire du juridique ou ce qui est juste pour vous dès lors qu'il s'agit de (mots clefs de la planète recevant la progression).

Mars : Il apporte la possibilité, l'opportunité ou la nécessité de vous fixer des objectifs pertinents, de mettre au point des stratégie compétitives, de passer à l'action, de vous affirmer avec force, de lutter pour exister, de déployer beaucoup d'énergie, de défendre vos droits et de savoir dire non, d'être rapide et efficace afin d'obtenir des résultats et des victoire dès lors qu'il s'agit de (mots clefs de la planète recevant la progression).

Jupiter : Il apporte la possibilité, l'opportunité ou la nécessité de vous conformer aux normes et règles de votre environnement socio-économique, de donner un sens nouveau à une partie de votre vie, d'effectuer un stage, une formation ou un voyage, de gérer l'espace ou un territoire différemment, de prendre votre place, d'élargir vos horizons ou vos affaires (en vous internationalisant), d'accomplir une mission qui vous enthousiasme et d'affirmer votre autorité et votre puissance dès lors qu'il s'agit de (mots clefs de la planète recevant la progression).

Saturne : Elle apporte la possibilité, l'opportunité ou la nécessité de vous poser des questions, de remettre en question, d'abandonner ce qui n'a plus lieu d'être, de chercher une nouvelle vérité ou votre vérité profonde, de prendre du recul, de méditer, de mettre les choses en chantier, de voir les choses à long terme et de prendre votre temps, de faire preuve de patience, de fournir des efforts et une discipline, de structurer et de réaliser une œuvre dès lors qu'il s'agit de (mots clefs de la planète recevant la progression).

Ainsi, Mars progressé tendra à dynamiser ce que représente la planète natale (le sens de l'identité, les idéaux et les créations pour le Soleil natal, la vie familiale et émotionnelle pour la Lune natale). Jupiter aidera à extérioriser et à utiliser socio-professionnellement les valeurs et qualités de la planète natale. Saturne permettra de structurer ce qui correspond à la planète natale etc. Uranus libère, apporte des imprévus et permet de maîtriser de façon volontariste ce que représente la planète natale. Neptune inspire tandis que Pluton transforme.

Les aspects : L'influence des progressions dépendra finalement de la nature de l'aspect formé par la planète progressée à la planète natale (conjonction, sextil, carré, trigone). Les sextils et les trigones stimulent, encouragent et facilitent l'expression naturelle des planètes tandis que les carrés et les oppositions mettent de la tension. Ils créent parfois des conflits et obligent à faire les choses avec conscience et maîtrise.

Les 4 angles : Quand une planète progressée forme un aspect à l'un des 4 angles du thème natal, il est temps d'utiliser ce que représente la planète pour satisfaire les besoins de l'angle natal concerné (l'Ascendant = l'affirmation de soi, le Descendant = l'équilibre, le couple et les relations, le Fond du ciel= le foyer et le bien-être, le Milieu du Ciel= le rôle social, la carrière et le chemin intérieur vers la paix intérieure).

Les progressions aident à affiner l'interprétation des transits et des RS.

ii) Les directions symboliques.

Elles sont basées sur un mouvement symbolique des planètes et sur l'analogie " un jour égal un degré". Parce que les planètes ne se déplacent pas d'un degré par jour, ces directions ne sont donc fondées sur aucune réalité astronomique. On déplace toutes les planètes d'un degré pour chaque année et l'on interprète d'une part les aspects formés par les planètes dirigées aux planètes natales et d'autre part la position en secteur natal des planètes dirigées.

Si par exemple Jupiter dans le thème natal est à un degré du Sagittaire, il sera symboliquement à 21 degrés du Capricorne lorsque le sujet a cinquante ans. Si la validité de la technique des progressions est universellement reconnue et largement utilisée par les astrologues, il n'en est pas de même pour les directions symboliques, qui restent, semble-t-il, symboliques ! La recherche reste cependant ouverte. Vous pouvez déplacer les cuspides des maisons de 1° par ans et voir quand elles changent de signe, de maisons ou quand elles forment des aspects aux planètes natales.

iii) Les directions primaires.

La technique des directions primaires a pour la première fois été évoquée par Ptolémée dans son livre 3, chapitre 11 à 15. La technique a ensuite été étudiée et utilisée tout au long de l'histoire de l'astrologie par des astrologues comme Placidus, Morin de Villefranche et plus récemment par Henri Joseph Gouchon qui a écrit « Les directions primaires simplifiées » et par Hervé Delboy qui a écrit « Astropronostic des périodes critiques de la vie par les directions primaires ».

Les recherches de Monsieur Delboy ont montrés que dans de très nombreux décès prématurés, soit les planètes Mars et Saturne progressées étaient en conjonction, carré ou opposition avec le Soleil ou la Lune, soit le Soleil ou la Lune progressés étaient en conjonction, carré ou opposition avec les planètes Mars et Saturne. Il est important de préciser que de nombreuses personnes qui ont vécu de telles progressions ne sont pas décédées prématurément mais ont simplement vécu des temps difficiles. Cette technique fait appel à des calculs complexes et pour cette raison, peu d'astrologues l'utilisent.

Les directions secondaires, dont on a parlé précédemment, sont basées sur le mouvement apparent du Soleil et des planètes qui tournent autour de la Terre et sur l'analogie une journée est égale à une année.

Les directions primaires, elles, sont basées sur la rotation de la Terre sur elle-même en 24 heures ou en 1440 minutes et sur l'analogie 1 degré égal à une année.

Comme la terre fait un tour sur elle-même en 1440 minutes et comme un cercle complet fait 360 degrés, alors 4 minutes de temps correspondent à un degré sur le cercle et par analogie à une année de vie.

* 1 minutes de temps = 15 minutes de distance angulaire sur le cercle = trois mois de vie
* **4 minutes de temps = 1 degré sur le cercle = une année de vie**
* Une heure de temps = 15 degrés = 15 ans de vie
* Deux heure de temps = 30 degrés = 30 ans de vie
* Six heures de temps = 90 degrés = 90 années de vie.

* En fait la valeur astronomique exacte est de 3 minutes et 57 secondes = une année.

On part de l'heure de naissance qui est le point zéro. La technique présuppose que l'heure de naissance soit juste et elle permet souvent de rectifier l'heure de naissance. On déplace l'ascendant premièrement dans le sens des signes et l'on note l'heure à laquelle il rencontre une planète. Il faut pour cela soit utiliser les tables des maisons pour une même latitude, soit utiliser un logiciel d'astrologie.

On note combien de temps, en minutes de temps, met l'Ascendant pour rejoindre la planète ou pour former un angle avec elle et l'on converti ce temps en années de vie.

Le passage de l'ascendant dirigé sur une planète du thème natal (aspect de conjonction avec la planète) peut déclencher un événement personnel en lien avec la planète. Le passage de l'ascendant dirigé sur une cuspide de maison du thème natal (aspect de conjonction avec la pointe de la maison ou cuspide) peut déclencher un événement en lien avec ce que signifie le secteur. On peut également considérer les aspects de carrés, de trigone et d'opposition.

Il est important de préciser que le passage dirigé de l'Ascendant ou d'une planète sur une planète du thème natal produira des effets selon la nature natale de la planète. Cette nature dépend de sa position en signe et en maison et de ses aspects. Cette technique peut être expérimentée sur des personnages célèbres. Il est pour cela nécessaire de connaitre leur histoire et les événements importants ayant marqués leur vie.

La méthode donnée par Henri Joseph Gouchon : Il vous faut d'abord retrouver le temps sidéral correspondant à la minute précise de votre naissance à l'aide des tables des maisons ou d'un logiciel. Admettons que ce soit 08h25. Si vous voulez diriger votre thème pour 50 ans, vous prenez le temps sidéral à l'heure précise de votre naissance.

Pour cela, si vous avez un logiciel, vous notez le degré de l'Ascendant et trouvez le TS équivalent à la latitude correspondante sur les tables des maisons. Ensuite vous ajoutez l'âge recherché converti en minutes de temps (50 ans * 4 minutes = 200 minutes soit 03 h 20 minutes). 08h25+03h20 = 11h45.
Vous dressez ensuite la carte du ciel avec le nouveau temps sidéral de 11h45. Vous observez les distances angulaires de l'Ascendant et du Milieu du ciel aux planètes natales et la position des planètes en maisons.

Dans un deuxième temps, les planètes sont déplacées pour qu'elles soient aux mêmes distances des cuspides des maisons qu'elles étaient à la naissance. Vous observez ensuite les distances angulaires entre les nouvelles positions planétaires et les planètes du thème natal.

Pour déterminer des périodes difficiles voire critiques, les astrologues déplaçaient soit les planètes Mars et Saturne, en observant les angles formés par ces dernières avec le Soleil, la Lune et l'Ascendant, soit le Soleil, la Lune et l'Ascendant, en observant les angles formés par ces derniers avec le Soleil et la Lune. La même démarche était effectuée avec Vénus et Jupiter pour les périodes bénéfiques.

L'astrologue André Barbault avait par exemple étudié les rois de France car leurs thèmes et leur histoire étaient connus.

Voici l'exemple connu, révélé par André Barbault, du dernier roi de France Louis XVI.

EXEMPLE 1 : LOUIS XVI :

- Date de naissance : 23/08/1754 à Versailles à 06h24.
- Date où il est proclamé dernier roi de France : 10 Mai 1774 vers 17h00, son père étant décédé à 16h00.
- Date de son couronnement : 11 Juin 1775 à la cathédrale de Reins.
- Date d'emprisonnement : 10 Aout 1792 à Paris.
- Date de procès : 11 septembre 1792 à Paris.
- Date d'exécution : 21 Janvier 1793 à l'âge de 38 ans et 5 mois.

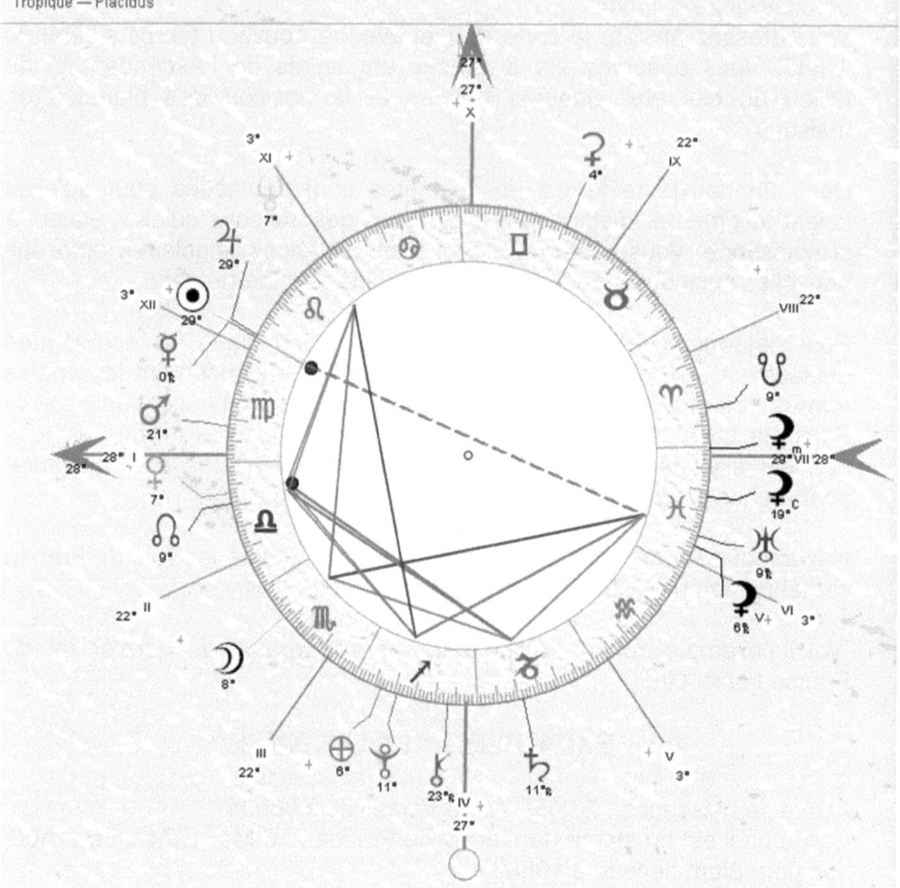

En ajoutant 80 minutes (20 ans x 4 minutes) à l'heure de naissance, soit 06h24, l'on obtient 07h44. Direction du MC en sextil avec le Soleil => Louis XVI est proclamé Roi. Le MC devrait être à 29°, on a donc un décalage de 2° soit six mois, ce qui correspond à son couronnement.

LOUIS XVI : Proclamation Roi de France et couronnement à Reims

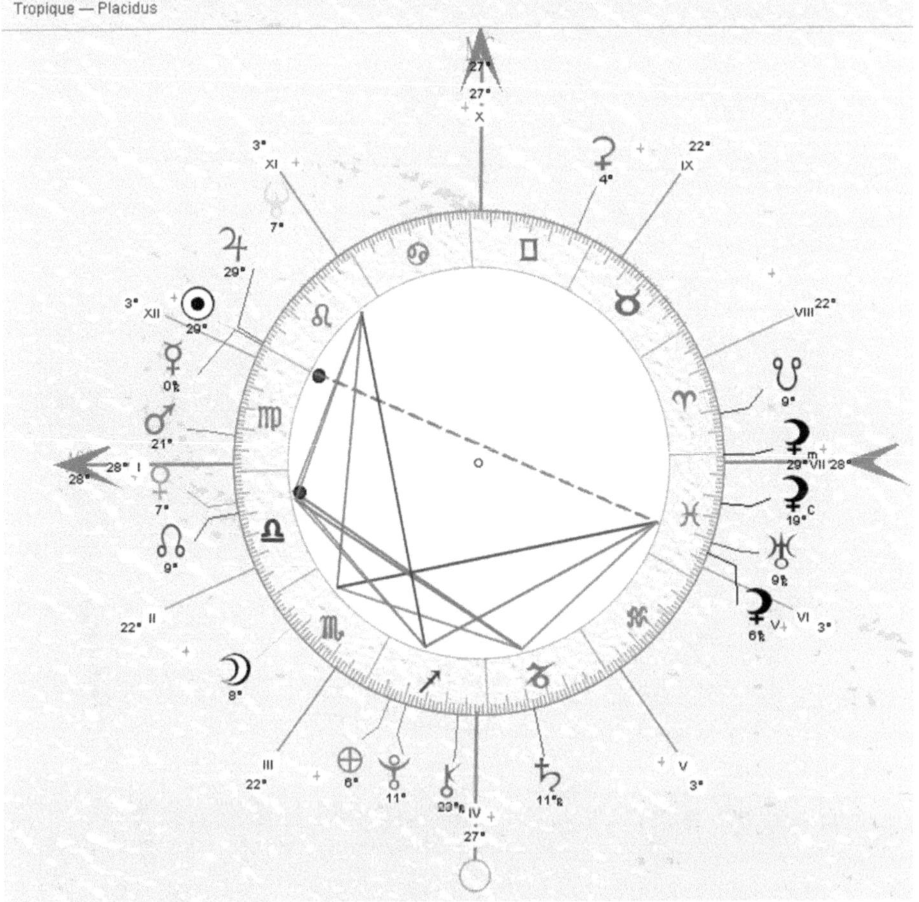

L'heure à laquelle l'ascendant dirigé (11°19'' Balance) est carré à Saturne 11°19'' Capricorne) est 08h56 soit 2h32 ou152 minutes plus tard soit à 38 ans, date de l'année de l'emprisonnement et de l'exécution du roi.

LOUIS XVI : Emprisonnement et exécution

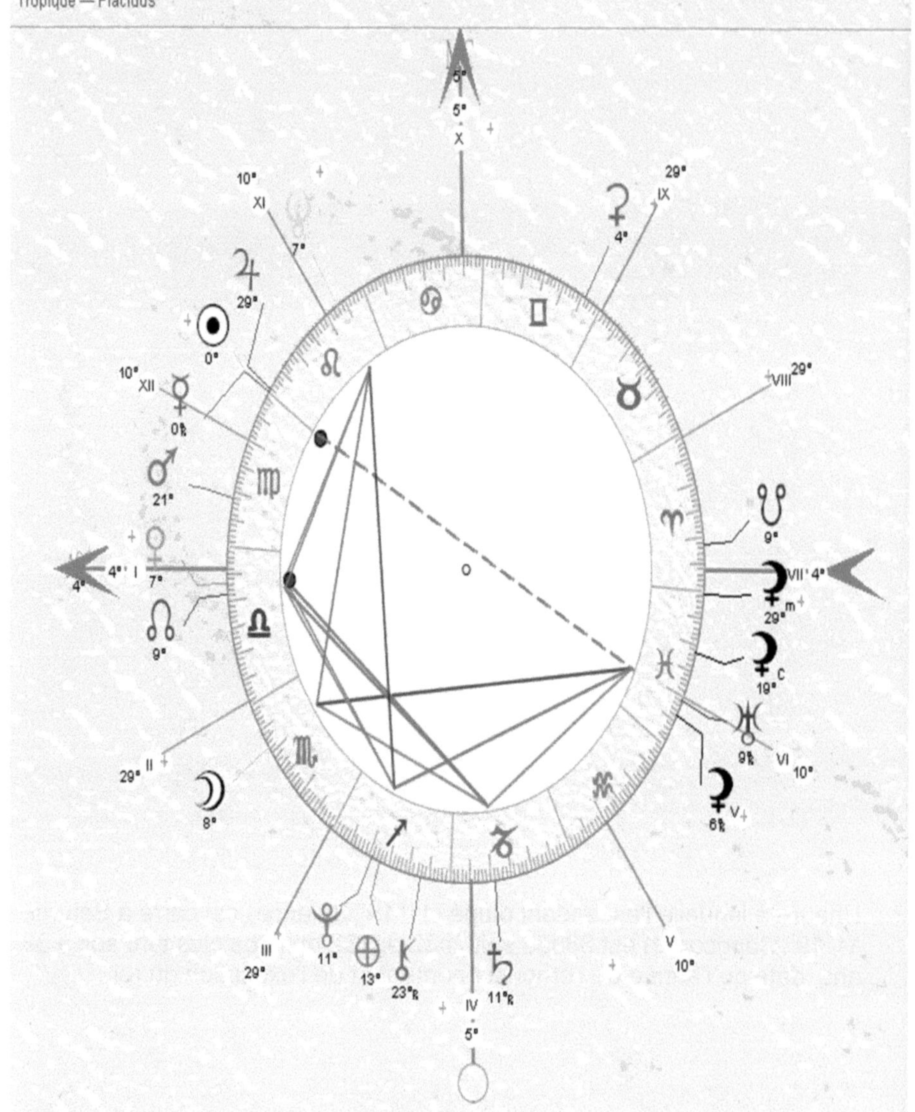

Révolution solaire de LOUIS XVI pour ses 38 ans.

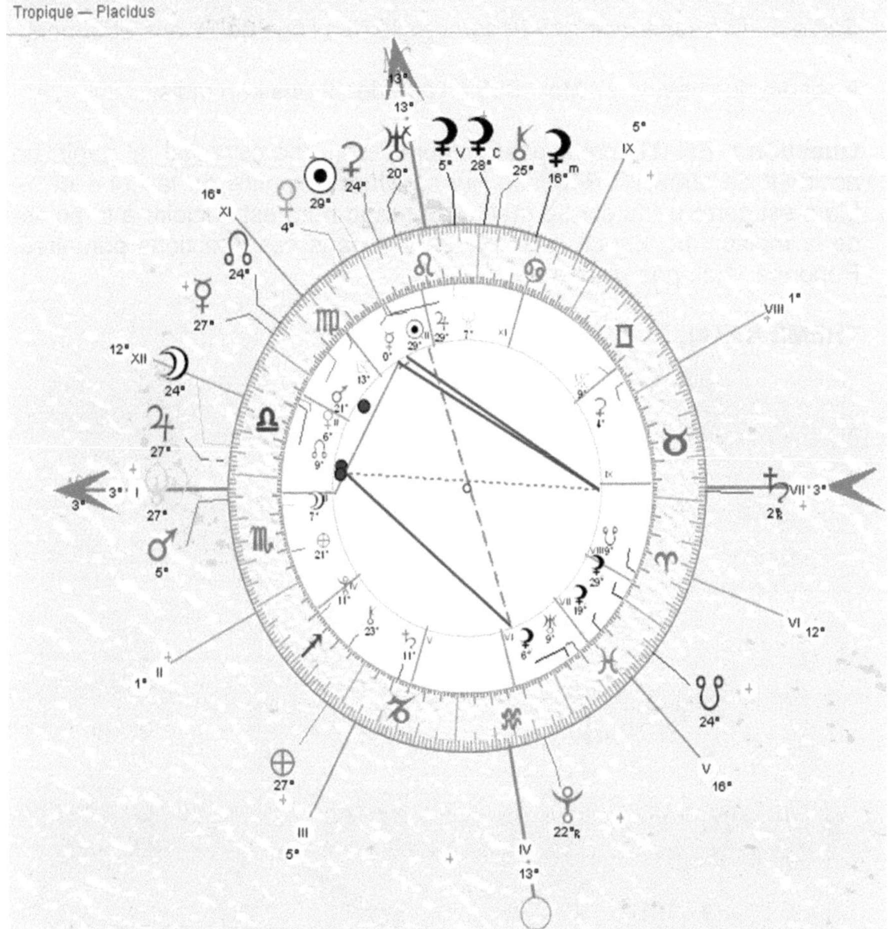

On observe un amas planétaire avec la Lune, Jupiter, Neptune et surtout Mars à l'ascendant sextil au Soleil mais opposé à Saturne. Uranus est conjoint au Milieu du ciel et opposé à Pluton.

Naissance : 25 Septembre 1952 à 03h12 à New York. TS Natal = 03H12.

Sortie du film superman : 15 décembre 1978 à l'âge de 26 ans et 3 mois.

Accident de cheval : 27 Mai 1995 à l'âge de 42 ans et 8 mois.

Question : Est t'il prédisposé d'après son thème natal à avoir un accident de cheval ? Réponse oui car Jupiter maître de la Lune et de Mars est carré à Pluton. Le maître du nœud nord est conjoint à la pointe de la maison 12. Est-ce que cela se voit dans ses directions primaires. Réponse : Non pas vraiment.

THEME NATAL

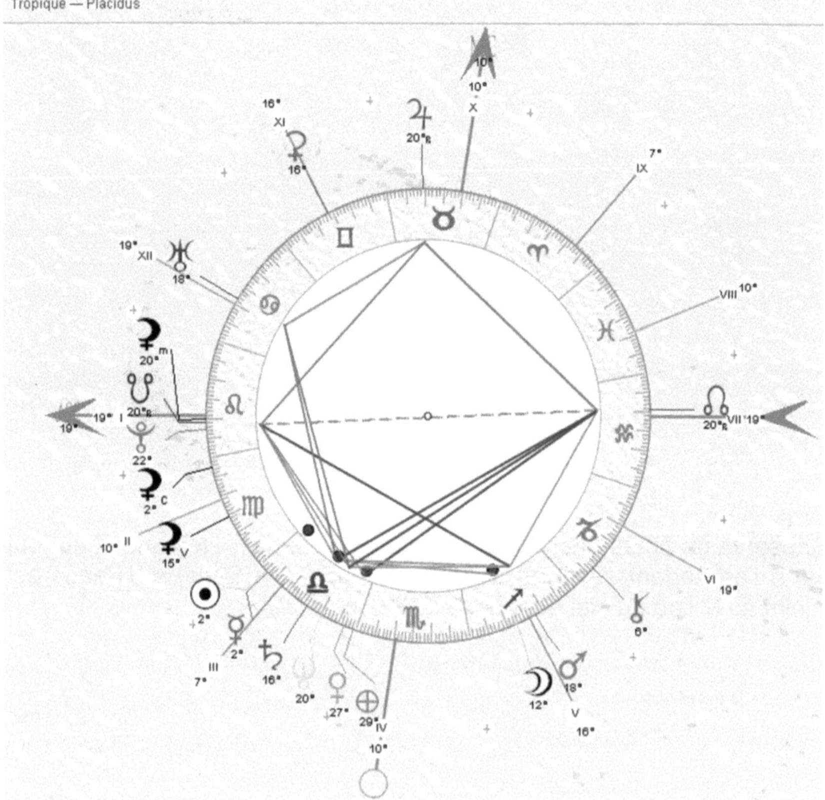

Voici sa révolution solaire pour 26 ans.

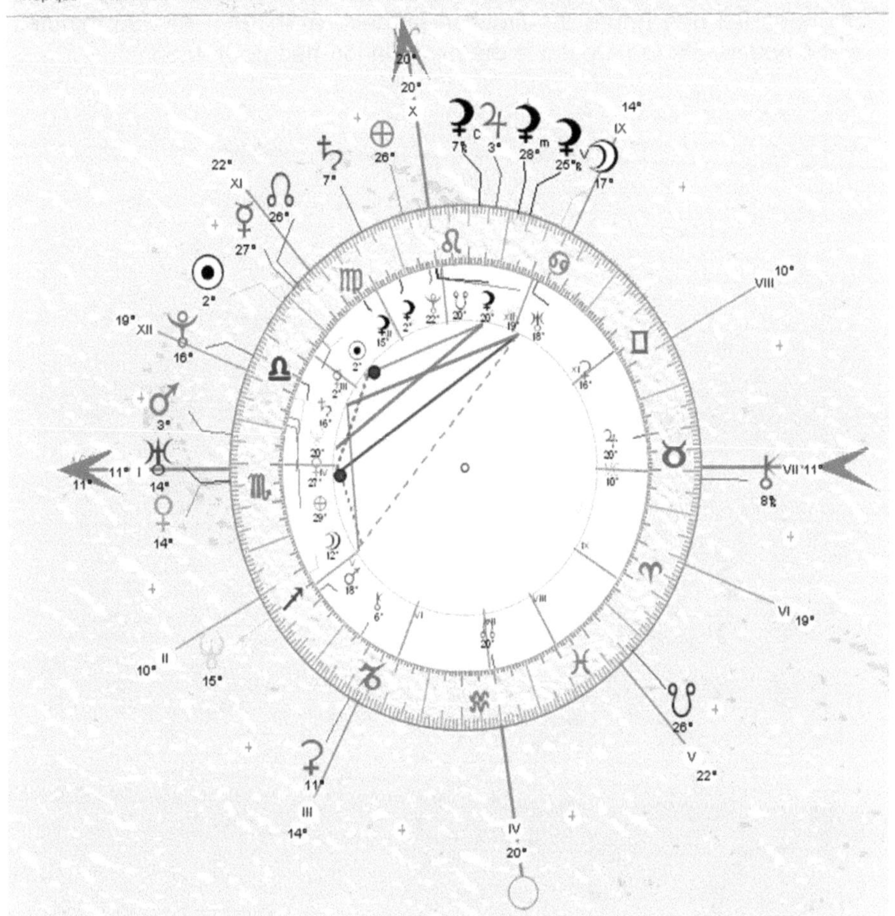

Les activités artistiques et le cinéma sont favorisés par Vénus conjointe à Uranus à l'Ascendant.

Thème de direction primaire de l'ascendant pour 26 ans. Thème pour 04h56 :

26 x 4 =104 minutes à rajouter au TS de l'heure de naissance (03h12) ce qui nous fait une heure de direction primaire à 3h12+104= 296 minutes soit 4 heures 56. On dresse le thème de la journée pour 4h56.

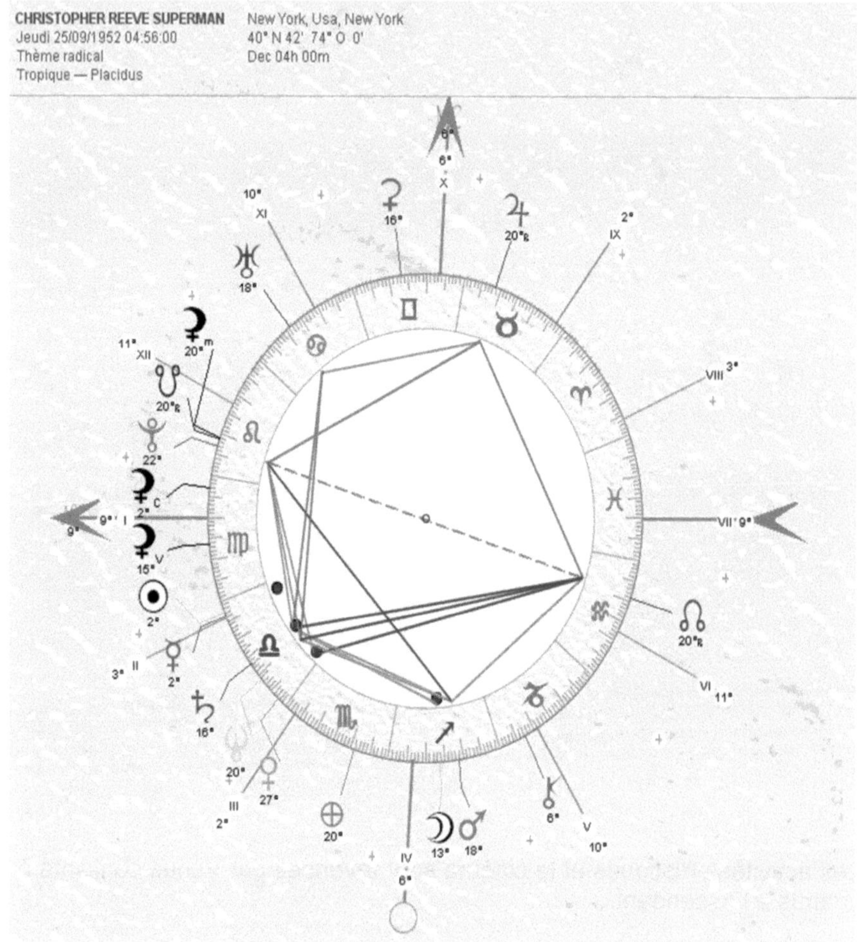

Thème de direction primaire de l'ascendant pour 43 ans. Thème pour 06h04 :

43 x 4 =172 minutes à rajouter à l'heure de naissance ce qui nous fait une heure de direction primaire à 3h12+172= 364 minutes soit 6 heures 04. On dresse le thème de la journée pour 6h04.

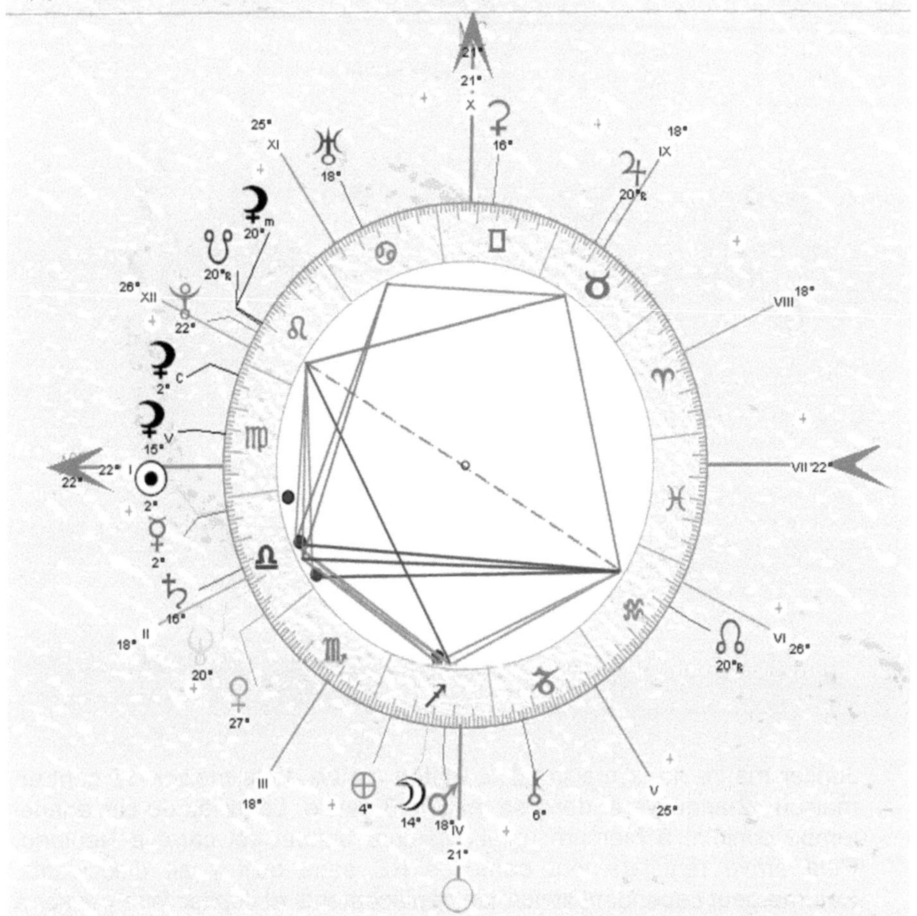

L'axe MC-FC est carré à Saturne et le maitre de la maison 8 est au fond du ciel mais sinon je ne vois rien indiquant un accident avec les directions primaire à ce moment là.

Voici sa révolution solaire pour 42 ans.

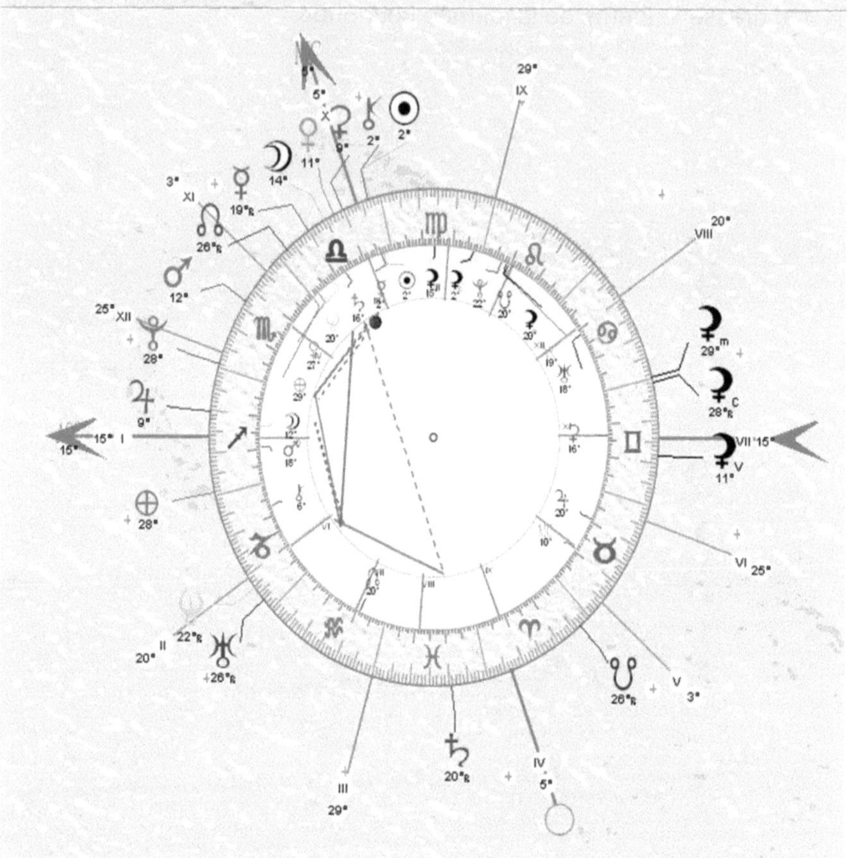

Jupiter maître de la maison 3 et Pluton maître de la maison 12 sont en maison 12 annuelle et dans sa maison 3 natale. Le milieu du ciel annuel tombe conjoint à Mercure natal. Mercure annuel est carré à Neptune. Cela arrive régulièrement dans les RS sans qu'il y ait d'accidents. Saturne peut cependant limiter les déplacements et Jupiter faire penser à une hospitalisation.

Vous pouvez faire des études de cas avec les directions primaires, de préférence en utilisant la méthode de Monsieur Gouchon.

Il est né le 05/12/1901 à 05h29 à Chicago et décédé le 15/12/1966 d'un cancer des poumons.

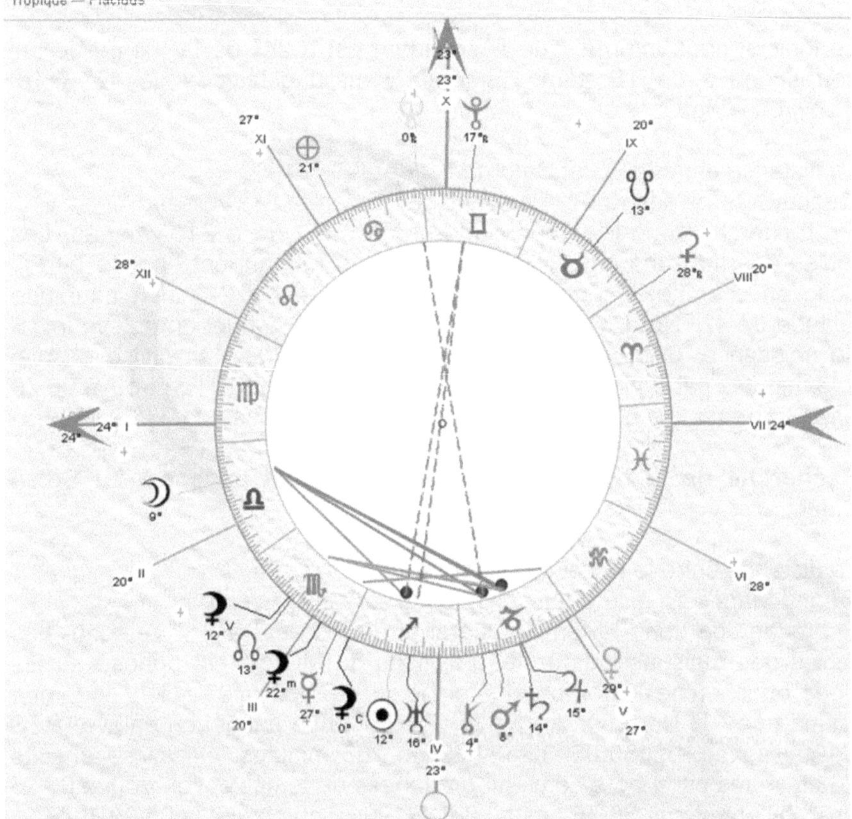

Observations : Le Soleil est en maison 3 à 12° du Sagittaire. Il est opposé à Pluton. La Lune en Balance est en carré à une conjonction Mars-Saturne. Mars est à 8° du signe du Capricorne et Saturne à 14° du signe du Capricorne. Il y a un carré à Mars avec un orbe de 1 degré et un carré à Saturne avec un orbe de 5 degrés. On peut aisément supposer la présence d'une période difficile quand la conjonction Mars-Saturne progressé arrive en carré du Soleil natal, c'est-à-dire à 12° des Poissons. Voyons quand, avec la méthode des directions primaires, Mars et Saturne sont en carré du Soleil natal.

Nous allons prendre comme point de repère le Fond du Ciel qui est à 23 degrés du signe du Sagittaire et faire progresser les planètes en fonction de ce point de repère.

Recherche de la date où Saturne progressée est en carré au Soleil natal :

Le logiciel nous informe que l'Ascendant est à 24° de la Vierge ce qui correspond à un TS (temps sidéral), pour une latitude de 42° nord, d'environs 05h32.

La distance entre le FC et Saturne est de 21°.
Quand Saturne sera à 12° Poissons, le FC sera à 21° Verseau.
On recherche donc le temps sidéral où le FC sera à 21° Verseau. Les tables des maisons indique les positions du MC qui est opposé au FC donc on cherche le temps sidéral où le MC est à 21° Lion pour une latitude de 42° Nord. On trouve un TS de 09h35 auquel on enlève le TS de naissance. 09h35-05h32=04h03 ou 243 minutes. On divise ensuite 243 minutes par 4 pour convertir en années de temps et l'on trouve 60,75 ans. Si l'on rajoute 60,75 ans au 05/12/1901, l'on obtient le 05/09/1962.

Recherche de la date où Mars progressé est en carré au Soleil natal :

La distance entre le FC et Mars est de 15°.
Quand Mars sera à 12° Poissons, le FC sera à 27° Verseau.
On recherche donc le temps sidéral où le FC sera à 27° Verseau. Les tables des maisons indique les positions du MC qui est opposé au FC donc on cherche le temps sidéral où le MC est à 27° Lion pour une latitude de 42° Nord. On trouve un TS de 09h55 auquel on enlève le TS de naissance. 09h55-05h32=04h23 ou 263 minutes. On divise ensuite 263 minutes par 4 pour convertir en années de temps et l'on trouve 65,75 ans. Si l'on rajoute 65,75 ans au 05/12/1901, l'on obtient le 05/09/1967.

Monsieur Disney est décédé le 15/12/1966, soit 9 mois avant la date du carré de Mars progressé au Soleil natal. Il y avait ce mois là, comme tous les deux ans environs, un transit de mars en Balance sur la Lune natal et Saturne carré à Mercure natal. Vous pouvez monter la révolution solaire pour le soixante-cinquième anniversaire de Walt Disney.

Le cas de Walt Disney illustre un cas typique où l'une des deux planètes cataloguées comme étant « maléfiques » par la tradition, c'est-à-dire Mars et Saturne, entre en carré progressé avec le Soleil natal ou la Lune natale et où cela coïncide avec le décès de la personne concernée.

Introduction à l'analyse de la vie professionnelle.

1) Introduction

L'analyse de la structure psychologique associée au dialogue avec une personne permet d'identifier et de formuler ses besoins, ses motivations, ses compétences, ses possibilités, ses comportements, ses obstacles et ses chances dans le domaine du travail. Il est souvent utile, avant d'analyser le thème d'un point de vue professionnel, de connaître le milieu familial et socioculturel dans lequel a évolué la personne ainsi que les professions des différents membres de sa famille.

Une personne exerce souvent plusieurs professions au cours de son existence. Souvent, ces professions se retrouvent dans le thème et correspondent à différents besoins qui sont représentées par différentes parties du thème (planète angulaire, signe ou secteur occupé par une ou plusieurs planètes, aspect astrologique).

Il existe de nombreux types de vies professionnelles. L'expérience vous apprendra à faire le lien entre ces expériences et les besoins ou capacités présentes dans la structure psychologique révélée par le thème astral. Un chemin professionnel se retrouve cependant assez souvent. Jusqu'à la trentaine environ, une personne exerce une activité que l'on retrouve en analysant chez la femme la position de Vénus ou parfois de Mars en signe et en maison, ainsi que les planètes qui forment des aspects à Vénus où à Mars et chez l'homme la situation de Mars. On prend également en compte les maîtres de ces deux planètes. Puis la personne exerce ensuite souvent une activité que l'on retrouve en analysant Jupiter (en signe et en maison, son maître et les aspects qu'il reçoit), ou en analysant la planète qui est conjointe au milieu de ciel ou maîtresse du milieu de ciel. On retrouve également le scénario où Jupiter et /ou la planète conjointe au milieu du ciel indiquent l'activité principale, celle qui permet à la personne de jouer réellement son rôle social, tandis que Mars, Vénus, le Soleil ou le maître du Soleil représentent une activité secondaire voire un hobby. Quelque fois, c'est l'inverse.

En plus de la structure astrale, différents critères et paramètres logiques interviennent dans la vie professionnelle comme le milieu sociale, la culture, les origines ethniques, l'âge, la situation familiale, la mobilité, les diplômes, l'expérience, les langues et la santé.

2) Méthode pour faire un diagnostic : On analyse :

a) Généralités

1) La dominante planétaire. Elle indiquera les besoins généraux, un savoir être ou un savoir faire. Le signe solaire et ascendant, mais aussi les signes occupés par leur maître donneront des indications générales dont il faudra tenir compte. Le Soleil correspond au potentiel, aux valeurs et aux capacités latentes. Il renseigne sur le monde professionnel où le sujet a le plus de chance de réussir tandis que l'ascendant renseigne sur le monde où le sujet s'affirme avec facilité en mettant un masque, le masque de la personnalité. L'analyse des maîtres des signes solaires et ascendants permet d'affiner les généralités.

2) La maison occupée par le Soleil indique un lieu de maîtrise où le sujet peut utiliser sa volonté et réussir. Un secteur occupé par plusieurs planètes se traduira à l'intérieur de l'être par un puissant besoin de vivre les expériences en rapport avec le secteur, expériences qui peuvent devenir une source d'activité professionnelle.

3) Le signe et les planètes en secteur 6 indiqueront les comportements de la personne sur son lieu de travail, dans la vie de tous les jours. Ils indiqueront la façon dont le sujet rend service, utilise une intelligence technique synonyme d'adaptation et effectue ses obligations quotidiennes. Le signe et les planètes en secteur 3 et la situation de Mercure indiqueront les comportements de la personne vis-à-vis de ces collègues et sa façon de servir et de s'adapter.

Si ces quelques points permettent de décrire un terrain psychologique et des qualités de base, ils sont insuffisants pour effectuer un diagnostic d'orientation complet.

b) Les indicateurs principaux pour l'orientation professionnelle

1) La position en signe et en maison de Vénus chez la femme et de Mars chez l'homme, ainsi que les planètes qui aspectent Mars et Vénus correspondent souvent à des compétences professionnelles et à des besoins professionnels jusqu'à 27/32 ans. Les planètes aspectant Mars et Vénus sont importantes dans le sens où la personne s'en sert pour s'affirmer et pour exister.

2) La maison, le signe et les aspects occupés par Jupiter, mais aussi par son maître, expriment des besoins professionnels principaux qui prennent de plus en plus d'importance surtout à partir de la trentaine. Ils indiquent une fonction (et des capacités) sur laquelle l'individu a une autorité et dont il peut se servir pour s'insérer dans la société et pour jouer son rôle social.

Secondairement, une planète au milieu de ciel et le signe occupé par le MC indiquent des besoins prédominent dans la carrière, renseignent sur le type de travail recherché et sur la manière de mener sa vie professionnelle (et sa vie en général).

Le milieu du ciel représente la situation sociale. Ces trois points permettent d'effectuer un diagnostic. Dans un thème, une planète et les compétences qui lui correspondent auront d'autant plus de possibilités d'être utilisé que la planète est liée à Jupiter et à Mars (ou à Vénus chez la Femme), aux maîtres de Jupiter ou de Mars et secondairement au Soleil, à un angle ou à la Lune.

Il est utile de comparer la situation du milieu de ciel qui correspond à la situation sociale et au rang occupé avec la situation du Soleil qui représente les moyens et possibilités, avec Mars (ou Vénus chez une femme), et avec Jupiter.

Cela permet d'évaluer si les ambitions et la situation professionnelle correspondent aux possibilités du sujet, s'il vise trop haut par rapport à ses moyens ou si au contraire il sous exploite ses possibilités. Finalement, comme nous l'avons vu dans l'interprétation des aspects, le sujet peut utiliser une difficulté ou un problème qu'il a en lui dans une activité professionnelle, en aidant d'autres personnes à surmonter ce même problème.

Le plus important est l'avis du sujet et le dialogue qui permettra d'exprimer des besoins et des compétences, des points forts et des points faibles, puis de comparer ce qui est dit avec le potentiel du thème.

c) Des indicateurs secondaires importants.

1) La position en signe et en maison du nœud sud tend à indiquer un état d'esprit et un domaine d'expérience que le sujet maîtrise naturellement tandis que la situation du nœud nord indique des éléments complémentaires et une évolution à vivre.

2) La position en signe et en maison de Saturne révèle les besoins les plus profonds, le besoin d'évolution, le juge intérieur, les capacités de travail mais aussi les peurs profondes qui peuvent parfois freiner ou empêcher le bon déroulement d'une carrière.

3) Le signes et les planètes en maison 2 révèlent les richesses et les ressources d'une personne ainsi que la possibilité d'utiliser ces ressources pour s'incarner et pour gagner de l'argent.

4) Des planètes en maisons 3 ou en maison 9 ainsi que la situation de Mercure et de Jupiter facilitent les études. La situation de Jupiter est révélatrice de la chance qui peut se manifester.

5) Des planètes en maison 11 agissent sur les appuis sur lesquels une personne peut compter.

c) Correspondances entre les planètes / signes / secteurs et les différentes activités professionnelles.

Dans la mesure où une profession fait appel à un ensemble de capacités, il est parfois difficile d'associer une profession à un signe ou à une fonction planétaire spécifique. Le plus souvent, la profession est la résultante d'une association entre deux ou plusieurs fonctions planétaires. Le métier d'ingénieur fait appel à la fonction mercurienne, martienne, jupitérienne, saturnienne et uranienne. Le métier de biochimiste peut faire appel à la fonction lunaire, vénusienne, saturnienne, neptunienne et plutonienne.

Chaque fonction regroupe un ensemble de professions qui sont très différentes même si elles sont reliées par un même symbole. Un diagnostic permet donc de proposer un ensemble d'activités pouvant permettre d'utiliser différentes capacités pour s'insérer socialement, ou aider à choisir entre différentes possibilités.

Un des groupes d'activité pourra être mis en valeur quand :

1) Mars (ou Vénus chez la femme) est dans le signe ou dans le secteur correspondant au groupe d'activité.
2) Jupiter est dans le signe ou le secteur correspondant au groupe d'activité.
3) Quand la planète correspondant au groupe d'activité est aspectée à Mars (ou Vénus) et à Jupiter.
4) Le Maître de Mars (ou de Vénus chez la femme) est dans le signe ou dans le secteur correspondant au groupe d'activité.

5) Le maître de Jupiter est dans le signe ou le secteur correspondant au groupe d'activité.

Et secondairement quand.

6) La planète correspondant au groupe d'activité est conjointe au MC.
7) Le Soleil est dans le signe ou le secteur correspondant au groupe d'activité.
8) Le maître du Soleil est dans le signe ou dans le secteur correspondant au groupe d'activité.
9) Une planète est maîtresse du secteur 6 ou se trouve en secteur 6.

Signification des signes/planètes/secteurs dans l'orientation professionnelle

Bélier/Mars/secteur 1.

Les besoins : Besoin de s'affirmer, de dépenser de l'énergie, de motiver, de mobiliser, d'entrainer, de stimuler, de dynamiser, de rendre fonctionnel et opérationnel, d'utiliser son corps et sa force physique, de se dépenser, d'entreprendre, de prendre des initiatives, d'être indépendant, de combattre des adversaires, de convaincre, de critiquer, de faire face à une concurrence, de conquérir, d'être « le chef », d'être le premier, de lutter, d'expérimenter, d'aventure, de renouvellement, d'avoir confiance en soi, de faire preuve de courage et de prendre des risques, d'être en contact avec des obstacles concrets, de mener une activité intense, d'utiliser des machines, des outils, des moteurs ou des métaux, d'accroitre la performance, l'efficacité et la compétitivité.

Les qualités recherchées par les employeurs et qui sont synonymes de réussite : le sens de l'initiative, l'audace, le dynamisme, le courage, la franchise et la confiance en soi, la force de frappe, le sens de l'efficacité.

Les faiblesses, les déséquilibres ou les peurs qui sont redoutés par les employeurs et qui sont synonymes de d'échec : l'agressivité, la colère, la tendance aux disputes, la tendance à polémiquer, l'imprudence, l'inconscience du danger, l'impatience, l'inexpérience, la précipitation et la difficulté à aller au bout des choses.

Les métiers, activités, lieux, objets et personnages martiens :

Mars régit :

- le monde de l'entreprise et du leadership (ouvrier, commercial, chef de chantier, contremaitre, manager ou chef d'entreprise),
- la mécanique (mécanicien, carrossier, usineur, outilleur, tourneur, fraiseur, décolleteur, régleur, chaudronnier, soudeur, ajusteur),
- le métal, les armes et tout ce qui nécessite un maniement d'outils (forgeron, maréchal-ferrant, ferronier, armurier, quincailler, métallier, coutelier),
- le sport et les disciplines de combat (sportif, entraineur, éducateur sportif, prof de sport, enseignant en arts martiaux, armurier, avocat),
- les professions libérales et les métiers où il y a de l'indépendance,
- certaines activités médicales (dentistes, chirurgiens, chimistes, acupuncteur, médecin, sexologue),
- le sang et la viande (boucher, charcutier, garde-chasse),
- l'usage de la force physique, des muscles et du corps (masseur-kinésithérapeute, déménageur, laboureur, travaux publics),
- les métiers à risque (pompiers, cascadeur, mineur, pilote d'essai, policier, agent de sécurité)
- les métiers en lien avec la création et la réalisation (ingénieurs, créateur, métiers de l'événementiel).

Sont par exemple de nature martienne des personnages comme les chefs d'entreprises, les sportifs, les pionniers, les militaires, les policiers, les hommes, les gens violents et agressifs. Sont également martiens les armes, les objets tranchants (rasoirs, couteaux), le fil de fer, les explosifs, les machines et les outils, les lieux de combat, les incendies etc.

Taureau / Vénus terre / secteur 2.

Les besoins : Besoin d'acquérir, d'investir, de rentabiliser, de faire fleurir, de posséder, de gérer un capital, d'organiser, de gagner de l'argent, de prospérité et d'abondance, de goûter, de déguster, de toucher, de sentir, de nourrir, de produire, de chanter, d'être en lien avec la nature, de s'accorder, de détente et de tranquillité, de décorer, d'agencer, de mettre en forme, de créer des formes, d'embellir, de travailler la terre, de séduire, d'exprimer sa sensualité, de jouir, de profiter de la vie, de résister, de conserver et de créer son bonheur sur Terre.

Les qualités recherchées par les employeurs et qui sont synonymes de réussite : la gentillesse, la tolérance, le sens de la productivité, l'intelligence relationnelle et le sens artistique.

Les faiblesses, les déséquilibres ou les peurs qui sont redoutés par les employeurs et qui sont synonymes de d'échec : le besoin de séduire, la convoitise, la stupidité et la paresse.

Les métiers, activités, lieux, objets et personnages Vénusiens sous sa forme terrestre :

Vénus régit ici :

- les métiers en lien avec la nature (agriculteur, apiculteur, horticulteur, viticulteur, jardinier, paysagiste, fleuriste, maraicher, pépiniériste),
- les activités en rapport avec l'agro-alimentaire (cuisinier, restaurateur, boulangers, contrôleurs laitiers, diététicienne, fromagers, producteurs de fruits et légumes ou de conserves, fermier, éleveur, œnologue, caviste),
- les métiers en lien avec l'art, la décoration et la beauté (parfumeur, maquilleur, manucure, coiffeur, vendeur de produits de beauté, artiste, graphiste, illustrateur, sculpteur, chanteur, musicien, menuisier, ébéniste, décorateur, tapissier, carreleur, peintre en bâtiment),
- les métiers liés à la confection (tailleur, styliste, couturier, vendeur de vêtements, cordonnier, maroquinier, teinturier, tanneur) ou à l'artisanat (potier, fabriquant d'objets en osier, bijoutier),
- les métiers en lien avec l'argent, le patrimoine et la sécurité (banquier, employé de banque, gestionnaire, administrateur de bien, comptable, assureur, agent immobilier, financier, capitaliste),
- les métiers en lien avec la vie et le corps (naturopathe, biologiste, laborantin, médecin O.R.L, gynécologue, masseur, kinésithérapeute)
- les professions et les lieux touchant à la production et aux ressources (acheteur, approvisionneur, géologue, agronome, gestionnaire de matières premières, gestionnaire de paie).

Gémeaux/Mercure air/secteur 3.

Les besoins : Besoin de mouvement, de marcher, de faire des petits déplacements, d'avoir des contacts, de s'informer, d'exprimer sa curiosité, de parler, de raconter, de dialoguer, d'informer, de communiquer, de transmettre des informations ou des nouvelles, de comprendre, d'échanger, de vendre, de marchander, de faire du commerce, d'écrire, de rire, de faire rire, de jouer, d'utiliser son sens pratique et de s'adapter.

Les qualités recherchées par les employeurs et qui sont synonymes de réussite : la capacité d'écoute, le sens de la communication, la souplesse, le sens de l'adaptation, les capacités d'analyse, les capacités d'expression orale et écrite, le sens de l'humour et de la répartie.

Les faiblesses, les déséquilibres ou les peurs qui sont redoutés par les employeurs et qui sont synonymes de d'échec : la tendance à mentir, la tendance à se disperser, la kleptomanie, la superficialité, la moquerie, l'instabilité et la tendance à semer la zizanie.

Les métiers, activités, lieux, objets et personnages mercuriens sous sa forme aérienne :

Mercure sous sa forme Gémeaux régit :

- les métiers en lien avec le commerce (vendeur, commerçant, assistante commerciale, commercial), les langues (traducteur, interprète),
- les métiers en lien avec la communication verbale ou écrite (animateur, orateur, journaliste, reporter, chroniqueur, conteur, rédacteur, écrivain, critique littéraire, écrivain public, secrétaire, marketeur, publicitaire),
- les métiers où il y a du mouvement (facteur, taxi, chauffeur, conducteur d'engins, ambulancier, agent des PTT ou de la SNCF, moniteur d'auto-école, vendeur d'automobiles, métiers du cirque, acrobate, jongleur, comédiens),
- les métiers en lien avec le jeu et les activités touchant aux jeux et aux jouets (loterie, maitre cartier, magasin de jouets ou de jeux-vidéos),
- les métiers en lien avec le bricolage,
- les professions intermédiaires et les métiers de services.

Mercure correspond dans le monde extérieur par exemple à l'imprimerie, à l'édition, à la presse, à la littérature, aux médias, aux messages et supports de communication, aux plantes et petits animaux, aux marchés et magasins, aux rues, aux lycées, aux gares, aux cirques, aux carnavals, aux comiques, à la publicité, aux papiers, documents et à tout ce qui sert à transporter des documents, aux courriers, aux moyens de déplacement, aux échanges commerciaux et aux commerçants, aux petits véhicules (les bicyclettes, les mobylettes, les ULM, les planeurs), aux automobilistes, aux étudiants et aux adolescents, aux journalistes et aux intellectuels. Les vents locaux et les courants d'air sont mercuriens.

Cancer/Lune/secteur 4.

Les besoins : Besoin d'aider à faire naitre, de créer la vie, de protéger la vie, de nourrir, de materner, de prendre soin des gens, de générer du bien-être, d'émouvoir, de ressourcer, de protéger, d'imiter, d'imaginer, de rêver, de vivre ses rêves, d'être en lien avec le passé, de mémoriser, de préserver la cohésion d'un groupe, de conserver, de perpétuer des

traditions, de restaurer, de dépendre d'une autorité, d'assister, de
seconder, de ressourcer, de détendre, de dormir, d'avoir des contacts
avec un public ou avec la famille, d'héberger, d'abriter, de loger et d'avoir
un foyer.

**Les qualités recherchées par les employeurs et qui sont synonymes
de réussite :** la capacité d'écoute, l'intuition, une bonne mémoire, un
côté naturel et sympathique, une imagination très active, le sens des
traditions, la fluidité et la capacité à prendre soin des personnes.

**Les faiblesses, les déséquilibres ou les peurs qui sont redoutés par
les employeurs et qui sont synonymes de d'échec :** la peur, le
manque d'estime de soi, la tendance à vivre dans sa bulle, le rejet de la
modernité, l'instabilité et l'inconscience.

Les métiers, activités, lieux, objets et personnages lunaires :

La Lune régit :

- les métiers en lien avec le public (métiers de contact avec le public),
- les métiers en lien avec l'image, le rêve et l'imagination, (dessinateur,
  graphiste, créateur d'images, romancière, scénariste, métiers du
  tourisme),
- les métiers en lien avec la nourriture (restaurateur, diététicienne,
  nutritionniste, cuisinier, boulanger, brasseur, poissonnier),
- les métiers en lien avec la mémoire et le passé (antiquaire,
  archéologue, historien, généalogiste, constellations familiales, employé
  de musée, conservateur de musée et du patrimoine),
- les métiers en lien avec le logement et le foyer, (employée de syndic
  d'immeuble, agent immobilier, gardien d'immeuble, employé aux HLM,
  employée à la sécurité sociale, aubergiste, maitre d'hôtel, maçon,
  carreleur, décorateur, constructeur de maisons, urbaniste),
- les métiers en lien avec le sommeil et la détente (vendeur de literie,
  sophrologue),
- les métiers en lien avec le bien-être et avec l'inconscient (thérapeute,
  psychologue, psychothérapeute, hypnothérapeute, astrologue,
  tarologue),
- les métiers en lien avec les émotions et la musique (musicien, ingénieur
  du son),
- les métiers en lien avec la famille et les enfants (conseillère en thérapie
  familiale, institutrice, nourrice, pédiatre, sage-femme, puéricultrice,
  psychologue pour enfants),
- les métiers en lien avec l'eau, la mer, les fontaines et les rivières
  (gestionnaire de l'eau, hydrologue, responsable de la qualité de l'eau,

(pisciculteur, plagiste, marin, officier de marine, constructeur de piscines)
- les métiers en lien avec la biologie et la vie (biologiste, généticien, laborantin).

Son également lunaire les lieux publics et les lieux de repos, le peuple, les foules, la popularité, le métal argent, les objets de la vie quotidienne (vendeur d'articles de maisons ou de cuisines) et ceux ayant une valeur sentimentale parce qu'ils évoquent des souvenirs, les lits et le linge, l'obscurité, la nuit, les ombres et les miroirs.

Lion/Soleil/secteur 5.

Les besoins : Besoin d'affirmer sa volonté, de diriger, de manager, de régir, d'organiser, de centraliser, d'éduquer, de maîtriser, d'exprimer sa générosité, de se faire remarquer, d'être en position centrale, de présider, de gouverner, de faire de son mieux, de briller, de réchauffer, d'éclairer, de mettre en valeur, de prestige, d'être royal, de se montrer, d'être connu, reconnu et mis en valeur, d'indépendance et d'autonomie, de clarté, d'apporter de la vision, d'avoir des repères clairs, de puissance, d'exprimer sa créativité, son autorité et sa puissance, de régner, de réussir, d'être fier de soi et d'être un héros.

Les qualités recherchées par les employeurs et qui sont synonymes de réussite : la volonté, l'autorité, les capacités de management, le self-control, la créativité, le sens de l'organisation, le sens des valeurs, le sens de l'observation, la capacité à avoir une vision, la capacité à être un modèle pour autrui, la clarté d'esprit, les capacités de synthèse, la puissance de travail, l'intégrité morale, la loyauté, une certaine prestance et la capacité à être une personne brillante.

Les faiblesses, les déséquilibres ou les peurs qui sont redoutés par les employeurs et qui sont synonymes de d'échec : l'égoïsme, la paresse, l'autoritarisme, le complexe de supériorité, la mégalomanie, une tendance à l'exhibitionnisme et l'orgueil.

Les métiers, activités, lieux, objets et personnages solaires.

Le Soleil régit :

- les postes dans les grandes entreprises,
- les métiers de la création (architecte, designer, tailleur, styliste, chapelier),
- les métiers de la scène, du spectacle et de l'image (acteur, danseur, top modèle, maquilleurs, technicien en communication visuelle, fabriquant

d'enseignes, décorateur, photographe, conseiller en image, metteurs en scène, réalisateur, chorégraphe, chef d'orchestre),
- les métiers liés au sport et aux loisirs en tant qu'expression de soi (sportif, éducateur sportif, coach sportif, animateur de centre de loisirs),
- les métiers du luxe (joaillier, bijoutier, diamantaire, vendeur d'articles haut de gamme, gérant de galerie d'art, styliste, parfumeur),
- les métiers de direction (président, responsable de service, haut fonctionnaire, directeur d'agence, maître d'hôtel, chef de produit, patron d'entreprise, manager d'équipe),
- les métiers du chauffage et les professions touchant à l'énergie solaire ou à l'éclairage (chauffagiste, éclairagiste),
- les métiers liés aux enfants, à l'éducation et au dressage (instituteur, pédiatre, professeur, maître de conférences, dresseur)
- certaines activités médicales (ophtalmologiste, opticien, orthoptiste, cardiologue, chirurgien esthétique).

Sont également des éléments solaires le feu et la chaleur torride, les théâtres, les rois, l'aristocratie et la noblesse, les emblèmes, les éléments moteurs d'un groupe, la gloire et les honneurs, le Soleil en tant que source de vie, d'énergie et de chaleur, les objets rares et précieux, tout ce qui a de la valeur, qui brille ou qui est essentiel comme l'or et les diamants.

Vierge/Mercure terre/secteur 6.

Les besoins : Besoin de s'adapter concrètement, de sécurité, de limiter, de contrôler, de prévoir, d'organiser, de ranger, de calculer, de compter, de comptabiliser, de réglementer, d'analyser, de disséquer, de diagnostiquer, de détailler, de trier, d'assembler, de classer, de discipliner, de planifier, de mesurer, de collectionner, d'assister, de rendre service, d'être utile, d'hygiène, de purifier, de rendre propre, de soigner, de commercer, d'expérimenter, de fabriquer, de perfectionner, de précision et d'utiliser des chiffres.

Les qualités recherchées par les employeurs et qui sont synonymes de réussite : le sens de l'analyse et de l'organisation, le pragmatisme et le sens pratique, l'habileté, l'intelligence stratégique, une bonne hygiène de vie, le self-control, le sens du service et le dévouement.

Les faiblesses, les déséquilibres ou les peurs qui sont redoutés par les employeurs et qui sont synonymes de d'échec : la tendance à être toujours angoissé, la tendance à critiquer, un côté « je sais tout » et la maniaquerie.

Les métiers, activités, lieux, objets et personnages mercuriennes sous sa forme terre :

Mercure sous sa forme Vierge régit :

- les métiers administratifs (employé de bureau, secrétaire, documentaliste, fonctionnaire),
- les métiers en lien avec les sciences, les outils, les techniques, la microtechnique et les industries dites de précision (scientifique, expert, technicien, dessinateur industriel, fabriquant d'outils, vendeur de matériel de bricolage, horloger, informaticien, programmeur, webmaster, électricien, métreur, géomètre)
- les métiers en lien avec la santé, les animaux, les plantes et l'environnement (herboriste, pharmacien, préparateur en pharmacie, masseur-kinésithérapeute, biologiste, microbiologiste, nutritionniste, naturopathe, diététicien, agriculteur, jardinier, horticulteur, paysagiste, technicien des eaux et forets, écologiste, chimiste, laborantin, radiologue, secrétaire médicale, éleveur, vétérinaire, maître-chien, toiletteur, dresseur, élagueur, pépiniériste, conseiller en environnement)
- tous les métiers de services (serveur, employé, commerçant, agent d'entretien)
- les métiers liés à l'organisation de l'information ou de produits et aux chiffres (documentaliste, archiviste, statisticien, numérologue, comptable, contrôleur de gestion, commissaire aux comptes, logisticien, gestionnaire de stocks, magasinier, administrateur de bases de données)
- certains métiers manuels (menuisier, artisan, ouvrier spécialisé),
- les métiers liés aux moyens de transport (métiers liées à l'automobile, aux vélos et aux mobylettes et scooteurs),
- les métiers en lien avec le travail, l'emploi, la sécurité au travail et la santé au travail (ergonome, conseiller en sécurité, agent de sécurité, employé de pole emploi, conseiller d'orientation, gestionnaire de ressources humaines, gestionnaire de paie)
- les métiers liés au papier, aux livres et à l'imprimerie (papetier, philatéliste, bibliothécaire, libraire, imprimeur, distributeur)

Balance/Vénus air/secteur 7.

Les besoins : Besoin de préserver la civilisation en maintenant l'ordre et la paix sociale, de paix, de mesure, de tempérance et de sérénité, de créer des liens entre individus, de concilier, de pacifier, d'être en compagnie, d'accueillir, d'avoir du monde autour de soi, de décorer, d'agrémenter, d'harmoniser, d'équilibrer, d'embellir, de décorer, de distractions et d'agréments, de détente et de loisirs, d'exprimer un sens juridique et de justice, de contractualiser, d'utiliser un sens artistique et esthétique et de vivre avec joie et sérénité sur Terre.

Les qualités recherchées par les employeurs et qui sont synonymes de réussite : le sens de la diplomatie, le sens psychologique, la gentillesse, la courtoisie, l'amabilité, l'intelligence relationnelle, juridique ou artistique.

Les faiblesses, les déséquilibres ou les peurs qui sont redoutés par les employeurs et qui sont synonymes de d'échec : l'hésitation, la paresse, la faiblesse, l'insuffisance professionnelle, l'insouciance et le manque d'efficacité.

Les métiers, activités, lieux, objets et personnages Vénusiens sous sa forme air :

Vénus sous sa forme Balance régit :

- les métiers d'accueil (standardiste, réceptionniste),
- les métiers relationnels (diplomate, conseiller en relations publique, conseiller conjugal, employé de site de rencontres, psychologue, thérapeute, gestionnaire en ressources humaines),
- les métiers en lien avec l'art, la beauté, l'esthétique et les vêtements (esthéticienne, coiffeur, maquilleur, artiste, graphiste, infographiste, designer, décorateur, architecte d'intérieur, vendeur d'objets d'art, bijoutier, historien d'art, danseur, chorégraphe, photographe, tailleur, styliste, couturier, chapelier, modèle, employé de haute couture, gérante de salon de beauté, parfumeur, fleuriste),
- les métiers liés à l'emballage et au conditionnement,
- les métiers juridiques (avocat, notaires, huissier, clerc de notaire, juriste, conseiller juridique)
- les activités permettant de faire vivre la civilisation (fonctionnaire, agent territorial, employé à la sécurité sociale, activité associatives).

Sont également des éléments « Balance » les différentes civilisations, les contrats, les accords et les traités de paix, les associations et les activités associatives, les métiers liés aux loisirs ou à des activités culturelles, les gens beaux et agréables, les lieux de détente et d'agrément, les personnes charmantes, les amoureux et les couples.

Scorpion/Pluton/secteur 8.

Les besoins : Besoin d'intensité, d'authenticité, de secret, de disséquer, de fouiller, de sonder, de transformer, de transfigurer, de détruire, de régénérer, d'assainir, d'évacuer, de détoxiner, de manipuler, d'exprimer un pouvoir, d'observer, de diagnostiquer, de vérifier, de tester, de surveiller, de garder, de sécuriser, de percer les secrets de la vie et de la mort, de chercher, d'investiguer, de diagnostiquer, d'enquêter, de démasquer, de décoder, de décrypter, de déchiffrer, d'utiliser des dons occultes ou des facultés psychiques, de révéler, de ne rien devoir à personne, de rejeter, de s'occuper de difficultés ou de personnes en difficulté, de gérer des crises, de punir, d'intensité, de passion, de combat, d'initiation et d'être en lien avec l'au-delà.

Les qualités recherchées par les employeurs et qui sont synonymes de réussite : la combativité, le courage, la puissance de travail, la ténacité, la perspicacité, la lucidité, le sens de l'observation et de l'analyse, la puissance de travail, les capacités de transformation et la franchise.

Les faiblesses, les déséquilibres ou les peurs qui sont redoutés par les employeurs et qui sont synonymes de d'échec : un côté excessif, la tendance à focaliser exclusivement sur le négatif, la dévalorisation et le rejet de soi et d'autrui, l'absence de moralité, la tendance à commettre des erreurs, l'agressivité, la tendance à polémiquer, l'imprudence, l'inconscience du danger, la tendance à être obsessionnel, la perversité, la tyrannie et la tendance à manipuler autrui.

Les métiers, activités, lieux, objets et personnages Plutoniens :

Pluton régit :

- les métiers permettant d'exprimer un pouvoir et un contrôle (politicien, directeur, contrôleur, contrôleur de gestion, contrôleur des impôts, financier, spéculateur),
- les métiers en lien avec les volcans, les grottes et les lieux souterrains (géotechnicien, spéléologue, vulcanologue, employé dans le métro),
- les métiers en lien avec la mort, les pertes, le danger, les accidents et les sinistres (fabriquant d'armes ou d'objets tranchants en métal, maréchal-ferrant, maître de forge, soldat, pompier, employé dans un abattoir, boucher, accompagnateur de fin de vie, médecin légiste, croque-mort, employé de pompes funèbres, employé dans une casse ou dans une société de démolition, gardien de cimetière, employé dans une compagnie d'assurance, gestionnaire de sinistre, agent du contentieux, agent de recouvrement de créances, formateur en sorties hors du corps),
- certaines activités médicales et les métiers en rapport avec la sexualité (sexologues, gynécologue, chirurgien, virologue, acupuncteur),
- les métiers en lien avec le renseignement, la sécurité des biens et des personnes ou avec des gens qui ont des problèmes (gestionnaire de

crise, criminologue, agent secret, inspecteur, policier, militaire, détective, enquêteur, huissier de justice, agent du renseignement, agent de sécurité, psychanalyste, les psychiatre, employé dans une société de surveillance et de gardiennage),
- les métiers en lien avec les énigmes à résoudre, les mystères de l'âme et de la vie et les forces secrètes de la nature (chimiste, radiesthésiste, astrologue, rebouteux, guérisseur, sorcier, exorciste, médium, cartomancienne, psychanalyste, psychiatre, hypnothérapeute, psychothérapeute, archéologue),
- les métiers du recyclage des déchets (éboueur, ramoneur, vidangeur d'égouts ou de fosses sceptiques, technicien en assainissement, métallier),
- certaines activités médicales (gynécologue, sexologue, infirmière, aide-soignante, anesthésiste, dentiste, radiologue, biologiste, biochimiste),
- les métiers en lien avec le métal ou le pétrole (sidérurgiste, carrossier, gestionnaire de matières première, activités minières, activités pétrolières, métiers du plastique),
- les métiers du nucléaire

Sont également des éléments « Scorpion» toutes les activités illégales et l'économie souterraine, les lieux sales et obscurs, les marécages et les égouts, les armes, les gangs, les bombes et tout ce qui permet de détruire, les sociétés secrètes, les terroristes, les mafieux, les criminels, les extrémistes, les fascistes, les milices, les salles de torture, les organismes de sécurité (DST, MI6, CIA, FBI), les cataclysmes et les catastrophes naturelles, les guerres, les pandémies, les fantômes et des différents mondes dans l'au-delà.

Sagittaire/Jupiter/secteur 9.

Les besoins : Besoin d'organiser, de coordonner, d'administrer, de gérer, de légaliser, de légiférer, de représenter, de jouer un rôle, d'insertion sociale, d'élever, de domestiquer, d'élargir ses horizons, d'expansion, de grandeur, d'éduquer, de conseiller, de guider, de découvrir le monde, d'aventure, de culture, de voyages du corps et de l'esprit, d'avoir des liens avec l'étranger, de négocier, de faire des affaires, de donner du sens, de faire preuve de bon sens, de philosopher, de protéger, d'exprimer son autorité et sa confiance en soi, de générer une expansion et d'apporter la prospérité.

Les qualités recherchées par les employeurs et qui sont synonymes de réussite : la confiance en soi, l'autorité, le don des langues, l'envergure d'esprit, le sens de globalisation, les capacités d'organisation, les dons pédagogiques, une bonne moralité, la bienveillance, la chance, l'opportunisme et la capacité à s'intégrer dans une équipe.

Les faiblesses, les déséquilibres ou les peurs qui sont redoutés par les employeurs et qui sont synonymes de d'échec : la tendance à croire que tout est permis, une tendance à déni des problèmes, un côté excessif, une tendance à exagérer, la difficulté à trouver sa place ou la tendance à prendre trop de place, la tendance à étouffer autrui, un coté tapageur, le manque de moralité, l'abus de confiance et l'hypocrisie.

Les métiers, activités, lieux, objets et personnages jupitériens.

Jupiter régit :

- les activités liées à la médecine du corps et de l'âme (médecin, guérisseur) et aux professions libérales.
- tout ce qui est national, officiel, reconnu et légal et donc les normes, les directives, et les contrats d'affaire, les lois et les hommes de loi (juge, procureur, avocat, notaire, conseiller juridique, juriste),
- les métiers liés à l'administration des hommes et des territoires et à la haute fonction publique (directeur de service ou de magasin, maire, conseiller territorial, employé du trésor public, représentant du parlement et du pouvoir en place, politicien, ambassadeur, garde républicain)
- Les activités liées à l'économie, aux affaires, aux grandes entreprises, au conseil en entreprise, à la grande distribution, (économiste, banquier, homme d'affaire, chargé d'affaires, directeur de magasin, représentant de commerce, négociant en gros, chef de rayon, employé de grande distribution, responsable marketing, gestionnaire en ressources humaines, conseiller en orientation professionnelle).
- Les activités liées à l'étranger, aux colonies, aux colonies de vacances, à l'exotisme, aux étrangers, à l'hôtellerie, au camping, au tourisme, aux langues et à l'import-export (acheteur, technicien logistique en import-export, commercial export, assistante commerciale import-export, guide touristique, guide accompagnateur, employé dans un club de vacances, maître d'hôtel, traducteur interprète).
- Les activités en lien avec les grands déplacements, les randonnées, les excursions, les raids, les voyages, le transport et la logistique, la gestion de l'espace, les jungles et les forêts (agent de voyage, agent des eaux et forets, garde forestier, déménageur, constructeur de camions, chauffeur routier, organisateur de transports terrestres, agent d'entretien du réseau routier, gestionnaire de l'environnement).

- Les activités en lien avec les chevaux, les haras, les champs de courses et l'équitation (jockey, éleveur, entraineur, vétérinaire, moniteur d'équitation)
- Les activités en lien avec l'enseignement, l'éducation, la formation, les universités, les grandes écoles, le conseil, l'expertise et la culture (professeur, maître d'école, formateur, guide, conseiller, employé aux affaires culturelles, expert).
- Certaines activités en lien avec la sociologie, l'ethnologie, la philosophie, la religion et les cultes (Ethnologue, sociologue, prêtre, grand-prêtre, professeur de philosophie ou de théologie).

Sont également « jupitériens » les fêtes, les lieux de réunion, les foires, les salons et les expositions; les camions, les bus et les motos, les philosophies, la théologie, les religions reconnues, les symphonies, les temples et lieux de culte, la richesse, le loto, la chance et le confort, les uniformes, les diplômes et les médailles en tant qu'objets synonymes de reconnaissance, les objets et lieux de culte, les gens chaleureux et bon vivants et toutes les personnes qui guident et conseillent d'autres personnes.

Les besoins : Besoin de calme, de sécurité, d'isolation, de prendre du recul, de la hauteur et de la distance, de concentrer et se concentrer, de stabilité, de solidité, de durée, de simplicité, de sérieux, de profondeur, d'ordre et de logique, de structurer, d'organiser, de bâtir, de construire, d'édifier, de concrétiser, de réaliser, de gérer, d'organiser, de contrôler, de cadrer, de calculer, de rigueur, d'analyser, de prohiber, de fixer des limites, de discipline, de qualité, de perfection, de réfléchir, de chercher, d'étudier, de théoriser, d'accéder à l'essence, d'utiliser des formules et des plans, de tenir compte du temps, de planifier, d'archiver, de congeler, de conserver, de travailler, de travailler la terre et d'être responsable.

Les qualités recherchées par les employeurs et qui sont synonymes de réussite : le sens de l'organisation, le dynamisme et la puissance de travail, la persévérance, la ténacité, le courage, l'honnêteté et la capacité à être digne de confiance, la profondeur, la patience, la prudence, la logique, la rigueur, le sens de l'observation, la capacité à prendre du recul, le sens de l'ordre et des structures, le sens des responsabilités et la maîtrise de soi.

Les faiblesses, les déséquilibres ou les peurs qui sont redoutés par les employeurs et qui sont synonymes de d'échec : le manque de confiance en soi, la timidité, le manque d'estime de soi, la lourdeur, la tendance à douter, la lenteur, la misanthropie, la misogynie, l'intolérance, l'indifférence et l'entêtement.

Les métiers, activités, lieux, objets et personnages saturniens.

Saturne régit :

- les métiers en lien avec l'agriculture, les mines et la gestion des terres (agriculteur, mineur)
- les métiers de l'immobilier, du bâtiment, de la construction et des travaux publics, de la plomberie et de l'isolation (agent immobilier, chef de chantier, conducteur de travaux, constructeur, terrassier, architecte, maçon, ingénieur des mines, plombier, couvreur zingueur, menuisier, charpentier, installateur de chaudières, technicien en géotechnique et précontrainte, vendeur de matériaux de construction)
- les métiers en lien avec le temps et la mémoire du temps (historien, archéologue, paléontologue, généalogiste, archiviste, antiquaire, employés de musée ou de bibliothèque, documentaliste)
- les métiers en lien avec la pierre, les minéraux, les énergies telluriques et le cuir (géologue, tailleur de pierre, marbrier, lithothérapeuthe, vendeur de pierres, géobiologue, cordonnier, maroquinier)
- les métiers en lien avec la recherche (laborantin, chercheur, détective, scientifique).
- Les métiers en lien avec les chiffres, les lois universelles et les structures (mathématicien, physicien, chimiste, biochimiste, généticien, informaticien, analyste-programmeur, gestionnaire de bases de données, expert comptable, statisticien)
- Les métiers en lien avec le monde du travail et de l'emploi (conseiller d'orientation professionnelle, médecin du travail, ergonomiste)
- Les métiers liés à la gestion, à la gestion de l'état et à l'organisation (fonctionnaire, logisticien, gestionnaire de stock ou de rayon, magasinier, technicien méthode, agent de planification, contrôleur de gestion)
- les métiers liés au froid, à la climatisation (technicien frigoriste, installateur-réparateur) et aux sports d'hiver (moniteur de ski, directeur de station de ski, guide de montagne).
- certaines activités médicales et les activités en lien avec les personnes âgées (aide-soignante, employé en maison de retraite, directeur de maison de retraite, masseur-kinésithérapeute, dentiste, prothésiste dentaire, assistante dentaire, rhumatologue, dermatologue, médecin immunologiste, ostéopathe, médecin gériatre)
- certaines activités en lien avec la recherche spirituelle et la sagesse (moine, professeur de théologie, astrologue, professeur de yoga et de méditation)

Sont également saturniens les racines, les puits, les bases, les fondations, les murs et les structures, les montagnes, les montagnards, les alpinistes, les bergers, l'escalade, la sécurité, les systèmes de défense et tout ce qui est synonyme de protection, les carapaces et les armures, les objets servant à construire ou à creuser, les choses lourdes (poids, masses, poutres), les lieux tristes, hostiles, désertiques ou difficiles d'accès (montagnes, déserts, glaciers, grottes), les gens tristes, pauvres, miséreux et solitaires ou expérimentés, les gens mûrs, sérieux et responsables, les ermites, les personnes âgées et les maisons de retraite, les moines et les sages.

Verseau/Uranus/secteur 11.

Les besoins : Besoin d'exprimer une intelligence intuitive, technologique et psychologique, de faire des expériences, de se consacrer à une cause universelle, d'aider autrui, d'inventer des choses nouvelles, d'innover, de trouver des solutions, de générer un progrès et du changement, d'améliorer, de réformer, de rénover, de faire du neuf à partir de l'ancien, de travailler en groupe, de coopération, de participer à un mouvement humanitaire, à une grande société ou à une association, de participer au progrès collectif et à la vie moderne, mais aussi besoin d'indépendance, d'autonomie, de libérer et de soulager des maux physiques et moraux, de se spécialiser, de maîtriser, de se tourner vers le futur, d'anticiper, d'apporter de l'espoir, d'aller au-delà des limites du connu, d'être à l'avant garde et de créer un monde meilleur.

Les qualités recherchées par les employeurs et qui sont synonymes de réussite : la capacité à sortir des sentiers battus, la capacité à trouver des solutions et à réparer, le sens de l'anticipation, l'intelligence relationnelle, technologique et psychologique, l'inventivité, le sens de l'innovation et le génie.

Les faiblesses, les déséquilibres ou les peurs qui sont redoutés par les employeurs et qui sont synonymes de d'échec : l'individualisme, l'imprévisibilité, la réformite, le refus de se soumettre à l'autorité, une tendance à la révolte, la tendance à avoir des revendications et l'indifférence.

Les métiers, activités, lieux, objets et personnages uraniens.

Uranus régit :

- les métiers en lien avec les sciences, les technologies, les ondes, l'électricité, les objets ayant des composantes électroniques et le magnétisme (scientifique, électricien, électronicien, magnétiseurs,

informaticien, fabriquant d'appareils scientifiques, radiologue, fabriquant d'enseignes)
- les professions libérales où il y a une clientèle et de l'indépendance
- les métiers en lien avec les réseaux et méthodes modernes de communication et d'organisation (vendeur de téléphone, employé à France Télécom, ingénieur réseau, employé de site internet, employé de hotline, webmaster, concepteur de jeux vidéos, webdesigner, programmeur, animateur de télévision ou de radio, technicien audiovisuel, concepteur de satellites, technicien ou ingénieur en gestion de production, logisticien, gestionnaire de projets, gestionnaire de bases de données)
- les métiers en lien avec des déplacements ultra-rapides (pilote d'avion ou d'hélicoptère ou de formule 1, hôtesse de l'air, employé dans un aéroport, agent de TGV)
- les métiers en lien avec le ciel, l'espace, les étoiles et le futur (moniteur de parapente, astronome, astrophysicien, météorologue, contrôleur aérien, astrologue, futurologue, auteur de science fiction, astronaute).
- Les métiers en lien avec la libération de l'âme et la guérison sur tous les plans (psychologue, psychothérapeute, thérapeute quantique, guérisseur, formateur en PNL ou en Biodanza, éducateur spécialisé)
- Les métiers du syndicalisme et du nettoyage (syndicaliste, conseiller au prud'hommes, agent de nettoyage, gérant de laverie automatique)
- les métiers très techniques ou spécialisés nécessitant de trouver des solutions (technicien de maintenance, réparateur, dépanneur, spécialiste, expert en explosif, artificier)
- les métiers en lien avec les technologies d'avant-garde (technicien en automatismes, ingénieur en robotique ou en intelligence artificielle, ingénieur en nanotechnologies ou en mécanique des fluides, ingénieur en impression 3D, fabriquant d'objets en résine, ingénieur en technologies virtuelles). les métiers en lien avec le recyclage

Sont également uraniens les méthodes modernes de gestion (MRP, Kanban, flux tendus), la science fiction, les extra terrestres et les vaisseaux spatiaux, les révolutionnaires, les dictateurs, les anarchistes, les utopistes, les tremblements de terre, les ouragans et cyclones, la météo, les vents planétaires, les courants de l'espace, les ruptures, les imprévus, les réformes, les bouleversements et les grèves.

Poissons/Neptune/secteur 12.

Les besoins : Besoin d'exprimer sa sensibilité et son intuition, de soigner, de soulager les souffrances du monde, de réconforter, de se dévouer, d'utiliser un sens communautaire et humanitaire, de détendre, de sauver, d'assister, d'explorer l'invisible et l'inconscient, de sonder, de participer à une entreprise collective, de communiquer par l'image et les émotions, d'exprimer un sens artistique, d'apporter du rêve, de l'évasion et de la transcendance, de redonner la foi, de prier, de méditer et d'expérimenter la présence divine et la connexion avec la Source de toute vie.

Les qualités recherchées par les employeurs et qui sont synonymes de réussite : la tolérance, la bienveillance, la compassion, le dévouement, l'intuition, l'ouverture spirituelle, la capacité à enchanter et le génie.

Les faiblesses, les déséquilibres ou les peurs qui sont redoutés par les employeurs et qui sont synonymes de d'échec : la sensiblerie, la tromperie, l'escroquerie, le bluff, l'alcoolisme des addictions à l'alcool ou au tabac ou à des drogues, une tendance à fuir, un côté chaotique et un fanatisme religieux.

Les métiers, activités, lieux, objets et personnages Neptuniens.

Neptune régit :

- les métiers de la mer ou en lien avec l'eau (architecte naval, constructeur de navires, marin, agent des transports maritimes, moniteur de plongée sous marine, pêcheur, aquaculteur, garde-pêche, garde côte, maître nageur, employé dans un centre de thalassothérapie)
- les métiers en rapport avec le pétrole, le plastique, le caoutchouc, le verre et le gaz (prospecteur de pétrole, pompiste, employé du gaz, verrier)
- les métiers en rapports avec les liquides et boissons (barman, distributeur de boissons),
- les métiers d'assistance aux malades et aux handicapés, du secteur hospitalier et du secteur paramédical (infirmière, secouriste, psychiatre, psychogénéalogiste, hypnothérapeute, orthophoniste, employé à la Croix-Rouge, ambulancier, assistante sociale, garde malade, employé dans un orphelinat, secrétaire médicale, microbiologiste)
- Les métiers en rapport avec les prisons, la répression des fraudes et les asiles (employé dans un asile psychiatrique, surveillant pénitencier, C.R.S, agent de la répression des fraudes, agent secret, conseiller en réinsertion)
- les métiers en rapports avec les pieds (cordonnier, marchand de chaussures, podologue)
- les métiers en rapport avec les addictions, les rêves, les illusions, l'évasion, le tourisme et les voyages (gérant de bureau de tabac, patron de bar, viticulteur, œnologue, négociant en vins, magicien, illusionniste,

prestidigitateur, explorateur, agent de voyage, guide touristique, hôtelier)
- les métiers de la publicité, du marketing et de l'image et certains métiers artistiques (commercial, infographiste, agent publicitaire, responsable du marketing, photographe, artiste, styliste)
- les métiers en lien avec le collectif et les vastes réseaux d'informations (sondeurs de l'opinion public, employé dans une collectivité)
- les métiers en lien avec le psychisme, le paranormal et le sixième sens (génie, visionnaire, astrologue, médium, tarologue, parapsychologue)
- les métiers en lien avec la foi, la religion, la relaxation et l'expérience de Dieu (moine, prêtre, enseignant en théologie, missionnaire, sophrologue, professeur de yoga).
- Les métiers en lien avec le son, l'image et la vibration (ingénieur de son, sonothérapeute).

Sont également neptuniens les gens inspirés, les océans, le brouillard, les radars, les mouvements visant à diffuser des croyances de masse, les partis à connotation idéologique comme le parti communiste, les sectes, la propagande, les rumeurs, les mythes et légendes, les épreuves, les fuites (de gaz), l'absentéisme, les disparitions, les événements mystérieux, les faillites, les états seconds comme la transe ou l'hypnose, les drogues et les plantes hallucinogènes, les ivrognes et les alcooliques, les gens malades ou infirmes, les imitations et contre marques, les escrocs, les espions et les traîtres, les bluffeurs, les kleptomanes, les fous, les amnésiques, les somnambules, les esclaves, les exilés et les gens qui souffrent, les églises, les couvents, les religions, la foi, la prière, les miracles, les mystiques et les prophètes.

3) Pratique du Diagnostic d'orientation.

Une pratique sérieuse et efficace d'un diagnostic est favorisée par une maîtrise de l'analyse astrologique en générale et de l'analyse astrologique en rapport avec la vie professionnelle en particulier, par une connaissance détaillée des différentes activités existantes et par une connaissance du profil psychologique et astrologique correspondant à chaque activité. De l'expérience dans ce domaine peut être acquise en étudiant d'une part l'activité professionnelle des personnes de votre entourage familial, amical ou social et en étudiant les thèmes de personnages célèbres pour leurs activités. (Voir les thèmes en annexe). L'astrologue Michel Gauquelin a effectué d'importantes recherches sur les liens existant entre l'activité professionnelle et l'astrologie. Ses recherches, qui comportent l'analyse de dizaines de milliers de thèmes, sont disponibles aux éditions traditionnelles, à Paris.

Les quelques exemples suivants, présentés avec l'accord des personnes concernées, montrent les liens qui existent entre le thème astral et l'orientation professionnelle. Dans chacun des thèmes ci-dessous, une ou plusieurs planètes sont mises en valeur et utilisées pour exercer une activité professionnelle. Chaque planète mise en valeur correspond à un ensemble d'activités et dans chaque thème présenté, la personne peut potentiellement exercer plusieurs autres activités correspondant à la planète. On constate ainsi que l'analyse astrologique permet de définir un ensemble de potentialités plutôt qu'une activité spécifique, chaque personne choisissant ensuite, en fonction de ses besoins, de ses moyens et des opportunités, l'une des activités parmi son potentiel global. Vous remarquerez que la planète correspondant à l'activité exercée est soit aspectée à Jupiter ou au maître de Jupiter, soit maîtresse de Jupiter, soit aspectée à Mars ou à Vénus dans les thèmes féminins (ou à leurs maîtres) ; les luminaires, l'ascendant et les planètes angulaires jouant en général un rôle secondaire mais non négligeable.

La fonction publique.

Exemple n° 1 :

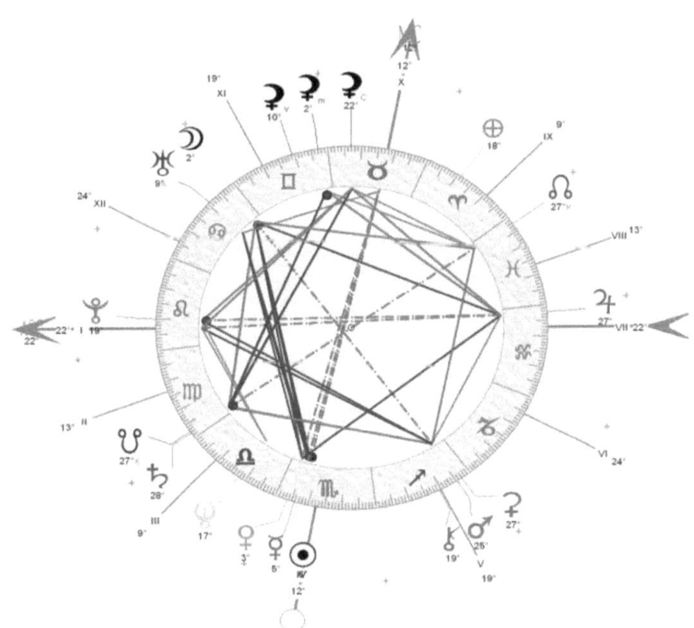

Cet homme est cadre à France Télécom dans l'électrotechnique et la surveillance.

Observations du thème :

1) Jupiter, qui est maître de Mars, est en Verseau tandis qu'Uranus est aspecté au Soleil, à la Lune, à Mercure et à Vénus.

2) Mars est carré à Saturne en Vierge.
Le nœud sud est en Vierge.

3) Un amas est en Scorpion tandis que Pluton est à l'ascendant.

4) Amas planétaire en secteur 3.

Décodage des observations :

1) Uranus confère des capacités techniques et scientifiques, un besoin de participer à une grande entreprise ainsi qu'un intérêt pour les télécommunications.

2) Saturne en Vierge mis en valeur par Mars évoque un besoin de stabilité professionnelle et renforce les capacités techniques et analytiques.

3) Le Scorpion, Pluton et Saturne confèrent le besoin et la capacité à surveiller et à contrôler.

4) Le secteur 3 régit la communication.

Exemple n° 2.

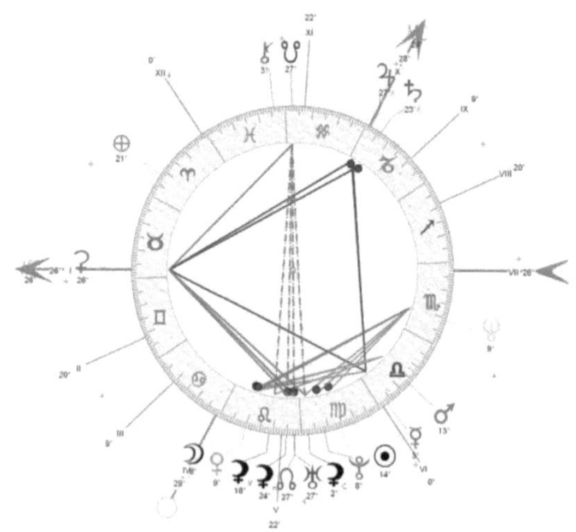

Cet homme qui est électricien à Edf/Gdf. Il est constamment en déplacement et en relation avec le public.

Observations du thème :

1) Jupiter conjoint à Saturne en Capricorne.

2) Le nœud sud et le MC sont en Verseau. Le nœud nord est conjoint à Uranus. Le Soleil est en Vierge.

3) Mercure est conjoint à Mars et trigone à Jupiter.

4) Lune opposé Jupiter et sextil Mars.

Décodage des observations : 1 et 2) Saturne et le Capricorne confèrent un besoin de stabilité professionnelle et des aptitudes pour les sciences exactes qui sont ici renforcées par la Vierge et le Verseau.

3) Mercure, qui est mis en valeur par Mars et Jupiter confère un besoin de mouvement ainsi que la capacité à exploiter des connaissances ou un sens de la communication.

4) La Lune mise en valeur par Mars et Jupiter correspond à un besoin d'être en contact avec un public.

Exemple n°3.

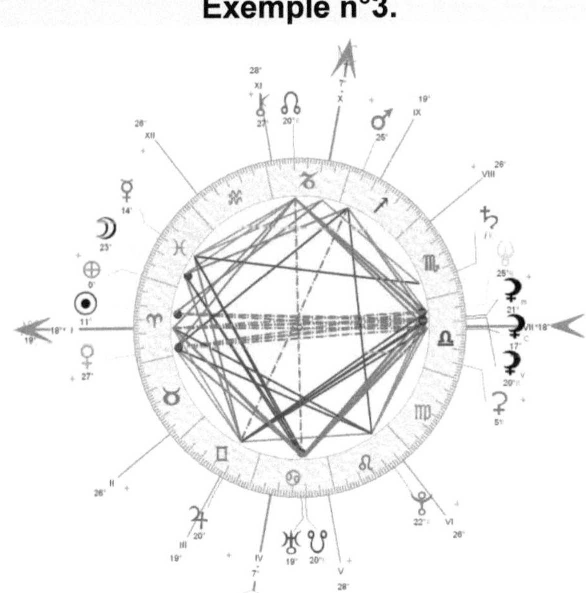

Cette femme est conteuse et travaille dans une bibliothèque municipale.

Observations du thème :

1) Jupiter est en Gémeaux aspecté à Mercure.

2) Le Maître de Jupiter (Mercure) est trigone à Saturne.

3) Jupiter et son maître sont aspectés à la Lune.

4) Vénus, Mars et Jupiter sont aspectés à Neptune. Un amas est en secteur 12 et le maître du secteur est en Cancer en secteur 4.

Décodage des observations :

1) Besoin d'échanges, de communication d'informer et d'être informé.

2) Besoin de structures et de stabilité.

3) Besoin d'être en relation avec un public.

4) Besoin de rêve, d'évasion et de faire rêver. Les contes sont représentés par Mercure associée à la Lune et à Neptune.

Exemple n°4.

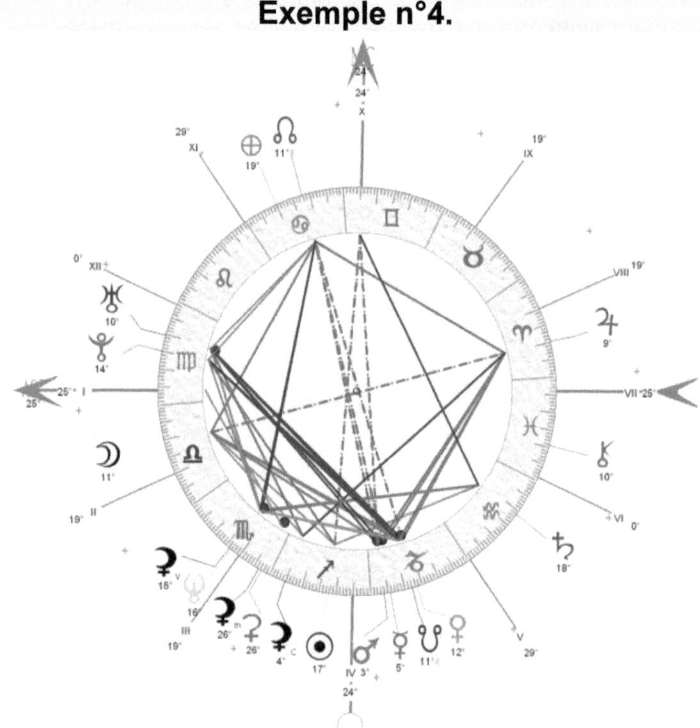

Cette femme est professeur en collège.

Observations du thème :

1) Mercure est conjoint à Mars et carré à Jupiter. L'ascendant est en Vierge.
2) Jupiter est mis en valeur par le Soleil.
3) Saturne est mis en valeur par l'amas en Capricorne et par le Soleil.
4) La Lune est mise en valeur par Jupiter, par la conjonction Mercure Mars et par Vénus.

Décodage des observations :

1) Besoin de communication, d'échanges, d'informer et d'être informé.
2) Besoin de retransmettre un savoir dans un cadre officiel
3) Besoin de structures et de sécurité.
4) Besoin d'être en contact avec un public.

Commerce et industrie.

Exemple n°1 :

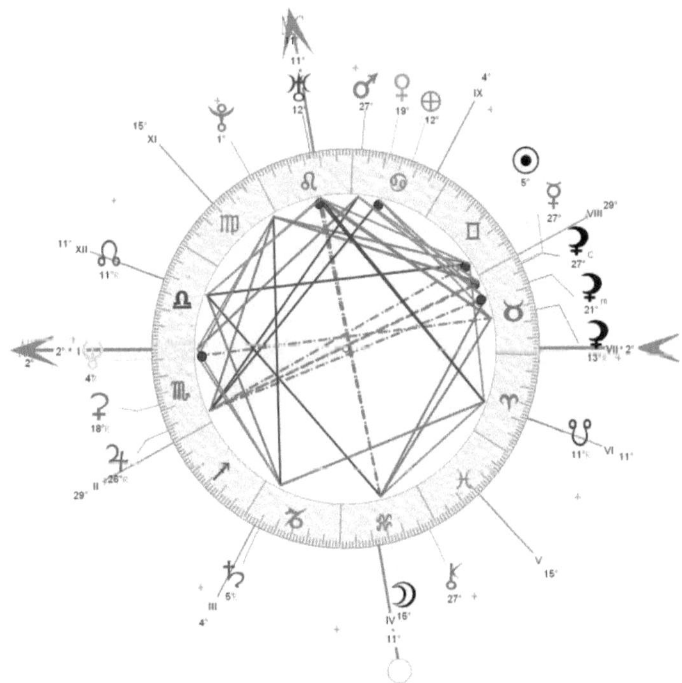

Cet homme est vendeur en grande surface (GEM, Hifi, informatique, TV).

Observations du thème :

1) Mercure est aspecté au Soleil, à Mars et à Jupiter. Le Soleil est en Gémeaux.

2) Mars et Vénus sont en Cancer et la Lune est angulaire, conjointe au FC.

3) Mars est trigone à Jupiter.

4) Uranus est au MC et la Lune est en Verseau. Neptune est à L'Ascendant.

5) Jupiter est aspecté au Soleil.

Décodage des observations :

1) Sens commercial, besoin d'échanges et de communication. Souplesse et adaptation.

2) Besoin de contacts avec le public, intérêt pour tout ce qui concerne le foyer.

3) Jupiter confère le sens des affaires et régit la grande distribution.

4) Uranus correspond à l'informatique, aux appareils modernes (TV etc).

Neptune et la Lune correspondent au rêve et à l'expression par l'image.

5) Le Soleil confère un besoin de travailler dans une entreprise connue.

Exemple n° 2

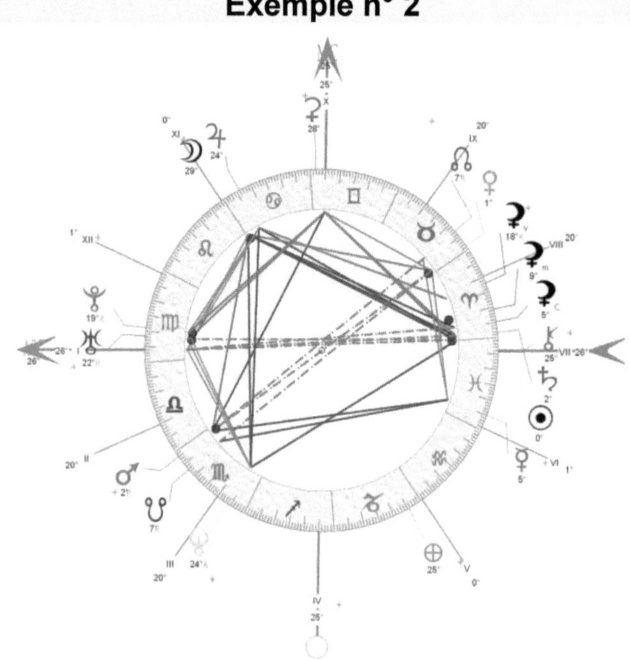

Cette femme est représentante dans une grande entreprise d'agroalimentaire.

Observations du thème :

1) Mars / Vénus sont aspectés à Mercure. Jupiter est trigone au maître de Mercure.
2) Jupiter est aspecté aux planètes rapides.
3) La Lune est mise en valeur par le Cancer, par Vénus Taureau et le Soleil.
4) Le Soleil est trigone à Jupiter. Comme dans le thème précédent, Uranus et Neptune sont mises en valeur.

Décodage des observations :
1) Mars Mercure permet l'action commerciale et confère une force de vente.
2) Jupiter correspond au sens des affaires et au besoin de représenter.
3) La Lune et le signe du Taureau sont les significateurs de l'agro-alimentaire.
4) Le Soleil engendre le besoin de travailler dans une entreprise connue tandis qu'Uranus et Neptune correspondent aux multinationales.

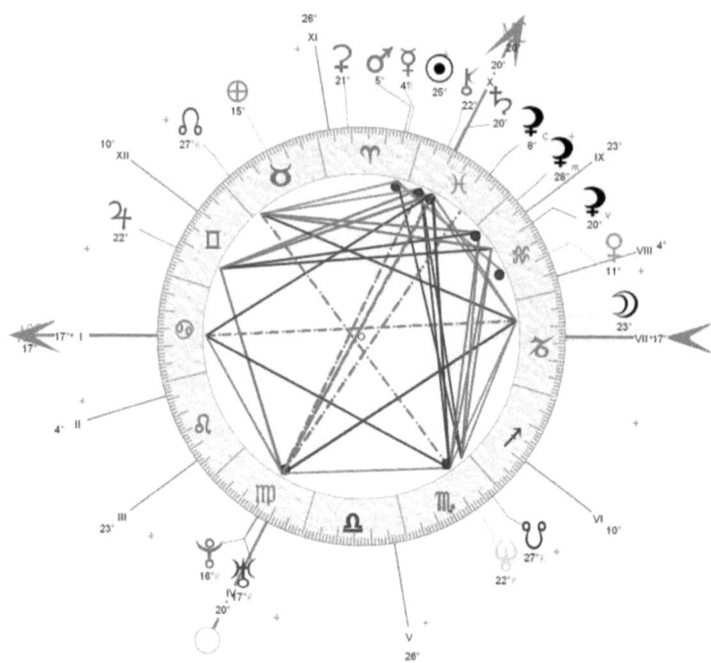

Cet homme est responsable de la sécurité dans une librairie de taille importante.

Observations du thème :

1) Mercure est aspecté à Jupiter, à Mars et au Soleil. Jupiter est en Gémeaux.
2) Pluton, conjoint au FC, est mis en valeur par le carré de Jupiter et secondairement par la présence en Scorpion du Maître du Soleil.
3) Saturne est aspecté à Jupiter, au Soleil. Il est conjoint au MC.
4) Le Bélier est mis en valeur par Mars et Mercure (Maître de Jupiter).

Décodage des observations :

1) L'insertion professionnelle est liée à des échanges commerciaux.
2) Pluton permet de détecter et d'intercepter voleurs et cambrioleurs.
3) Pluton et Saturne confère un besoin de contrôler, d'être en sécurité ou d'assurer une sécurité.
4) Mars et Pluton régissent l'armée, la police et la surveillance.

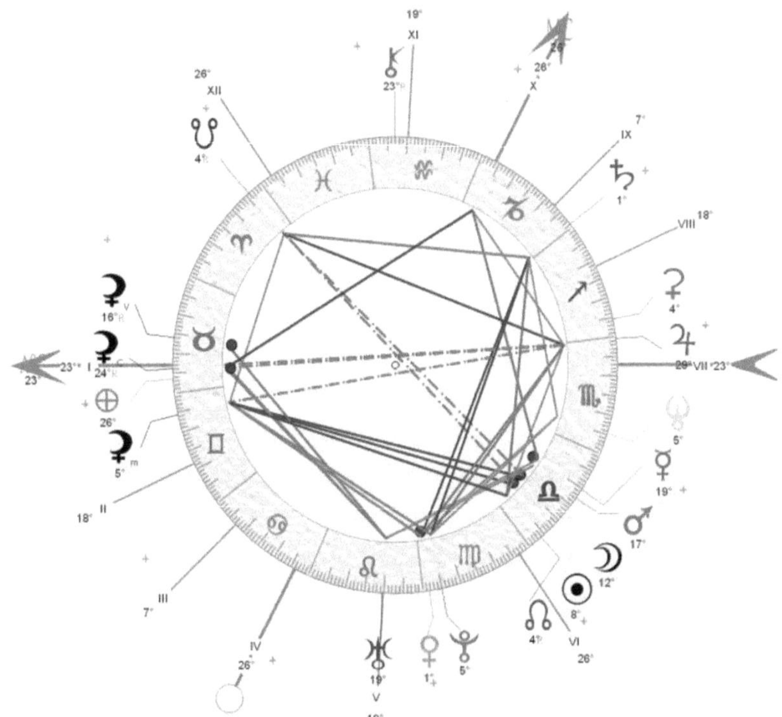

Cet homme est technicien en gestion et en logistique de production dans une usine ultramoderne fabriquant entre autre des objets en plastique. Il s'occupe de la production.

Observations du thème :

1) Mars est conjoint au Soleil.
2) Mars est sextil a Uranus.
3) Jupiter est en Scorpion.
4) L'ascendant est en Taureau, le MC en Capricorne.

Décodage des observations :

1-Les repères sont orientés vers l'action et vers le monde de l'entreprise, en lien ici avec la civilisation (Signe de la Balance)
2- Mars régit le monde de l'entreprise et Uranus confèrent des aptitudes en Gestion de projet et en Logistique.
3) Le Scorpion régit l'industrie et la transformation des matières premières.
4) Le Taureau confère un besoin de produire ou de gérer une production.

Loisirs et activités artistiques.

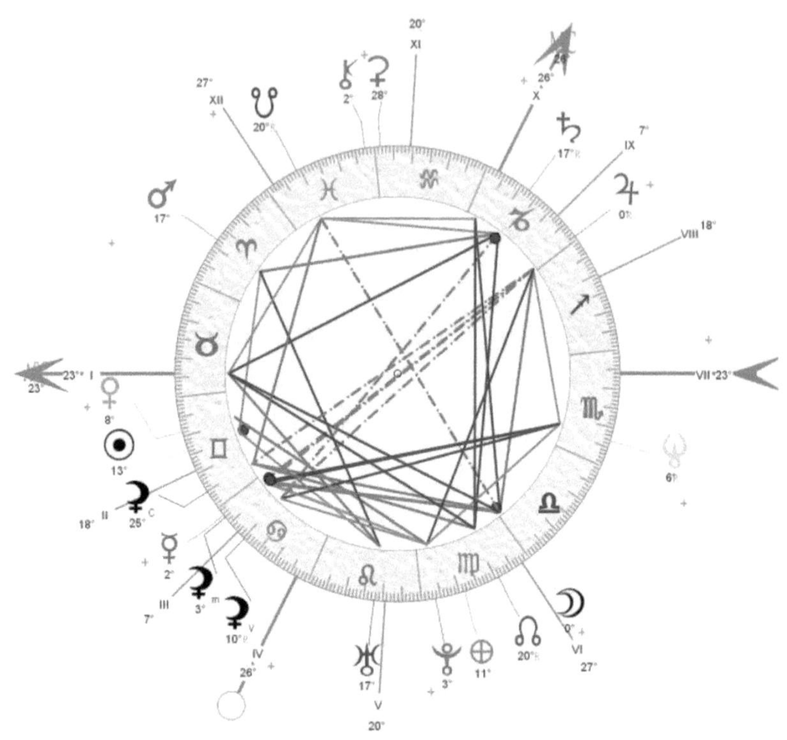

Exemple 1 :

Cette femme après avoir été éducatrice spécialisée dans la fonction publique, est chanteuse, danseuse et formatrice en expression vocale et corporelle.

Observations du thème :

1) Mars est aspecté à Saturne et Jupiter est en Capricorne. Uranus est aspecté à Mars et au Soleil. Neptune est en VI.
2) Vénus est mise en valeur par le Soleil, par la Lune, par l'ascendant Taureau et par l'aspect de son maître à Jupiter. Le Soleil joue aussi un rôle.
3) Mercure est mis en valeur par le signe des Gémeaux et par son aspect à Jupiter. Mars est en Bélier aspecté au maître de Jupiter (Saturne).

Décodage des observations :

1) Saturne régit la fonction publique tandis qu'Uranus et Neptune confère un besoin d'aider autrui.
2) Vénus gouverne le chant, la danse et l'expression artistique.
3) Mercure correspond au langage et au mouvement. Mars permet l'expression corporelle. Jupiter lié à Mars, à Mercure et à Vénus par leurs maîtres permet d'enseigner un langage, l'expression corporelle et une expression artistique.

Exemple 2.

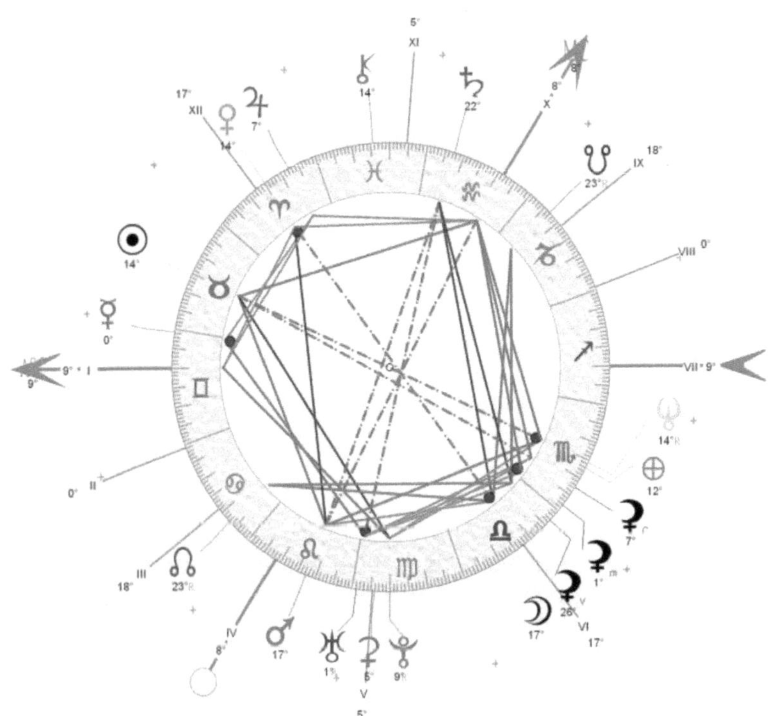

Cet homme est photographe et reporter (articles publiés dans « La vie », Trente millions d'amis ») et conseiller en communication.

1) Vénus est mise en valeur par sa conjonction à Jupiter, son trigone à Mars et par sa maîtrise du Soleil, de la Lune et de l'ascendant. Vénus permet l'expression artistique. Neptune, qui est aspecté à Mars et au Soleil, permet la communication par l'image et l'émotion.

2) Mercure, qui est mis en valeur par Mars et par les Gémeaux, confère des aptitudes en rédaction de supports de communication.

3) Mars (maître de Jupiter) en Lion confère autonomie, aptitudes pédagogiques et créativité.

Exemple n°3 :

Cet homme est infographiste dans une entreprise de publicité. Cette activité, en plus des aptitudes artistiques, nécessite des compétences en dessin, en imprimerie et en informatique.

Observations du thème :

1) Jupiter est en Taureau tandis que la Lune est mise en valeur par sa conjonction au Maître du Taureau et par l'ascendant Cancer.

2) Neptune est mise en valeur par les nombreuses planètes en Poissons et par son aspect à Jupiter.
3) Mars est en Vierge, conjoint à Uranus et opposé à Mercure. Le Soleil est aspecté à Mars et conjoint au MC.

Décodage des observations :

1) Le Taureau confère des capacités artistiques tandis que la Lune et Mercure permettent l'expression à travers le dessin.

2) Neptune et les Poissons permettent l'expression à travers le langage de l'image.

3) La Vierge et Uranus correspondent à des aptitudes techniques en imprimerie et en informatique. Le Soleil régit la créativité tandis que l'aspect Jupiter Mercure prédispose à s'orienter vers des métiers en rapport avec la communication.

<h2 style="text-align:center">Exemple n°4 :</h2>

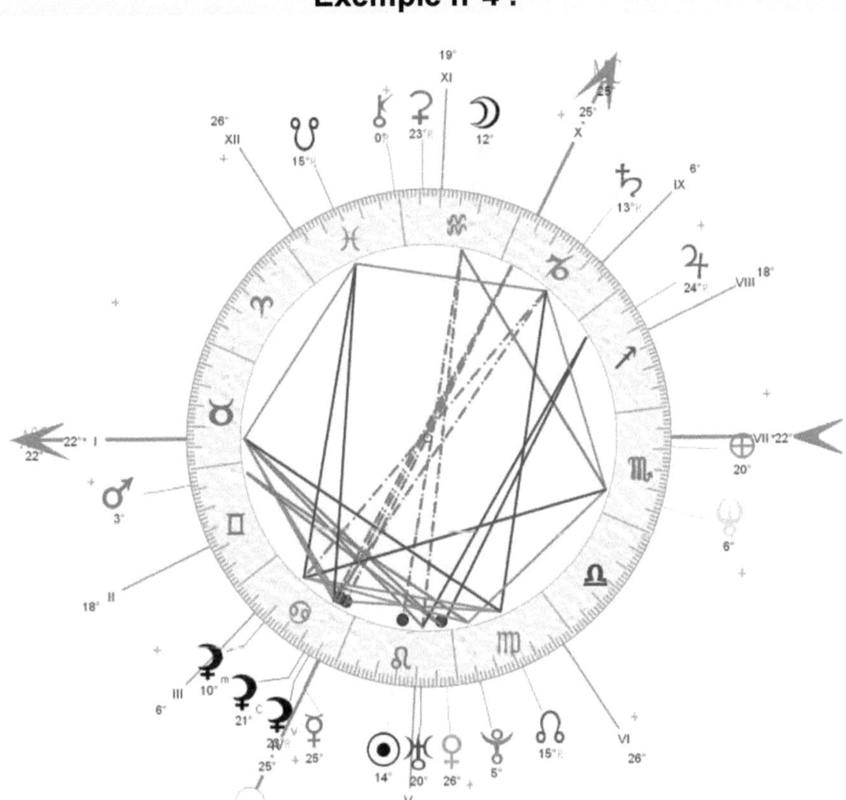

Cet homme est éducateur sportif diplômé d'état (cours de Judo et de parapente). Il exerce dans des centres de loisirs où des compétences en psychologie sont nécessaires.

183

Observations du thème :

1) Jupiter est en Sagittaire.

2) Vénus en V est mise en valeur par Mars, par Jupiter et par L'ascendant
Taureau.

3) Mars est en Gémeaux.

4) Mars est aspecté à Pluton. Jupiter est en secteur 8.

5) Uranus est mis en valeur par ses aspects à Jupiter, au Soleil, à Vénus, à la Lune et par sa Maîtrise du MC et de la Lune.

Décodage des observations :

1) Jupiter en Sagittaire confère des dons pédagogiques et des capacités d'animation.

2) Vénus et le secteur 5 gouvernent les loisirs.

3) Mars et les Gémeaux confère un besoin d'expression corporelle et de mouvement.

4) Mars - Pluton régit les arts martiaux. Jupiter en 8 permet d'enseigner le combat.

5) Uranus confère un sens psychologique ainsi qu'un besoin de progrès et d'élévation (vers le ciel). Il régit les activités aériennes.

La Santé.

Exemple 1 :

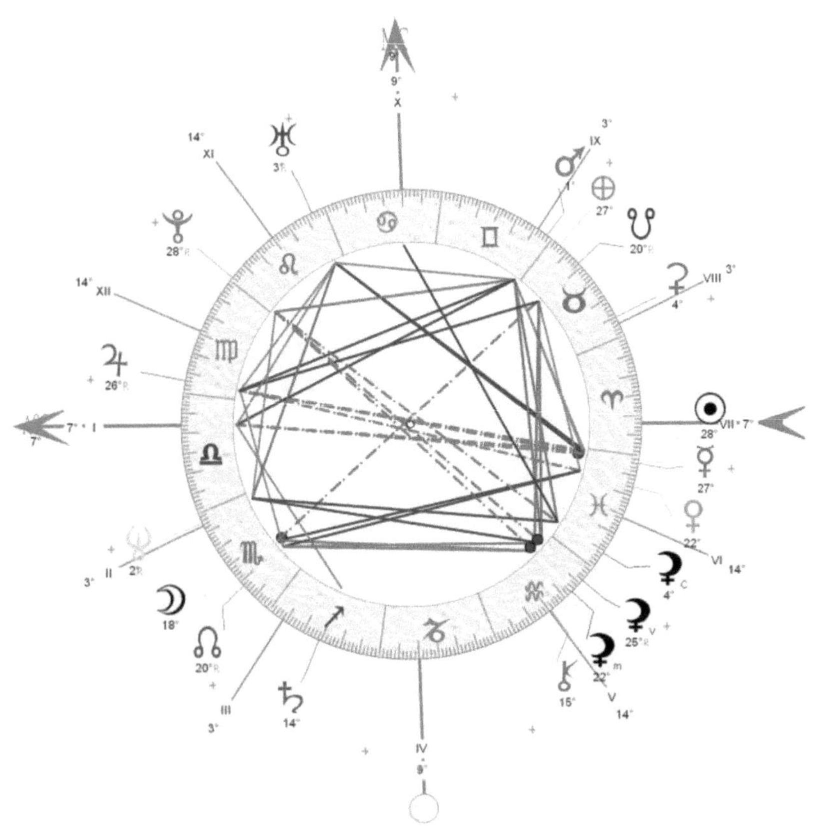

Cette femme est infirmière en hôpital.

L'axe Vierge Poissons, le Sagittaire, l'axe secteur 6 - secteur 12, Jupiter, Neptune et Mercure régissent les professions liées à la Santé.

Observations du thème :

1) Dans ce thème, un amas est en Poissons opposé à Jupiter en Vierge.
2) La Lune, maîtresse du MC Cancer et dans le signe du Scorpion.

Décodage des observations :

1) La Vierge et le Poissons confèrent le besoin de porter secours et assistance.

2) La lune en Scorpion évoque un public ayant des difficultés tandis que les aspects Mars-Pluton et Mars Uranus évoquent la capacité à lutter pour faire face à des difficultés et pour aider autrui.

Exemple 2 :

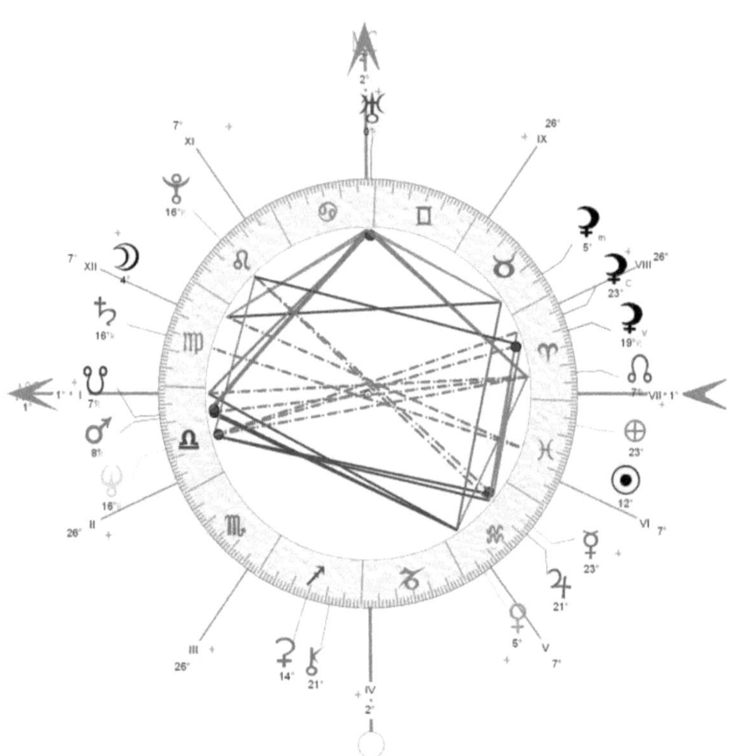

Cette personne est médecin généraliste et ostéopathe. La médecine est régie par Jupiter, par Neptune et par Mercure. L'aspect Jupiter-Mercure facilite les études supérieures tandis que Saturne et Uranus confèrent la persévérance nécessaire pour effectuer les nombreuses années d'études. Pluton et Mars régissent la chimie et à la biochimie.

Note : Dans tous les thèmes de médecins que j'ai observés, ces sept planètes étaient mises en valeur.

Observations du thème :

1) L'axe Vierge Poissons est mis en valeur par le Soleil et par la Lune.

2) La planète Neptune est mise en valeur par le Soleil en Poissons puis par ses aspects à Mars et à Jupiter.

3) Le Maître de Jupiter est au Milieu du ciel.

4) Mercure est mis en valeur par la Vierge et par sa conjonction à Jupiter.

5) Uranus et Mars sont angulaires tandis que Saturne et Pluton sont aspectés au
Soleil et à Jupiter-Uranus au MC signe ici la spécialisation (en ostéopathie), branche relativement nouvelle de la médecine.

Exemple 3 :

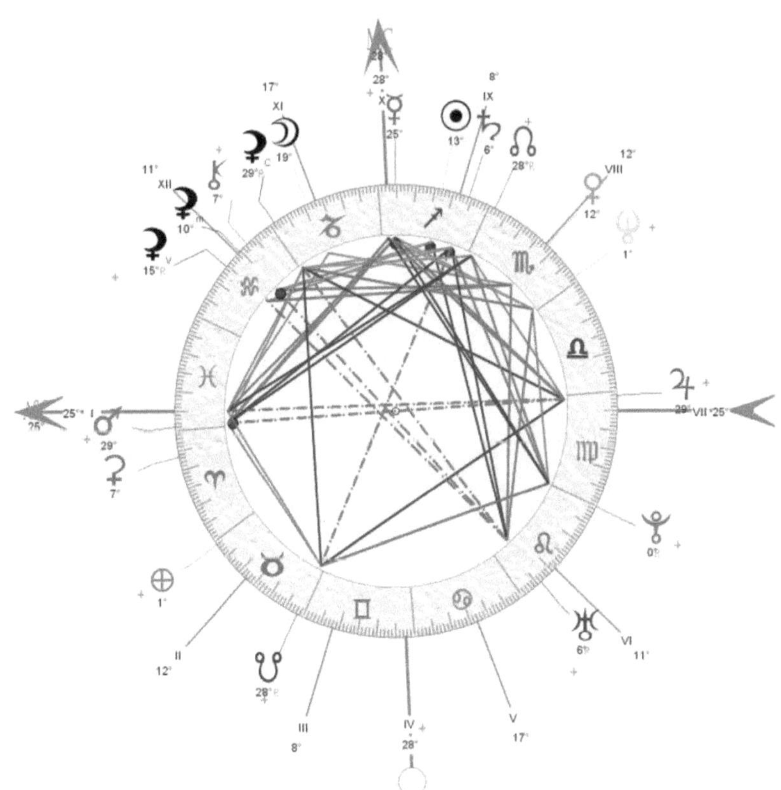

Cet homme, après avoir fait des études de médecine, est devenu délégué médical dans une grande entreprise pharmaceutique.

Observations du thème :

1) L'axe Vierge Poissons est mis en valeur par Mars, l'Ascendant et Jupiter.

2) Le Sagittaire est occupé par trois planètes et par le MC. Jupiter est aspecté à Mars et à Mercure.

3) Mars-Mercure permet à cet homme d'effectuer de nombreux déplacement et Jupiter-Mercure confère le sens de la négociation.

4) Mars est angulaire, Saturne, Uranus et Pluton forment des aspects aux planètes rapides.

Exemple 4 :

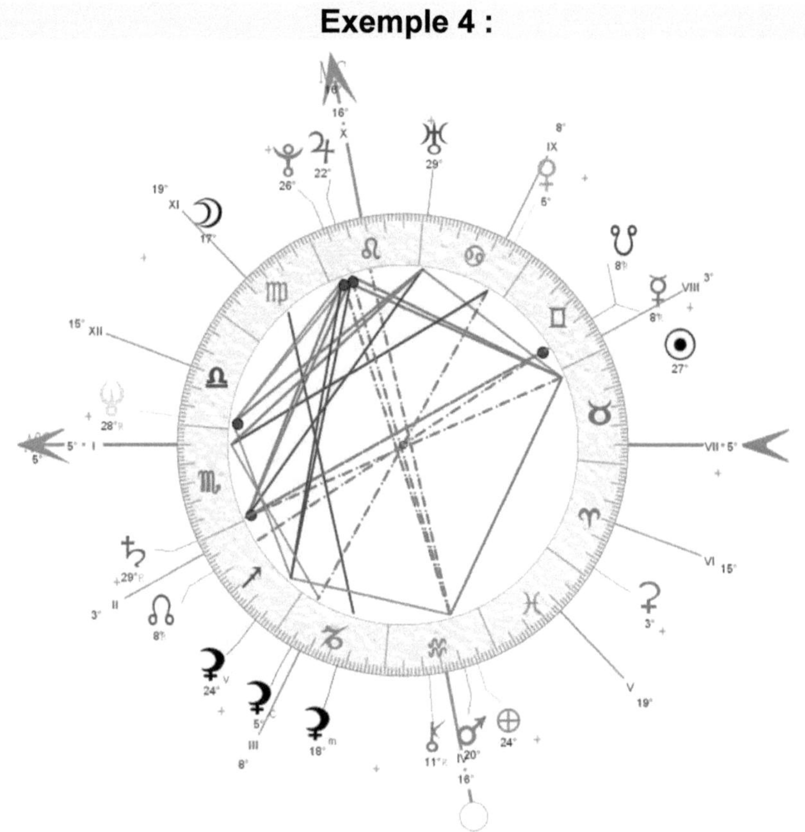

Cette femme est psychomotricienne dans un centre pour enfants en difficultés.

Observations du thème :

1) La Lune, maîtresse de Vénus, est en Vierge. Mercure en Gémeaux conjoint au nœud sud et opposé à Saturne.

2) La Lune est mise en valeur par Vénus en Cancer et par le Soleil en Taureau.

3) Jupiter est conjoint au MC.

4) Neptune est conjoint à L'ascendant.

5) Pluton est conjoint à Jupiter et Maître de l'Ascendant.

6) Uranus est mis en valeur par Mars en Verseau et par son aspect au Soleil.

Décodage des observations : 1/2) La Lune en Vierge permet l'assistance à un public ou à des enfants tandis que Mercure Saturne sensibilise aux difficultés d 'expression (ici corporelle).

3/4) Ces deux planètes régissent le médical.

5/6) Pluton permet de faire face à des difficultés et Uranus d'apporter une aide.

Métiers du Bâtiment

Exemple 1 :

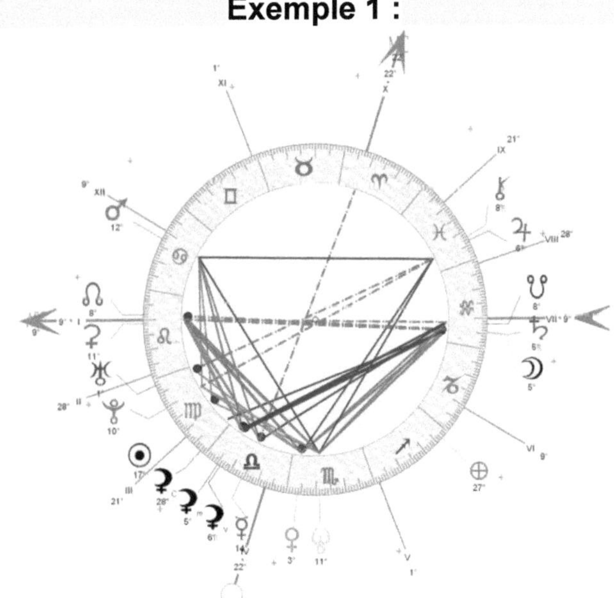

Cet homme est couvreur. Il répare les toitures de bâtiments administratifs et historiques.

Observations du thème :

1) Soleil (Maître de l'ascendant) en Vierge et Mercure, Maître de la Vierge, aspecté à Mars Cancer.

2) Saturne Lune angulaire, en secteur 6 en Verseau conjointe au nœud sud.
Maître de Mars conjoint à Saturne et maître de Jupiter Trigone à Saturne.

Décodage des observations :

1) La Vierge et l'aspect Mars Mercure confèrent des aptitudes techniques et des capacités manuelles qui sont ici orientées vers " la maison " (Mars Cancer).

2) Les maisons (la Lune) sont ici des bâtiments administratifs et des monuments historiques (Lune conjointe Saturne) que l'on rénove et répare (le Verseau). Notez dans ce thème le rôle important de la dominante et des maîtrises. Jupiter en secteur huit permet, dans un cadre professionnel, de transformer et de faire face à des problèmes (ici des bâtiments nécessitant réparation).

Cet homme, après avoir été longtemps plombier et réparateur en chaudières, est devenu directeur d'une succursale d'une entreprise de vente et de réparation de chaudières.

Observations du thème :

1) Saturne est aspectée à Mars et à Jupiter. Elle est maîtresse du Soleil.
2) La Lune est maîtresse de Mars et de Saturne. Elle est conjointe à Jupiter.
3) L'aspect Mercure Uranus est angulaire.
4) Jupiter est conjoint au MC en Balance.

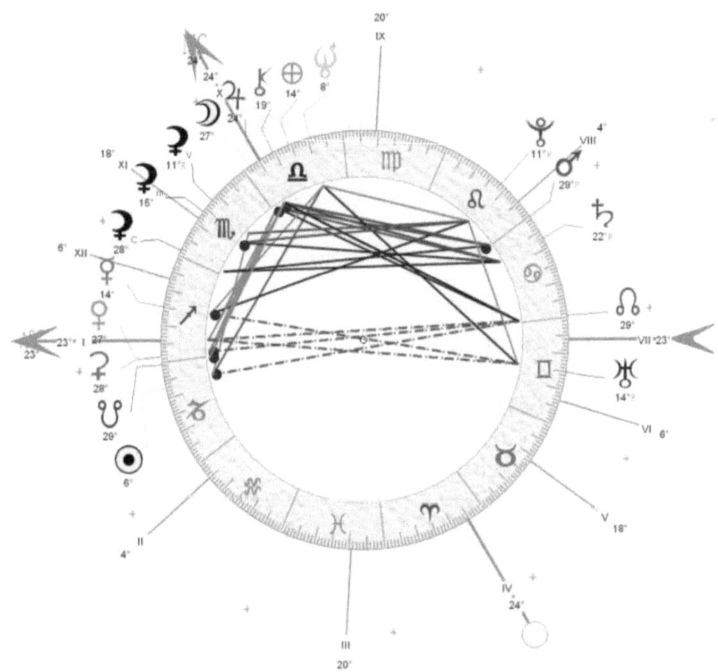

Décodage des observations :

1) Saturne régit le bâtiment.
2) La Lune permet d'être en rapport avec le public et confère un intérêt pour tout ce qui concerne « le foyer».
3) Cet aspect confère des capacités techniques et des aptitudes à réparer.
4) Jupiter permet d'assumer la fonction de responsable d'agence.

La France est l'un des pays comptant le plus de structures de formation dans le monde. Il y a de très nombreuses écoles privées, des sociétés privées travaillant en partenariat avec les structures de l'état comme l'AFPA (Association de formation professionnelle pour adultes), le CNAM (Centre national des Arts et Métiers) et le CNED (Centre national d'éducation à distance) et le système éducatif public. L'orientation s'effectue par l'intermédiaire des centres d'information et d'orientation (CIO) et également par des structures privées.

Voici quelques schémas qui montrent la structure résumée du système éducatif public français.

Les différents diplômes obtenus sont classés selon des niveaux. Il existe une classification française, européenne et internationale.

La nomenclature des niveaux de formations

Classification française	Niveau de formation	Equivalent en classification internationale	Niveau du cadre européen des classifications
NIVEAU V	CAP et BEP	3 C	3
NIVEAU IV	Baccalauréat et Baccalauréat professionnel	3	4
NIVEAU III	BTS et DUT	5 B	5
NIVEAU II	Licence et Licence professionnelle	6	6
NIVEAU I	Diplôme de type Master, diplôme d'ingénieur et Doctorat	6	7 et 8

La première étape démarre à l'âge de 3 ans et se poursuit jusqu'à l'âge de 14 ans. En France, l'instruction est obligatoire jusqu'à 16 ans. CFA signifie centre de formation des apprentis. CLIPA signifie Classe d'initiation professionnelle en alternance.

Ce sont des classes destinées aux jeunes de 14 et 15 ans issus de 6ème ou 5ème. Elles préparent à la connaissance des métiers. Le passage en CLIPA permet l'accession au CPA (pour les jeunes âgés de 14 ans) ou en CAP. Les CLIPA durent 1 année. Les jeunes sont en statut scolaire et ne sont pas rémunérés.

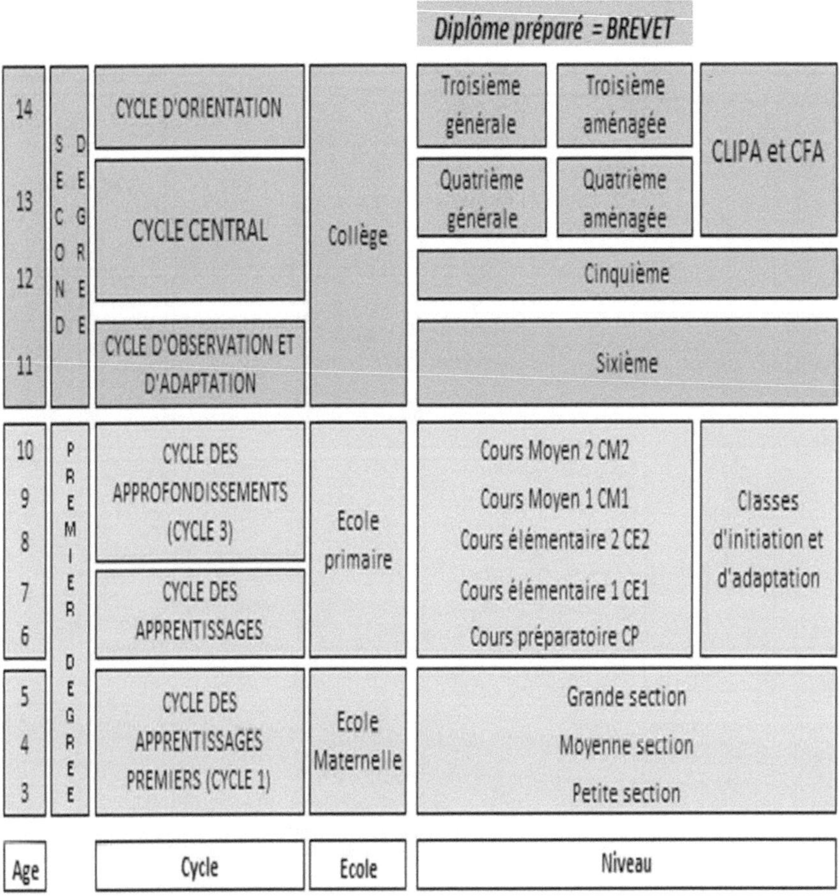

La seconde étape démarre à l'âge de 14 ans et se poursuit soit jusqu'à l'âge de 16 ans où le jeune passe un CAP (Capacité d'aptitudes professionnelles) ou un BEP (Brevet d'enseignement professionnel), soit jusqu'à l'âge de 18 ans où le jeune passe une Baccalauréat professionnel, général ou technologique. Les personnes qui n'ont pas obtenus leur baccalauréat peuvent repasser à tout âge le DAUE. Le DAEU est un diplôme de niveau IV qui confère à ses titulaires les mêmes droits que le baccalauréat.

Il existe des passerelles entre le CAP et le BEP, entre le BEP et le Bac Technologique et Professionnel ainsi qu'entre le Bac professionnel et les études supérieures.

Diplôme préparé =	Baccalauréat général	Baccalauréat technologique ou Brevet		Baccalauréat Professionnel	BEP	CAP
Études supérieures : BTS, DUT, Universités, écoles préparatoires, écoles spécialisés					Vie active	Vie active
Âge — **Cycle** — **Ecole**						
17 (Second degré — Cycle d'orientation — Lycée)	Terminale générale	Terminale technologique		Terminale Bac professionel	Vie active	
16 (Second degré — Cycle d'orientation — Lycée)	Première générale	Première technologique	Première d'adaptation	Première Bac professionnel	Terminale BEP	CAP 2
15 (Second degré — Cycle de détermination — Lycée)	Seconde générale et technologique			Seconde Bac professionnel	Seconde BEP	CAP 1
14 (Collège)	Classe de troisième					

Age	Cycle	Ecole	Filière

La troisième étape démarre à l'obtention du Baccalauréat et se termine à l'obtention de la filière et du diplôme choisi. Voici un schéma proposé par le ministère de l'éducation nationale qui montre la majorité des filières.

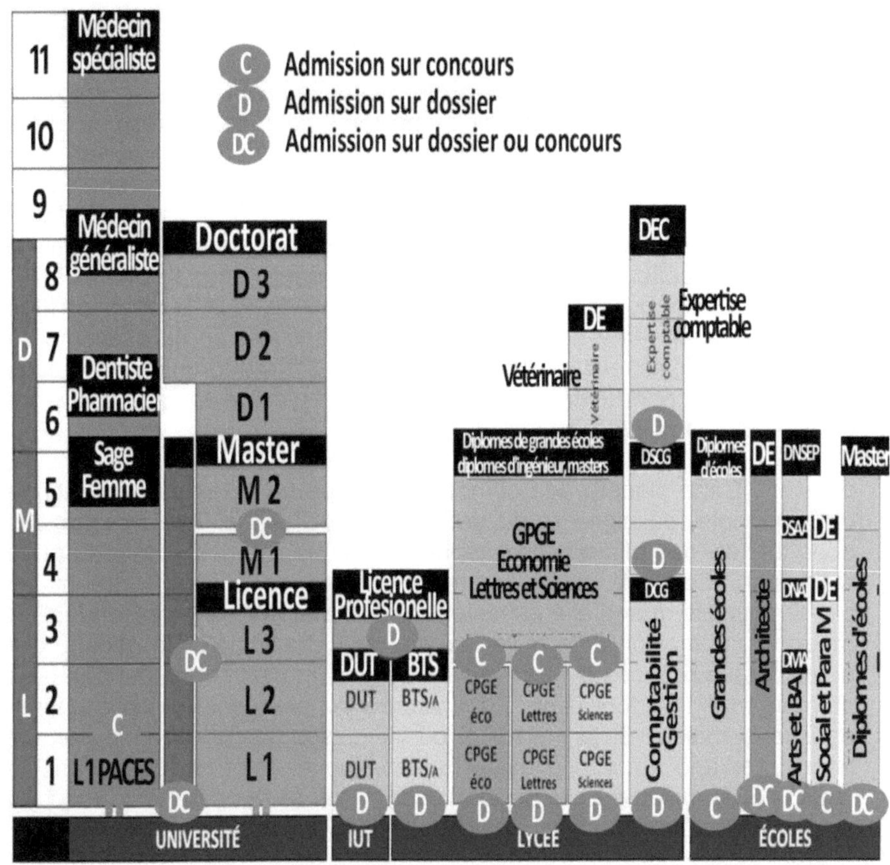

Vous pouvez également trouver sur le site web de Pôle Emploi des fiches métiers, nommées fiches ROME.

Chaque fiche métier est composée :
- du code et de l'intitulé de la fiche ROME et de la définition du métier,
- des conditions d'accès au métier et d'exercice de l'activité,
- des activités et compétences de base communes à l'ensemble des appellations de la fiche, elles représentent le « cœur de métier »,
- des activités et compétences spécifiques qui sont caractéristiques de situations de travail particulières.

Le réseau des maisons de l'emploi peuvent également vous fournir de nombreux renseignements.

5) Les périodes d'opportunité et de changement.

Les significateurs fixes de la vie professionnelle sont la maison 6 pour la vie quotidienne au sein du travail, la maison 9 pour les affaires courantes ou les stages et autres formations et la maison 10 pour la carrière et la structure de la destinée. Ensuite, le Soleil symbolise les repères, la réussite et ce qu'il y a de plus important dans la vie d'une personne, Mars l'activité et les missions pour un homme et Vénus l'activité pour la femme, puis Jupiter symbolise la vie professionnelle dans sa globalité.

La maison symbolise les contrats et la maison 9 la légalisation des situations. Quand une des planètes lentes transitent un ou plusieurs de ces éléments fixes, elle va influencer l'élément fixe et proposer des états d'être ou des opportunités en rapport avec la planète en question et ce que « veut » la planète.

Jupiter : Cette planète agit comme une loupe en extériorisant l'énergie de la planète, du signe et du secteur où elle passe. Elle apporte des opportunités, des affaires, des appuis, de la chance, des voyages et une expansion. Cela est particulièrement vrai en ce qui concerne la vie professionnelle quand elle aspecte le Soleil, Mars, Vénus, l'ascendant, la maison 2, la maison 9, le milieu du ciel et la maison 11. En négatif, elle prédispose aux excès et aux abus de confiance. Une bonne période pour entreprendre une formation d'une année ou plus existe quand Jupiter transite la maison 3, la maison 9 ou la maison 11. Une bonne période pour créer une entreprise existe quand Jupiter transite l'ascendant, la maison 5, le milieu du ciel ou la maison 11 où le secteur qui correspond symboliquement au secteur d'activité de l'entreprise.

Saturne : Cette planète intériorise l'énergie de la planète, du signe et du secteur où elle passe. Elle veut d'un côté mettre des choses en chantier, bâtir, structurer, prendre son temps, produire de la qualité, restructurer, travailler comme un titan, de la lenteur, de la profondeur, de la vérité, aller vers l'essentiel, réduire au minimum vital nécessaire, vivre avec peu, effectuer des remises en question, se retirer, être au calme, méditer et accéder à sa vérité profonde. En négatif, elle apporte des obstacles, des pertes, des retards, des empêchements et plombe. Une bonne période pour entreprendre une formation d'au moins deux ans ou plus existe quand Saturne transite la maison 3, la maison 9 ou la maison 11.

Uranus : Cette planète permet d'intégrer de nouvelles technologies, de nouveaux logiciels, de nouvelles compétences, de trouver des solutions et de l'aide, de changer radicalement de cap et de libérer ce qui était bloqué. En négatif, elle génère du stress.

Neptune : Cette planète apporte des coups de chance, du rêve, de la magie, du génie et des miracles. En négatif, elle génère de la confusion, du chaos et des risques d'arnaques et d'escroquerie.

Pluton : Cette planète génère des pulsions, du rejet de ce qui n'est pas authentique, des bouleversements, des transformations radicales et parfois un passage à vide permettant de renaitre de ces cendres. En négatif, elle peut engendrer du piratage, du sabotage, des pertes, des destructions et des crises.

Finalement, une planète lente transitant de façon rétrograde un élément fixe du thème natal peut générer des difficultés pendant qu'elle rétrograde. La situation tend à rentrer dans l'ordre quand elle redevient directe.

1) Introduction.

Le thème astrologique représente la structure de l'âme. Coté cœur, il permet, au niveau individuel, de définir clairement l'image de l'homme chez la femme et l'image de la femme chez l'homme, ainsi que l'image ou la conception de la vie à deux. Ces images sont en grande partie responsables du fait qu'une personne sera attirée par une autre parce qu'elle correspond à son image de l'homme ou de la femme. Le thème renseigne également sur les capacités ou les difficultés à créer un bonheur à deux dans le cas d'un couple, et sur la nature d'une relation dans le cas d'un partenariat d'ordre professionnel.

La comparaison de deux thèmes renseigne sur la nature de la relation vécue par deux personnes et d'une certaine manière sur le sens de cette relation. Elle permet aussi de déceler les facteurs d'attraction, de mesurer l'intensité de cette attraction, et d'indiquer les points d'entente ou de tension. L'analyse des transits permet de voir, au niveau individuel et pour le couple, les changements, l'évolution, le cheminement d'une relation, mais aussi le sens et les exigences de la situation au moment présent.

Avant d'effectuer une comparaison de thèmes, il est nécessaire d'avoir bien cerné la psychologie des deux partenaires. Il est particulièrement important dans toute analyse de rencontre, de tenir compte des passés individuels, des circonstances extérieures et du niveau d'évolution de chaque personne, et de n'utiliser qu'ensuite l'analyse du thème pour mettre en lumière le sens d'une rencontre. Un thème et une comparaison de thème pouvant être vécu de multiples façons, il est essentiel de faire le lien entre l'analyse psychologique du thème et la façon dont les psychologies individuelles et le couple sont vécu, tant dans la tête qu'au niveau des événements concrets.

Méthode d'analyse qui sera développée par la suite.

a)Analyse individuelle. On analyse :

-Les signes dans lesquels se trouvent le Soleil, la Lune, Mars et Vénus, les planètes que ces quatre fonctions aspectent et la dominante.

-Les signes derrière les secteurs 4, 5, et 7, et les planètes occupant ces secteurs.

-Certains astrologues tiennent compte de la part de l'union qui indiquerait le genre d'union recherché et qui s'interpréterait comme une planète Vénus « bis ». Les éventuels renseignements qu'elle peut fournir peuvent néanmoins être obtenus par l'analyse des points précédents.

A titre indicatif, l'on obtient la part du mariage en ajoutant la longitude du descendant à celle de l'ascendant, puis en retranchant celle de Vénus. (ex : si l'AS est à 2° du bélier et Vénus à 5° du bélier, cela donne 182 (DC) + 2 (AS) - 5 (Vénus) = 179 °, La part serait donc à 29° des poissons.

b) Rôle des transits dans la relation. On analyse :

-Les transits sur le Soleil, sur Vénus et sur le descendant ; et secondairement les transits sur Mars, sur la Lune et sur les autres angles.

c) Comparaison des thèmes et facteurs d'attraction. On analyse :

-Les angles en commun.
-La comparaison de la répartition des planètes dans les quadrants.
-La comparaison des planètes dominantes et aveugles.

Cela nous donne une vue générale. Puis l'on analyse:

-Les aspects entre les planètes de l'un avec les planètes de l'autre, en priorité les aspects au Soleil, à la Lune, à Vénus à de Mars, et secondairement les aspects aux autres planètes.
-L'équilibre magnétique, c'est-à-dire les aspects dissonants de l'un équilibrés par des aspects identiques, mais harmoniques, chez l'autre, et inversement.
-Les planètes de l'un sur les angles de l'autre et inversement.
-La comparaison entre l'image de l'homme chez la femme et le thème de l'homme, puis la comparaison entre l'image de la femme chez l'homme et le thème de la femme.

Dans la pratique, vous pourrez vérifier que ce sont surtout ces quatre derniers points qui constituent les principaux facteurs d'attraction entre deux êtres, en amitié, en amour, ou dans la vie professionnelle. Là encore, seule une compréhension des événements concrets, de la façon dont chaque thème est vécu, du lien entre ce qui est vécu dans la tête par chacun (et par le couple) et les événements extérieurs produits par les vécus intérieurs de chacun permettra d'effectuer des analyses fiables.

d) Comparaison des nœuds lunaires.

L'analyse des nœuds lunaires et de leurs maîtres peut aider à comparer les chemins de vie individuels et l'évolution respective des deux partenaires.

2) L'analyse individuelle.

a) Les planètes, l'amour et la sexualité.

Chaque planète joue un rôle dans la relation amoureuse et dans les relations sexuelles. Le Soleil représente l'amour pur et la volonté d'engagement. La lune représente les échanges émotionnels et la capacité de vivre une relation au quotidien. Mercure correspond à l'entente intellectuelle et à la communication. Vénus représente la séduction, l'entente, le désir d'union, l'équilibre au sein du couple, le plaisir (charnel et émotionnel) et la situation financière du couple.

Mars représente, la conquête, l'activité en commun et l'acte sexuel. Jupiter permet de s'engager officiellement dans une relation et de donner une vie (sorties, voyages) à la relation. Saturne permet de construire la relation, de la faire durer et de mûrir grâce à la relation.

Uranus correspond à l'attraction psychologique et magnétique pouvant exister entre deux être, à l'entente spirituelle d'un point de vue mentale, au rôle que peut jouer l'imprévu dans la relation et à l'évolution psychologique de la relation.

Neptune correspond à l'entente spirituelle de la relation à un niveau émotionnel. Pluton représente l'énergie sexuelle, l'entente sexuelle et émotionnelle à un niveau profond.

b) Le Soleil, Lune, Vénus et Mars.

Leur analyse permettra de définir les attentes et demandes vis à vis de l'être complémentaire, les images intérieures qui engendrent des comportements particuliers, les atouts et obstacles à l'épanouissement affectif.

Chez la femme.

La Lune représente sa façon d'être, sa manière d'exprimer sa sensibilité et ses émotions, sa façon de ressourcer, de se ressourcer et de vivre sa maternité. Vénus représente la manière dont elle exprime sa féminité et ses sentiments, comment elle vit sa sexualité et sa sensualité, le genre de personnes et de situations affectives vers lesquelles elle est attirée ainsi que sa façon de séduire et d'être séduite.

Le Soleil représente son idéal de l'homme et du père au niveau de l'être, ses modèles et repères masculins. Mars représente son image de l'homme au niveau de l'expression dans la vie, au niveau physique, et au niveau du héros qu'elle a envie de suivre.

Chez l'homme.

Le Soleil représente sa façon d'être, ses modèles et idéaux, la façon dont il vivra son identité d'homme, dont il exprimera l'amour et dont il vivra la paternité. Mars représente la façon dont il s'affirmera et s'exprimera dans la vie mais aussi dans ses comportements amoureux, ce qu'il fait en comment il le fait, et la façon dont il partira à la conquête de l'autre.

La Lune représente son image de la mère et de la féminité au niveau de l'être, sa façon de vivre l'intimité, et d'exprimer l'amour au féminin. Vénus représente son image de la femme au niveau de l'expression et de la séduction, au niveau physique, mais aussi la façon dont il exprimera ses sentiments, ce qui le séduira chez une femme et le genre de couple qu'il recherchera. Le signe derrière le Soleil, la Lune, Vénus ou Mars indiquera la fonction psychologique dont se servira chaque planète pour s'exprimer et se réaliser, l'état d'esprit dans lequel est vécu chaque fonction, tandis que les planètes aspectant le Soleil, la Lune, Mars et Vénus faciliteront ou entraveront leur expression, mais seront présentes dans tous les cas.

Les ouvrages consacrés aux aspects, celui consacré aux planètes en signes et celui consacré aux signes peuvent vous permettre d'interpréter la position en signe de Soleil, de la Lune, de Vénus et de Mars. Si vous avez par exemple Vénus en Verseau, vous pouvez consulter l'aspect Vénus-Uranus, Uranus étant le Maître du Verseau, c'est-à-dire la fonction psychologique qui engendre l'état d'esprit correspondant au signe du Verseau. Vous pouvez également vous reporter aux rubriques consacrées à l'amour dans les textes sur les signes.

c) Les aspects importants dans les thèmes individuels.

L'aspect Soleil-Lune : L'aspect harmonique incite à voir le couple et les parents comme une entité unique et indissociable, et incite à rechercher une relation de fusion basée sur la similitude et avec des partenaires semblables. L'aspect dissonant sensibilise à la différence et aux conflits, et incite à rechercher des êtres différents mais complémentaires.

L'aspect Vénus-Mars : L'aspect harmonique incite le sujet à rechercher une relation de passion dans une fusion de corps et des vies extérieures et se sent attiré par des personnes exerçant le même genre d'activité que lui.

La dissonance sensibilise aux différences, aux rapports de force, aux conflits, et incite à rechercher un partenaire dont l'activité est différente de celle du sujet.

L'aspect Vénus-Pluton : Il n'y a attraction qu'au delà d'un certain seuil de tension, ce qui peut créer des relations intenses et profondes quand la tension est bien gérée mais aussi des crises, des rivalités, des rapports dominants- dominés et des conflits.

L'aspect Vénus-Saturne : Il indiquera qu'il n'y aura attraction qu'au delà d'un certain seuil de maturité, de sérieux, de confiance et de temps. Si l'aspect harmonique permet de construire une relation durable, l'aspect dissonant tend à bloquer l'expression des sentiments ou à donner la peur de l'engagement affectif. Les aspects entre Vénus Uranus et Vénus Neptune peuvent également être délicats et sources de difficultés. Ils peuvent prédisposer à aimer l'humanité toute entière et peuvent donner des difficultés à s'engager envers une personne unique. Ils donnent également une tendance à idéaliser la relation et confèrent un besoin de vivre dans la vie de couple une dimension spirituelle et transcendantale.

Les dissonances au Soleil, à la Lune, à Mars et à Vénus devront être traitées avec attention dans le sens où elles représentent des obstacles à franchir et des problèmes à résoudre pour atteindre l'épanouissement affectif et pour vivre des relations harmonieuses. Les aspects des planètes à Vénus et à Mars sont traités en détail dans d'autres ouvrages.

d) Les signes derrière les secteurs 4, 5 et 7 (DC).

Le signe derrière la maison 5 permettra de décrire l'image que l'être a de l'amour, ses besoins prédominants dans une relation amoureuse, l'état d'esprit dans lequel il exprime ses élans amoureux, se lie avec autrui et vit ses histoires d'amour, les circonstances et les contextes qui facilitent son expression de l'amour et la façon dont il vit ses relations avec sa progéniture.

Les planètes en 5 seront utilisées pour aborder l'expérience de l'amour. En comparant le secteur 5 avec le secteur 11, on peut considérer que l'on donne en secteur 5 et que l'on reçoit en secteur 11. Le signe occupé par le descendant et le secteur 7 indiquera la nature des comportements sociaux envers l'autre et les autres, l'image de la vie de couple et du mariage en tant que contrat officiel ou officieux, le type de partenaire vers lequel une personne sera attirée parce qu'il est ressenti comme complémentaire ou ce que l'on attend de l'autre, et la façon d'exprimer les sentiments.

Le signe occupé par le descendant : Ce signe est particulièrement important car il décrit comment une personne entre en relation avec autrui et là où il peut exister un déséquilibre et une part d'ombre. Les planètes en 7 seront utilisées pour s'exprimer au sein du couple et se développeront grâce aux autres.

Le signe/secteur occupé par l'Ascendant : Le signe ascendant et les planètes conjointes à l'Ascendant indiquent ce que vous pouvez apporter à votre partenaire. L'ascendant de l'un dans le thème de l'autre révèle l'aide et le soutien que vous pouvez apporter à l'autre mais aussi ce que vous éclairez chez elle ou chez lui. Le secteur occupé par l'ascendant du ou de la partenaire prend de l'importance. Il reçoit de l'énergie de vie. Il peut alors être plus facilement vécu. C'est également un lieu d'apprentissage. Si par exemple votre Ascendant tombe dans la maison 1 de votre partenaire, vous l'aidez à s'affirmer. S'il tombe dans la maison 2, vous l'aider à gagner sa vie ou a créer son bonheur sur Terre. Si c'est en maison 3, vous l'aider à communiquer et à s'exprimer etc.

Le signe derrière le secteur 4 : Il décrit l'état d'esprit qui prédomine au foyer, dans l'intimité familiale, la façon de se ressourcer et de se détendre. Les planètes en secteur 4 sont utilisées pour vivre l'expérience de l'intimité, du bien-être, du foyer et de la vie de famille.

Lorsqu'un secteur est inoccupé, vous pouvez, après avoir analysé le signe derrière le secteur, analyser le maître du secteur, c'est-à-dire sa position en signe, en secteur et ses aspects. Un secteur inoccupé peut signifier que les expériences en rapport avec le secteur n'ont pas une importance prioritaire pour le sujet, cependant, un secteur inoccupé (par exemple le secteur 4) peut prendre de l'importance si son signe équivalent (le Cancer) ou sa planète équivalente (la Lune) sont valorisés dans le thème.

Pour analyser les signes occupés par les secteurs 4, 5 et 7, vous pouvez vous appuyer sur les planètes en secteurs, qui sont traité en détail dans un autre ouvrage. L'analyse du maître du signe en secteur étant très proche de l'analyse du signe en secteur. (EX : Un secteur 4 en Balance ressemble à Vénus en secteur 4, le secteur 7 en Sagittaire ressemble à Jupiter en secteur 7).

3) les périodes de rencontre.

La nature et l'importance d'une rencontre sont souvent fonction de l'évolution de la personne. Une rencontre susceptible d'aboutir à une union durable se produit quand la personne est prête pour vivre cette relation.

Ces périodes coïncident très souvent avec des transits, des révolutions solaires et des progressions qui mettent en valeur la possibilité d'une rencontre. Il est évident qu'une personne restant enfermée chez elle toute la journée et ne fait pas un minimum d'efforts pour communiquer avec autrui et pour s'engager à peu de chance de nouer des relations. Les transits de Jupiter et de Saturne sur Vénus et le Soleil (surtout mais pas exclusivement les conjonctions, sextils et trigones) indiquent les périodes durant lesquelles la personne est susceptible de faire une rencontre aboutissant à une union durable.

Les transits d'Uranus sur le Soleil et Vénus peuvent correspondre à une libération intérieure et produire des rencontres brusques, imprévues et souvent vécues comme des coups de foudre. Elles peuvent également avoir lieu grâce à internet et aux réseaux sociaux. De façon moins importante, les transits de Mars sur Vénus et sur le Soleil natal, et de Vénus sur Vénus, Mars ou le Soleil natal peuvent correspondre à une période de rencontre. Dans une révolution solaire, les aspects Vénus Soleil, Vénus Jupiter, Vénus Mars et secondairement Vénus Lune, Vénus Saturne et Vénus Uranus peuvent indiquer une rencontre importante durant l'année de la révolution solaire. Le plus souvent, une rencontre importante coïncide avec plusieurs transits parmi ceux qui ont été cités et avec une révolution solaire et un thème progressé qui sont « significatif » (les significateurs d'une rencontre comme la planète Vénus et le descendant sont mis en valeur).

Les rencontres qui peuvent être circonstancielles.

Il arrive qu'une personne ayant un transit dissonant (ex Pluton ou Saturne carré Soleil ou Lune natal) éprouve un coup de foudre pour une personne ayant soit le même aspect mais harmonique dans son thème ou en transit, soit la même dissonance dans son thème natal. L'attraction est alors basée sur le fait que la personne rencontrée permet d'aider à définir le problème ou le défi apporté par le transit dissonant et peut ainsi permettre de trouver les moyens de résoudre les difficultés associées au transit dissonant. Deux personnes s'étant rencontrées sous un transit dissonant parfois se séparent lorsque disparaissent les effets du transit. Il ne s'agit pas d'éviter ce genre de rencontres mais d'être pleinement conscient de leur sens et d'accepter qu'une union contractée dans une telle situation ne durera pas forcément toute une vie, et que la qualité d'une relation n'est pas obligatoirement proportionnelle à sa durée.

Le descendant progressé : Sa position en signe et en secteur peut apporter des informations importantes sur l'évolution sentimentale d'une personne.

4) Comparaison des thèmes.

De nombreuses raisons incitent deux êtres à se rencontrer et à s'unir. La comparaison des thèmes en astrologie aide à définir l'intensité de l'attraction existant entre deux êtres. Elle aide à prendre conscience des difficultés qui peuvent exister dans une relation et à envisager une solution. Elle permet de déceler et mettre en valeur les points d'entente et d'y voir plus clair quand à la nature d'une relation vécue entre deux personnes.

Il existera une attraction entre deux personnes quand:

a) Il y a une similitude ou une complémentarité des signes dominants.

D'une manière générale, les personnes ayant des signes d'un même élément s'entendent bien entre eux, se ressemblent mais ne se complètent pas. Les signes d'une même polarité (signes masculins et féminins) ont certains points communs et des différences. Ils peuvent s'entendre et se compléter partiellement. Les personnes ayant des signes d'éléments antinomiques (feu-terre et air- eau) ou de polarité différentes (air-terre et feu- eau) sont complètement différentes et l'entente ne se fait pas sans efforts.

Il peut cependant exister une forte complémentarité et donc une subtile attraction, notamment entre les signes de feu et les signes de terre, et entre les signes d'air et les signes d'eau, chaque partenaire ayant ce qui manque à l'autre. Pour comparer les différents signes entre eux, vous pouvez vous reporter à l'ouvrage traitant des bases de l'astrologie où est analysée la structure du Zodiaque et où chaque signe est comparé avec tous les autres.

b) Des conjonctions où des aspects harmoniques dans le thème de l'un équilibrent des carrés et opposition dans le thème de l'autre, et inversement.

Si par exemple le sujet a un « carré Lune-Neptune », il se sentira attiré par une personne ayant une conjonction, un sextil ou un trigone Lune-Neptune, et de façon moins importante si la personne a Neptune en secteur 4 ou la Lune en secteur 12. Le carré et l'opposition correspondent à une difficulté, à un problème qui permet, lorsqu'il est résolu, d'évoluer. Le sujet est initialement plutôt sensible aux mauvais cotés de chaque fonction, et aux effets perturbateurs que chaque fonction peut avoir sur l'autre quand cette dernière s'exprime. L'une des fonctions peut alors être refoulée et devenir déficiente dans la personnalité ou alors se manifester de façon excessive.

Cela provoque une tension intérieure parfois pénible mais source d'évolution quand le sujet fait face aux difficultés. Le trigone et le sextil sensibilisent au soutien et à l'apport positif qu'une fonction peut avoir sur l'autre tandis que la conjonction permet de vivre deux fonctions simultanément et dans un même état d'esprit, ce qui n'est pas le cas pour le carré et l'opposition. Le sujet est sensible aux bons cotés de chaque fonction.

Lorsqu'une personne ayant un aspect dissonant rencontre une personne ayant le même aspect mais en harmonique, cela créer un certain équilibre, un mieux être apparent, un adoucissement des tensions créées par un carré ou une opposition. Des besoins ou des désirs qui s'expriment difficilement chez l'un peuvent être soutenus dans leur expression par les facilités qu'a l'autre pour exprimer ces mêmes désirs et besoins.

C'est ce transfert d'énergie de nature psychologique que j'appelle l'équilibre magnétique, magnétique parce qu'il engendre une attraction entre deux êtres. Il peut également y avoir une attraction chez deux personnes ayant les mêmes aspects dissonants car elles peuvent résoudre leurs problèmes ensembles. La relation est cependant plus tendue.

Lorsqu'il existe un fort équilibre magnétique entre deux personnes, cela créer entre elles une force d'attraction qui doit alors être interprétée en fonction du sens de la relation. La comparaison de thème peut mesurer la force d'attraction entre deux personnes mais elle n'indique pas, à elle seule, le sens de cette attraction.

c) Un nombre important de planètes d'un des partenaires sont conjointes aux angles de l'autre et vice versa.

L'un des partenaires apporte alors à l'autre une influence dont la nature est fonction de la planète en question et de l'angle du partenaire où elle se trouve. La relation est facilitée, sans que trop d'efforts soient nécessaires, quand le Soleil, Vénus, Jupiter et la Lune de l'un sont sur les angles de l'autre. Elle est plus délicate à vivre quand Saturne, Uranus, Neptune et Pluton de l'un sont sur les angles de l'autre, mais peut être beaucoup plus riche.

Le tout est encore une fois d'exploiter et de canaliser les différentes fonctions. L'analyse des positions des planètes d'un des partenaires dans les secteurs de l'autre permet de décrire les secteurs où il y a un apport d'énergie et la nature de cet apport.

d) Un nombre important d'aspects existent entre les planètes d'une personne et celles d'une autre.

Les deux âmes alors « se parlent » et l'énergie circule entre les deux personnes.

Parmi les inter-aspects, on peut définir un ordre d'importance.
-Aspects entre les deux Soleils. (Idéal de vie commun).

Cet aspect engendre une similitude ou une complémentarité au niveau de l'esprit et indique la possibilité d'une entente complète avec l'autre.
Les repères, la façon de voir la vie, les idéaux les grandes lignes directrices de l'existence peuvent être partagés ou se compléter.

-Aspect entre les deux Lunes. (Partage émotionnel).

Cet aspect engendre la possibilité de vivre et de partager l'intimité, un ressenti commun ou complémentaire, de se ressourcer en commun, de communiquer au niveau émotionnel et inconscient, d'avoir des conceptions semblables ou complémentaires coté foyer, enfants, vie privée et d'être en accord sur les petites choses du quotidien.

-Aspects entre Soleil et Lune.

Ces aspects engendrent un lien entre l'âme de l'un et l'esprit de l'autre et permet de créer des liens profonds sur la base d'une entente et d'une attraction naturelle au niveau spirituel et émotionnel.

-Aspects entre Vénus et Mars.

Ces aspects sont synonymes d'accord et d'attraction au niveau charnel et dans la vie concrète, dans les désirs et plaisirs, dans l'action et les relations. L'aspect harmonique donne une dynamique à la relation et offre la possibilité d'un épanouissement affectif et charnel, surtout si c'est le Mars de l'homme qui est en aspect avec le Vénus de la femme. Les inter-aspects dissonants peuvent engendrer des rapports de force et de compétition, des conflits et des échanges où il y a de la colère.

-Aspect entre Vénus et Vénus.

Cet aspect engendre la possibilité d'une complicité au niveau affectif, sensoriel et dans les goûts, préférences et plaisirs. Les aspects dissonants correspondent à deux façons totalement différentes d'exprimer les sentiments, à des goûts, désirs et plaisirs différents ou vécus différemment. Cela engendre une certaine tension dans un couple.

-Aspect entre Mars et Mars.

Cet aspect engendre la possibilité d'un accord instinctif, physique, vécu dans les tripes avec l'autre. L'aspect harmonique permet de fonctionner et d'agir en commun. L'aspect dissonant peut engendrer des rapports de force, de compétition et des échanges de colère.

-Aspect entre Mercure et Mercure.

L'aspect harmonique permet à deux êtres de communiquer sur la même longueur d'onde et de se comprendre. L'aspect dissonant peut correspondre à des difficultés de communication ou à des difficultés à se comprendre. Les autres inter-aspects importants sont dans l'ordre Soleil-Vénus, Lune Vénus, Soleil-Mars, Lune Mars, les aspects entre les luminaires et Vénus-Mars avec Jupiter et Saturne, les aspects ente les deux Jupiter, puis les aspects entre les deux Saturne.

Les planètes trans-saturniennes renforceront d'autres interactions mais ne sont pas, à elles seules, suffisamment importantes pour engendrer une attraction. Des relations harmonieuses entre les planètes d'une personne et celles de l'autre engendrent des relations simples, sans tensions, peu passionnelles. Il y en a souvent un fort pourcentage chez les couples qui se marient jeunes ou qui restent toute une vie ensemble.

Les relations dissonantes entre ces mêmes planètes engendrent des relations exigeantes, riches, conscientes et mouvementées. Elles font évoluer dans le sens où elles permettent souvent de résoudre des problèmes, elles engendrent une tension qui empêche de s'endormir mais nécessite une bonne gestion des tensions qui risquent autrement de se traduire par des discordes et des ruptures. En analysant de nombreux thèmes de couples vivant ensemble depuis plus de 10 ans, j'ai observé qu'il y avait très rarement moins de 15 inter-aspects (harmoniques et dissonants) entre les deux partenaires.

Par contre, j'ai aussi remarqué que deux personnes pouvaient avoir entre elles entre 17 et 22 inter-aspects et être simplement des collègues, des amis de longue durée voire des amants de courte durée. Il peut exister une attraction très intense entre deux personnes sans qu'elles soient forcément faites l'une pour l'autre ou destinées à vivre ensemble.

Ils peuvent aussi être d'excellents amis, vivre une passion qui se transforme en amitié etc. Par contre, on retrouve, presque toujours l'ensemble des facteurs d'attraction décrit dans ce chapitre quand on analyse des thèmes de couples vivant ensembles depuis plusieurs années.

Les inter-aspects entre les planètes maîtresses des cinq premières planètes (Soleil à Saturne inclus) de l'un des partenaires et les cinq premières planètes de l'autre peuvent également jouer un rôle important. J'ai rencontré plusieurs couples qui ne présentaient pas dans leurs thèmes le minimum de 17 inter-aspects « directs » mais qui atteignaient voire dépassaient ce nombre si l'on inclut les aspects des planètes maîtresses.

e) Une ressemblance existante entre l'image de l'homme chez une femme et le thème de l'homme d'une part, et entre l'image de la femme chez l'homme et le thème de la femme d'autre part.

Une femme ayant par exemple le Soleil aspecté à Jupiter, à Saturne et à Pluton et un Mars aspecté à Vénus et à Uranus sera attirée par un homme dont le Soleil et/où Mars sont aspectées à ses même planètes, ou qui a une dominante correspondant à ses planètes (maîtresse de l'ascendant, du signe solaire ou lunaire, angulaire), dans la mesure où les deux vécus associés à ces aspects se correspondent.

Vous pouvez faire la même comparaison chez l'homme en comparant la Lune et Vénus de son thème et celles de sa partenaire. L'attraction est basée sur une similitude entre les modèles intérieurs (au niveau de l'être pour le Soleil et la Lune et au niveau du faire ou de l'expression pour Vénus et Mars) et la nature concrète du partenaire.

f) Il y a une similitude ou une complémentarité des planètes dominantes et aveugles.

La planète dominante est la fonction la plus importante, celle qui s'exprime parce qu'elle est intégrée à la conscience en premier ou le plus souvent tandis que la planète dite aveugle est la moins utilisée parce qu'elle est peu développée au sein de la structure psychologique. Une personne ayant par exemple un Soleil dominant mais un Saturne aveugle sera attirée par une personne ayant un Saturne dominant et un Soleil aveugle. Cette complémentarité constitue un facteur d'attraction, qui est moins important que les précédents.

g) Il y a deux et surtout quatre signes identiques derrière les quatre angles du thème.

Ces quatre signes représentent quatre repères psychologiques formant la trame du caractère. Lorsqu'ils sont en commun dans les deux thèmes, il y a entre les deux personnes une base commune permettant une certaine compréhension. La nature de cette base commune peut être déterminée par la description des fonctions psychologiques correspondant aux signes en question et des besoins, croyances, idées, décisions, comportements qui en découlent.

h) Il y a une similitude ou une complémentarité des quadrants mis en valeur par les planètes qui les occupent.

Les quadrants représentent des secteurs d'activités ou des champs d'expérience. Une Personne ayant dans un quadrant ou dans un secteur plusieurs planètes a des facilités pour entreprendre les activités représentées par le secteur et donc pour satisfaire les besoins et désirs représentés par le secteur. Une similitude existe lorsque dans les deux thèmes, les mêmes secteurs et quadrants sont occupés par des planètes. Une complémentarité est présente lorsque les secteurs et quadrants vides de l'une des personnes sont occupés par plusieurs planètes dans le thème de l'autre personne. L'attraction peut être d'autant plus intense lorsqu'il y a à la fois une similitude et une complémentarité des quadrants occupés ; quand par exemple vous placez les planètes de votre partenaire sur votre thème et vice versa, et qu'il y a au moins quatre planètes dans chaque quadrant. Les facteurs a, b, c et d sont des facteurs d'attraction majeurs tandis que les facteurs e, f et g sont des facteurs d'attraction mineurs qui ne sont pas à eux seuls suffisamment importants pour engendrer une attraction.

5) Le thème composite.

Une technique plus récente d'analyse de la vie de couple se base sur le thème composite des deux partenaires. Le thème composite est dressé en établissant un troisième thème à partir des deux premiers en utilisant la méthode des mi-points. Le mi-point de deux planètes se situe à la moitié de la distance angulaire qui les sépare. Si par exemple l'une des personne à son soleil à 20 degrés du lion et l'autre à 20 degrés du verseau, alors le mi-point est à 20 degrés du taureau. Vous placez ainsi toutes les planètes puis les angles en utilisant la méthode des mi-points puis tracez les aspects entre les différentes planètes. Le thème, qui est celui d'un couple, s'interprète comme un thème individuel sauf que l'on parle ici des facilités ou des défis que peut rencontrer le couple en question. Ainsi par exemple, la maison 1 s'interprète comme étant l'identité du couple et la façon qu'a le couple de s'affirmer, le secteur 2 correspond aux finances et aux plaisirs du couple.

6) Exemples :

Voici deux exemples d'analyses de thèmes de couples mariés depuis plus de sept ans. Sont analysés le nombre de relations entre les planètes de Madame et celle de Monsieur, le nombre de planètes de Madame sur les angles de Monsieur et vice versa, l'équilibre magnétique, la correspondance entre l'image de l'homme chez la femme et le thème de l'homme puis la correspondance entre l'image de la femme chez l'homme et le thème de la femme.

Dans la grande majorité des couples que j'ai rencontrés, l'attraction, d'après les thèmes astrologiques, était basée sur un nombre important d'inter-aspects planétaires (17 minimum), sur un équilibre magnétique total d'au moins quarante pour cent, d'une correspondance planétaire entre l'image de la femme chez l'homme et la femme qui incarne bien cette image, et entre l'image de l'homme chez la femme et le thème de l'homme qui incarne bien l'image de l'homme de sa compagne et d'une occupation des quadrants vides de l'un par les planètes de l'autre.

Couple n° 1 :

Planètes de Mr.   **Planètes de Mme.**

Soleil   Trigone Soleil, conjoint Lune, opposé à Mars.
Lune   Conjointe à Saturne, opposé à Mercure.
Mercure   Conjoint à Jupiter, Trigone à Vénus.
Vénus   Carré à Vénus, sextil à Saturne.
Mars   Sextil à Mars, trigone à la Lune, carré à Jupiter.
Jupiter   Trigone à Mars, sextil à la Lune, carré à Jupiter.
Saturne /MC   Conjoint à la Lune, trigone au Soleil, opposé à Mars.
FC   Conjoint à Mars.

Aucun des signes angulaires sont identiques chez ce couple marié avec deux enfants. Il y a deux planètes conjointes aux angles et 18 inter-aspects entre les planètes de Mr et celles de Mme.

Equilibre magnétique.

Aspects dissonants de Mme. Equilibre apporté par Mr ou par les enfants.

Lune-Mars.   Enfant Lune Mars Harmonique.
Lune-Pluton.   Vénus-Pluton. (Enfant conjonction Lune Pluton).
Mars-Pluton.   Trigone Mars-Pluton.
Soleil-Neptune.   Mars-Neptune. (Enfant Poissons).
Mercure-Saturne.   Non équilibré.

Aspects dissonants de Mr.   Equilibre apporté par Mme ou par les enfants.

Mercure-Jupiter.   Non équilibré.
Mars-Jupiter.   Chez l'enfant Harmonique Mars Jupiter.
Mars-Mercure.   Harmonique Mars-Mercure.
Saturne-Pluton.   Harmonique Saturne-Pluton.

Image de l'homme de Mme.

Soleil en signe de Feu.
Soleil-Uranus.
Soleil-Vénus.
Soleil-Jupiter.
Soleil-Neptune.
Mars-Mercure.
Mars-Pluton.
Vénus (Jupiter/Uranus).

Thème de Mr.

Soleil en signe de Feu.
Soleil-Uranus et Mars-Uranus

Soleil-Jupiter.
Mars-Neptune.
    Mars-Mercure.
    Mars-Pluton.
Mars (Jupiter /Uranus).

Image de la femme de Mr.

Lune Vénus.
Lune Saturne.
Vénus Neptune.
Vénus Pluton.

Thème de Mme.

Soleil Vénus.
Saturne aveugle.
Soleil Neptune.
Lune Pluton.

Couple n° 2.

Planètes de Mme.

Planètes de Mr.

Soleil et As en signe d'Eau.   Soleil et As en signe d'Eau.
Soleil   Sextil Jupiter, trigone Mars et Vénus.
Lune   Trigone Soleil et Mercure, conjointe Saturne, carré Lune.
Mercure   Opposé Mercure et Soleil, conjoint Mc.
Vénus   Sextil Saturne, sextil Lune.
Mars   Conjoint Lune, trigone Saturne, sextil Jupiter.
Jupiter   Sextil Soleil.
Saturne   Sextil Mercure, carré Lune, opposé Mars Vénus.
Mc   Conjoint Vénus et Mars.

Aucun des signes angulaires sont identiques chez ce couple marié et parents de deux enfants. Il y a trois planètes conjointes aux angles et 21 inter-aspects entre les planètes des deux conjoints.

Equilibre magnétique. (Les thèmes des enfants n'ont pas été établis).

Aspects dissonants de Mme.

Thème de Mr.

Lune-Mars.
Lune-Uranus.
Soleil-Neptune.
Jupiter-Neptune.
Soleil-Jupiter.

Harmonique Vénus-Mars.
Lune Harmonique Uranus.
Harmonique Mars-Neptune.
Maître de Jupiter Harmonique à Neptune.
Soleil dissonant Jupiter.

Aspects dissonants de Mr. **Thème de Mme.**

Saturne Mercure. Harmonique Saturne-Mercure.
Soleil Jupiter. Dissonance Soleil-Jupiter.

Image de l'homme chez Mme. **Thème de Mr.**

Soleil Angulaire. Soleil Angulaire.
Soleil Uranus. Soleil Verseau.
Soleil Neptune. Mars Poissons.
Soleil Cancer. Soleil Fond de ciel.
Soleil Jupiter. Soleil Jupiter.
Mars Uranus. Mars Uranus.
Mars Lune. Rien.

Image de la femme chez Mr. **Thème de Mme.**

Lune Cancer trigone Saturne. Soleil Cancer et Lune
conjoint Saturne.
Lune conjoint Uranus. Lune Carré Uranus.
Vénus Poissons conjoint Mars. Lune conjoint Neptune et
carré Mars.
Vénus Trigone Uranus. Lune Carré Uranus.

1) Introduction.

L'objectif de ce chapitre est de vous apporter des notions de base en astrologie médicale, de vous apprendre à faire de lien entre les différentes composantes du thème (signes, planètes et aspects) et la santé puis de vous permettre de faire le lien qu'il peut y avoir entre l'âme et le corps ou entre la psychologie d'une personne et son état de santé.

L'astrologie et la médecine étaient étroitement liées avant le moyen âge. Des médecins comme Hippocrate utilisaient l'astrologie à la fois pour connaître le tempérament, le terrain du patient et pour effectuer un diagnostic médical. Cette pratique s'est perdue jusqu'au vingtième siècle. Suite à des recherches expérimentales effectuées par des membres du corps médical, l'astrologie est depuis peu à nouveau reconnue comme pouvant être utile à la médecine moderne, et des bases en astrologie médicale sont enseignées dans quelques facultés de médecine.

La médecine tendait à analyser chaque partie du corps d'un point de vue individuel, sans la situer ni par rapport au reste du corps ni par rapport à la psychologie du patient. Puis une évolution a eu lieu. L'individu tend à présent à être considéré comme un tout, comme une âme dans un corps. L'influence de la psychologie sur le corps est à nouveau reconnue. Cela ne signifie nullement que toutes les maladies sont causées par des troubles psychologiques. Une maladie peut être due à des problèmes d'ordre mécanique ou génétique, ou encore à des agressions extérieures (bactéries, virus, accidents). Si l'astrologie ne peut évidemment jamais remplacer un diagnostic clinique, elle peut néanmoins fournir des informations utiles.

2) Connaissance du terrain, c'est-à-dire des points faibles, des prédispositions pathologiques et du lien qu'il peut y avoir entre la psychologie du sujet et sa santé.

Il existe une correspondance structurelle et énergétique entre les signes et les différentes parties de la structure du corps, mais aussi entre les planètes et les organes vitaux. Il existe donc une correspondance entre les différents états d'esprit que représentent les signes et les différentes parties du corps qui correspondent au signe, de même qu'il existe une correspondance entre les fonctions psychologiques représentées par les planètes et les organes vitaux. Un signe correspond à une étape d'un cycle. Il peut aussi être défini comme une énergie, une couleur vibrant à une certaine fréquence. On peut considérer cette énergie à différents niveaux de densité.

Tout comme l'eau peut exister à l'état gazeux, liquide ou solide, chaque signe peut exister sous une forme psychologique, ou de façon plus dense, être matérialisé sous la forme d'une partie du corps ou d'un organe, l'énergie de base étant la même. On peut ainsi dire que les différentes parties du corps et les organes sont des matérialisations d'états d'esprit et de fonctions psychologiques. Un signe ou une planète peut donc s'interpréter d'un point de vue psychologique et / ou d'un point de vue physiologique. La sagesse populaire effectue inconsciemment le lien entre psychologie et physiologie. Lorsqu'on entend dire « comment ca va la forme ? », cela sous entend aussi bien la santé que le moral.

Un exemple : Mercure correspond à la fonction de communication, d'échange et d'adaptation. Au niveau du corps, mercure correspond au système nerveux qui permet la circulation des informations au sein de l'organisme et la coordination des mouvements. Les Gémeaux, état d'esprit correspondant à Mercure, correspondent aux poumons et aux mains qui permettent la communication et l'utilisation d'outils pour s'adapter à l 'environnement.

Un autre exemple de correspondance entre psychologie et physiologie.

Saturne correspond au juge moral, à la maturation, aux mécanismes de défense, de résistance et de refoulement ainsi qu'aux capacités d'organisation et de structuration. Le capricorne, état d'esprit engendré par Saturne correspond aux structures de l'âme et aux structures du monde.

Au niveau du corps, Saturne représente les processus de vieillissement et les défenses immunitaires tandis que le Capricorne représente le squelette (les fondations ou la structure du corps), les os où sont fabriqués les défenses immunitaires et les genoux. Il n'est pas rare que des problèmes de communication ou de compréhension soient liés à des difficultés respiratoires ou nerveuses. De même, des problèmes liés aux défenses immunitaires, aux dents, aux genoux et à l'arthrose peuvent être causés par une présence excessive ou insuffisante de la fonction saturnienne.

(**Exemple :** un juge moral absent peut se traduire par des comportements et des actes affectant les défenses immunitaires, une rigidité psychologique peut engendrer des blocages au niveau des genoux ou de l'arthrose et un vieillissement prématuré). Il ne s'agit pas systématiquement d'envisager un lien entre une maladie et un trouble psychologique mais de savoir que ce lien peut exister. Les signes ont des liens entre eux, soit par des caractéristiques communes (signes d'un même élément ou d'un même mode) soit par des caractéristiques opposées (signes en carré et en opposition).

Ces liens se retrouvent fréquemment au niveau physiologique par l'intermédiaire du système nerveux, du système circulatoire et du système lymphatique, d'un tissu cutané en commun ou des méridiens énergétiques utilisés en acupuncture. C'est ainsi que d'un point de vue de la santé, les signes d'un même élément ou d'un même mode ont des points communs et qu'un trouble affectant une partie du corps représenté par un signe peut avoir des répercussions sur les parties du corps correspondant aux signes du même mode ou du même élément.

Un exemple : Le Taureau, signe fixe, correspond à la gorge, au larynx et à la voix tandis que le scorpion, signe fixe opposé dans le zodiaque au signe du Taureau correspond à l'énergie sexuelle et aux organes génitaux. Or, des troubles de la sexualité peuvent avoir des répercussions au niveau de la gorge et de la voix, et inversement. Quand un homme éjacule fréquemment, sa voix peut devenir beaucoup plus aigue tandis qu'elle est beaucoup plus grave quand il éjacule moins fréquemment. Cela est lié à un phénomène hormonal et aux liens physiologiques existant entre la gorge et les organes génitaux.

Autre exemple : La Balance, signe cardinal correspond aux reins, qui ont fonction d'assurer un équilibre en triant les aliments nécessaires à la vie de ceux qu'il faut éliminer via les urines. Des problèmes au niveau des reins et du système urinaire peuvent avoir des répercussions, suite à des encrassements, sur les os au niveau des articulations; partie du corps correspondant au Capricorne, autre signe cardinal. L'acupuncture, l'auriculothérapie et la médecine classique ont permis d'établir des liens entre les différentes parties du corps et la possibilité de produire des effets sur une partie du corps en agissant sur une autre. L'astrologie permet d'avoir une vision globale du corps, des liens existant entre se différentes parties et des liens pouvant exister entre l'état psychologique et la santé. Vous verrez un peu plus loin les correspondances entre les composantes du thème et les prédispositions pathologiques. Il est important de noter que ce n'est pas parce qu'une personne a des prédispositions pour telle ou telle maladie qu'elle attrape la maladie. Si c'était le cas, la Terre entière serait dans les hôpitaux. Il peut être par contre utile de connaître ses points faibles et d'assurer une action de prévention.

3) Les quatre éléments.

D'après la tradition, l'élément feu correspond au tempérament bilieux, l'élément terre au tempérament nerveux, l'élément air au tempérament sanguin et l'élément eau au tempérament lymphatique. Suivent la prédominance de tel ou tel élément, le sujet aura le terrain ou le tempérament correspondant à son élément dominant. Ce terrain constitue en quelque sorte la dominante physiologique du sujet.

(Voir les éléments au chapitre 2). Les 4 éléments interagissent pour maintenir la santé en équilibre. Ainsi, quand une émotion survient (élément eau), elle se traduit par une sensation physique (élément terre), par un certain rythme respiratoire (élément air) et par un flux d'énergie (élément feu). Le cinquième, élément, l'amour-conscience, permet, en théorie, de réguler l'équilibre et le dosage des 4 éléments.

4) Correspondances signes-santé

Le signe du Bélier

Correspondances anatomiques

La tête, le crâne, le cerveau, les dents, le cervelet, les mâchoires, les muscles du visage, les oreilles, le nez, les yeux, les nerfs optiques etc.

Santé

Il dispose d'une vitalité puissante et de beaucoup d'énergie qu'il tend à consommer sans retenue. Il a tendance à brûler la chandelle par les deux bouts, à commettre des excès et à s'user prématurément. Il peut mobiliser de grandes quantités d'énergie rapidement mais pour peu de temps et de façon irrégulière. Il mange parfois trop vite et élimine rapidement. Il est prédisposé à des baisses d'énergie qui peuvent se traduire par des coups de barre et des accès de dépression, mais qui ne durent pas. Les éventuelles maladies contractées sont subites et intenses mais la guérison et la récupération sont rapides. Il est prédisposé aux migraines, aux sinusites, aux vertiges, aux maux de dents, aux congestions cérébrales, aux névralgies, aux fièvres, aux processus inflammatoires, aux irruptions, aux irritations et au surmenage.

Son impulsivité, son goût de la vitesse et sa témérité le prédispose aux accidents, aux blessures, aux coupures et aux brûlures. Des dépenses sexuelles excessives peuvent le prédisposer à des troubles vénériens. Le sport sans excès lui est conseillé ainsi qu'une alimentation riche en sucre. Etant d'une nature hyperactive, il est important pour lui de prendre le temps de se reposer pour recharger ses batteries. Des maux en lien avec l'énergie du Bélier/Mars (maux de tête, de dents ou douleurs musculaires) peuvent être liés à une difficulté d'affirmation de soi, à s'opposer à un adversaire, à lutter pour défendre ses intérêts ou à obtenir un résultat recherché.

Le signe du Taureau

Correspondances anatomiques

Les ovaires, les cycles naturels, la gorge, les cordes vocales, l'épiglotte, le palais, la langue, le larynx, les nerfs du cou en relation avec la colonne vertébrale, le cou, la nuque, l'aesophage supérieur, la thyroïde, les veines jugulaires, les carotides, le trapèze, les vertèbres cervicales, les vaisseaux lymphatiques du cou, le plexus cervico-brachial etc.

Santé

Il dispose de beaucoup de vitalité mais l'utilise avec lenteur, en gérant son énergie. Son énergie est consommée en quantité modérée mais de façon régulière dans le temps. Il est résistant et rarement malade. Si la maladie l'atteint, il met un certain temps pour récupérer. Son oralité et son goût pour les nourritures terrestres le prédispose aux excès alimentaires, aux excès de boissons et aux troubles liés à la prise d'aliments trop riches. Sa tendance à conserver les aliments peut être synonyme de prise de poids, de mauvaise élimination et donc d'accumulation de cholestérol, d'acide urique et d'autres déchets toxiques. Il est prédisposé aux angines, aux maux de gorge, aux laryngites et pharyngites, au goitre, à la diphtérie, aux polypes, aux varices, aux troubles circulatoires (pouvant être liés à un encrassement des vaisseaux), aux troubles glandulaires et thyroïdiens. Il a tendance à ne pas faire assez d'exercice. Des excès sexuels peuvent le prédisposer à des troubles vénériens. Il lui est conseillé de vivre au rythme de la nature, de consommer des aliments naturels (céréales, fruits et légumes), de se ressourcer dans la nature et de faire un minimum d'activité physique. Des maux en lien avec l'énergie du Taureau/Vénus (maux de gorge, aux cervicales ou douleurs au cou) peuvent être liés à une difficulté à gérer des ressources, à une peur de manquer de ressources, à une alimentation excessive ou déséquilibrée ou à une avidité/sensualité excessive.

Le signe des Gémeaux

Correspondances anatomiques

Les poumons, les bronches, la trachée, les mains, les bras, les épaules, la respiration, les capillaires et mucoses pulmonaires, les nerfs, le thymus, les cinq premières cotes, la clavicule, la scapule, les os des doigts et des poignets, les veines et artères pulmonaires.

Santé.

Il dispose d'une force physique et d'une résistance moyenne mais d'une grande vivacité nerveuse. Il tend à consommer son énergie de façon irrégulière et à vivre des périodes de forte excitation suivies de baisse de régime qui affectent son moral. Il est prédisposé aux bronchites, aux angines, aux rhumes, aux pleurésies, à l'asthme, à la tuberculose, au surmenage nerveux, aux troubles mentaux, aux excès de tabac et aux rhumatismes et autres problèmes dans les mains, les bras et les épaules. Il lui est conseillé de mener une vie régulière, de s'aérer et de pratiquer un sport de mouvement ou d'adresse. Des maux en lien avec l'énergie des Gémeaux/Mercure (maux d'épaules/bras/mains ou difficultés respiratoires) peuvent être liés à une difficulté à vous sentir écouté et entendu, à vous exprimer, à communiquer, à découvrir de nouvelles idées/personnes et à vous adapter à votre environnement.

Le signe du Crabe ou du Cancer

Correspondances anatomiques.

Les glandes mammaires, les seins, les mamelons, la sixième cote jusqu'à la douzième, le ventre, l'estomac, l'aésophage, les muqueuses internes, les parois abdominales, le diaphragme, les veines artères et nerfs desservant l'estomac, les sécrétions gastriques, le pancréas, les cycles naturels, le sommeil.

Santé.

Il dispose de peu de force physique et d'une résistance moyenne. Il est prédisposé aux troubles digestifs et aux troubles du sommeil, à la dyspepsie, aux gastrites, aux excès de boisson, aux excès alimentaires, aux excès de sommeil et à l'aérophagie. Sa tendance à conserver les aliments ainsi qu'une élimination moyenne le prédispose à prendre du poids. Il a tendance à somatiser et à s'inventer des maladies ou des maux imaginaires pour attirer l'attention et se faire materner. Dominé par ses émotions et sa sensibilité, il est particulièrement sensible aux variations d'ambiance. Son état psychologique a plus facilement que les autres signes des répercussions sur sa santé. Il est facilement angoissé et a besoin d'être rassuré. Il est parfois sujet à des états dépressifs et au manque d'énergie. Il lui est conseillé d'avoir une alimentation équilibrée, de tenir compte de ses rythmes biologiques et de pratiquer des sports aquatiques. Des maux en lien avec l'énergie du Cancer/Crabe/de la Lune (maux de ventre, d'estomac ou douleurs mammaires) peuvent être liés à une difficulté à accepter/digérer une blessure (un choc) émotionnelle ou une préoccupation en lien avec une progéniture/un membre de la famille, à assimiler quelque chose de nouveau où à se sentir chez soi/bien dans une situation/un lieu.

Le signe du Lion

Correspondances anatomiques

Le cœur, la colonne vertébrale, la vue, l'aorte, les carotides, la veine cave, les valves du cœur, les veines et artères coronaires, le myocarde et le plexus solaire.

Santé : Il dispose d'une vitalité puissante qui est le plus souvent bien gérée, de beaucoup de force physique et d'une bonne résistance. Il est prédisposé au surmenage, aux excès de tension et à la tension artérielle, aux fièvres, aux inflammations, aux tensions au niveau du plexus solaire, aux douleurs et déformations dorsales et vertébrales, aux problèmes de vue, et aux problèmes cardiaques. Il a tendance à s'épuiser au travail. Il doit apprendre à se reposer, à tenir compte de ses rythmes biologiques et à écouter son cœur. Sa vie amoureuse a une influence sur sa santé. Des maux en lien avec l'énergie du Lion/Soleil (maux de cœur, de dos ou douleurs oculaires) peuvent être liés à une difficulté à intégrer un choc affectif, à faire un deuil d'un être aimé ou à gérer un différent dans le couple ou avec un enfant/une personne chère.

Le signe de la Vierge

Correspondances anatomiques.

Les muscles abdominaux, le duodénum, l'intestin grêle, l'appendice, le colon, le rectum, le canal hépatique, la vésicule biliaire etc.

Santé : Elle dispose d'une vitalité moyenne et d'une bonne résistance. Elle peut se fatiguer assez vite mais récupère assez rapidement. Sa nervosité peut se traduire par des tensions intestinales. Elle est prédisposée aux problèmes d'assimilation, aux occlusions intestinales, aux intoxications, à l'indigestion, à l'appendicite, à la constipation, à la diarrhée, aux coliques, à la péritonite, aux excès de tabac, de drogues et de médicaments etc. Elle a tendance à être inquiète voir obsessionnelle et a besoin d'être rassurée. Elle a tendance à être préoccupée par sa santé, à avoir peur des microbes et de la contamination et à consommer trop facilement des médicaments. Les personnes du signe de la Vierge ont tendance à traduire dans leur corps se qu'ils vivent ou refoulent à l'extérieur, leur psychologie s'exprimant fréquemment à travers leur corps. Elles ont tendance à ne pas faire assez d'exercices. La diététique et les produits homéopathiques lui conviennent très bien. Des maux en lien avec l'énergie de la Vierge/Mercure (constipation/diarrhées/troubles intestinaux) peuvent être liés à une difficulté à faire le tri entre les informations utiles et celles inutiles, à maitriser l'information ou à sortir d'un schéma répétitif.

Le signe de la Balance

Correspondances anatomiques.

Les reins, la région lombaire, les surrénales, le pubis, les uretères, les veines et artères rénales, le pelvis, les hanches, la vessie, les organes génitaux externes féminins, la peau etc.

Santé : Elle dispose de peu de vitalité et d'une résistance moyenne. Elle est parfois fragile. Elle sait se préserver en évitant les excès, les ruptures d'équilibre et les imprudences. Elle a souvent peur de la maladie et déteste l'agitation, le bruit, les manifestations d'agressivité qui la perturbent facilement. Elle est prédisposée à la cystite, à l'incontinence, au diabète, à la néphrite, aux infections urinaires, aux troubles veineux ou aux troubles d'élimination rénale, à l'albumine, aux lumbagos, à l'insuffisance rénale, aux calculs, à la neurasthénie, à l'aboulie, à la salpingite, à la métrite, aux problèmes de peau et parfois aux troubles vénériens dus à des excès sensuels. Sa vie affective et ses difficultés affectives peuvent avoir des répercussions sur sa santé et produire des états dépressifs. Il lui est conseillé de boire beaucoup, de s'aérer, et de faire un minimum d'activité physique. Des maux en lien avec l'énergie de la Balance/Vénus et Saturne (maux de reins/vessie, fuites urinaires) peuvent être liés à une difficulté créer des relations harmonieuses avec autrui ou une vie de couple, à vous positionner de façon juste par rapport aux autres, à faire ce qui est juste pour vous, à choisir ce qui vous apporte de la joie et à ne pas être impacté par les énergies d'autrui.

Le signe du Scorpion

Correspondances anatomiques.

L'urètre, la vessie, le côlon, la prostate, l'utérus, les testicules, le pénis, l'anus mais aussi le nez et le flair.

Santé : C'est un increvable doté d'une bonne vitalité, d'une résistance à toute épreuve et d'une capacité à se régénérer rapidement. Il tire sa force de sa sexualité. Il est prédisposé aux maladies vénériennes et aux infections virales, à la syphilis, à la vaginite, aux fistules, à la blennorragie, aux excès ou insuffisances sexuelles, aux hernies, aux hémorroïdes, aux sinusites, aux déviations des cloisons nasales, aux piqûres et morsures d'animaux, aux accidents, aux opérations chirurgicales, à la torture et à la difformité. Une tendance à l'angoisse et à la culpabilité peut provoquer des maladies psychosomatiques. Certains Scorpions ne se sentent exister que quand ils ont des problèmes. Il a une tendance naturelle aux excès, à se pousser jusqu'à la limite de ses possibilités, à brûler la chandelle par les deux bouts, à être attiré par ce qui est malsain et par la mort.

Il a parfois des tendances suicidaires ou des tendances à s'autodétruire. Son impulsivité, ses pulsions, son mépris du danger et sa tendance à vouloir défier la mort peuvent le prédisposer aux accidents, aux opérations chirurgicales, aux infections virales, aux coupures, aux blessures et aux brûlures. Le tir et les sports de combat peuvent lui permettre de canaliser sa violence intérieure, son agressivité et d'évacuer ses toxines psychologiques. La psychothérapie, l'astrologie et les activités d'investigation peuvent lui convenir pour satisfaire son besoin de se transformer. Il a tendance à refuser de se soigner et d'écouter les conseils qui lui sont donnés. Des maux en lien avec l'énergie de du Scorpion/Pluton (système uro-génital, anus, système immunitaire) peuvent être liés à une difficulté à éliminer des toxines, à mettre en place des changements ou à accepter des changements/crises en cours, à vivre une vie qui vous passionne, à vivre une vie sexuelle épanouie ou à une peur du rejet et de la trahison.

Le signe du Sagittaire

Correspondances anatomiques.

Les hanches, le fémur, les muscles des cuisses, le nerf sciatique, les veines et artères des cuisses, les cuisses, les fesses, le foie etc.

Santé : Il dispose de beaucoup d'énergie, d'une grande vitalité et d'une bonne résistance. Il a tendance à surestimer ses forces, à dépenser trop d'énergie et à commettre des excès alimentaires qui peuvent lui causer des troubles hépatiques. Son élimination étant lente, il peut être prédisposé à accumuler des déchets alimentaires et à la prise de poids. Il a besoin de faire du sport, de vie, de mouvement et d'action, son moral dépendant de sa forme physique. Il est prédisposé aux sciatiques, aux crampes, à l'hypertension et aux claquages de muscles. Il peut également être prédisposé aux troubles du signe mutable opposé au sien, c'est-à-dire aux troubles respiratoires ainsi qu'à des troubles circulatoires. Il lui est conseillé d'avoir un mode de vie sain, d'éviter les excès et les surmenages et de s'aérer. Des maux en lien avec l'énergie du Sagittaire/Jupiter (sciatique, maux de hanche, problèmes de foie) peuvent être liés à une difficulté avec la société et le système, avec une difficulté à donner du sens ou à être guidé dans une direction particulière, à vous sentir légitime, à choisir une formation ou une orientation, à vous intégrer socialement et à vous épanouir.

Le signe du Capricorne

Correspondances anatomiques : Les genoux, les dents, l'ossature, le squelette, les articulations, les défenses immunitaires, les ligaments et tendons des genoux, les vaisseaux lymphatiques et circulatoires des genoux, la peau etc.

Santé : Il dispose d'une vitalité moyenne mais d'une résistance à toute épreuve. Il est en bonne santé s'il a un mode de vie équilibré. Il sait en général bien gérer son énergie et éviter les excès. Il est prédisposé aux rhumatismes, à l'arthrose, à la déminéralisation, parfois aux chutes et fractures, aux problèmes de genoux (ligaments croisés), aux déformations du squelette, aux maladies de la peau et du froid. Ses problèmes de genoux proviennent parfois de son besoin d'être parfait, de son juge moral exigeant qui lui impose d'être à la hauteur, de son besoin d'évoluer et d'aller de l'avant.

Comme il a tendance à refuser de retourner en arrière, de descendre de son sommet, de se mettre à genoux ou de plier les genoux, cela se traduit parfois par des douleurs à ce niveau. Ses émotions refoulées peuvent s'exprimer à travers des problèmes de peau. Il est également très sensible au froid de part une circulation lente. Il a parfois tendance aux excès de travail, à surestimer ses forces, et à refuser de consulter un médecin en cas de maladie. Il a parfois peur de la maladie ou la considère comme une faiblesse inadmissible. Il tombe difficilement malade mais met beaucoup de temps avant de s'en remettre.

Il lui est conseillé de méditer, de faire des étirements, de faire de la marche pour sa circulation, de consommer des aliments riches en calcium et de vivre en fonction de ses rythmes naturels. Il lui est déconseillé de manger des produits laitiers car ils tendent à favoriser l'arthrose et les douleurs articulaires. Des maux en lien avec l'énergie du Capricorne/Saturne (douleurs dentaires/osseuses/articulaires ou problèmes immunitaires) peuvent être liés à une difficulté à organiser les choses/l'essentiel, à surmonter une sensation d'être envahi par des choses extérieures, à s'isoler ou à surmonter une sensation d'isolement, à résister à des éléments extérieurs, à intégrer la sagesse, à faire preuve de patience, à gérer un chantier demandant des efforts importants, à évoluer/grandir/assumer des responsabilités, à surmonter une blessure d'abandon, à gérer une culpabilité ou un sentiment d'imperfection et parfois à entrer en relation avec autrui (je-nous/genoux)

Le signe du Verseau

Correspondances anatomiques : Les chevilles, les mollets, le tendon d'Achille, le tibia, le péroné, les vaisseaux lymphatiques et circulatoires, la circulation sanguine et les influx nerveux.

Santé : Il dispose d'une bonne vitalité et d'une résistance moyenne. Par contre, les flux d'énergie dont il peut disposer sont discontinus et très irréguliers en intensité. Il peut avoir des périodes de fatigue, d'hypotension ou de surexcitation et d'hypertension. Il est prédisposé aux convulsions et à la spasmophilie, aux entorses, aux fractures des jambes, aux déséquilibres dans la composition sanguine, à l'anémie, aux vertiges, aux pertes de conscience lorsqu'il se blesse, aux varices, à l'artériosclérose, aux hémorroïdes, aux déséquilibres nerveux et aux troubles du sommeil lorsqu'il n'arrive pas à se détendre. Sa tendance à planer et son goût de la vitesse peuvent le prédisposer aux accidents.

Il a parfois tendance à s'enfermer chez lui pendant plusieurs jours et à oublier de s'occuper de ses besoins naturels. Il lui est conseillé de s'aérer, de faire du sport ou de la marche pour sa circulation, de consommer des aliments riches en sels minéraux et de ne pas négliger les besoins de son corps. Des maux en lien avec l'énergie du Verseau/Uranus (douleur aux chevilles/tendon d'Achille/déséquilibre de la formule sanguine) peuvent être liés à une difficulté à affirmer votre différence, votre spécificité, votre génie, à vous sentir relié à l'humanité et à en faire partie, à vous libérer de quelque chose, à agir librement ou à surmonter une déception par rapport à une relation amicale.

Le signe des Poissons

Correspondances anatomiques : Les pieds, les os et vaisseaux circulatoires du pied, les ongles des pieds, les muqueuses, le système fibroligamenteux et synovial, le système lymphatique, les hormones, les gênes, le foie et le psychisme.

Santé : Le type neptunien dispose de peu de vitalité et d'une résistance très moyenne. Le type jupitérien dispose d'une bonne vitalité et d'une résistance correcte. Son élimination étant lente, il est prédisposé à accumuler des déchets alimentaires, aux œdèmes, aux troubles lymphatiques, à la cellulite, à l'hépatite virale, à la cirrhose du foie et à la prise de poids. Il a peur de la maladie et peut être prédisposé aux maladies imaginaires et aux maladies du psychisme (amnésie, schizophrénie). Son hypersensibilité le prédispose à capter et à absorber les microbes et saletés qui sont dans l'air. Sa difficulté à gérer son énergie et à une tendance à se faire pomper son énergie par l'entourage peut le prédisposer à des états de fatigue.

Il a parfois tendance à se nourrir et à dormir de façon très irrégulière, ce qui peut engendrer des déséquilibres. Il est également prédisposé aux déséquilibres hormonaux et à la toxicomanie. Il lui est conseillé de boire beaucoup, d'éviter les abus d'alcool, de faire de l'exercice et de mener une vie régulière. Les sports aquatiques et le chant sacré lui conviennent très bien.

Des maux en lien avec l'énergie des Poissons/Neptune (addictions/fuites/ problèmes lymphatiques ou hormonaux) peuvent être liés à une difficulté à dénouer une mémoire généalogique/karmique, à développer un sentiment d'identité, à clarifier/discerner les choses, à soulager une souffrance/les souffrances d'autrui, à avoir la foi, à être enchanté, à intégrer des valeurs spirituelles dans votre vie, à pardonner, à faire preuve de compassion et d'amour inconditionnel, à accepter une personne/situation, à accéder à des expériences divines mais aussi à être adapté au monde de la matière.

5) Correspondances planètes et santé.

Le Soleil

Il correspond au cœur, à la vision, au plexus solaire et au dos. Il indique le degré de vitalité. Une dominante solaire indique une grande vitalité, une prédominance du système sympathique, une circulation artérielle et des sécrétions abondantes, une rapidité du rythme cardiaque et une prépondérance catabolique. Des dissonances frappant le Soleil peuvent prédisposer à des troubles cardiaques, visuels ou lombaires, à des fièvres et à l'hypertension. L'action du Soleil, lorsqu'il est dissonant à d'autres planètes, va dans le sens d'une irritation, d'inflammations et de brûlures. Les troubles de nature solaire peuvent être liés à un égoïsme excessif, à des difficultés dans les relations amoureuses ou à des difficultés en rapport avec les créations (enfants, œuvres).

La Lune

Elle correspond à l'estomac, au ventre, aux seins, à l'élément liquide dans le corps et aux cycles naturels visant à préserver l'équilibre global de l'organisme ou à enfanter. Elle renseigne sur l'équilibre global, les rythmes, les cycles naturels et la fonction digestive. Une dominante lunaire indique peu de vitalité, une prédominance du système parasympathique, une circulation et un rythme cardiaque lents, une prépondérance de l'anabolisme, une paresse organique, un état de somnolence et un relâchement des ligaments des parois abdominales. Des dissonances frappant la Lune peuvent prédisposer à des troubles de la digestion, à des problèmes de règles ou de sommeil, à des désordres psychiques ou à des maladies imaginaires.

L'action de la Lune lorsqu'elle est dissonante à d'autres planètes va dans le sens d'un ralentissement et d'un affaiblissement. Les troubles de nature lunaire peuvent être liés à des problèmes familiaux, à une alimentation ou à un rythme de sommeil non équilibrés et à l'angoisse.

Mercure

Il gouverne les poumons, les deux systèmes nerveux (centraux et périphériques, sympathiques et parasympathiques), les bras et les mains, les oreilles et la parole. Il renseigne sur la fonction respiratoire, l'assimilation, les réflexes, la force nerveuse et l'entendement. Une dominante mercurienne indique une certaine tension nerveuse, une instabilité endocrinienne et une irrégularité du métabolisme qui varie en fonction de l'état mental. Des dissonances frappant Mercure peuvent prédisposer à des troubles pulmonaires, mentaux et nerveux, des troubles de l'assimilation et de l'entendement et des états de surexcitation alternant avec des états dépressifs. L'action de Mercure lorsqu'il est dissonant à d'autres planètes va dans le sens d'une excitation. Les troubles ayant une origine de nature mercurienne peuvent être liés à des problèmes de communication et d'adaptation, à la tendance à accorder trop de place à l'intellect et à la raison au détriment des autres fonctions et à la tendance à trop analyser au détriment de la libre expression.

Vénus

Elle renseigne sur la circulation veineuse, les reins, le cou, la gorge, le goût, les cordes vocales, le toucher et les organes génitaux féminins. Une dominante vénusienne indique une tendance à l'hypotension, à la vagotonie, au ralentissement de l'activité organique et à l'asthénie. La circulation et l'élimination se font lentement, d'où une tendance à accumuler les graisses. La fatigue se fait sentir au moindre effort et nécessite un sommeil prolongé. Des dissonances frappant Vénus peuvent prédisposer à des états de fatigue, à des ennuis de gorges, à des troubles de la circulation veineuse, à des problèmes de reins et à des intoxications ou prises de poids par mauvaise élimination. L'action de Vénus lorsqu'elle est dissonante va dans le sens d'un ralentissement et d'un relâchement. Cette action peut être liée au laissez aller, à des ennuis d'ordre sentimental ou à des abus sensoriels.

Mars

Il gouverne la tête, le nez, le système musculaire et les organes génitaux masculins. Il renseigne sur le système musculaire, sur le taux de fer dans l'hémoglobine, sur la tonicité des réactions, sur la combustion et la circulation de l'énergie et sur le flair. Une dominante martienne indique, comme le soleil, une prédominance du système sympathique, un rythme cardiaque rapide, une prédominance des combustions et du catabolisme, une grande vitalité et une force musculaire importante. Des dissonances frappant Mars peuvent prédisposer à des accidents, des blessures, des brûlures, des opérations chirurgicales et des cicatrices, à des maux de tête, à l'insomnie, à des irruptions, fièvres et troubles inflammatoires, à des déchirures musculaires, à des troubles vénériens et à des problèmes au nez. L'action de Mars lorsqu'il est dissonant va dans le sens d'une agression, d'une irritation, d'une surexcitation, d'une déchirure ou d'une brûlure. Cette action peut être causée par une mauvaise gestion de la colère et de l'agressivité ou par l'impulsivité, la témérité et les excès de vitesse.

Jupiter

Il gouverne le foie, la circulation artérielle, les cuisses et les hanches. Une dominante jupitérienne indique une hypersécrétion glandulaire, une prédominance du système sympathique et des tendances en hyper (hypertension, hyperthermie, hyper surrénal). Les sécrétions glandulaires sont abondantes mais l'élimination assez lente. Des dissonances frappant Jupiter peuvent prédisposer à des problèmes de foie, à l'encrassement minéral et organique, au diabète, aux douleurs sciatiques, aux déséquilibres humorales et aux prises de poids. L'action de Jupiter lorsqu'il est dissonant va dans le sens d'un gonflement, d'une amplification et d'un excès. Il influence notamment la synthèse des graisses. Les troubles de nature « jupitérien » peuvent être liés à des difficultés d'ordre professionnelles ou légales, à une vision négative de la société ou de l'autorité et à des excès de toutes sortes.

Saturne

Elle renseigne sur le squelette et l'ossature, sur les genoux, la peau, les dents et les défenses immunitaires. Une dominante saturnienne indique une hyposécrétion glandulaire, une prédominance du système parasympathique, des tendances en hypo (hypotension, hypothermie, hypo-surrénal), une lenteur générale du métabolisme et une mauvaise circulation (ce qui rend très sensible au froid), une tendance à l'asthénie et à la déminéralisation. Des dissonances frappant Saturne peuvent se traduire par des dépressions, par des problèmes de défense immunitaire, par des problèmes de dents, de peaux ou de genoux, par des rhumatismes, des scléroses et par le saturnisme. La colonne vertébrale, qui structure le corps et lui permet de se tenir debout est souvent affectée en cas de dissonances de planètes avec Saturne. L'action de Saturne lorsqu'elle est dissonante va dans le sens d'un ralentissement, d'une tendance à conserver les déchets toxiques, d'un vieillissement, d'une cristallisation, d'une concentration et de carences. Dans un sens positif, Saturne renseigne sur et prédispose à la longévité.

Elle permet une bonne gestion de l'énergie, conserve et structure. Les troubles de nature « saturnienne » peuvent être causées par un pessimisme excessif, par un juge moral excessif ou mal exploité et par les problèmes de culpabilité que cela peut engendrer, par un égoïsme excessif, par une tendance à vivre dans la peur, dans l'angoisse et dans l'insécurité, par la rigidité et par l'entêtement etc.

Uranus

Uranus renseigne sur l'activité nerveuse et la circulation sanguine. Il gouverne les mollets et le tendon d'Achille. Une influence uranienne excessive peut prédisposer à la spasmophilie, à l'épilepsie, à la paranoïa, aux accidents entraînant une paralysie ou simplement des fractures, aux déséquilibres de la formule sanguine et indique une forte tension nerveuse. Les troubles de nature « uranien » peuvent être liés à un refus des règles et conventions, à un besoin de vitesse, d'auto dépassement, d'affirmation excessive, à un besoin de liberté mal placé ou à un besoin excessif de ne pas faire comme les autres.

Neptune

Elle gouverne les pieds, les glandes, le système lymphatique, l'aura et l'énergie du corps astral. Neptune renseigne sur le psychisme, sur l'activité glandulaire et sur l'activité hormonale. Une influence neptunienne excessive peut prédisposer à des proliférations cellulaires anarchiques et cancéreuses, à l'alcoolisme, à la consommation de stupéfiants, à la schizophrénie, à l'obésité, aux troubles circulatoires du système lymphatique, à des états de fatigue suite à une tendance à se laisser pomper son énergie, à des états de somnolence, à des obsessions mentales, affectives ou sexuelles et dans les cas extrêmes aux maladies mentales ou à la folie. Les troubles de nature « neptunien » peuvent être liés à un besoin d'évasion et de transcendance mal exploité, à une difficulté à gérer les informations captées dans l'inconscient collectif et dans l'astral ou à un manque de gestion consciente de son énergie.

Pluton.

Pluton renseigne sur l'énergie sexuelle, sur les résistances et les capacités à surmonter des crises et les maladies, sur la force de récupération et de régénération. Secondairement, il renseigne sur le système urogénital, sur les ovules et sur les spermatozoïdes et sur tout ce qui concerne l'évacuation de déchets alimentaires ou psychologiques.

Une influence Plutonienne excessive peut prédisposer à des dépenses sexuelles excessives ou malsaines entraînant des maladies vénériennes et des ruptures d'équilibre psychologique, à des inflammations et les irruptions, à des excès de tension ou inversement à des états dépressifs et à une perte des cheveux. Lorsque Pluton n'est pas intégré correctement, il peut prédisposer aux angoisses, obsessions et quelques fois au suicide.

Lorsque Pluton envoie des aspects dissonants à une planète, le sujet peut être prédisposé à des problèmes de santé en rapport avec les organes correspondant à la planète. Ces problèmes peuvent être dus à des comportements psychologiques de violence, de haine et de rejet vis à vis de ce que représente la planète. Une dissonance Jupiter-Pluton peut par exemple prédisposer à des problèmes de foie parce que la personne éprouve de la haine envers la société ou envers ceux qui exercent le pouvoir. Dans un sens positif, la résistance aux agressions et les capacités de régénération alchimiques conférées par Pluton favorisent la longévité.

6) Analyse de la santé

a) Il est dans un premier temps indispensable de connaître la nature héréditaire du sujet, la constitution générale et la qualité du terrain. Le signe solaire, le signe lunaire, le signe ascendant fournissent des renseignements généraux. Vous consultez alors les prédispositions pathologiques des signes concernés. Puis vous consultez les prédispositions en rapport avec la ou les planètes dominantes. En iridologie médicale (diagnostic par l'analyse de l'iris), la densité de la trame reflète la qualité du terrain et la résistance générale. Plus les fibres iriens sont serrées et plus la constitution organique est bonne. Un iris ayant l'aspect d'un filet de pêche indique une certaine fragilité.

b) Le secteur 6 concerne la santé dans la vie quotidienne et le secteur 12 les longues maladies. Une planète dans l'un de ces secteurs peut indiquer des prédispositions pathologiques en lien avec la planète.

c) L'analyse des planètes en signe s'interprète par rapport à la nature de l'influence planétaire sur ce que représente le signe.

d) Les aspects dissonants peuvent correspondre à des problèmes de santé qui se déclenchent parfois lors des transits. Vous consultez alors les prédispositions pathologiques en rapport avec les planètes dissonantes. Un amas planétaire dans un signe peut, par la loi des organes homologues, correspondre à des prédispositions pathologiques en rapport avec le signe opposé.

7) Correspondances entre les types de médecins et les signes.

Bélier : Chirurgiens, dentistes et médecine du sport.
Taureau : O. R. L, sages femmes et gynécologues.
Gémeaux : Pneumologues et psychomotriciens.
Cancer : Pédiatres, gastro-entérologues, cancérologues.
Lion : Cardiologie, ophtalmologue.
Vierge : Aides soignantes, vétérinaires, Kinésithérapeutes, pharmaciens, nutritionnistes, homéopathes et spécialistes des maladies nerveuses.
Balance : Urologie/néphrologie, (reins), esthétique. Chromothérapie.
Scorpion : Chirurgiens, chimiothérapeutes, acupuncteurs, sexologues, gynécologues, radiologues, et accompagnement aux mourants.
Sagittaire : Médecine Générale, hépatologie, maladies exotiques.
Capricorne : Ostéopathes, dermatologues, gérontologie, Médecine du travail, rhumatologie, Lithothérapie.
Verseau : Radiologie, Maladies du sang, guérisseurs et magnétiseurs. Médecines quantiques.
Poissons : Homéopathes, psychiatres, anesthésistes, cancérologues, infirmières, podologues, orthopédistes.

Exemples : Exemple N° 1

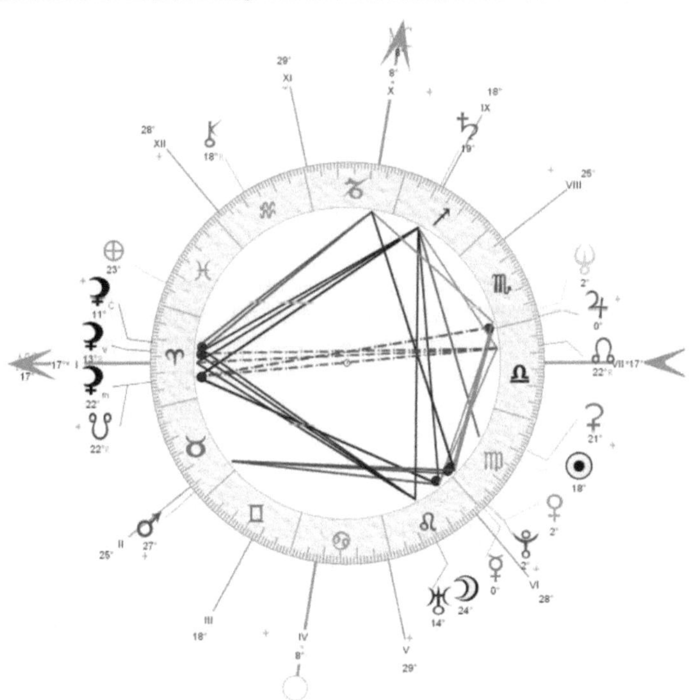

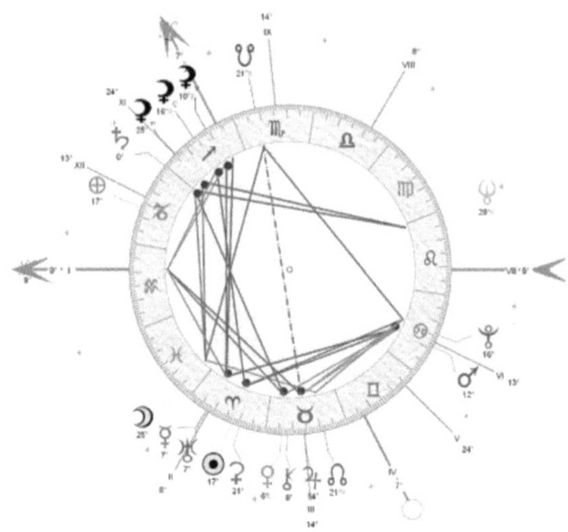

Exemple N° 1 : Cet homme, homosexuel, est décédé du Sida dans les années 90. Mars en Taureau carré à Vénus et Pluton suggère une mauvaise utilisation de l'énergie sexuelle tandis que le Soleil carré à Saturne évoque un manque de prudence. En toile de fond, Mars et le Soleil affligé rend difficile l'intégration des valeurs masculines.

Note : La grande majorité des thèmes, parmi les personnes que j'ai rencontrées et qui sont décédées avant l'âge normal avaient des dissonances de Pluton aux planètes rapides ou Pluton angulaire.

Exemple N° 2 Ce thème est celui de Jacques Brel, décédé d'un cancer des poumons. Le phénomène pathologique du cancer, qui est causé par une prolifération anarchique de cellules, est en analogie avec Neptune et les Poissons, avec la Lune et le Cancer et secondairement avec Jupiter.

Il y a souvent un lien entre le cancer et différents facteurs symbolisés par la Lune et Neptune, comme l'alimentation, les mémoires généalogiques ou les mémoires de vies passées, la pollution de l'eau et de l'air et le tabac (qui a pour effet entre autre d'atténuer les remontées de mémoires à la conscience). Dans le thème de J.B, le maître de Neptune est carré à Mars et à Pluton en secteur 6. Mercure, qui correspond aux poumons, est fragilisé par le carré à Mars et la conjonction à Uranus.

Note : La grande majorité des thèmes, parmi ceux que j'ai rencontré, de personnes victimes du Cancer avaient des dissonances de Neptune (ou de son maître) aux planètes rapides (notamment Mars ou son maître) ou Neptune angulaire.

En étudiant et en observant concrètement comment se manifestent dans la vie les planètes ou fonctions psychologiques, les signes ou états d'esprit, les différents secteurs astrologiques et les aspects, on fait le tour des différents personnages, expériences et archétypes faisant partie de la vie. Il est cependant utile de pouvoir analyser un point précis, une question spécifique, en focalisant l'attention sur une certaine partie du thème.

Dans l'astrologie traditionnelle, les éléments astrologiques correspondant à telle ou telle question sont appelés les significateurs. Si l'on intéresse par exemple aux jeux ou aux voyages, l'on étudiera les significateurs du jeu ou des voyages.

Lorsqu'on veut étudier un domaine particulier, on tient d'abord compte de la dominante. Un sujet ayant une dominante solaire ne réagira pas de la même façon face à une question particulière, quelle qu'elle soit, qu'une personne ayant une dominante lunaire.

Les planètes, leurs maîtres, les signes correspondants et les secteurs correspondants sont indissociables et forment en quelque sorte un groupe, on tient compte de tous les membres du groupe lorsqu'on focalise l'attention sur un d'entre eux.

Si on veut étudier la question du foyer, on s'intéressera au secteur quatre, aux planètes qui s'y trouvent et aux aspects qu'elles reçoivent, mais aussi à la Lune (le signe et le secteur qu'elle occupe, les aspects qu'elle reçoit, la situation de son maître) et au signe du Cancer (le secteur et les planètes qu'il contient). L'analyse du maître ou de la maîtresse d'une planète apporte des précisions sur ce que représente la planète. L'analyse des transits aide à envisager une question particulière à un moment donné.

a)La vie extérieure.

Significateurs de l'activité professionnelle.

La dominante, le Soleil, Mars, Jupiter, le secteur dix et le secteur six.

Le Soleil représente les objectifs et le potentiel, Mars et l'ascendant les moyens et Jupiter les opportunités. Le secteur dix représente l'activité choisie alors que le secteur six représente les obligations. Le signe et les planètes en deux indiquent l'activité pouvant permettre au sujet d'accroître ses richesses. Les supérieurs sont représentés par le Soleil et par Jupiter, les subordonnés par le groupe six, les rivaux par Mars, les associés et collaborateurs par Vénus et le secteur sept, et les collègues par Mercure.

La concurrence est représentée par Mars, les responsabilités par Saturne, la clientèle par Uranus, le public par la Lune, les contrats par Vénus, les réalisations par Mars, les exportations, les affaires, et la relation au fisc par Jupiter, les relations commerciales par Mercure, les problèmes par Pluton, les innovations par Uranus.

Significateurs de la réussite.

La situation du Soleil, du MC et de Jupiter. Le Soleil représente l'image ou l'idée que chacun se fait de la réussite et les objectifs, Mars et l'ascendant les moyens qu'il se donne, Jupiter les opportunités et le MC la situation sociale vers laquelle le sujet peut accéder. Toutes les fonctions psychologiques jouent cependant un rôle dans le processus de réussite.

La répartition des planètes au dessus de l'horizon prédispose à l'expression de soi dans le monde extérieur et à la vie publique tandis qu'une répartition en dessous de l'horizon prédispose plutôt à accorder de l'importance à la vie privée et personnelle.

Pour analyser la réussite, il est important de faire le rapprochement entre les objectifs, les moyens et les opportunités. Une personne peut avoir des objectifs et projets importants sans avoir les moyens ou les opportunités, ou inversement elle peut être propulsée vers des opportunités sans avoir les moyens d'assurer.

Significateurs des finances.

Le ou les signes derrière le secteur deux. La situation de la ou des planètes maîtresses et des planètes occupant ce secteur indiqueront comment le sujet (c'est-à-dire dans quel état d'esprit et avec quelles fonctions psychologiques) gère son capital et ses acquisitions. Le secteur huit, le Scorpion et Pluton indiqueront les héritages et la façon de se débarrasser des possessions. L'analyse de Mars, de Saturne et de Pluton renseignera sur les dépenses, les restrictions, l'épargne et les pertes. Vénus, le Taureau, le secteur deux, Jupiter et le Sagittaire renseignent sur l'accroissement des biens.

Significateurs des voyages.

Mercure, le secteur trois et les Gémeaux pour les petits déplacements. Jupiter, le secteur neuf et le Sagittaire pour les voyages. Une présence dominante d'Uranus (l'international) et de Neptune (l'océan) peut également prédisposé aux voyages. La Lune peut prédisposer à une recherche de mobilité ou au contraire à une recherche de présence au foyer. De nombreuses planètes en signe cardinaux ou mutables prédisposent également à rechercher une mobilité.

Significateurs des rapports avec la loi, avec le fisc et avec les autorités, des procès et de la relation avec la justice.

Jupiter et le secteur neuf. Le secteur sept, Vénus et la Balance.

h) La vie privée.

Significateurs de la santé.

La situation du Soleil, de l'ascendant et de la Lune. Le secteur représente l'état de santé en général, le secteur douze représente les longues maladies et les séjours en hôpitaux, Jupiter représente les relations avec le corps médical et Neptune les relations avec le corps paramédical. Mars et Pluton représentent les opérations chirurgicales. Les aspects dissonants sont également à considérer. Les accidents sont représentés par Mars et Uranus, ou par des dissonances à Mercure et par Pluton si la mort du corps physique en résulte.

Significateurs du foyer et de la vie au foyer.

La Lune, le secteur quatre et le signe du Cancer.
Les voisins sont représentés par Mercure et le secteur trois.

Significateurs de la famille.

La Lune, le secteur quatre et le signe du Cancer.

Le secteur quatre renseigne sur les origines familiales et sur la famille ascendante.

Le père dans sa façon d'être ou au niveau de l'idéal est représenté par le Soleil.

Mars représente sa façon d'agir et de s'exprimer, Jupiter représente souvent sa situation professionnelle ou sa façon d'exercer l'autorité.

La mère dans sa façon d'être est représentée par la Lune et dans sa façon de s'exprimer en tant que femme par Vénus.

Les frères et sœurs, les cousins et parents éloignés sont représentés par Mercure, le secteur trois et les Gémeaux.

Les grand-pères sont représentés par Jupiter et les grand-mères par Saturne.

Les sœurs et les tantes sont représentées par Vénus et les frères et les oncles par Mars.

Les personnes âgées sont représentées par Saturne. Les ancêtres sont représentés par Neptune et les personnes décédées durant la période de vie sur la terre par Pluton.

Pour analyser l'image qu'une personne a de ses cousins et comment il tend à vivre ce genre de relations, il faudra tenir compte de sa dominante, du groupe quatre (Lune, secteur quatre, Cancer) et du groupe trois (Mercure, secteur trois, Gémeaux).

L'analyse de Saturne renseignera sur l'image de la grand-mère, des personnes âgées en générale, des personnes ayant jouées un rôle d'éducateurs moraux, et sur comment ont été vécues les relations avec les grands mères, avec les personnes âgées etc.

Significateurs du patrimoine immobilier.

Le secteur quatre pour le patrimoine et le secteur huit pour les héritages, la Lune, Pluton et Saturne qui représente les terres et bâtiments.

Significateurs des relations amoureuses et de l'amour.

Le Soleil, le secteur cinq et le signe du Lion.

Significateurs de la vie de couple, de l'union ou des unions, des relations sentimentales, et des liaisons.

Vénus, le secteur sept et le signe de la Balance.

Significateurs des relations sexuelles.

Mars, Pluton et le secteur huit. Mars représente le corps à corps, les conquêtes et les passions. Vénus, le signe du Taureau et le secteur deux correspondent à la sensualité et le plaisir tandis que Pluton et le secteur huit représentent l'énergie sexuelle et la façon dont elle est vécue ou utilisée. Le groupe douze renseigne sur les fantasmes.

Significateurs des enfants.

Le secteur cinq, le Soleil, le signe du Lion, la Lune, le secteur quatre et le signe du Cancer.

Le groupe cinq représente les créations et l'amour tandis que le groupe quatre représente la famille.

Significateurs des jeux qu'ils soient de nature sportive, ludiques ou dans une recherche de gains.

Le secteur cinq, Mercure, Mars pour le sport et Jupiter pour la chance. Uranus et Neptune, dans un sens positif, peuvent jouer un rôle de catalyseur.

Significateurs des relations amicales.

Le groupe onze (Uranus, le Verseau et le secteur onze).

Significateurs des ennemis visibles, des confrontations ouvertes, des rivalités déclarées.

Mars et le groupe sept qui représente les autres en général.

Significateurs des ennemis cachés, occultes et secrets, des trahisons.

Le groupe douze (Neptune, les Poissons et le secteur douze). Secondairement le groupe huit (Pluton et le Scorpion).

Significateurs des épreuves, des maladies, des hospitalisations, des incarcérations, des coups du sort, des crises.

Le groupe douze, le groupe huit et Saturne. Mars, Uranus et les aspects dissonants peuvent également jouer un rôle.

Significateurs de la mort et de la relation à l'au-delà.

Le groupe huit. La mort intervient parfois quand Mars, Saturne, Uranus ou Pluton forment des transits dissonants au Soleil, à l'ascendant, à la Lune, à Vénus ou à Mars. Par contre, ce n'est évidemment pas parce qu'une personne vit des transits dissonants qu'elle va trépasser. La longévité est déterminée par l'ensemble du thème.

La longévité dépend plusieurs facteurs. Elle dépend de l'environnement, du style de vie, de l'hérédité. Les personnes ayant une dominante saturnienne (signe du Capricorne) ou plutonienne (signe du scorpion), des aspects harmoniques de Saturne et Pluton, un aspect entre Saturne et Pluton et marqués par le signe des Poissons (et /ou par Neptune) semblent faire de vieux os et résister au temps qui passe.

c)Psychologie et vie intérieure. (La liste n'est pas exhaustive).

L'esprit, la volonté, l'ego, les idéaux, l'individualité : Le Soleil.
L'âme, l'imagination, les croyances, les émotions, les rêves, la personnalité : La Lune et les signes d'eau.

Les instincts, le corps, la bête : Mars, la Lune et Pluton.

L'intellect, le mental, les capacités d'adaptation, le sens de la communication, la souplesse : Mercure (groupe trois et six), les signes mutables et les signes d'air.

Le sens esthétique, les sentiments, les goûts, les comportements et désirs conjugaux : Vénus, les signes du taureau et de la balance etc.

La vitalité, l'énergie, l'extériorisation, la créativité : Le Soleil, Mars, les signes de feu.

La lenteur: les signes vénusiens et le groupe dix.

La rapidité : Le groupe un, Mercure et Uranus.

Les aptitudes pratiques, le bon sens, le pragmatisme : Saturne, Mercure et les signes de terre.

La durée et la stabilité : Saturne, le Capricorne, et les signes fixes.

Le sens de la gestion et de l'organisation : Le Soleil, Saturne et Uranus, les signes de terre, le Verseau.

Le besoin d'évolution et de progrès : Saturne et Uranus.

Le besoin de religion, de transcendance, la recherche de Dieu : Le groupe neuf et le groupe douze. Saturne et Uranus jouent également un rôle.

Le magnétisme: Les signes fixes et leurs Maîtres. (Taureau, Lion, Scorpion, Verseau).

Les dons occultes, la métaphysique : La Lune, les groupe huit et douze. Jupiter et Uranus peuvent jouer un rôle.

La générosité : Le groupe neuf et le groupe cinq.

La douceur : Le groupe deux, le groupe sept, le groupe quatre, le groupe douze.

Vous pouvez vous-même compléter cette liste à l'aide des chapitres consacrés aux planètes, aux signes et aux secteurs.

1) Introduction.

L'astrologie mondiale étudie les synchronicités et les relations entre les événements nationaux ou internationaux et les cycles planétaires. Son objectif est d'une part de mieux comprendre l'évolution de l'humanité dans l'espace temps et d'autre part, dans la mesure du possible, de prévoir les événements et les changements de façon précise. Malgré les progrès effectués au cours de la deuxième moitié du vingtième siècle, cette partie de l'astrologie n'en est qu'à ses débuts.

L'on peut espérer qu'avec le temps se développera une discipline combinant l'astrologie, la psychologie, la sociologie, l'économie, l'histoire, la géopolitique et les mathématiques, discipline permettant d'élaborer des prévisions fiables et précises. Ce chapitre a pour but de fournir de modestes bases permettant d'ouvrir la voie à une recherche plus approfondie. La démarche logique pour une recherche plus approfondie repose sur une connaissance des mécanismes sociologiques, géopolitiques, psychologiques et historiques et sur une analyse de la naissance, du développement et de la fin des courants politiques, idéologiques, économiques, scientifiques, artistiques.

Elle nécessite une observation des événements ponctuels qui ont marqué une nation (guerres, inondations, éruptions volcaniques, tremblements de terre, épidémies, famines, catastrophes écologiques, coups d'état, changements de régime ou de gouvernement, révolutions et crises sociales, découvertes et inventions, cycles d'expansion et de récession) et de l'évolution des planètes dans l'espace temps. Dans le lointain passé, la Terre, fonctionnant plus comme un ensemble de tribus indépendantes les unes des autres et s'affrontant occasionnellement lors de migrations ou de guerres de conquêtes, ne pouvait guère être analysée comme une seule entité.

Depuis la prise de conscience de l'existence des autres continents par les Européens et depuis le développement progressif des échanges commerciaux et des télécommunications, la Terre tend à devenir une seule entité interdépendante, chaque nation ayant conscience de l'existence des autres nations. Ce qui se passe à un endroit de la planète se répercute sur son ensemble. Cette situation, nouvelle par rapport au cycle actuel, ne peut que faciliter le développement de l'astrologie mondiale. Pour aborder l'astrologie mondiale, il est dans un premier temps nécessaire de connaître la définition des signes et de leurs maîtres.

2) Définition des planètes, des signes et des secteurs en astrologie mondiale.

Bélier/Mars.

Représente l'armement, la guerre, les conflits, agressions et conquêtes, l'industrie et les usines, l'utilisation de la force physique, les explosifs, la sidérurgie, la violence, le dieu de le vengeance, les valeurs d'action, d'entreprise, d'auto-affirmation, de compétitivité, d'efficacité et de contestation, l'expression de colère, la domination par la loi du plus fort, la loi des armes, les luttes pour conquérir ou préserver son territoire.

Taureau/Vénus terre.

Représente les ressources, l'agriculture, la terre, l'argent, l'art, l'esthétique, les biens matériels, la propriété et le matérialisme, la construction d'une famille, d'une tribu ou d'une nation, les banques, les finances et les systèmes financiers, la durée, la fixité, le poids et la grandeur, le besoin de posséder, d'accaparer, d'occuper le terrain et de s'y installer, le besoin de plaisir et de créer des objets d'art, les bijoux, le théâtre, l'industrie agro-alimentaire, l'industrie du textile et notre société capitaliste.

Gémeaux-Mercure air.

Représente l'écriture, l'information, la presse écrite, les échanges commerciaux, le dialogue, la communication, les jeux, la dualité, les conférences, les réseaux de relation, les langues, les étudiants, la jeunesse, l'instabilité, l'absence de durée et de profondeur, l'exploration de l'environnement proche, les manœuvres, la curiosité et le besoin de savoir.

Cancer/Lune.

Représente le passé, la famille, les clans, le public, l'eau et la mer, le peuple, les mouvements, les croyances et les humeurs populaires, le collectivisme, le nationalisme, les consultations électorales, les traditions, l'immobilier et le foyer, les enfants, la cuisine, l'image et le dessin, la musique, la sécurité sociale.

Lion/Soleil.

Représente le pouvoir en place, les classes dirigeantes, l'aristocratie, les chefs, les rois, présidents, empereurs, dictateurs, ministres, directeurs etc, le culte de la personnalité, l'or, le prestige, l'énergie solaire, le rayonnement d'une nation, les jeux avec gains, l'individualisme, l'expression et la mise en valeur des nations, la prise de conscience identitaire, les grandes lignes directrices d'une nation. Un aspect du soleil aux planètes lentes déclenche souvent un événement important.

Vierge/Mercure terre.
Représente l'organisation administrative, les structures intellectuelles, l'imprimerie, les ouvrages écrits, le savoir, la technique, les médicaments, la santé, les véhicules, les commerces, la morale, le monde du travail, l'esclavage, l'infiniment petit, les détails, la peur de l'avenir, la critique, la gestion, le besoin de tout prévoir, l'inquiétude, l'aptitude à créer des outils, l'analyse.

Balance/Vénus air.
Représente la civilisation, les échanges culturels, la diplomatie, les traités et contrats, le couple et la vie affective, la paix, l'art, l'esthétique, les liens sociaux et affectifs, le plaisir, la beauté, la mode, les produits de luxe, les négociations, la justice, l'accueil, la politesse, la tolérance, la gentillesse, l'hésitation, l'indécision, les réseaux de relations, l'équilibre et les codes juridiques.

Scorpion/Pluton.
Représente les transformations, les crises et bouleversements, les catastrophes, la mort, l'énergie nucléaire, les irruptions volcaniques, la pollution, la destruction, la corruption, les problèmes, les sciences occultes, le besoin d'initiation, les mystères de la vie et de la mort, les crimes, les assurances, la police, l'armée, la sécurité, la surveillance, la défense, la chimie, les virus, les épidémies, l'ignorance, la guerre, le dieu de la vengeance, la pornographie, les manipulations, la bêtise, les révélations, les renaissances.

Sagittaire/Jupiter.
Représente le monde extérieur, le système, les lois, les nations, les sociétés, l'économie, la philosophie, la culture, l'import-export et le commerce international, la grande distribution, les transports routiers, les colonies, l'exploration, la colonisation et l'expansion, l'enseignement, la médecine, l'autorité, la politique, les grandes entreprises, la croissance, le développement, le tourisme et les voyages, le parlement, les ministères, les grands organismes nationaux, les représentant de l'état, les excès et le gaspillage.

Capricorne/Saturne.
Représente l'agriculture, les terres, le monde rural, l'organisation et les structures des sociétés et des états, les bilans, la gestion, la limitation, le récession, le rétrécissement, le poids et la durée, les plans et projets à long termes, les murs, le bâtiment et les travaux publics, les mines, les cavernes, l'histoire et la préhistoire, les sciences, la recherche, l'ésotérisme, la connaissance, l'érudition, la simplicité, l'évolution intérieure, la réflexion profonde, l'emploi, le besoin de moralisation, d'épargner, de faire des économies, de sécurité, de qualité, de perfection,

de contrôle, d'enfermement, de repli sur soi, de solitude, de méditation, d'attendre, de se restructurer, de construire, d'accéder à la vérité.

Verseau/Uranus.

Représente le renouvellement, les découvertes, le progrès social et technologique, l'aviation, l'air, les ondes, la radio, les satellites, les antennes, les télécommunications, les télécoms (internet), les fusées, l'espace, l'astronomie et l'astrologie, la psychologie, la sociologie, la libération intérieure, les extra-terrestres, la vitesse, les révolutions, les bouleversements brusques et imprévus, les coups d'état, l'automobile, le TGV, les tremblements de terre, les associations, les mouvements politiques idéologiques et humanitaires, la liberté individuelle, l'individualisme, la démocratie, les multinationales, l'ONU, l'informatique, les sciences, la gestion et production, la logistique, les inventions, la technologie, l'avenir, la suppression des hiérarchies, l'électricité et l'électronique, le besoin de se libérer du passé, des traditions, de toute domination, des pressions, de se débrouiller chacun pour soi mais aussi d'aider autrui, le besoin de maîtriser. Nous entrons actuellement dans l'air du Verseau.

Poissons/Neptune.

Représente la foi, les religions, le mysticisme, les mythes et légendes, les océans, les métiers de la mer, la navigation et l'exploration marine et sous-marine, la tendance à laisser les choses se faire au hasard, les croyances et humeurs collectives, les modes et courants, l'indifférenciation, la fusion dans la masse, la charité, les hôpitaux, asiles, et prisons, le personnel soignant, les métiers sociaux, l'inconscient collectif, la magie, le gaz, le pétrole, le plastic, l'anarchie, le messianisme, les sociétés secrètes, l'indéfini, l'espace, la dissolution, le bluff, la tromperie, la drogue, l'alcool, le tabac, le besoin d'adhérer à une entreprise collective, le besoin de rêve et d'évasion, la prolifération, la surpopulation, le besoin d'accéder à des formes de conscience supérieures, la pollution, le smog, les épidémies, les rêves et illusions collectives.

Les maisons sur le plan mondial

L'importance des maisons ne saurait être surestimée. On donnera la plus grande importance aux planètes situées dans les angles du thème, surtout si elles s'y trouvent en dignité. Rappelons encore qu'une planète carrée ou opposée à son maître laisse craindre des faits particulièrement violents, ou dramatiques. Voici la signification de ces maisons:

MAISON I : le corps de la nation elle-même ou le fait collectif envisagé. Ceci englobe, dans un cadre national, les habitants du pays envisagé, leurs possibilités économiques, dynamiques, martiales, etc., la santé de la nation dans le sens du potentiel énergétique transmis par les ascendants. (Car une nation n'est que la rencontre de populations, d'un lieu géographique et d'une politique, c'est-à-dire d'une tendance naturelle à une expansion.)

MAISON II : les richesses et ressources de la nation, sa situation économique et bancaire, ses monnaies, la bourse, le commerce, les finances, etc.

MAISON III : la presse, l'édition, les livres, le télégraphe, le téléphone et, d'une façon générale, tous les moyens de communication. L'éducation nationale, la jeunesse et les ministères qui s'y rattachent. Les discours et communications de l'autorité. L'entourage du pays, ses voisins, c'est-à-dire ses frontières.

MAISON IV : l'opposition, la rébellion, la révolution, le parti contraire à celui au pouvoir. Les récoltes, les produits miniers, le patrimoine du pays, ses biens immobiliers, les legs du passé (châteaux historiques, etc.). Les directions s'occupant de la conservation, du classement, des archives. Toute guerre civile et ses chefs. L'occupation de l'ennemi.

MAISON V : le ministère des sports, de l'éducation nationale, les champs de course, les loteries, le jeu, les questions intéressant la natalité, la diplomatie, les arts, les questions culturelles, la musique, la danse, la télévision, le cinéma, le théâtre. D'une façon générale, l'expansion. La Bourse, la spéculation (en liaison avec la maison II et la maison VIII).

MAISON VI : les ouvriers, le prolétariat, toutes les questions de santé, tous les « services », les employés du Gouvernement, la Police, l'Armée, le Ministère de la Santé publique, les restrictions, maladies, épidémies, la Marine.

MAISON VII : les traités, accords, contrats, associations, ruptures. Les ennemis déclarés, la guerre, les conflits divers, les alliances, toutes les relations internationales. La force de l'adversaire qu'on trouve en face de soi, la stratégie.

MAISON VIII : la mort de la collectivité, les crises mettant en jeu l'indépendance nationale, les catastrophes, les deuils nationaux. Sur le plan financier, la dette nationale, les emprunts, leur garantie.

La sexualité du pays, la prostitution. L'échec de la politique nationale. Les obligations foncières provenant des pays voisins, les indemnités à leur régler, les droits de succession et impôts.

MAISON IX : le ministère des Affaires étrangères et sa politique, les colonies, les combats outre-mer, la science, la philosophie, les Académies, les Eglises, les universités, les tribunaux nationaux et internationaux. Les relations avec le Cosmos (fusées, ballons-sondes, relais, etc.).

MAISON X : le pouvoir politique, le parti possédant l'exécutif, le destin de la nation, son autorité, son crédit, sa puissance et ses actes. Ce qui s'avère déterminant pour elle. Le chef de l'Etat, ou son Président.

MAISON XI : Les alliés et relations, les sociétés, les syndicats, les conseils municipaux, le Parlements, le Sénats, l'assemblée, les législatives. Tout ce qui concerne la paix publique.

MAISON XII : les ennemis travaillant dans l'ombre (anarchistes, etc.), les inimitiés non déclarées, l'espionnage, les complots. La Marine. Les asiles, hôpitaux, institutions de retraite ou de charité. Les prisons, et forteresses. Les sectes et les sociétés secrètes.

3) Les ères astrologiques.

Une ère astrologique est une période de 2160 ans durant laquelle un signe astrologique (et à un degré moindre son signe opposé) est mis en valeur à une échelle planétaire. D'un point de vue historique, chaque ère correspond à une ambiance planétaire où prédominent certaines valeurs et une certaine mentalité qui caractérisent les civilisations.

Pendent des siècles, les astrologues ont cherché à définir une grande année astrologique. Toutes sortes de chiffres ont été avancées. Certains pensaient que le début de cette grande année devait se produire lorsque toutes les planètes étaient à un endroit donné, de préférence début Bélier, puisque c'est le Bélier, au printemps, qui marque le début d'un nouveau cycle. Cette théorie ne s'est jamais vérifiée dans les faits.

La notion des ères astrologiques utilisée actuellement nous vient de la culture Indienne. En occident, la théorie des ères astrologiques est expliquée par le fait qu'un point nommé le point vernal, vu de la terre, tourne autour du zodiaque en marche arrière (on dit qu'il précesse ou précessionne et on parle de la précession des équinoxes. (Voir « Les bases de l'astrologie chapitre 3).

L'entrée du point vernal dans un signe déclenche (ou est en synchronicité avec) une ère nouvelle qui porte le nom du signe dans lequel il « entre ». Le point Vernal est à 5° des Poissons en décembre 2018 et entrera dans le signe du Verseau en 2378. Nous sortons donc de l'ère des Poissons pour entrer dans l'ère du Verseau.

On constate donc, vu de la Terre, que le point vernal (point dans l'espace où le Soleil remonte au dessus de la projection de l'équateur terrestre, au printemps) se déplace de façon continue et cyclique à travers l'espace dans le sens inverse des aiguilles d'une montre à la vitesse de 1° tous les 72 ans environ. Le nombre 72 est ainsi considéré comme sacré depuis la nuit des temps.

Le Soleil traverse donc la projection de l'équateur terrestre chaque printemps à un point légèrement différent. Ce point met environ 25920 ans pour faire le tour du zodiaque et reste donc à peu près 2160 ans dans un signe. C'est ce déplacement rétrograde que l'on nomme la précession des équinoxes.

Ce phénomène explique le fait qu'une personne née au printemps il y a 2500 ans, donc sous le signe du Bélier, aurait pu, si elle avait eu les moyens, voir la constellation du Bélier au delà du Soleil alors qu'un natif contemporain peut voir, avec les instruments optiques adéquats, la constellation des Poissons. Il y a un décalage de 25° entre la position du point Vernal et l'endroit où se produit l'équinoxe du printemps. De même, une personne qui naîtra d'ici quelques siècles verra la constellation du Verseau apparaître à l'horizon, au delà du soleil, au printemps.

La constatation que ce ne sont pas les effets d'éventuelles énergies cosmiques déversées sur la Terre qui produisent et façonnent le caractère a incité les astrologues contemporains à mettre ou à remettre en valeur la théorie des cycles. Une personne serait Bélier ou Taureau ou autre parce qu'elle est née à un moment d'un cycle et non pas parce que telle ou telle constellation se trouvait derrière le soleil levant au moment de sa naissance.

Comme les individus, la Terre, en temps que planète, traverse différentes étapes de son évolution en fonction d'un grand cycle. Vu sous cet angle, la grande année astrologique correspondrait à un cycle d'environ 25920 ans divisé en 12 ères de 2160 ans. Il y a de curieuses coïncidences entre les caractéristiques de l'histoire des civilisations et les ères astrologiques correspondantes, coïncidences qui permettent d'affirmer la validité de cette théorie. La terre ne passe pas d'une ère à l'autre subitement mais sur une période de transition qui dure quelques siècles. On estime que le début de la période de transition entre l'ère des Poissons et l'ère du Verseau à démarré avec les deux révolutions américaines et françaises.

Références internationales servant à situer les périodes de temps en utilisant la naissance officielle du Christ comme point de repère. (AD = anno Domini = après la naissance du Christ, BC = Before Christ = avant la naissance du Christ). J'utilise aussi AvJC et ApJC pour décrire le temps. D'après les Andromédiens, Jésus aurait été né le 16/02/-0002.

De l'an 2378 AD à l'an 4538 AD : Point vernal en Verseau, ère du Verseau.

De l'an 218 AD à l'an 2378 AD : Point vernal en Poissons, ère des Poissons. (Ere des religions)

De l'an 1942 BC à l'an 218 AD : Point vernal en Bélier, ère du Bélier.

De l'an 4102 BC à l'an 1942 BC : Point vernal en Taureau, ère du Taureau. (Ere des civilisations/pyramides)

De l'an 6262 BC à l'an 4102 BC : Point vernal en Gémeaux, ère des Gémeaux.

De l'an 8422 BC à l'an 6262 BC : Point vernal en Crabe, ère du Crabe.

De l'an 10582 BC à l'an 8422 BC : Point vernal en Lion, ère du Lion.

De l'an 12742 BC à l'an 10582 BC : Point vernal en Vierge, ère de la Vierge.

De l'an 14902 BC à l'an 12742 BC : Point vernal en Balance, ère de la Balance

L'on a peu d'informations sur les périodes précédant l'ère du Taureau. Vers 10800 BC puis vers 9700 BC, deux catastrophes, sans doute une pluie de météorites, se sont abattues sur l'humanité et ont mis brutalement fin à la civilisation mondiale qui existait alors. Les survivants ont reconstruits comme ils ont pu. L'Ere des Gémeaux coïnciderait peut-être avec le développement des premières écritures et du commerce, valeurs Gémeaux. L'ère du Crabe coïnciderait peut être avec la fin de la civilisation de l'Atlantide et des atlantes (ceux qui venaient de l'atlantique), qui selon la légende, fut engloutie par la mer. Certaine personnes disent que le sphinx d'Egypte était à l'origine un lion, qu'il aurait été créé à l'ère du Lion en utilisant des lentilles solaires pour faire fondre la roche et mouler le forme comme le ferait une imprimante 3D.

En 3300 BC et 2200 BC, il y a également eu des événements marquants à l'échelle de l'humanité. L'ère du Taureau marque le début des civilisations agricoles et se caractérise par les grandes pyramides d 'Egypte, par le culte du Taureau (en Inde, en Egypte, en Phénicie et en Crète), par le polythéisme, par un développement de l'art et de la poterie. Le cuivre, métal Vénusien à fait son apparition à cette époque. Les civilisations Egyptiennes (les pyramides), Babyloniennes (culte du plaisir, taureaux ailés sur les monuments), Chinoises et Indous (culte de la vache sacrée) avaient de nombreuses caractéristiques du signe du Taureau.

L'ère du Bélier à vu les valeurs Taureaux détrônées. Elle était caractérisée par le culte d'Amon, dont la représentation était un Bélier, auquel l'on faisait des sacrifices sanguinaires, par la découverte du fer, métal martien, qui permis aux armées détenant des épées en fer de vaincre/mettre à genoux les peuples qu'ils ont envahi, par une mentalité où dominait l'usage des armes, la conquête pour s'imposer, la force physique, la virilité et par la domination des Perses, des Assyriens, des Grecs et des Romains, peuples guerriers. Les prophètes Abraham et Moise vécurent à cette époque et prêchèrent le monothéisme. Moises était représenté dans la bible avec des cornes de Bélier.

L'ère du Poissons aura été marquée par la venue du « Plus grand des êtres aimants », le Christ, qui a détrôné le dieu de la vengeance, (Les premiers Chrétiens dessinaient des Poissons dans les catacombes et associaient le Christ au symbole des Poissons). Elle est caractérisée par le développement de la foi, des notions d'amour et de charité, des religions monothéistes, de courants collectifs, des religions de masse, par la découverte des autres continents, par la maîtrise des océans et par une prolifération spectaculaire de la population terrestre. Combiné avec les premières influences de l'ère du Verseau, cela a donné plus récemment l'économie basée sur charbon, le pétrole et le plastique qui tend à remplacer les métaux.

Notez que dans le dernier tiers de l'ère des Poissons, le signe opposé, la Vierge, a commencé à s'exprimer. A l'apogée de l'ère des Poissons, l'église dictait à chacun ce qui était juste de croire, d'après les écritures et la loi de Dieu, en influençant les populations à travers l'émotion, souvent avec excès et superstition. L'homme appréhendait la réalité en fonction de l'église. Le rationalisme analytique et scientifique de la Vierge est alors arrivé. Les découvertes scientifiques ont alors bouleversé les vérités telles qu'elles étaient prêchées par l'église. La terre n'était plus le centre de l'univers.

La foudre n'était pas due à la colère des Dieux ou du Diable, pas plus que les épidémies causées par des virus. Armé de la méthode d'expérimentation scientifique, l'homme s'est lancé dans une conquête pour comprendre et maîtriser la réalité matérielle de l'univers mais aussi pour acquérir un confort et une sécurité matérielle (valeurs du signe de la Vierge). Les avis divergent quand à la date à laquelle la terre entrera dans l'ère du Verseau et quand à ce qui se produira alors. Les utopistes espèrent le paradis sut Terre tandis que les fatalistes se préparent à une troisième guerre mondiale, à la surpopulation, à des guerres et famines.

Actuellement, nous ne sommes pas encore dans l'ère du Verseau mais dans la période de transition entre l'ère des Poissons et l'ère du Verseau.

Une mentalité ou un état d'esprit Verseau remplace petit à petit la mentalité Poissons qui dominait précédemment.

Parmi les premiers signes de l'ère du Verseau, l'on peut citer les révolutions américaines et françaises, les valeurs de liberté, d'égalité et de fraternité, la maîtrise de l'air, les premiers pas dans l'espace, la découverte de la radio, de la télévision (l'antenne de télé représente très bien la planète Uranus qui est maîtresse du Verseau), du téléphone et de l'électricité. Les découvertes scientifiques et technologiques, la structuration de la planète en pays aux frontières bien définies, la prise de conscience planétaire et l'internationalisation de l'économie, la découverte de la psychologie, de la sociologie et des notions de libération intérieure, la multiplication des associations, le développement de la spiritualité, les droits de l'homme, le développement des télécommunications, les gratte-ciels, la modification des notions d'espace et de temps, la vie moderne à un rythme rapide que nous menons aujourd'hui, l'ère de l'information et l'importance croissante de l'information.

D'un point de vue de la vie intérieure, l'humanité exprimera les qualités du Verseau lorsque ses membres ne seront plus victimes des forces de la Terre (la gravité, les élémentaux, les esprits de la terre, les forces du chaos, l'intellect, les sens, l'imagination), lorsqu'ils connaîtront puis appliqueront les lois spirituelles qui régissent l'univers et que les valeurs de développement personnel seront au centre de la vie.

Elle exprimera également les qualités du Verseau lorsqu'ils parviendront à se libérer de la peur, de l'égo et de l'esclavage de leur être animal, lorsque, par la force combinée de l'esprit, de l'âme et du corps, en utilisant la lumière et les énergies qui relient les atomes entre eux, ils sauront matérialiser, de façon dépourvue d'égoïsme, ce qui est nécessaire à leur évolution durant leur séjour terrestre.

Des mots clefs de l'axe Lion-Verseau sont conscience, connaissance, développement spirituel, énergie et maîtrise de l'énergie psychique et spirituelle. D'un point de vue de la vie extérieure, l'on peut supposer que l'humanité exprimera pleinement les valeurs Verseaux lorsque chaque habitant de la Terre aura de quoi se loger, se vêtir et se nourrir, lorsque la folie meurtrière, les guerres et les maladies auront disparues, lorsque l'Homme aura exploré l'espace au delà du système solaire, quand il aura découvert le saut dans l'hyper-espace, ou d'une façon plus quotidienne, lorsque seront par exemple inventé des systèmes de communication holographiques, des véhicules se déplaçant à quelques mètres de la surface du sol en exploitant la gravité terrestre. Le charbon et le pétrole, qui seront épuisés d'ici peu et seront remplacés par l'électricité, l'énergie atomique et les énergies nouvelles (Solaire, éolienne et gravitationnelle).

L'espace manquant, des méga-cités faisant plusieurs kilomètres de haut se développeront certainement, puis des cités dans l'espace. L'espace intergalactique commencera à être exploré, les libertés individuelles seront plus grandes mais le contrôle informatisé des individus par les pays aussi. L'on peut supposer que les religions vécues comme elles le sont actuellement tendront à disparaître au profit de valeurs de développement psychologique et spirituel. Un nombre croissant d'individus prendront conscience de la présence d'une réalité spirituelle derrière la vie matérielle, notamment à travers la conscience des coïncidences qui surviennent au cours de la vie. Ils apprendront à se relier à l'énergie universelle et à utiliser cette énergie. Les réseaux d'associations et de relations amicales deviendront des valeurs essentielles tandis que les enfants naîtront de plus en plus au sein d'union libres.

Les risques de cette période sont en analogie avec les faiblesses du signe du Verseau et les problèmes principaux que risquent de rencontrer les Terriens dans ces temps futurs sont en analogie avec le signe du Taureau (l'argent, les systèmes financiers internationaux et l'expression des sens) et avec le signe du Scorpion (les émotions, la sexualité, les angoisses, les émeutes, l'exclusion, le terrorisme).

Le signe du Verseau étant à l'opposé des valeurs Taureau, qui s'expriment à travers l'actuelle société de consommation mettant en valeur l'argent et la notion de propriété, l'humanité traversera certainement des crises jusqu'à ce qu'elle change ses comportements vis à vis de l'argent, ses systèmes financiers et de la logique de consommation. Le Verseau est également en contradiction avec le signe du Scorpion. Dans son sens inférieur, le Scorpion représente une lutte perpétuelle pour obtenir de l'énergie afin de se transformer.

Sa logique est une logique de pouvoir où il y a un dominant et un dominé. Cette logique de pouvoir qui prévaut actuellement devrait être remplacée par une autre logique où chaque individu, sachant par lui-même accumuler puis diriger l'énergie universelle, cherchera à faire ressortir le meilleur de son prochain, à l'aider pour progresser en lui donnant de l'énergie au lieu de chercher à le dominer pour lui prendre de l'énergie. Dans cette optique, la sexualité sera vécue différemment. Son rôle sera pleinement compris. Elle sera alors utilisée pour accumuler et gérer l'énergie. La période de transition dans laquelle nous sommes dure, suivant les astrologues, 20% de temps avant et 10% après l'entrée du point vernal dans un signe, soit entre 1945 et jusqu'à entre l'an 2018 et l'an 2594 AD environ. En astrologie mondiale, les ères astrologiques peuvent comparées à la dominante d'un thème et donnent des indications générales sur une période d'environ deux mille ans.

4) Les cycles planétaires.

Les cycles planétaires sont basés sur les relations angulaires qui se forment entre deux planètes. Quand une planète se trouve à coté d'une autre, la plus rapide s'éloigne de la plus lente, puis la rejoint au bout d'un certain temps, en formant, avec sa partenaire, différents angles.

Un cycle planétaire est donc un intervalle de temps entre les deux moments où deux planètes se rencontrent et forment une distance angulaire de zéro degrés que l'on nomme une conjonction. L'astrologie mondiale se base sur les cycles des cinq planètes lentes (Jupiter, Saturne, Uranus, Neptune et Pluton). Voici les durées de chaque cycle, c'est-à-dire le temps que met la planète la plus rapide pour rejoindre la plus lente, donc le temps entre deux conjonctions.

Jupiter/Saturne : 20/21 ans.　　**Saturne/Uranus : 45/46 ans.**
Jupiter/Uranus : 13/14 ans.　　**Saturne/Neptune : 35/37 ans.**
Jupiter /Neptune : 13/14 ans.　**Saturne/ Pluton : 33/34 ans.**
Jupiter/Pluton : 12/13 ans.　　**Uranus/Neptune : 170 ans.**
　　　　　　　　　　　　　　　　　　Uranus/Pluton : 140 ans puis 114 ans.
　　　　　　　　　　　　　　　　　　Neptune /Pluton : 490 ans +- 7 ans.

L'horloge astronomique peut être décomposée en différents cycles, le premier de 26000 ans environ correspond à la grande année tandis que le second correspond à une ère de 2000 ans environ. Les cycles planétaires permettent de décomposer chaque ère. Le troisième cycle divise chaque ère en quatre périodes de 600 ans et correspond au cycle des deux planètes les plus lentes, Neptune et Pluton. Avant le début de l'ère des Poissons et au delà de l'ère du Capricorne, ces deux planètes se retrouvent dans le signe des Gémeaux.

Sur une vaste échelle de temps, l'on peut comparer ces trois cycles aux aiguilles des heures, des minutes et des secondes. En regardant le schéma des cycles planétaires, vous verrez que le laps de temps représenté entre chaque triangle correspond à un quart d'ère. Sur l'échelle d'un siècle, les cycles formés aux autres planètes par Jupiter tous les 13 ans, de Saturne aux autres planètes tous les 35 ans environ et le cycle Uranus-Neptune rythme la vie du siècle. Si vous positionnez dans le zodiaque sur une période minimum d'un siècle les conjonctions Jupiter Uranus et Jupiter Neptune, vous remarquerez que chaque conjonction forme pour Uranus/Neptune un semi sextil à la précédente et pour Jupiter/Uranus un sextil. Tout cela est remarquablement ordonné. Les cycles de Neptune Pluton correspondent à des tranches d'histoire au sein d'une ère et les conjonctions entre ces deux planètes tendent à correspondre au début de ces tranches d'histoire.

Ainsi, en 95 BC, les empires romains et Perses étendirent leur domination en Eurasie tandis qu'apparut le Christianisme. En 415 BC, l'empire romain laissait la place aux grandes invasions et au Christianisme. En 907 AD débutait le moyen âge et les invasions vikings.

En 1399 AD débutait la renaissance et le début de la fin de l'ignorance. En 1892 AD débutait la période des révolutions industrielles technologiques et sociales préparant l'ère du Verseau et marquait l'apogée du colonialisme européen et en l'an 2390 AD débutera une autre période, peut être liée à l'exploration interstellaire. Tout comme chaque ère impose ses valeurs qui rendent caduques les précédentes, chaque quart d'ère tourne une page d'histoire.

En occident, on a tendance à attribuer à chaque cycle un courant, une civilisation, un continent ou une nation. Pour ce faire, cela exige non seulement de solides connaissances en astrologie mais une culture historique, géographique et sociologique importante. Pour déterminer le lien entre une société et des symboles planétaires, on dresse dans un premier temps les cartes du ciel des moments importants pour cette société et l'on observe quelles planètes lentes sont en relation (ou forment entre elles des aspects). On étudie également les cartes du ciel du jour où il y a un changement de régime et la naissance d'un nouvel état. Puis on fait une comparaison entre les caractéristiques d'une société et les traits psychologiques correspondant à chacune des planètes en relation.

D'après cette recherche, les astrologues ont attribué les différents cycles aux différentes civilisations :

Cycle Jupiter- Pluton : Perse, Egypte, Pays musulmans.
Cycle Jupiter-Neptune : La nation juive.
Cycle Saturne-Uranus : La civilisation occidentale et le capitalisme libéral (Europe, USA).
Cycle Saturne-Neptune : Il définit comment sont structurées (Saturne) les idéologies collectives, les désirs collectifs et les vagues de colonisations (Neptune). Ce cycle représente le communisme occidental, les pays de l'est et la Russie.
Cycle Saturne-Pluton : Chine et Asie,
Cycle Uranus-Neptune : Europe. Naissance, développement et chute des empires coloniaux et des civilisations.
Cycle Uranus-Pluton : Japon.
Cycle Neptune-Pluton : Planète Terre, Inde et Chine

A partir de ces attributions, on compare l'histoire de chaque nation ou groupe de nations et l'évolution de chaque cycle, d'une première conjonction en passant par tous les aspects jusqu'à la conjonction suivante. Le signe où se produit la conjonction signe en quelque sorte la mission des deux planètes en question.

Les conjonctions Saturne Uranus (45/46 ans).
Tradition et changement, restructuration du progrès.

1625 : Début de la colonisation anglaise.
1670 : Temps fort de la colonisation européenne.
1714 : Traité d'Utrecht, les Anglais chassent les Hollandais.
1760 : Traités de Paris, les Anglais chassent les Français.
1805 : Mise en place d'un pouvoir qui a main mise sur les différents pays.
1851 : Guerre de sécession.
1897 : Début de l'influence américaine dans le monde.
1941/1943: Seconde Guerre mondiale, hégémonie américaine, rivalité avec le bloc communiste.
1987/1989 : Baisse de l'influence américaine, nouveaux rapports Est -Ouest.
2031/2033 : Crise des ressources

Les conjonctions Saturne Neptune (35/37 ans).

NOUVEAU CYCLE : 1559 en Taureau, 1594 en Lion, 1630 en Scorpion, 1666 en Capricorne.
NOUVEAU CYCLE : 1703 en Bélier, 1738 en Crabe, 1773 en Vierge, 1809 en Sagittaire puis 1846/1847 (26/27/28° du Verseau) : Naissance des idées communistes. (Marx et Engels).
NOUVEAU CYCLE : 1882 (17° du Taureau) : Naissance du PC Russe et de nombreux partis socialistes européens. 1916/1918 (5° du Lion) : Révolution communiste en Russie. 1952/1953 (22° et 23°de la Balance): Mort de Staline, tournant pour L'URSS. 1989/1990 (11°/12° du capricorne) : Gorbatchev et la pérestroïka. Affranchissement des pays de l'est. Période de chaos et d'effondrement économique en Russie.
NOUVEAU CYCLE : 2025/2026 (1° du Bélier) : Nouveau cycle.

Remarque sur ces conjonctions :
Saturne tourne environs 4 fois plus vite que Neptune autour du Soleil donc quand Saturne fait un tour, Neptune fait un quart de tour. L'emplacement des conjonctions sont ainsi environ à 90° les unes par rapport aux autres. Si on identifie une conjonction au début du zodiaque, on observe alors 4 ou 5 conjonctions dans une durée d'environ 144 ans.

On passe ensuite à un cycle suivant. Nous avons ainsi comme début des cycles 1559 (Taureau = empires maritime et pillages des Amériques par les Européens), 1703 (Bélier= révolution industrielle), 1882 (Taureau = début de l'ère du pétrole) et 2025 (Bélier). Le Bélier est en lien avec l'industrie et les métaux tandis que le Taureau est en lien avec les richesses et les possessions territoriales.

Les conjonctions Saturne Pluton (33/34 ans).

Structuration du changement et transformation des structures.

1851: Décadence de la dynastie Mandchoue, apparitions de mouvements nationalistes.
1883 : Accentuation de la décadence impériale.
1914/1915 : Chute des Manchoues, Chang Kai Chek crée le mouvement nationaliste.
1946/1948 : Victoire de Mao et du communisme, Chang Kai se retire à Formose (Taiwan). Proclamation de la république populaire chinoise.
1981/1983 : Ouverture au monde capitaliste.
2019-2020 : La Chine devient la seconde puissance économique mondiale. Pandémie de Covida, du Covid-19.
2053/2054 : En Poissons, fin de quelque chose et tournant.

Les conjonctions des trans-saturniennes : Ces conjonctions sont indiquées dans le tableau un peu plus loin.

Les conjonctions Uranus-Neptune (170 ans) : Exemples : -57, 453, 964, 1478, 1991 (Capricorne), 2161 (Verseau), 2501...

Les conjonctions Uranus-Pluton. Valeurs opposés de liberté et d'esclavagisme. (140 ans/114 ans et 508 ans sur le schéma ci-après): -575 (Bélier), -67 (Taureau), 441 (Gémeaux), 948 (Crabe), 1456 (Lion), 1965 (Vierge), 2473 (Balance)...

Les conjonctions Neptune-Pluton (490 ans): Exemples : -5041 (Verseau), -4544 (Verseau), -4039 (Verseau), -3057 (Poissons), -2561 (Bélier), -1568 (Bélier), -1073 (Taureau), -578 (Taureau), -84 (Taureau), 415 (Taureau), 907 (Taureau), 1398(Gémeaux), 1892 (Gémeaux), 2385 (Gémeaux), 2879 (Gémeaux)...

Les triples conjonctions, quelques dates :

Jupiter-Saturne-Uranus : -
Jupiter-Saturne-Neptune : -
Jupiter, Saturne, Pluton : 1981 (Balance) et 2020 (Capricorne)

Saturne-Uranus-Neptune : -60 (Crabe) (Rome), 623 (Vierge) (Islam), 1307 (Scorpion) (Empire Ottoman), 1993 (Capricorne)(Hégémonie de la Chine).

Saturne-Uranus-Pluton : 1850 (Bélier).

Uranus, Neptune et Pluton : Tous les 3947 ans, ce qui forme un cycle de 47364 ans. -5036 (Verseau), -4527 (Poissons), -577/-575 AvJC (Taureau), 3370 (Gémeaux). Il y alors un renouveau des civilisations.

Années
Répartition dans le temps
des conjonctions
des trans-saturniennes
3011
2987
2879
Possible
exploration
de l'espace
Ere
du Verseau
2600
2501
2500
2473
2400
2331
2390
2359
2300
2219
2200
2161
2105
2100
Révolution
technologiques
et sociales
Fin de l'ère
des Poissons
et début
de l'ère
du Verseau
2000
1991
1965
Mondialisation
1900
1820
1892
1851
1800
1711
1700
1650
1600
1597
1500
1478
1456
1400
1399
1342
Renaissance
colonialisme
1304
1300
1202
1200
1134
1100
1088
Ere
des Poissons
1000
964
948
900
907
Vickings
Moyen Age
800
793
836
700
623
695
600
581
Invasions
et migrations
500
453
441
400
415
327
300
283
Rome
Christianisme
200
187
113
73
100
0 JC
-57
-67
Fin
de l'ère
du Bélier
-100
-95
(114-140 ans)
(170 ans)
(490+-5 ans)
Uranus Neptune   Uranus Pluton
Neptune Pluton

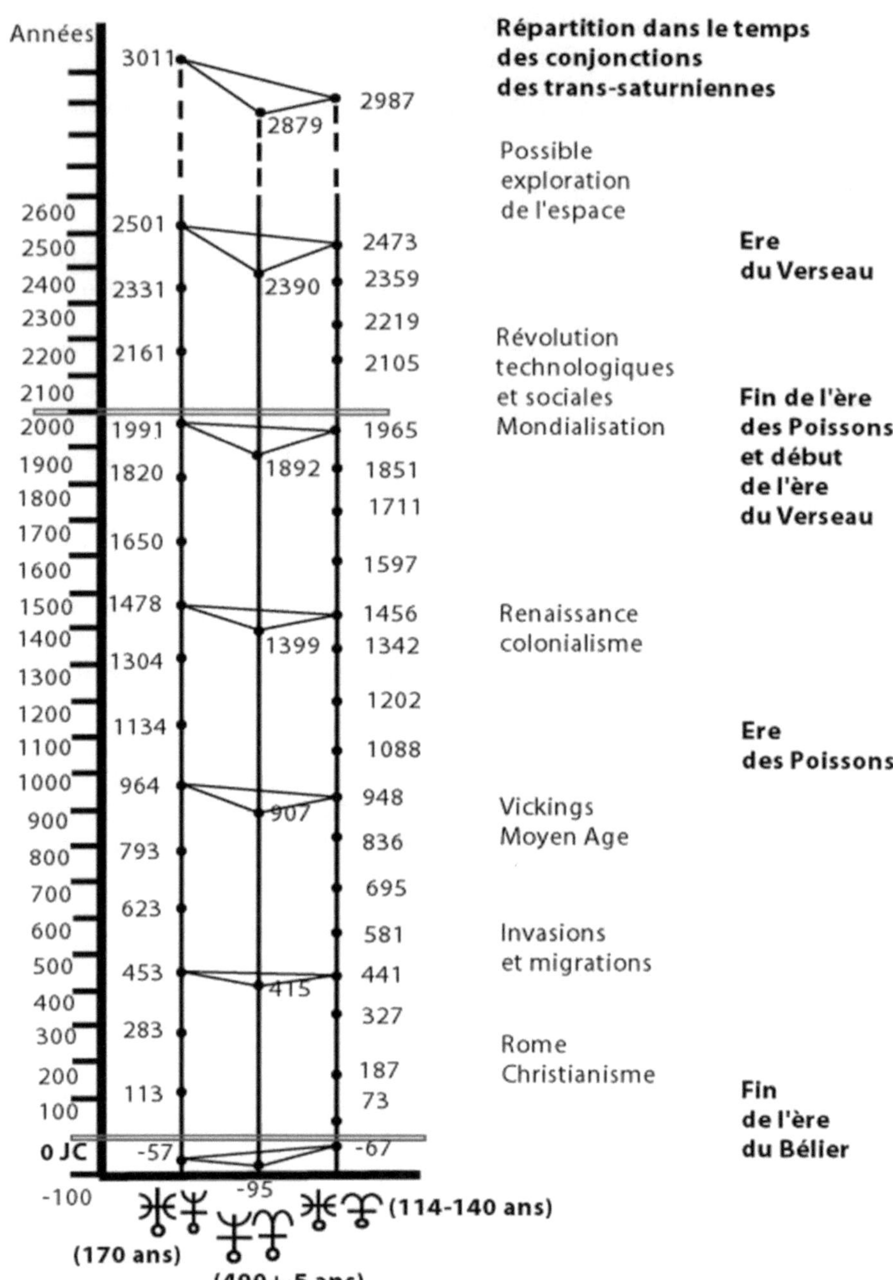

256

Ils permettent, sur une période d'un siècle, d'analyser les périodes de récession et de crises avec risques de conflits armés et les périodes de croissance et de développement. Ils sont calculés à partir des distances angulaires entre les planètes lentes que l'on trace sur une courbe le premier janvier de chaque année. Il existe trois indices dont le plus précis est l'indice cyclique. Ils ont été développés en France par Messieurs Henri Joseph Gouchon et André Barbault.

L'indice de concentration.

Il représente la distance minimale existant entre les cinq planètes lentes.

Un exemple :

Au premier janvier 1997, les cinq planètes lentes se trouvent entre 4° Sagittaire et 1° Bélier. L'indice de concentration est donc de 117°. La théorie des indices stipule que plus les astres sont concentrés dans une portion étroite du ciel et plus les risques d'excès, de tensions politiques, économiques et sociales, de crises et de récessions sont importants.

Elle stipule également que les tensions tendent à se produire lorsque l'indice cyclique diminue, c'est-à-dire lorsque les planètes lentes se rapprochent les unes des autres. On appelle ce mouvement une phase descendante. Lorsqu'au contraire les planètes lentes s'éloignent les unes des autres, lorsqu'elles sont en phase ascendante, cela tend à correspondre à des périodes de croissance et de développement.

L'indice cyclique.

Il est dérivé de l'indice de concentration et a l'avantage d'être plus précis que l'indice de concentration. Pour le calculer, il faut calculer la distance angulaire entre chaque planète lente avec les autres puis faire le total des dix valeurs calculées. L'interprétation est la même que pour l'indice de concentration.

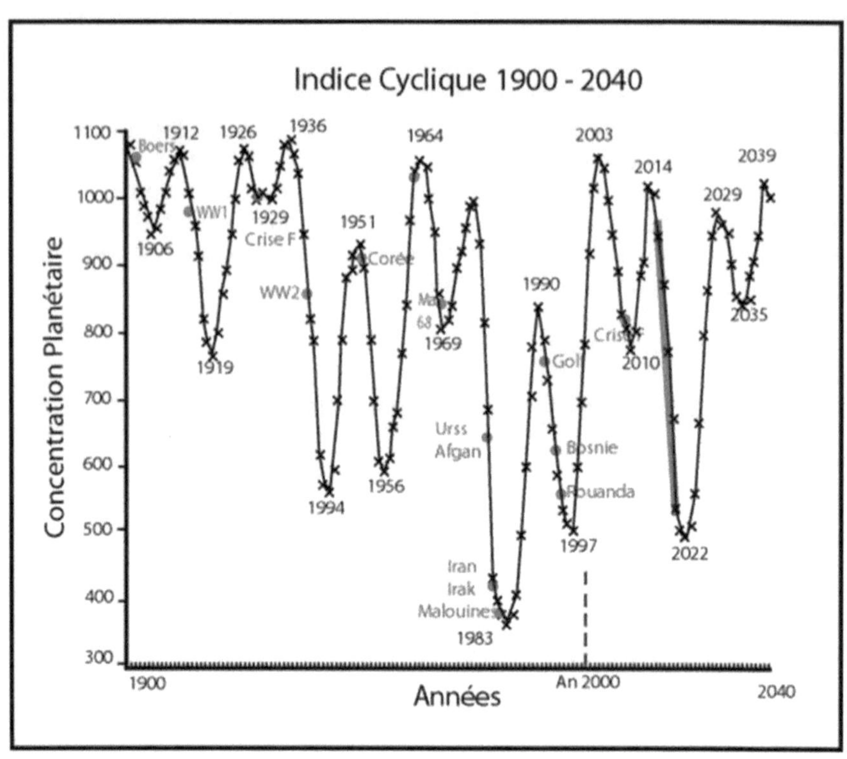

L'indice d'équilibre cyclique

Dérivé de l'indice cyclique, il est calculé en comparant le nombre de cycles ascendants (quand deux planètes se rapprochent l'une de l'autre) au nombre de cycles descendants (quand deux planètes s'éloignent l'une de l'autre), ou en comparant la différence entre les écarts positifs des phases ascendantes aux écarts négatifs des phases descendantes. Le principe d'interprétation est le même que pour les deux indices précédents.

La période examinée pour vérifier la théorie des indices cyclique est courte d'un point de vue historique et particulier pour deux raisons. Elle se situe à la fin d'une ère, celle des Poissons et marque le début de l'ère du Verseau, et elle est située à l'intérieur du triangle des trois conjonctions des planètes trans-saturniennes, c'est-à-dire à un changement de cap au sein d'une ère. Avant de tirer des conclusions définitives, il faudrait, d'un point de vue scientifique, dessiner et analyser les courbes sur plusieurs ères, soit sur 6000 ans environ, à l'aide de l'outil informatique adéquat et des données historiques nécessaires.

Sur l'axe horizontal de la courbe, vous avez les années et sur l'axe vertical les indices cycliques. Les sommets correspondent à des périodes où les planètes sont éloignées les unes des autres tandis que les creux correspondent à des périodes où les planètes sont proches les unes des autres.

La théorie émise est que lors des phases descendantes, il y a des ruptures d'équilibre, des conflits sociaux, des guerres, des excès et un nombre important de morts. Les phases ascendantes représentent au contraire des périodes plus calmes, plus constructives, allant dans le sens d'une expansion et d'un nouveau développement.

Lors de l'analyse d'une courbe d'indices, il est important de tenir compte des correspondances entre chaque civilisation et son cycle, indépendamment de l'indice cyclique général. Il est également important d'analyser les événements antérieurs, les causes qui ont déclenché un événement particulier.

Phases descendantes sur la courbe du vingtième siècle :

Entre 1901 et 1906 au cours de laquelle à eu lieu la guerre des Boers,
Entre 1912 et 1919 au cours de laquelle à eu lieu la première guerre,
Entre 1926 et 1929 au cours de laquelle a eu lieu la grande crise financière,
Entre 1936 et 1944 au cours de laquelle à eu lieu la deuxième guerre mondiale,
Entre 1951 et 1956 au cours de laquelle à eu lieu la guerre de Corée,
Entre 1964 et 1969 au cours de laquelle ont eu lieu la guerre du Viet Nam, d'importantes crises sociales en Europe et la guerre des six jours,
Entre 1976 et 1983 ont eu lieu de deuxième choc pétrolier, la guerre d'Afghanistan, la guerre Iran-Irak et la guerre des Malouines,
Entre 1990 et 1997 ont eu lieu la guerre du golf, la guerre en Bosnie, les massacres au Mexique et au Ruanda et une période de crise économique mondiale.
Entre 2003 et 2010 où a eu lieu une importante crise financière et économique.

D'après la courbe, la période ascendante entre 2010 et 2014 est suivie d'une longue période de crise entre 2014 et 2022, puis d'une longue période de croissance entre 2022 et 2029. Si vous tracez la courbe du dix-neuvième siècle, vous pourrez observer deux séries de courtes phases ascendantes suivies de courtes phases descendantes qui correspondent aux deux révolutions américaines et françaises.

Les deux périodes descendantes 1802/1805 et 1812/1818 peuvent être associées aux guerres napoléoniennes. Les crises de 1848 et la guerre de sécession aux USA ont cependant eu lieu en phase ascendante. Mais en 1848, Jupiter était en carré avec Uranus et Pluton, ce qui peut d'un point de vue sociologique expliquer cette crise tandis que lors de la guerre de sécession, Saturne et Uranus, le cycle correspondant aux USA, étaient en carré. Cela montre la nécessité de tenir compte des aspects individuels lors d'une analyse des indices cycliques qui correspondent à l'ensemble des aspects entre les planètes lentes. En conclusion, la recherche dans ce domaine est ouverte aux passionné(e)s d'histoire.

Les doriphories ou concentrations de planètes dans un espace zodiacal réduit.

Il semblerait que la réunion d'un maximum de planètes dans un minimum d'espace zodiacal coïnciderait avec des bouleversements, surtout lorsqu'une conjonction de planètes rapides rejoint une conjonction de planètes lentes. Une fréquence importante de ces grandes conjonctions, qui sont appelées « doriphories » augmenterait les risques de tension et de conflit, et accentuerait les bouleversements.

Notre siècle est particulier dans le sens où, comme vous pouvez l'observer sur le premier schéma de ce chapitre, nous sommes sortis depuis peu du triangle formé par les conjonctions des trois planètes les plus lentes, et donc d'une période de cinq cents ans pour entrer dans la période dite des révolutions.

De 1922 à 1938, il n'y a eu que trois grandes conjonctions alors qu'il y en a eu quatre durant la première guerre. Cette analyse des fréquences permet d'affiner l'interprétation des courbes indiciaires. Il semblerait que plus les planètes sont nombreuses et plus l'orbe est réduite, et plus les faits son marquants.

En mai 1941, le Soleil, Mercure, Vénus, Jupiter, Saturne et Uranus étaient situé en Taureau dans un orbe de 8°. Cela à coïncidé avec la plus grande annexion de territoire qui s'est produite pendant le vingtième siècle (invasion de Russie par les armées nazies) et à la deuxième guerre mondiale. En 1983, la conjonction Jupiter, Saturne, Uranus en Sagittaire à marqué une vague de développement commercial sans précédent, avec surconsommation et gaspillage. En 1989 la conjonction Saturne, Uranus et Neptune a coïncidé avec le début d'une période de restructuration de l'économie tandis que l'écroulement du régime soviétique à mis fin à une période de l'histoire.

Quand une conjonction se produit dans un signe, les événements extérieurs correspondants sont en rapport avec les valeurs de ce signe. Quelques exemples récents.

1941 : Doriphorie en Taureau : Annexion de territoires où l'on s'installe.
1983 : Doriphorie en Sagittaire : Expansion économique, excès, augmentation des prix et des dépenses, la médecine, l'éducation, les transports sont affectés.
1989 et 1994 : Doriphorie en Capricorne : L'histoire, les bases, les fondements, la restructuration, la crise, la récession, le développement de valeurs morales sont mis en scène et affectées. (Ecroulement du mur de Berlin, effondrement du communisme).
1998 : Mini doriphorie en Verseau : Les grandes sociétés, les nations unies, les télécommunications, les médias, l'informatique, les valeurs humanitaires, la psychologie, l'aviation vivent des changements importants lors de la conjonction Jupiter/Uranus/Neptune fin Capricorne début Verseau.
2011 : Doriphorie en Bélier. Révoltes des peuples arabes contre leurs chefs.
2020 : Doriphorie en capricorne : L'histoire se met à nouveau en marche, provoquant des transformations profondes des structures, de l'ordre des choses. La doriphorie se produit sur la planète Jupiter du thème natal de la Chine. J'avais écrit ce texte en 1996 et aujourd'hui, en 2021, on sait que cela a correspondu avec la pandémie virale nommée Covid-19.

6) Les thèmes astraux des nations.

Tous comme les individus, les nations naissent, se développent, créent des œuvres, vieillissent, et meurent pour renaître à nouveau. L'astrologie émet la théorie selon laquelle, tout comme une personne, l'on peut ériger le thème de la naissance d'une nation ou d'un régime politique et qu'il peut exister un lien entre le mouvement des astres et les événements affectant une nation.

Certains astrologues interprètent la naissance de sociétés, des grandes organisations internationales, des déclarations de guerres et traités de paix, des personnalités importantes, et de choses moins importantes comme les chevaux de courses etc.

L'interprétation est cependant délicate dans la mesure où il est possible de dire tout et n'importe quoi. Disons que ce domaine est encore ouvert à la recherche, l'objectif étant de trouver des caractéristiques entre ce qui est analysé et le thème; et d'observer s'il existe un lien entre les transits et les événements de l'élément à analyser.

Seules des preuves vérifiables qui sont issues d'une recherche expérimentale pourront permettre de valider ces interprétations, preuves dont je ne dispose pas actuellement. Pour dresser un thème, on se base sur la déclaration officielle, sur la signature d'un document confirmant la nouvelle situation, sur un couronnement suite à une cérémonie ou sur un événement précis qui marque un commencement.

Voici quelques dates de naissance de différents pays

France : Naissance de la république : 22 / 09/ 1792 / Paris / 09. 15
3ème république : 04/09/1870/16h45. Paris. 4ème république : 30/10/1946/15h50. Paris.
5ème république : 06/10/1958/18h. Paris.

Allemagne : 1er Reich 18/01/1871/13h10/Berlin. 1ère république : 09/11/1918.
RFA : 23/05/1949. **RDA :** 07/10/1949.
Réunification allemande : 03/10/1990/0h/Berlin.

Angleterre : Monarchie britannique : 25/12/1066/12h/Londres.
USA : 04/07/1776/02h15/ Philadelphie. (Proclamation d'indépendance)

Russie : 20/09/0862 12h00 Novgorod. EX URSS : Première constitution : 10/07/1918/Moscou.
Création de l'Urss : 30/12/1922/Moscou.
Fédération de Russie : 25/12/1991. 17h20 Moscou.

Chine : 01/10/1949/13h15/Nankin.
Japon : 11/02/1889 12h00 Tokyo
Inde : 14/08/1947/New Delhi. (Proclamation d'indépendance).
Israël : 14/05/1948/17h15/Tel Aviv. (Proclamation d'indépendance).
Egypte : 15/03/1922/Le Caire. (Proclamation d'indépendance).
ONU : 26/06/1945. (Chartre des nations unies).

Approche de l'interprétation. Un exemple : Le thème de la France.

Le thème choisit est celui de la république française, proclamé le 22/09/1792.

Dans cette approche de l'interprétation, nous recherchons des liens et des corrélations entre les différentes parties du thème et quelques clichés qui sont véhiculés sur la France et le peuple Français.

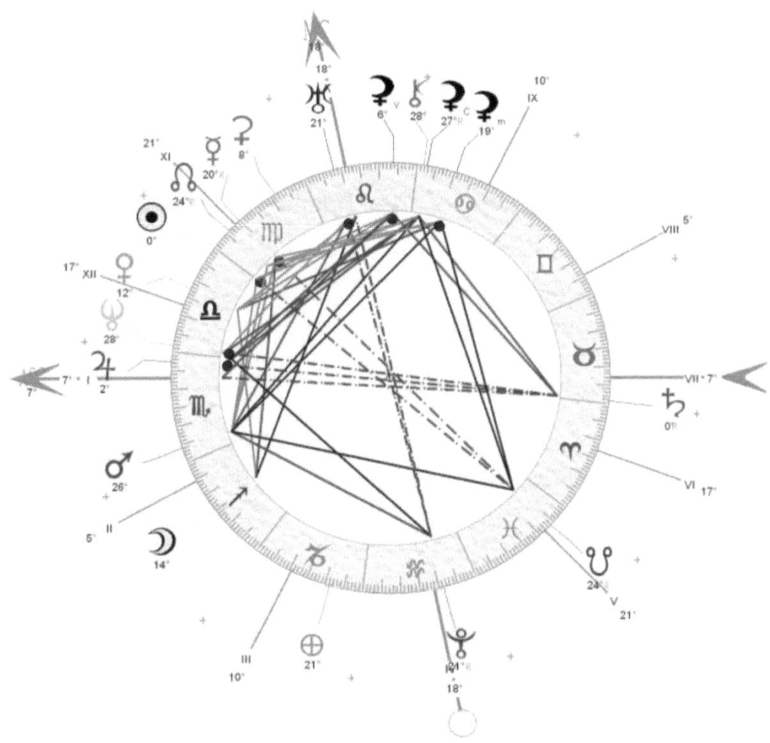

1) Soleil Balance. 2) Ascendant Scorpion.
3) Combinaison Soleil Balance Ascendant Scorpion.
4) Soleil sextil à Mars.

1) La diplomatie française. La France est un pays uni par une langue nationale, par une certaine culture, par un art de vivre et par certaines valeurs (Douce France). Désir d'union européenne.

2) L'ascendant Scorpion pousse à s'affirmer dans la résistance et à travers l'expression des différences et des désaccords. Les Français sont râleurs, individualistes, souvent en train de réclamer de l'argent, jamais d'accord et jamais contents, du moins c'est souvent l'image qu'ils donnent.

«Comment voulez vous gouverner un pays qui a plus de trois cents sortes de fromages « se plaignit un jour de Gaule. Ils sont également un peuple de résistants.

3) La combinaison Balance Scorpion est contradictoire et complémentaire. D'un coté on recherche l'équilibre dans l'unité et l'on est capable de lutter avec acharnement pour préserver un équilibre et une unité tandis que de l'autre on met systématiquement en avant ce qui ne va pas pour engendrer des transformations et donc une rupture d'équilibre.

4) Affirmation des valeurs et de l'identité française. Patriotisme. «Cocorico ! ».

5) Uranus au Milieu de ciel.
6) Uranus MC opposé à Pluton FC.
7) Uranus carré à Mars.
8) Pluton carré à Mars Scorpion.

5) Les valeurs républicaines « Liberté, égalité, fraternité », le sens démocratique, l'importance accordée à la vie humaine et le rôle humanitaire de la France dans le monde. Le coq, qui réveille ceux qui «dorment » est un animal en partie « uranien ». Il a besoin d'affirmer sa différence et sa spécificité.

6) Cette opposition signe une difficulté à progresser et à trouver des solutions aux problèmes nationaux en dehors d'un contexte de crise (sociale), de déséquilibre et parfois de violence. A titre d'observation, Jupiter, qui pousse à l'expression et à l'extériorisation, mettait en valeur cette opposition en Mai 68 où il était sur l'Uranus natal de la France et en Décembre 95 où il était en trigone à Uranus natal et sextil au Pluton natal de la France.

7) Force dans tout ce qui concerne l'espace, les télécommunications et les logiciels. Tendance excessive à vivre dans la virtualité.

8) Force de dissuasion nucléaire. Importante industrie d'armements. Coté sports, la France est plus réputée pour ses performances en sports de combat (Judo, escrime) qu'en athlétisme.

9) Jupiter à l'ascendant en Scorpion.
10) Jupiter conjoint à Neptune.
11) Jupiter opposé à Saturne.
12) Neptune opposé à Saturne.
13) Descendant Taureau.
14) Saturne en secteur 6 conjointe au descendant en Taureau.

9) Chance, générosité et puissance économique. Critique politique.

10) Le système social Français. Les colonies. L'emprise du système sur la population. Certaines illusions qu'ont les étrangers sur la France. La France vue comme une Terre d'exil.

11) Cet aspect évoque un système économique, social et politique très structuré, mais aussi un problème de gestion des affaires publiques et une tendance à alterner entre des excès de dépenses et des excès de restrictions. Il évoque également des rigidités dans le système éducatif, des lourdeurs administratives et la pression écrasante du fisc qui freinent l'expansion des entreprises et fait fuir à l'étranger certaines personnalités et leurs revenus.

12) La sécurité sociale. Cet aspect correspond à une angoisse collective et au cliché « les Français sont les premiers consommateurs de tranquillisants et de médicaments ».

13) L'image de « La douce France « donnée aux autres.

14) Avec Saturne en Taureau on recherche à construire sa sécurité à travers des valeurs Taureau (les traditions, l'argent et les biens matériels, un art de vivre, les plaisirs). Richesse nationale.

14) Lune en Sagittaire en secteur 2.
15) Vénus en Balance sextil Lune.
16) Mercure en Vierge.
17) Lune carré Mercure.

14) Les exportations agroalimentaires, « la cuisine Française ». Impact émotionnel de la France à l'étranger et accueil des étrangers en France. Fuite de capitaux à l'étranger. La France est un pays d'une grande générosité mais aussi avec un fort taux d'imposition.

15) Importance de l'image, de la galanterie, culture de l'esthétisme « la mode et les parfums ». Les français jouissent d'une bonne image à l'étranger.

16) Service public « à la française ».

17) Cet aspect évoque une importance excessive accordée à l'intellect et aux connaissances cérébrales au détriment de l'âme, des émotions et des valeurs Sagittaires (développement spirituel, voyages, expansion).

Thèmes de quelques grands pays du monde.

Inde

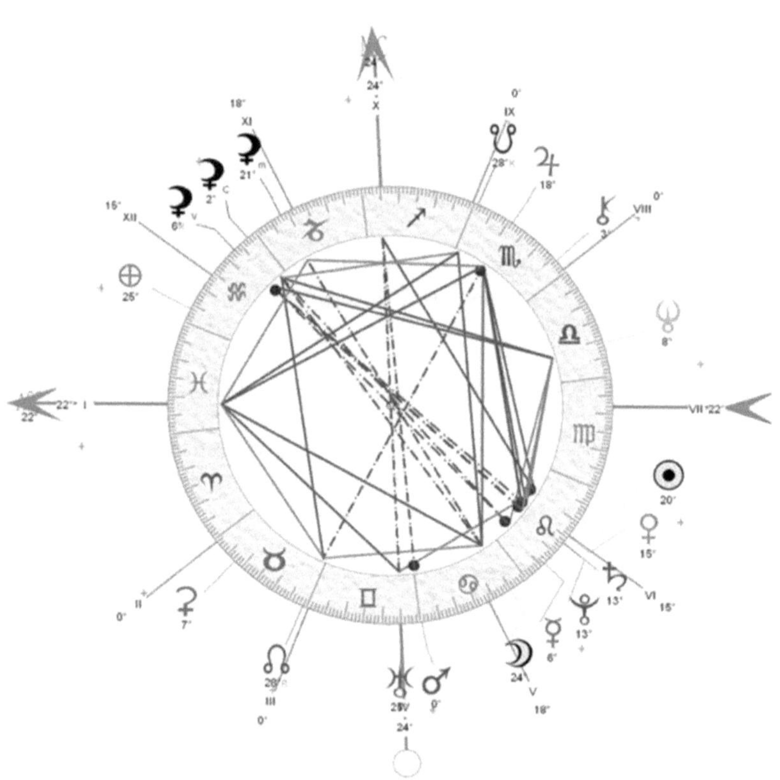

Japon

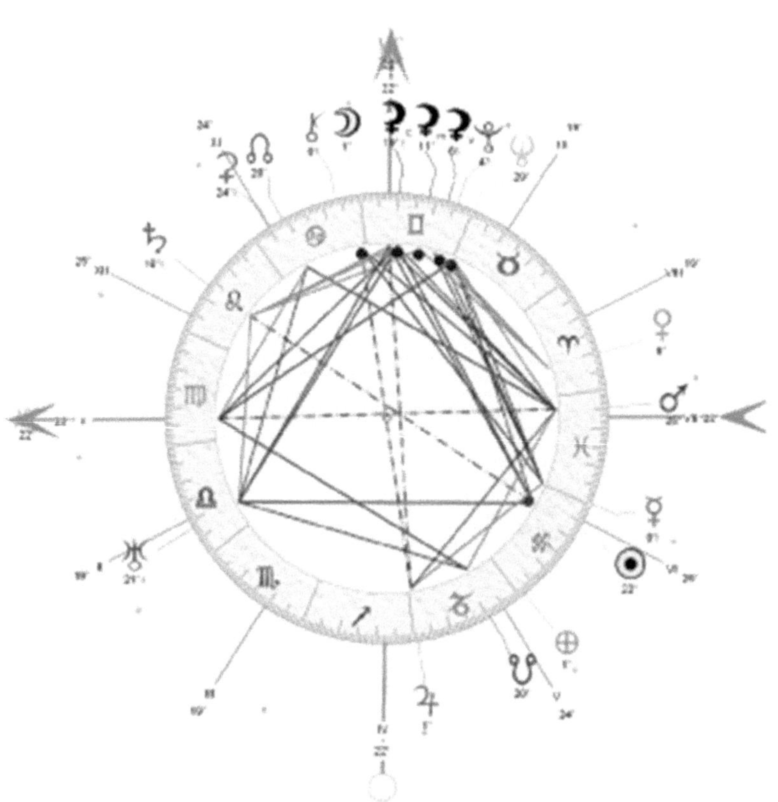

Usa

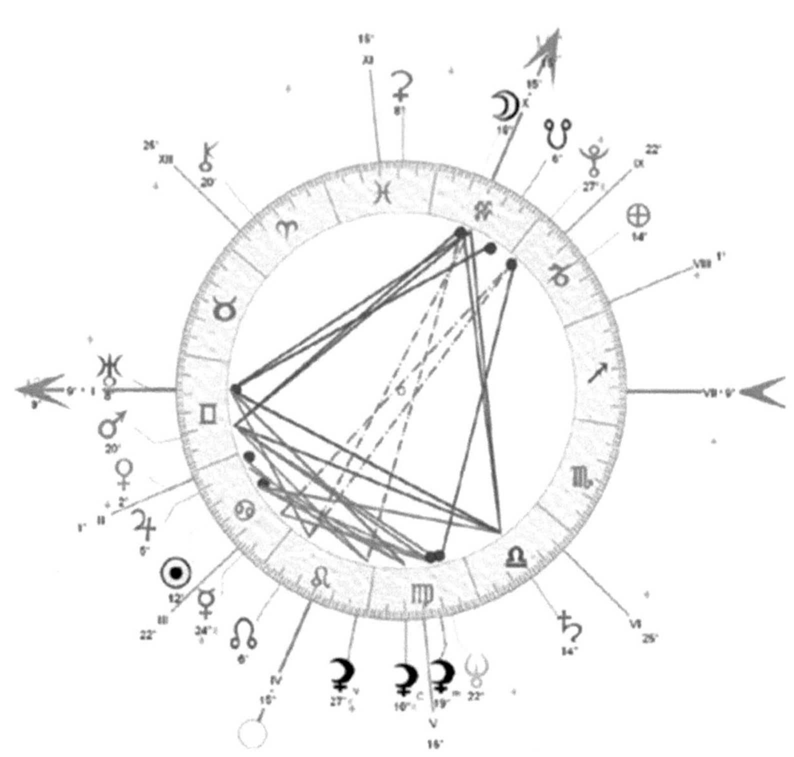

Chine

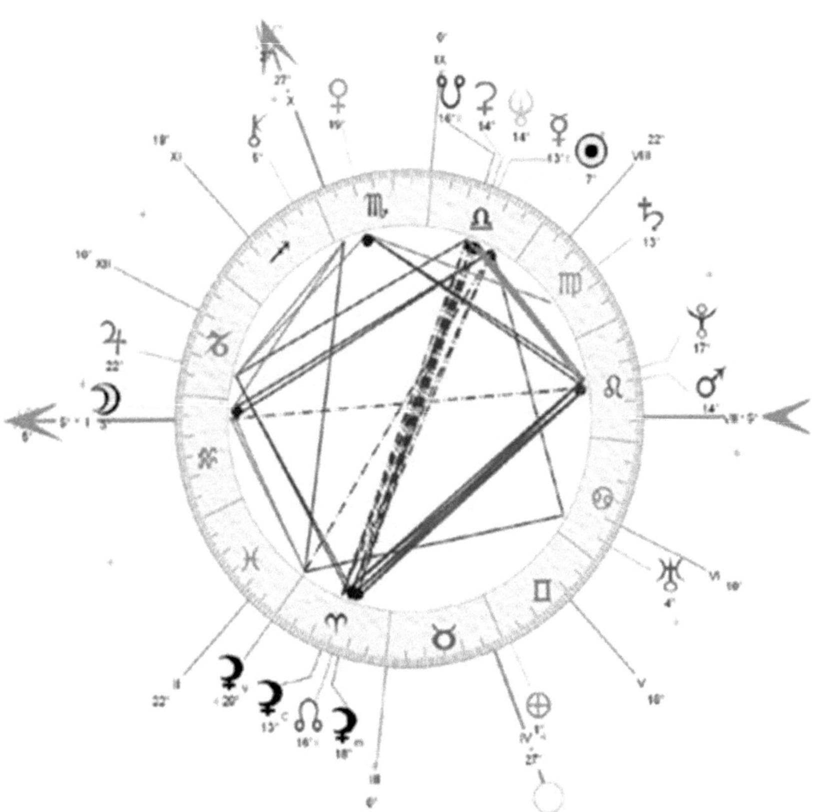

Russie

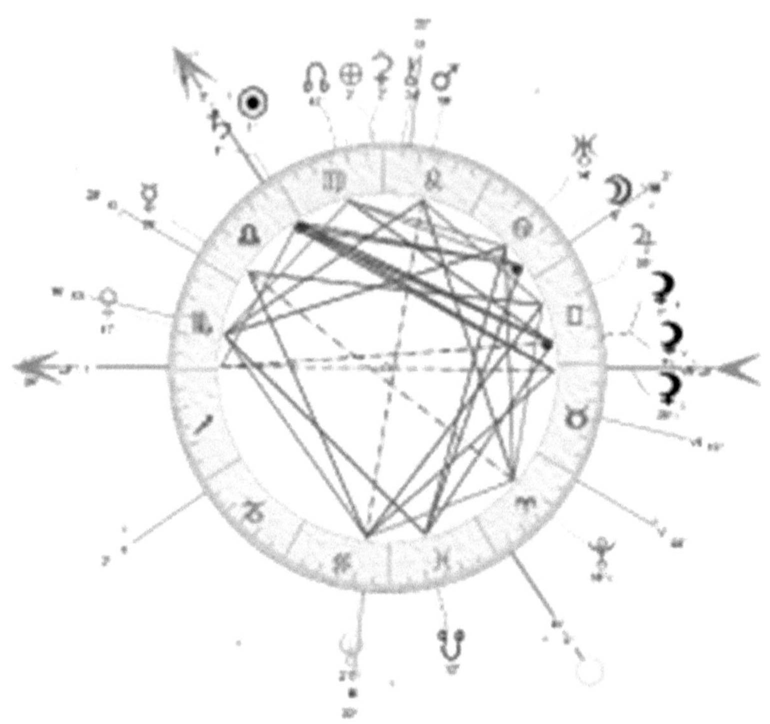

Fédération de Russie

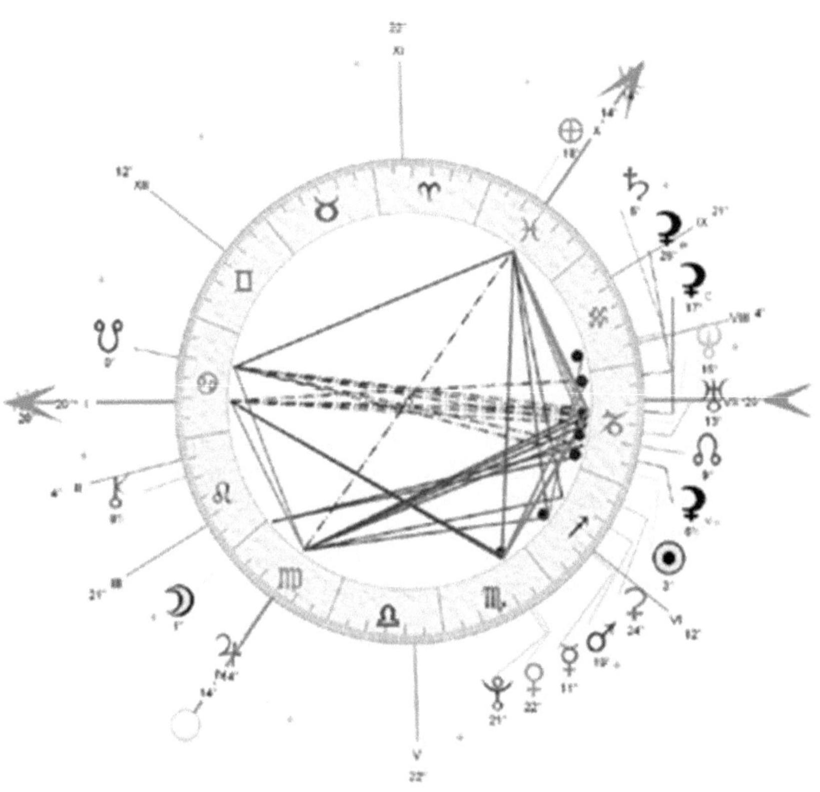

Ces textes vous donnent les notions de base pour interpréter une planète dans un signe et pour interpréter un aspect entre la planète en question et le maître du signe.

Jupiter en signes : Reste 1 an dans un signe.

Bélier/Mars.

Besoin national d'entreprendre, de s'affirmer, de repartir sur du neuf, de recommencer, de conquérir, de faire usage de la force voire de la violence, de développer l'industrie et l'armement. Besoin de renouvellement politique, économique et juridique, de justification des actes, de dépense ou d'exportation dans l'industrie, l'armement ou le sport. Période où l'on extériorise sa force, sa colère et les valeurs Bélier, et où l'on organise des choses nouvelles. Bonne année pour ce qui est représenté par le Bélier.

Taureau/Vénus.

Besoin national de prospérer, de s'enrichir, de se protéger de l'extérieur et d'accumuler des biens, de rentabiliser, d'occuper le terrain et de s'y installer, d'engloutir, d'avaler, de construire des édifices durables, de profiter des plaisirs de la vie, de promouvoir l'agriculture et les produits alimentaires, les finances, l'art et la production. Extériorisation et promotion des valeurs Taureau. Bonne année pour ce qui est représenté par le Taureau.

Gémeaux/Mercure air.

Besoin national de brasser des informations et de transmettre un savoir, une culture, de communiquer, de commercer, de créer des contacts entre nations, de voyager, de promouvoir la presse, la littérature, les discussions et négociations, les échanges commerciaux, la jeunesse, le rire, le jeu, le tourisme. Extériorisation et promotion des valeurs Gémeaux. Bonne année pour ce qui est représenté par les Gémeaux.

Cancer/Lune.

Besoin national de s'occuper des affaires intérieures, des enfants et de la famille, du public et du bien être du peuple, du passé, des traditions, de promouvoir l'expression du peuple, l'immobilier, les aides familiales, tout ce qui touche au foyer, les valeurs refuges permettant de se ressourcer, la musique, la cuisine etc. Promotion et expression des valeurs Cancer. Bonne année pour ce qui est représenté par le Cancer.

Lion/Soleil.

Besoin national de se mettre en valeur et d'exprimer des valeurs, des idéaux, de prendre conscience et d'affirmer son identité, de s'organiser pour s'imposer, d'être autonome et dégagé des pressions extérieures, de promouvoir le culte de la personnalité, l'aristocratie, les personnages célèbres, la mode, les jeux, les bijoux, l'or, les produits de luxe et l'énergie solaire. Promotion et extériorisation des valeurs Lion. Bonne année pour ce qui est représenté par le Lion.

Vierge/Mercure-terre.

Besoin national de se structurer, de s'organiser, d'être sécurisé, de réfléchir, d'analyser, de trier, d'exprimer des idées, de se protéger contre l'imprévu et la peur de l'avenir, de faire preuve de discrétion, d'organiser des jeux, de faire du commerce, de promouvoir les valeurs morales, la technique, l'imprimerie et la presse, les professions et le système de santé. Promotion et extériorisation des valeurs Vierge. Bonne année pour ce qui est représenté par la Vierge.

Balance/Vénus.

Besoin national de paix, d'éviter les conflits directs, de parlementer, de négocier, de créer des accords, traités et contrats, des liens et des associations, de promouvoir la justice, la paix, l'équilibre, l'art, la mode, la diplomatie, le mariage et la vie de couple, le théâtre, l'expression des sentiments et de la joie. Extériorisation et promotion des valeurs Balance. Bonne année pour ce qui est représenté par la Balance.

Scorpion/Pluton.

Besoin national de transformation, de détruire ce qui est jugé nuisible et de reconstruire, de régler ses comptes et faire la justice, d'initiation aux mystères de la vie et de la mort, de promouvoir l'expression des problèmes et des tensions, l'armée, la police, la surveillance, l'énergie nucléaire, de se protéger des catastrophes, de développer la chirurgie. Période de crise ou de transformations subtiles. Année ou il peut il avoir beaucoup de morts. Promotion et extériorisation des valeurs Scorpion. Année marquante pour tout ce qui est représenté par le Scorpion.

Sagittaire/Jupiter.

Besoin national d'expansion, d'exportation, de colonisation, de voyages, de promouvoir les négociations, le commerce, la loi, l'enseignement, les philosophies, la politique, les échanges culturels, la médecine, la croissance, les transports, la grande distribution et le tourisme. Promotion et extériorisation des valeurs Sagittaire. Bonne année pour ce qui est représenté par le Sagittaire et pour l'économie.

Capricorne/Saturne.

Besoin national de se replier sur soi pour faire le point, de se remettre en question, de se limiter, de faire des économies pour prévoir l'avenir, de construire et de reconstruire, de se structurer et se restructurer, de tout contrôler, d'édifier, de se poser des questions et de mettre en lumière ce qui ne va pas, d'établir des projets à long terme, de promouvoir la qualité, la morale, la sécurité, la discipline, l'intégrité, le bâtiment, l'immobilier, les travaux publiques, les structures de l'état, les valeurs traditionnelles. Promotion et extériorisation des valeurs Capricorne. Bonne année pour tout ce qui est représenté par le Capricorne.

Verseau-Uranus.

Besoin national de repartir sur du neuf, d'inventer, de communiquer, de tout maîtriser, de fraterniser, d'explorer l'espace, de révolutionner, de se libérer des contraintes et injustices du passé, d'exprimer sa puissance, de promouvoir l'expression des médias, les télécommunications, les relations internationales, l'aéronautique, les découvertes technologiques, la psychologie, les idéologies collectives. Promotion et extériorisation des valeurs Verseau.

Poissons-Neptune.

Besoin national de s'occuper des plus démunis, d'exprimer les humeurs collectives, de laisser les choses se faire au hasard, de combattre les souffrances et misères du monde, les famines, de promouvoir la diffusion d'une foi ou de valeurs religieuses, la pub ou le corps paramédical, les sciences touchant le psychisme et le social. Promotion et extériorisation des valeurs Poissons. Bonne année pour tout ce qui est représenté par les Poissons.

Saturne en signe: (Reste 2, 5 ans dans un signe.)

Bélier/mars.

Remise en question, interrogations, structuration et restructuration, approfondissement, réorganisation, moralisation, expression des insatisfactions, possibles restrictions, limitations et obstacles à franchir dans les domaines correspondant au Bélier, c'est-à-dire le monde de l'industrie, de la défense, du sport, de l'armement, de la police et de l'armée. Besoin de sécurité par le développement industriel, l'armement, les valeurs d'initiative, d 'efficacité, de conquête etc.

Taureau/Vénus-terre.

Remise en question, interrogations, structuration et restructuration, approfondissement, réorganisation, moralisation, expression des insatisfactions, possibles restrictions, limitations et obstacles à franchir dans les domaines correspondant au Taureau, c'est-à-dire l'agro-alimentaire, la bourse, les finances, les banques, le textile, l'art, les plaisirs etc. Epargne et limitation des dépenses. Besoin de sécurité par l'avoir, la possession, les gains matériels et les valeurs Taureau.

Gémeaux/Mercure-air.

Remise en question, interrogations, structuration et restructuration, approfondissement, réorganisation, moralisation, expression des insatisfactions, possibles restrictions, limitations et obstacles à franchir dans les domaines correspondant aux Gémeaux, c'est-à-dire dans la communication, la presse, la jeunesse, l'expression des idées, le jeux, le commerce. Approfondissement et sélectivité des liens entre nations. Besoin de sécurité par le savoir, les contacts, la débrouillardise et les valeurs Gémeau.

Cancer/Lune.

Remise en question, interrogations, structuration et restructuration, approfondissement, réorganisation, moralisation, expression des insatisfactions, possibles restrictions, limitations et obstacles à franchir dans les domaines correspondant au Cancer, c'est-à-dire dans les croyances populaires, les traditions, les affaires intérieures, les valeurs immobilières, tout ce qui touche au foyer, à la famille, à la musique, à la cuisine, à l'alimentation, aux enfants. Accroît le sentiment d'appartenance à une nation, le nationalisme et le conservatisme. Expression de l'insatisfaction du peuple et peurs collectives. Les valeurs « Cancer » deviennent synonymes de sécurité.

Lion/Soleil.

Remise en question, interrogations, structuration et restructuration, approfondissement, réorganisation, moralisation, expression des insatisfactions, possibles restrictions, limitations et obstacles à franchir dans les domaines correspondant au Lion, c'est-à-dire en ce qui concerne les idéaux nationaux, les pouvoirs en place, les grande lignes directrices des nations, les centres d'intérêt, les valeurs, le monde du spectacle etc. Besoin de sécurité par la domination, par la mise en valeur nationale, par l'utilisation d'un idéal et de valeurs morales. Expression nationale du besoin de construire, de sécurité, de stabilité, de morale, de bien faire les choses etc.

Vierge/Mercure-terre.

Remise en question, interrogations, structuration et restructuration, approfondissement, réorganisation, moralisation, expression des insatisfactions, possibles restrictions, limitations et obstacles à franchir dans les domaines correspondant à la Vierge, c'est-à-dire dans les domaines de la technique, des méthodes d'analyse, de l'organisation et la comptabilité, des techniques de précision, de l'organisation administrative, du monde du travail, des valeurs morales, des idées, du système de santé, du monde de l'imprimerie etc. Besoin de sécurité par la prévision, par une bonne organisation, une morale fiable et une maîtrise technique.

Balance/Vénus-air.

Remise en question, interrogations, structuration et restructuration, approfondissement, réorganisation, moralisation, expression des insatisfactions, possibles restrictions, limitations et obstacles à franchir dans les domaines correspondant à la Balance, c'est-à-dire dans le domaine de la mode, de l'art, des traités et contrats, des associations et relations, de la vie de couple et du mariage, les sentiments et la diplomatie. Besoin de sécurité à travers les relations, la vie de couple, la paix et les valeurs vénusiennes.

Scorpion/Pluton.

Remise en question, interrogations, structuration et restructuration, approfondissement, réorganisation, moralisation, expression des insatisfactions, possibles restrictions, limitations et obstacles à franchir dans les domaines correspondant au Scorpion, c'est-à-dire dans le domaine de la sexualité, de l'énergie nucléaire, de la police, de l'armée, de la sécurité et de la surveillance, des sciences occultes, de la criminalité et du terrorisme.

Limitation des crises et catastrophes qui peuvent être peu nombreuses mais laisser des traces. Besoin de sécurité à travers les valeurs Scorpion.

Sagittaire/Jupiter.

Remise en question, interrogations, structuration et restructuration, approfondissement, réorganisation, moralisation, expression des insatisfactions, possibles restrictions, limitations et obstacles à franchir dans les domaines correspondant au Sagittaire, c'est-à-dire dans l'économie, la politique, la médecine, les transports, la grande distribution, les lois, les cultures, les frontières, les échanges internationaux, les moyens d'organisation, Besoin de sécurité à travers les valeurs Sagittaire et le monde extérieur.

Capricorne/Saturne.

Remise en question, interrogations, structuration et restructuration, approfondissement, réorganisation, moralisation, expression des insatisfactions, possibles restrictions, limitations et obstacles à franchir dans les domaines correspondant au Capricorne, c'est-à-dire dans le bâtiment et les travaux publics, l'agriculture, la structure des états, la morale, l'histoire, les techniques de gestion. Besoin de sécurité par les valeurs « capricorniennes » de repli sur soi, d'élaboration de projets à long terme, de conservatisme, d'élaboration de systèmes de défense, de maîtrise et de contrôle etc. Période où on se serre la ceinture, fait le point, se restructure et prépare un nouvel avenir.

Verseau-Uranus.

Remise en question, interrogations, structuration et restructuration, approfondissement, réorganisation, moralisation, expression des insatisfactions, possibles restrictions, limitations et obstacles à franchir dans les domaines correspondant au Verseau, c'est-à-dire dans les organisations internationales, les multinationales, les moyens de transports modernes, les industries aéronautiques et spatiales, les réformes, les notions de progrès et de liberté, l'informatique, les télécommunications, les médias, les sciences et la technologie. Période de recherche (où l'avenir parait moins optimiste) pouvant précéder une période de découvertes. Les valeurs Verseau deviennent synonymes de sécurité.

Poissons-Neptune.

Remise en question, interrogations, structuration et restructuration, approfondissement, réorganisation, moralisation, expression des insatisfactions, possibles restrictions, limitations et obstacles à franchir dans les domaines correspondant au Poissons, c'est-à-dire dans les valeurs collectives, les mentalités, les courants religieux et spirituel, les modes, les transports maritimes, la drogue, le tabac et l'alcool, la publicité, la spiritualité, la musique, le paramédical. Les énergies structurantes de Saturne peuvent avoir du mal à s'exprimer.

Uranus en signes. (Reste 7 ans dans un signe).

Les effets d'Uranus dans les différents signes sont particulièrement visibles lorsque l'on compare les valeurs du signe qu'il occupe et les événements extérieurs (politiques, économiques, historiques). Uranus libère et extériorise les énergies du signe dans lequel il se trouve.

Le passage d'un signe à l'autre est souvent marqué par un événement fort :

Bélier-Mars.   (1761/1768),   1845/1851),   (1927/1933). (2011/2018).

Inventions, nouveautés, découvertes, nouvelles applications, réformes, révolutions, bouleversements, déstabilisation, libération, besoin de progrès, de maîtrise, de modernisation, d'humanisation et de libertés collectives, de contestations et de privatisations dans les domaines correspondants au Bélier. Besoin ou nécessité collective d'aventure et d'action. Rénovation des armées et de l'industrie.

Les valeurs martiennes deviennent synonymes de progrès et peuvent occuper un grand nombre de personnes. Extériorisation des valeurs uraniennes (idéologies, liberté, inventions, progrès, maîtrise, modernisation. Puissance d'action et parfois risque d'attentats, d'actes révolutionnaires ou de coups d'état. Au niveau individuel, les personnes ayant dans leur thème natal Uranus en Bélier font parti d'une génération ayant plus que d'autres un besoin de s'affirmer à travers les besoins et tendances propres au signe du Bélier.

Taureau-Vénus-terre.   (1769/1775),   (1852/1859), (1934/1941), (2018/2025).

Inventions, nouveautés, découvertes, nouvelles applications, réformes, révolutions, bouleversements, déstabilisation, libération, besoin de progrès, de maîtrise, de modernisation, d'humanisation, et de libertés collectives, contestations, privatisations dans les domaines correspondant au Taureau, c'est-à-dire dans le partage des terres et des biens matériels, dans l'agriculture, les finances, les banques, les moyens de production, les structures familiales, l'art, le bonheur établi.

Besoin collectif de construire une nation nouvelle, de posséder, d'accaparer, d'engloutir, d'occuper le terrain et de s'y installer, de plaisirs, de matérialisme. Les valeurs Taureau deviennent synonymes de progrès et peuvent occuper un nombre important de personnes. Au niveau individuel, les personnes ayant dans leur thème natal Uranus en Taureau font parti d'une génération ayant plus que d'autres un besoin de s'affirmer à travers les besoins et tendances propres au signe du Taureau. Affaiblissement des valeurs spirituelles de liberté, de fraternité et d'évolution psychologique. Puissance de séduction et de production.

Gémeaux/Mercure-air.   (1776/1781),   (1859/1865), (1942/1949), (2026/2033).

Inventions, nouveautés, découvertes, nouvelles applications, réformes, révolutions, bouleversements, déstabilisation, libération, besoin de progrès, de maîtrise, de modernisation, d'humanisation, et de libertés collectives, contestations, privatisations dans les domaines des Gémeaux, c'est-à-dire dans les idées et mentalités, dans les moyens d'échanges, de transports et de communication, dans les échanges commerciaux et les contacts entre nations. Besoin ou nécessité collective de mouvement, de savoir, d'information, de contacts, d'échanges commerciaux, de petits voyages, de débrouillardise.

Les valeurs Gémeaux deviennent synonymes de progrès et peuvent occuper un nombre important de personnes. Au niveau individuel, les personnes ayant dans leur thème natal Uranus en Gémeaux font parti d'une génération ayant plus que d'autres un besoin de s'affirmer à travers les besoins et tendances propres au signe du Gémeaux.

Cancer/Lune.   (1782/1788),   (1866/1872),   (1949/1955), (2033/2039).

Inventions, nouveautés, découvertes, nouvelles applications, réformes, révolutions, bouleversements, déstabilisation, libération, besoin de progrès, de maîtrise, de modernisation, d'humanisation, et de libertés collectives, contestations, privatisations dans le domaine du Cancer, c'est-à-dire du logement, de l'immobilier, de la musique, du dessin, de la famille, des traditions, des liens entre peuples et entre société/nation mère et filiales/colonies. Besoin ou nécessité collective de repli sur soi pour constituer une cellule intime et indépendante. Excitation populaire et besoin collectif de liberté, de démocratie, de progrès et d'affranchissement des contraintes.

Les valeurs « Cancer » deviennent synonymes de progrès et peuvent occuper un nombre important d'individus. Au niveau individuel, les personnes ayant dans leur thème natal Uranus en Cancer font parti d'une génération ayant plus que d'autres un besoin de s'affirmer à travers les besoins et tendances propres au signe du Cancer.

Lion-Soleil.   (1789/1794),   (1873/1878),   (1956/1962). (2039/2046).

Inventions, nouveautés, découvertes, nouvelles applications, réformes, révolutions, bouleversements, déstabilisation, libération; besoin de progrès, de maîtrise, de modernisation, d'humanisation, et de libertés collectives, contestations, privatisations dans les domaines du Lion, c'est-à-dire dans les idéaux, les valeurs, la légitimité du pouvoir en place, la hiérarchie, les classes dirigeantes. Développement de la conscience individuelle.

Excitation et nouvelle prise de conscience collective et besoin de réformes, de révolution et de déstabiliser l'ordre et le pouvoir en place afin de créer une société nouvelle. Expression des valeurs uraniennes de liberté, d'indépendance, de contrôle, de progrès et de modernisation.

Les valeurs Lion préoccupent un nombre important d'individus, deviennent synonyme de progrès ou sont déstabilisées et foudroyées. Au niveau individuel, les personnes ayant dans leur thème natal Uranus en Lion font parti d'une génération ayant plus que d'autres un besoin de s'affirmer à travers les besoins et tendances propres au signe du Lion.

Vierge/Mercure-air. (1795/1800), (1879/1884), (1963/1968), (2046/2053).

Inventions, nouveautés, découvertes, nouvelles applications, réformes, révolutions, bouleversements, déstabilisation, libération, besoin de progrès, de maîtrise, de modernisation, d'humanisation, et de libertés collectives, contestations, privatisations dans les domaines de la Vierge, c'est-à-dire dans le domaine des idées, du monde de la santé, des conditions de travail, des moyens d'analyse et d'évaluation, de l'administration, du commerce, des valeurs morales, de l'automobile, des sciences, des techniques de précision, de la technique et des instruments. Période de développements technologiques d'amélioration des conditions de la vie quotidienne, d'affranchissement de l'esclavage.

Uranus en Vierge permet de dépasser ses limites, et notamment les limites de la connaissance. Il peut conférer une puissance intellectuelle, analytique ou technique. Les valeurs Vierge deviennent synonymes de progrès et peuvent préoccuper un nombre important de personnes. Un ordre nouveau peut s'établir. Au niveau individuel, les personnes ayant dans leur thème natal Uranus en Vierge font parti d'une génération ayant plus que d'autres un besoin de s'affirmer à travers les besoins et tendances propres au signe de la Vierge.

Balance/Vénus air. (1801/1807), (1885/1890), (1969/1975).

Inventions, nouveautés, découvertes, nouvelles applications, réformes, révolutions, bouleversements, déstabilisation, libération, besoin de progrès, de maîtrise, de modernisation, d'humanisation, et de libertés collectives, contestations, privatisations dans les domaines de la Balance, c'est-à-dire dans la créativité artistique, les mœurs, le couple, la vie affective, les relations sociales, les relations internationales, les accords, traités et contrats, la justice et la mode. Besoin collectif ou nécessité de paix, d'harmonie, d'équilibre dans les rapports de force, de remédier aux injustices etc.

Les valeurs Balance deviennent synonymes de progrès et peuvent, à une échelle collective, préoccuper un nombre important de personnes. Au niveau individuel, les personnes ayant dans leur thème natal Uranus en Balance font parti d'une génération ayant plus que d'autres un besoin de s'affirmer à travers les besoins et tendances propres au signe de la Balance. Uranus en Balance peut conférer une puissance relationnelle ou artistique.

Scorpion/Pluton. (1808/1813), (1891/1897), (1976/1981).

Inventions, nouveautés, découvertes, nouvelles applications, réformes, révolutions, bouleversements, déstabilisation, libération, besoin de progrès, de maîtrise, de modernisation, d'humanisation, et de libertés collectives, contestations, privatisations dans le domaine du Scorpion, c'est-à-dire dans l'expression de la sexualité, dans l'énergie nucléaire, la police, l'armée, la sécurité, la défense, la chirurgie, la psychanalyse, les sciences occultes. Eruptions volcaniques. Volonté collective de maîtriser crises et problèmes, d'initiation aux secrets de la vie et de la mort.

Les valeurs Scorpion deviennent synonymes de progrès ou tendent à préoccuper, à une échelle collective, un nombre important de personnes, ce qui peut être délicat et dangereux, ou source de transformation et d'initiation collective. Au niveau individuel, les personnes ayant dans leur thème natal Uranus en Scorpion font parti d'une génération ayant plus que d'autres un besoin de s'affirmer à travers les besoins et tendances propres au signe du Scorpion.

Sagittaire/Jupiter. (1814/1821), (1897/1904). (1981/1988).

Inventions, nouveautés, découvertes, nouvelles applications, réformes, révolutions, bouleversements, déstabilisation, libération, besoin de progrès, de maîtrise, de modernisation, d'humanisation, et de libertés collectives, contestations, privatisations dans les domaines du Sagittaire, c'est-à-dire dans les domaines de la médecine, de la politique, de l'enseignement, des transports, de la grande distribution, des lois, du commerce international, des méthodes de gestion. Période de croissance. Désir national de modernisation, d'internationalisation, de colonialisme, de philosophies nouvelles. Les valeurs Sagittaire deviennent synonymes de progrès et peuvent occuper, à une échelle collective, un nombre important de personnes. Au niveau individuel, les personnes ayant dans leur thème natal Uranus en Sagittaire font parti d'une génération ayant plus que d'autres un besoin de s'affirmer à travers les besoins et tendances propres au signe du Sagittaire, et d'exprimer les valeurs et tendances propres au signe.

Capricorne / Saturne. (1822/1828), (1905/1911). (1989/1994).

Inventions, nouveautés, découvertes, nouvelles applications, réformes, révolutions, bouleversements, déstabilisation, libération, besoin de progrès, de maîtrise, de modernisation, d'humanisation, de libertés collectives, contestations, privatisations dans le domaine du Capricorne, c'est-à-dire dans la structure des états, des systèmes politiques, des régimes et valeurs en place, des valeurs morales, des méthodes d'organisation, le monde du travail, de l'agriculture et de la vie rurale. Tremblements de terre (politiques).

Bouleversements politiques et historiques. On tourne une page de l'histoire. Besoin ou nécessité collective de balayer le passé pour repartir sur du neuf, de sécurité, de qualité, de morale, d'interrogations, de remises en question, de méditation, de solitude, de repli sur soi, de reconstruire, de repartir sur des bases nouvelles. Les valeurs saturniennes deviennent synonymes de progrès. Période de récession ou de restrictions. Au niveau individuel, les personnes ayant dans leur thème natal Uranus en Capricorne font parti d'une génération ayant plus que d'autres un besoin de s'affirmer à travers les besoins et tendances propres au signe du Capricorne, et d'exprimer les valeurs et tendances propres au signe.

Verseau-Uranus. (1829/1836), (1912-1918). (1995/2001).

Inventions, nouveautés, découvertes, nouvelles applications, réformes, révolutions, bouleversements, déstabilisation, libération, besoin de progrès, de maîtrise, de modernisation, d'humanisation, et de libertés collectives, contestations, privatisations dans le domaine du Verseau, c'est-à-dire dans les domaines des télécommunication, de l'aviation, de la psychologie, de l'astrologie, des valeurs humanitaires, des révolutions, des inventions, des idéologies politiques et sociale. Besoin ou nécessité collective de se libérer du passé, des attachements du matérialisme, des valeurs terrestres, de l'esclavage de l'égo et des sens, de promouvoir le progrès individuel et collectif. Espoir et naïveté collective.

Les valeurs correspondant au signe du Verseau deviennent synonymes de progrès et peuvent occuper, à une échelle collective, un nombre important de personnes. Ce qui est exprimé dans le Verseau est préparé dans le Capricorne. Au niveau individuel, les personnes ayant dans leur thème natal Uranus en Verseau font partie d'une génération ayant plus que d'autres un besoin de s'affirmer à travers les besoins et tendances propres au signe du Verseau, et d'exprimer les valeurs et tendances propres au signe.

Poisons-Neptune. (1837/1844), (1919/1926). (2002/2008).

Inventions, nouveautés, découvertes, nouvelles applications, réformes, révolutions, bouleversements, déstabilisation, libération; besoin de progrès, de maîtrise, de modernisation, d'humanisation, et de libertés collectives, contestations, privatisations dans les domaines du Poissons, c'est-à-dire dans le paramédical, la musique, les mentalités, les humeurs, les peurs et émotions collectives, les modes, les transports maritimes, la publicité, les valeurs religieuses, la foi. Désir ou nécessité collective de relâchement, d'évasion, de laisser aller, de communion.

Les valeurs Poissons deviennent synonymes de progrès et peuvent occuper, à une échelle collective, un nombre important de personnes. Au niveau individuel, les personnes ayant dans leur thème natal Uranus en Poissons font parti d'une génération ayant plus que d'autres un besoin de s'affirmer à travers les besoins et tendances propres au signe des Poissons.

Neptune en signes. (Reste 14 ans dans un signe).

Neptune correspond aux humeurs, aux attitudes, aux émotions, aux croyances collectives, aux mouvements et aux courants collectifs. Elle engendre une prolifération, une dilatation, une dissolution, un flou en rapport avec les valeurs des signes dans lesquels elle se trouve. Elle confère, à l'échelle d'une génération, une tendance et une capacité à idéaliser, à mystifier ou à spiritualiser les valeurs correspondant au signe dans lequel elle se trouve.

Ces valeurs peuvent être une source d'évasion ou de fuite de la réalité, de rêve, d'évolution spirituelle, de transcendance et peuvent alimenter le pouvoir magique que chacun possède en lui-même. Dans un sens négatif, ces valeurs peuvent être une source de confusion, d'illusions, d'erreurs d'interprétation, de désillusions, de souffrance ou de perversion.

Des mythes en rapport avec les valeurs du signe peuvent naître et influencer les générations et les sociétés de l'époque. Neptune correspond plus à un état d'esprit de masse ou à des courants collectifs en rapport avec les valeurs du signe qu'elle occupe qu'à des réalisations matérielles collectives comme c'est le cas avec Uranus, et son influence concrète est difficile à cerner.

Bélier/Mars: (1863/1875), (2025/2039).

Humeurs, émotions, croyances, attitudes de masse guerrières, conquérantes et dynamiques.

Taureau/Vénus. (1876/1888), (2039/2055).

Humeurs, émotions, croyances, attitudes de masse paisibles, orientées vers la joie, la recherche de plaisir, la communion avec la nature, l'art, la chanson. Dissolution, laisser-aller, idéologies floues dans le domaine des finances, de l'art, des plaisirs. Désirs collectifs d'acquérir de nouvelles richesses et de conquérir de nouveaux territoires.

Gémeaux/Mercure-air. (1889/1901).

Humeurs, émotions, croyances, ambiance, attitudes de masse juvéniles, adolescentes, communicatives, rusées.

Cancer/Lune. (1902/1914).

Humeurs, émotions, croyances, attitudes de masses infantiles, patriotiques, nationalistes et traditionalistes. Dissolution des valeurs refuges et traditionnelles.

Lion/Soleil. (1914-1928).

Humeurs, émotions, croyances, ambiance, attitudes de masse confiantes, fières. Dissolution et prolifération des idéaux.

Vierge/Mercure-terre. (1765/1778), (1929/1942).

Humeurs, émotions, croyances, attitudes de masse critiques, analytiques, orientées vers l'organisation, le développement des techniques.

Balance/Vénus-air. (1779/1792), (1943/1956).

Humeur, ambiance, climat, attitudes de masses orienté vers la paix, la réconciliation, le partage, les valeurs artistiques, l'expression des sentiments.

Scorpion/Pluton. (1792/1806), (1956/1969).

Humeurs, ambiance, climat, attitudes de masse orientées vers les transformations, l'initiation, la recherches de sensations fortes, les crises. Crises sociales.

Sagittaire/Jupiter. (1807/1820), (1970/1984).

Humeurs, ambiance, climat, attitudes de masse orientées vers l'expansion, l'optimiste, l'opportunisme, le colonialisme. Période d'expansion et de dépense.

Capricorne/Saturne. (1821/1834), (1984/1998).

Humeur, ambiance, attitudes de masses sérieuses, réfléchies, orientées vers l'introspection, la restructuration, la peur de l'avenir. Restructuration des mentalités. Période de récession, d'épargne et de limitation.

Verseau-Uranus. (1835/1848), (1998/2011).

Humeur, ambiance, mentalité collective ayant de l'espoir, orientées vers la liberté, l'organisation, le progrès.

Poissons-Neptune. (1849/1862), (2012/2025).

Humeurs, ambiance, mentalité collective tournées vers l'évasion, le rêve, la charité, le laisser-aller.

Pluton en signes

Pluton suit une orbite ellipsoïdale particulière autour du Soleil, la distance Soleil Pluton pouvant varier du simple au triple suivant la position de Pluton sur son Orbite. Entre 1969 et 2008, Pluton traverse la partie de son orbite qui est la plus proche du Soleil (le point où Pluton est le plus proche du Soleil se situe à environ 15° du Scorpion) et passe devant Neptune qui devient jusqu'en 2009 la planète la plus lointaine du système Solaire. Plus la planète se rapproche du signe du Scorpion et moins elle reste longtemps dans le signe. Pluton provoque une transformation, une crise, une pollution, une mise en lumière des problèmes non résolus et des déchets psychologiques collectifs qui remontent à la surface pour être purifiés, une destruction puis une reconstruction, une intensification, un éclatement et des problèmes dans le domaine que représente le signe. Il canalise les énergies de destruction mais aussi de renaissance.

Lorsque Pluton traverse un signe, les valeurs, comportements, qualités et défauts du signe deviennent à l'ordre du jour à une échelle collective. Les difficultés, les crises et transformations auxquelles correspondent les passages de Pluton dans un signe marquent des périodes de l'histoire.

On peut observer des changements d'ambiance et de préoccupations collectives lorsque Pluton sort d'un signe pour entrer dans un autre. Voici quelques repères historiques. Certaines périodes historiques expriment bien les valeurs du signe dans lequel se trouve Pluton. Durant d'autres périodes, les valeurs du signe occupé par Pluton sont moins apparentes. Cela est du au fait que l'évolution des sociétés est en synchronicité non seulement avec Pluton mais aussi avec Uranus et Neptune qui peuvent modifier l'influence de Pluton. Le passage de Pluton d'un signe à un autre marque souvent une période de rupture et des changements vécus comme une crise. Exemple : Le passage de Pluton du Sagittaire (valeurs d'expansion, de dépenses mais aussi de gaspillage) au Capricorne (valeurs de limitation, de rigueur, de sagesse), en octobre 2008, a coïncidé avec une crise financière et le début d'une période marque par un besoin collectif de « se serrer la ceinture ».

Bélier : Durée du transit : 30 ans. (-418/-388), (-169/-139) Troisième Guerre Punique, destruction de Carthage et soumission de le Grèce par les Romains, (80/110) Persécutions des Chrétiens, (329/359) Invasions de l'empire Romain par les barbares, (578/608) Naissance de Mahomet, (827/857) Traité de Verdun divisant le royaume de Charlemagne, invasions Vikings, naissance de la féodalité, (1076/1106) Premières croisades, (1325/1355) Début de la guerre de cent ans, utilisation des premiers canons, (1574/1604), (1821/1851) Révolution industrielle, (2072/2102).

Taureau : Durée du transit : 30 ans. (-388/-358), (-139/-109), (110/141) La Paix Romaine, (359/390) Invasions des Huns qui s'installe en Hongrie, (608/639) Début de l'ère Musulmane, (857/888) Art Musulman, unité éphémère sous Charles le gros, (1106/1137) Art Ottoman et naissance style Gothique, (1355/1386), (1604/1635), (1852/1882), (2102/2133).

Gémeaux : Durée du transit : 30 ans.(-358/-327) Alexandre le grand/villes nouvelles et développement du commerce, (-108/-78), (141/171), (390/420) Nouvelles invasions des Germains et pillage de Rome, grande vague de migration, (639/669), (888/918) Nouvelles invasions des vikings et vagues de migration, (1137/1167), 1386/1406), (1635/1665) Vagues d'immigrations et développement des colonies aux USA, Traité de Westphalie (1883/1914) Naissance de l'automobile et de la presse, (2133/2163).

Cancer : Durée du transit : 25 ans. Période d'insécurité et de bouleversements profonds. (-576/-551) Naissance de Bouddha; (-327/-302) Premier partage de l'empire d'Alexandre le Grand, (-78/-53) Conquête de la Gaule, (171/196) Grave crise politique à Rome, (420/445) Invasions des Huns (Attila), 669/694), (918/943) Les Vikings, (1167/1192), (1416/1441) Début de la renaissance, 1665/1690) Louis XIV, immigrations de français suite à la révocation de l'Edit de Nantes (1914/1939) Première guerre et ascension de Hitler, (2163/2188).

Lion : Durée du transit : 19 ans. Période d'insécurité, de violence et de bouleversements profonds. Culte du héros. Pluton semble particulièrement virulent en Cancer et en Lion. (-551/-532), (-302/-283), (-53/-34) Soumission de la Gaule par les Romains, (196/215), (445/464) Pillage de Rome par les Germains et nouvelle invasions des Huns (Attila), (694/713), (943/962) Les Vikings, (1192/1211) Troisième et quatrième croisade, (1441/1460) Les Turcs envahissent Constantinople et les anglais sont chassés de France, (1690/1709), (1939/1958). Deuxième Guerre Mondiale (Hitler) et plan Marshal. Transformation des valeurs, idéaux, (2188/2207).

Vierge : Durée du transit : 13 ans. Période de calme après la tempête et de reconstruction. Transformation des idées. (-532/-519), (-283/-270), (-34/-21), (215/228), (464/477), (713/726), (962/975) Rétablissement de St Empire Romain Germanique, (1211/1224) Cathédrales Gothiques, (1460/1473) Développement de l'imprimerie, (1709/1722), (1958/1971). Construction de la Communauté Economique Européenne, transformation des idées, des techniques, du monde du travail, révolte des jeunes, (2207/2220).

Balance : Durée du transit : 13 ans. Période de calme où les civilisations se développent et se transforment. (-519/-505), (-270/-257) Partage définitif de l'empire d'Alexandre le Grand (-21/-08), (228/241), (477/490) Formation du Royaume des Francs, (726/739) La menace des Musulmans est écartée par Charles Martel, (975/988), (1224/1237), (1473/1486), (1722/1735), (1972/1984) Transformation, (et aussi corruption) des mœurs, des relations interpersonnelles, (2220/2233). Symboliquement, au niveau individuel et collectif, l'influence de Pluton devrait être utilisée pour engendrer des transformations dans la façon de vivre la vie de couple, les relations interpersonnelles et la participation à civilisation.

Scorpion : Durée du transit : 11 ans. Transformation, destruction et corruption généralisée. Initiation, bouleversements, naissance, mort et renaissance collective. Pollution internationale, catastrophes naturelles et industrielles. Climat de crise. (-505/-494) Naissance de la république de Rome, (-505/-494), (-257/-245) Première Guerre Punique Rome et Carthage, (-08/0004) Naissance du Christ, (241/253), (490/502) Conquêtes de Clovis, (739/751), (998/1000) La peur de l'an Mil, (1486/1498) Découverte des nouveaux mondes par Cristobal Colom et bouleversement des équilibres ; (1735/1747), (1984/1995) Bouleversement et rupture d'équilibre mondial, épidémie du Sida; (2220/2231).

Sagittaire : Durée du transit : 15 ans. (-494/-479), (-245/-230) Première Guerre Punique et expansion romaine, (0004/0019), (253/268) Persécution des Chrétiens, (502/517) Partage du Royaume de Clovis, (751/766), (1000/1015) Art Roman miniatures et sculptures, (1249/1264), (1498/1513) Grandes expéditions et développement du commerce, premiers massacres des indiens sud américains par les espagnols (1749/1762),(1995/2008) Période d'expansion sans précédent du commerce mondial (2231/2246) :

Signification Générale : Transformation, perturbations, crises, destruction puis reconstruction de l'économie, du monde extérieur, des systèmes politiques, des sociétés, des philosophies et doctrines admises, des conformismes, des cultures, des domaines Sagittaire (éducation, lois, transports, médecine). Expression des malaises et des problèmes collectifs qui demandent à être résolus afin de tendre vers une société plus authentique. Possibilité de progrès médicaux importants. Risque de terrorisme ou de crise en rapport avec les courants religieux. Le monde extérieur et la relation qu'a l'individu à la société se transforme pendant le passage de Pluton en Sagittaire.

Capricorne: Durée du transit : 16 ans.(-479/-463), (-230/-214) Traité avec Carthage, (0019/0035) Mort du Christ et organisation du Christianisme, (268/284) Invasion Germaines et rétablissement d'un certain ordre Romain, (517/533), (766/782) Charlemagne, (1015/1031), (1264/1280) Dernières croisades, (1513/1529), (1762/1778) Révolution Américaine, (2008/2024).

Signification Générale : La fête est finie ! Après les excès du Sagittaire il est temps de remettre de l'ordre et de se serrer la ceinture ! Transformation, destruction puis reconstruction des structures des états, des partis au pouvoir, de la morale, des terres et bâtiments, des systèmes d'organisations et de la morale. Tout dépendra si la résistance, la maturité, la sagesse, la force morale et spirituelle du Capricorne parviennent à organiser les pulsions et les transformations engendrées par Pluton, tout comme le plomb, élément saturnien, filtre et gère la radioactivité. Symboliquement l'influence de Pluton devrait être canalisée, structurée, concentrée pour engendrer des transformations de fond au niveau des structures même des civilisations.

Verseau : Durée du transit : 19/20 ans.(-463/-443)(-214/-194) Deuxième Guerre Punique(Hannibal) et expansion romaine, (0035/0055) Premières communautés Judéo-chrétiennes, (284/304), (533/553), (782/802) Charlemagne empereur, (1031/1051) Renouvellement de la Chrétienté, (1280/1300), (1529/1549) Fin de l'empire Inca et réforme du catholicisme (Calvin), (1778/1798) Révolution Française, (2024/2043).

Transformations des idéologies, des valeurs humaines, des sciences, des modes de gouvernement, des systèmes politiques, de la société moderne, des télécommunications.

Poissons : Durée du transit : 25 ans (-443/-418), (-194/-169), (0055 /0079) Persécution des Chrétiens, (304/329) Edit de tolérance de Milan (Rome - Chrétiens), (553/578), (802/827) Mort de Charlemagne et premières invasions Vikings, (1051/1075) Guillaume le Conquérant, (1300/1325) Ordre des Templiers, (1549/1574), (1798/1823) Napoléon Bonaparte, (2044/2069).

Orbite excentrique de Pluton

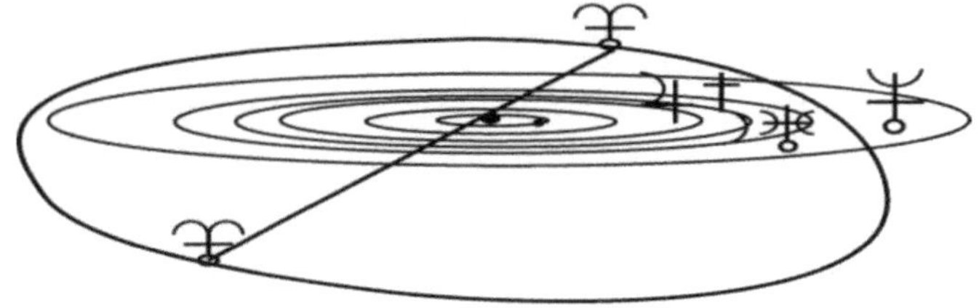

Les planètes lentes en signes rythment, tout comme les cycles planétaires, les mentalités et les événements dans le monde, en faisant prédominer des états d'esprit. Si les effets de Neptune et Pluton en signes sont moins visibles concrètement et correspondent plus à une mentalité, les effets de Jupiter, de Saturne et d'Uranus correspondent à des événements plus concrets. En conclusion, lorsqu'on analyse une situation économico-historique, l'on tient compte de l'ère concernée, de l'indice cyclique et de la fréquence des grandes conjonctions, des cycles planétaires correspondants à la civilisation étudiée, des planètes lentes en signe, et des données économiques et historiques dont on dispose.

8) Exemple d'analyse : La période 2015-2022 :

Cette période se situe en pleine phase de courbe d'indice cyclique descendante et laisse présager un risque de conflit généralisé. Elle est historiquement caractérisée par des problèmes structurels de fond. Le système financier n'est plus au service de l'économie réelle et encore moins de l'évolution des consciences.

Ce système a pris la place de l'économie réelle et contribue à la détruire en créant une richesse extrême et une pauvreté extrême. Il se traduit en particulier par un déséquilibre dans la valeur et la parité des monnaies. (Monnaie chinoise sous évaluée et les Usa qui font tourner leur planche à billets pour financer leurs excès.

Il y a eu une délocalisation de la production industrielle en Chine et des services informatiques en Inde. Cela a conduit un déséquilibre aux USA et en Europe, des déficits commerciaux, un endettement public et un chômage massifs aboutissant à un mécontentement croissant de la population. Il y a enfin une surpopulation mondiale et une crise des ressources en eau et en métaux à venir. Les configurations économiques et astrales sont similaires à la période qui précéda la deuxième guerre mondiale.

Les Usa et la Chine sont en compétition dans tous les domaines pour à terme diriger la planète. En 2019 et 2020, une doriphorie en Capricorne laisse présager une apogée dans l'écroulement du système ou dans un conflit qui marquera l'Histoire et redéfinira l'ordre des choses. Il y aura durant cette période l'opportunité de ralentir, de revenir à plus de sagesse, à plus de profondeur.

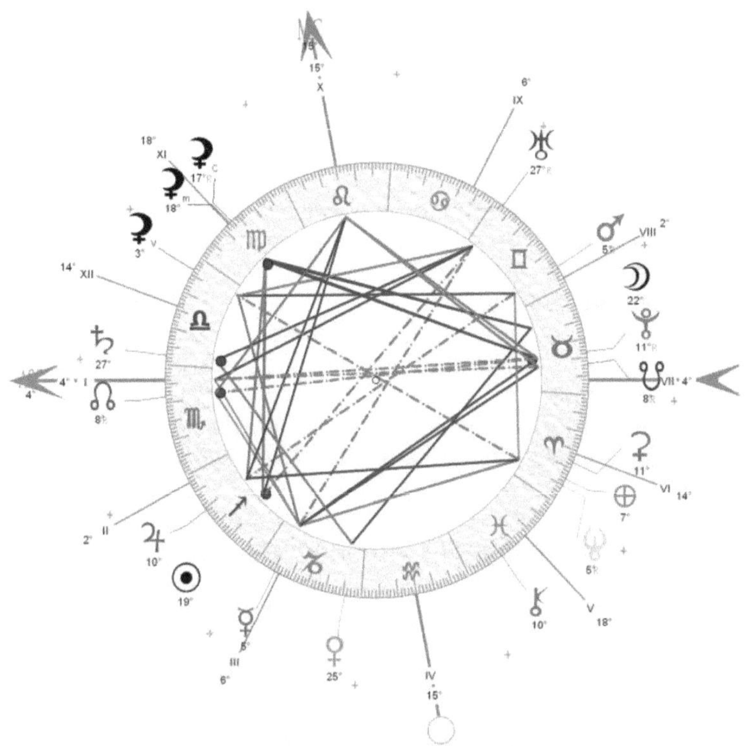

Exemple 1 : Maurice Leblanc.

Maurice Leblanc est l'auteur des aventures d'Arsène Lupin, le gentleman cambrioleur. Ce thème est intéressant pour illustrer la façon dont un écrivain exprime sa structure psychologique à travers les personnages de ces récits. Les thèmes d'Hergé (Tintin) et de Goscinny (Astérix) sont d'autres exemples instructifs.

i) Soleil en Sagittaire conjoint à Jupiter.

Cette partie du thème confère un besoin de s'insérer dans la société, de jouer un rôle dans le monde extérieur, de confort et de prospérité. Elle illustre le gentleman, l'homme du monde adapté à son temps. On se repère en fonction de l'actualité sociale, économique ou politique et l'on s'exprime en exploitant son milieu. Les réalités historiques, économiques et sociales sont constamment présentes dans les récits d'Arsène Lupin.

La conjonction du Soleil à Jupiter confère un besoin de réussite visible et de reconnaissance officielle, un besoin de maîtriser l'image de soi donnée aux autres ainsi qu'un goût pour le grandiose, le prestige et le spectacle. Lupin signe ses délits en laissant sa carte de visite et envoie des informations aux journaux.

ii) Ascendant Scorpion, Saturne à L'Ascendant et Pluton au Descendant.

Cette partie du thème est en contradiction avec la précédente et rend difficile son expression. Saturne et Pluton correspondent à un besoin de prendre de la distance vis à vis du monde extérieur, de résister aux influences du milieu, de faire cavalier seul et d'avoir ses propres lois. Saturne confère à Lupin une grande maîtrise de soi, un sens de l'histoire et sa tendance à agir en fonction de plans minutieusement préparés, et Pluton un goût du pouvoir, de l'intrigue et sa lucidité. Il tire les ficelles dans l'ombre, entretient le mystère et fait croire à ses poursuivants ce qu'il veut qu'ils croient. Lupin s'intègre à sa société en étant marginal.

iii) Mars et Uranus en Gémeaux en secteur huit opposé à Jupiter et sextil Neptune. Mercure Capricorne carré Neptune.

Lupin Gémeaux est souple, mobile et rusé. Il manie un humour subtil. Il a un rire caractéristique (Mercure trigone Pluton et opposé à Uranus). Il est un expert en déguisements de tous genres et s'invente une multitude de personnages qui cachent son identité réelle (mercure trigone Pluton). Il est un farceur qui se moque de la société de son temps, une société dans laquelle il ne se reconnaît pas et qui perturbe son besoin de liberté (Mars Gémeaux) et son besoin d'affirmer sa spécificité (Uranus).

Maurice Leblanc était certainement très sensible à ce que les pressions sociales et les normes qu'il fallait incarner pour être respectable gênaient l'affirmation et l'expression de soi. Et sans doute avait il un problème d'identité ou une difficulté, au delà des multiples rôles et des nombreux masques, à se définir. La dualité Sagittaire Gémeaux est aussi illustrée dans les récits de Maurice Leblanc par la dualité Arsène Lupin le cambrioleur, le voyou, l'homme de l'ombre (Mars Gémeaux en Huit sextil Neptune et maître de Mars carré Mercure) et Herlock Sholmes, un célèbre détective qui représente l'ordre et la loi (Jupiter Soleil).

Mercure aspecté aux planètes transsaturniennes permet à Lupin de déformer la vérité, de véhiculer des fausses rumeurs, d'entretenir l'illusion, de pratiquer l'intox ou la désinformation et de semer ses poursuivants.

iv) Lune Taureau conjointe à Pluton.

La Lune en Taureau (avec Vénus en Capricorne) confère un besoin de bases solides, de racines, de sécurité, de richesses, d'un foyer stable à l'écart du monde et de nourriture saine. Lupin accumule des richesses, possède de nombreux trésors et en redistribue une partie aux pauvres. Il est propriétaire de nombreuses maisons. Il est patriote et végétarien. La conjonction Lune Pluton confère le sentiment d'être différent, d'être exclu ou d'appartenir à un autre monde. Une des caractéristiques de cet aspect dans la vie de Lupin est illustrée par ses maisons. Toutes ont des passages secrets, des cachettes invisibles à l'œil nu, des portes truquées, des voies sans issues, des souterrains, des labyrinthes et des systèmes de détection, bref une architecture qui n'est pas ce qu'elle a l'air d'être.

v) Vénus en Capricorne carré Saturne et trigone à la Lune.

Lupin est à l'aise avec tout le monde mais est solitaire et célibataire. Il vit au cours de ses aventures une liaison profonde.

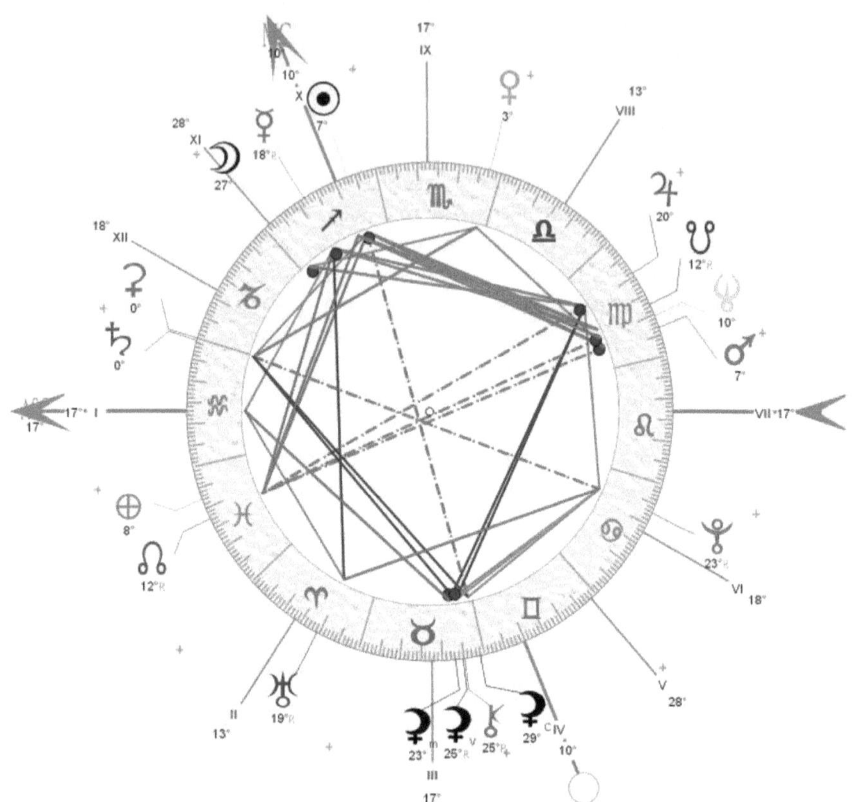

Jacques Chirac est devenu président de la République Française lorsque Jupiter passait sur son Milieu du ciel et lorsque Pluton entrait en conjonction au Soleil.

i) Le thème de J.C est axé autour d'une dualité Sagittaire Vierge.
(Voir dans le livre 1 le chapitre consacré à la comparaison des signes).

ii) Soleil Sagittaire ascendant Verseau. Huit planètes au dessus de l'horizon.

Extraverti, généreux, optimiste, bon vivant, opportuniste et idéaliste, Jacques Chirac a besoin de jouer un rôle central dans la société comme il a besoin de la société pour exprimer son identité.

L'amas en secteur 7 renforce le besoin des autres, le besoin de tenir compte de l'avis d'autrui et le besoin de s'affirmer dans la civilisation.

Son idéal est un idéal de service (Maître du Soleil et d'Uranus en Vierge). Il se repère en fonction des réalités historiques, économiques et sociales qui l'entourent. L'ascendant Verseau permet de s'affirmer à travers une communauté, un parti, ou à travers une idéologie. Il confère à Mr Chirac son coté humain et l'importance qu'il accorde aux valeurs républicaines qui sont des valeurs Verseau. Il permet également de donner de l'espoir et de trouver des solutions. On ne cherche pas seulement à participer à la société mais aussi à l'améliorer.

iii) Soleil conjoint Mercure au Milieu de ciel.

Le Soleil au Milieu du ciel confère de la confiance en soi, de l'ambition, des capacités d'engagement, un besoin de réussite visible, de compliments et de reconnaissance (Besoin accentué par le carré Vénus Saturne qui prédispose à douter de l'affection dont on est l'objet), un goût pour le spectaculaire, un besoin de régner et un souci de clarté, de transparence et d'intégrité. Mercure permet à Jacques Chirac de multiplier les contacts, les rôles et les masques, de se faire conseiller habilement, d'être bien informé et de s'adapter à des situations diverses et variées. Le sens de l'adaptation et le besoin d'information sont mis au service de la réussite professionnelle.

iv) Mercure carré Jupiter. Cet aspect évoque une grande mobilité d'opinion. Suivant la façon dont est vécu ce carré, il peut engendrer une facilité à adapter son discours aux circonstances, une tendance à accumuler un surcroît d'informations, un besoin excessif de dialogue et de négociation suite à une impression de ne pas être compris ou reconnu ou au contraire une difficulté à tenir compte du contexte dans son discours.

iv) Mars Neptune en Vierge.

Mars en Vierge confère un sens de la stratégie. L'action est préparée, calculée et organisée. On est pragmatique et réaliste. Mars Neptune permet d'avoir la foi, de se sentir investi d'une mission, de s'affirmer en fonction d'inspirations ou d'illusions, au feeling, sans organisation particulière, de faire rêver, de susciter l'émotion et d'entraîner autrui dans une action collective ou dans une colère collective. Neptune, par l'idéalisme qu'elle confère, peut prédisposer à commettre des erreurs de stratégie qui peuvent être évitées grâce aux conseils de personnes compétentes.

vi) Soleil Sagittaire carré Mars Neptune en Vierge.

Le Soleil en Sagittaire évoque la capacité à rassembler un grand nombre de personnes autour d'un idéal. L'influence de Mars confère à J. C son courage, sa franchise, son dynamisme, son sens de l'initiative, mais aussi son impatience, sa capacité à diviser pour conquérir, son impulsivité et sa manière parfois brutale de s'imposer.

Cet aspect confère une grande sensibilité aux différences qu'il y a entre l'idéal et la réalité. Il permet d'alterner entre les comportements chaleureux du Sagittaire et la sécheresse de la Vierge. Il évoque également J. C maire de Paris très présent sur le terrain (Mars) puis Jacques Chirac Président et souvent en voyages (Soleil Sagittaire).

Parce que ces deux planètes sont en carré, le passage de Mars au Soleil s'avère difficile et l'on est obligé de recommencer plusieurs fois pour atteindre ses objectifs. Lorsque prédominait l'influence de Mars en Vierge (maire de Paris), Mr Chirac ne bénéficiait pas d'une bonne image de marque (Soleil dissonant). Les médias évoquent la déception des Français (Neptune) et les engagements ou promesses (Soleil) qu'il ne met pas en application (Mars). Sans doute ignorait-il certaines réalités lorsqu'il a fait ses promesses.

Ce carré est réactualisé par le transit de Pluton qui arrive en conjonction au Soleil et carré au Mars natal. Les essais nucléaires(Pluton) et les réactions qu'ils suscitent correspondent à ce transit de Pluton.

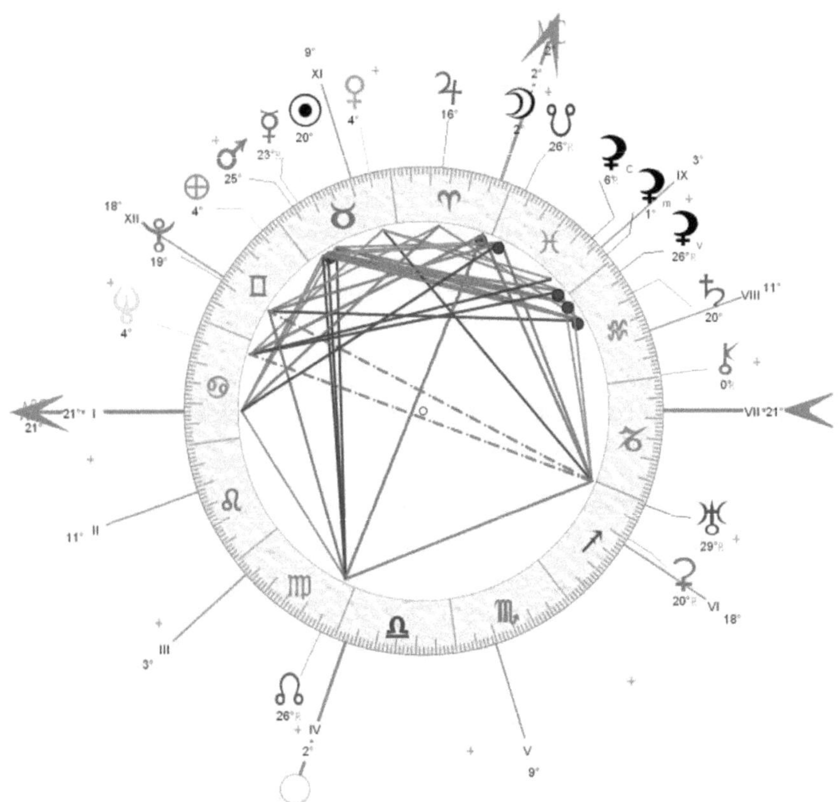

Salvador Dali était peintre et l'un des maîtres du surréalisme.

i) La majorité des planètes sont situées au dessus de l'horizon, décrivant une personnalité tournée vers le monde extérieur.

ii) La dominante de Dali est Taureau / Lune-Jupiter en Bélier.

Le Taureau confère a Dali son sens artistique, son besoin de produire, et avec Jupiter en 10, sa recherche de profits et son besoin de prospérer. La Lune en Bélier décrit chez Dali sa spontanéité, son imaginaire tourmenté et très actif, son âme chauffée à blanc et sa façon de peindre.

Dali, assis face à sa toile, laissait les images surgir de son imagination puis les matérialisaient aussitôt sur ses toiles. Le maître de la Lune en Taureau permet à Dali de concrétiser ses images, tandis que la conjonction Mars Mercure confère la capacité de les commercialiser. A la fin de sa vie, aux Etats Unis, Dali peignait, d'après les critiques d'art, surtout dans un but commercial.

iii) Les deux maître du Taureau, la Lune et Vénus, sont aspectée à Neptune et à Uranus.

La Lune au milieu du ciel carré à Neptune confère au peintre une imagination débordante et sans limites, une forte émotivité, une hypersensibilité frisant parfois la médiumnité, une personnalité craintive et sans doute aussi son grain de folie ou de génie, suivant les goûts.

Dali disait lui-même qu'il était dans un état second proche de l'hallucination (Neptune) lorsqu'il peignait, et son art fait de représentations d'images symboliques extraites de son inconscient. La peinture étant peut être pour lui une façon de canaliser sa sensibilité envahissante. L'aspect Vénus-Neptune permet à Dali de sublimer le carré Lune Neptune, la peinture (Vénus) étant peut être pour lui une façon de canaliser sa sensibilité envahissante et de lui donner une forme. L'art de Dali a une forte composante neptunienne (rondeurs, courbes, influence de la religion). Cet aspect reflète également la dévotion qu'il éprouvait envers sa femme, Gala.

iv) L'opposition Uranus-Neptune.

Cet aspect, lorsqu'il est mis en valeur à un niveau individuel, sensibilise aux forces déstructurantes qui agissent dans le monde. Il peut conférer " la peur de la fin du monde " ou une forte sensibilité à ce que le progrès et la modernité peuvent avoir d'angoissant, d'envahissant et de déstabilisant émotionnellement.

v) Saturne et Uranus sont les deux planètes difficiles à intégrer dans le thème de Dali.

Certaines de ces œuvres (la carte de la Lune dans le tarot de Dali) évoquent des peurs de la société moderne ou une peur et un refus de ce que représente Saturne (le temps, l'ordre, la morale, les structures, des ruptures et de la mort). Ces montres molles évoquent une dissolution du temps ou de la notion du temps, ce qui dans le thème est représenté par le maître de Saturne (Uranus) opposé à Neptune.

vi) Jupiter en 10 en Bélier sextil à Pluton et Saturne.

Avec Jupiter en Bélier, on lutte pour jouer un rôle dans la société et pour prospérer, en utilisant ses propres ressources. Saturne a permis a Dali d'acquérir des bases solides dans une école des beaux arts et d'organiser sa réussite tandis que Pluton donnait à Dali sa tendance à montrer du doigt les faiblesses de la société et à dénigrer les normes, les codes et les repères. L'influence du Bélier, de Pluton et d'Uranus, conférant à Dali beaucoup de caractère et une personnalité agitée et excessive, lui ont valu d'être renvoyé de l'école des beaux arts pour avoir troublé l'ordre public.

Chapitre 9 : THEMES DE PERSONNALITÉS

Voici un échantillon de personnes connues dans leurs domaines d'activité. Lorsque l'heure n'est pas indiquée en heures GMT ou TU, elle est indiquée en heure locale. Pour dresser le thème, vous pouvez prendre le chef lieu du département si vous ne trouvez pas le lieu exact. Certaines heures et lieux de naissance sont manquants.

Il existe en France différentes banques de données astrologiques et des sites internet comme «Astrothème» comportant de nombreux thèmes de personnalités. Vous pouvez aussi vous adresser aux différents magazines astrologiques ou consulter le Cedra ou Urania) et vous rendre aux salons de l'astrologie.

ARCHITECTURE

GUSTAVE EIFFEL: 15/12/1832/19H47 GMT/DIJON.
LE CORBUSIER : 06/10/1887/LA CHAUX DE FOND.

ASTROLOGIE

GEORGES ANTARES : 26/10/1900/04H35 GMT/MALINES BELGIQUE.
ARIELLE AUMONT : 26/01/1935/ 8H25 GMT / PARIS.
ANDRE BARBAULT : 01/10/1921/17H/ CHAMPIGNELLES / FRANCE.
ARMAND BARBAULT : 02/04/1906/10 H 00/CHAMPOULLET/ FRANCE.
SYLVIE BEAUGET : 26/06/1954/06H30 GMT/MONTREUIL.

BERNARD BLANCHET : 13/12/1950/ 21H30 / CHOLET (79).
CHRISTOPHE DE CENE : 04/04/1961/ 07H00 GMT/ (35).
BERNARD CROZIER : 28/03/1932/ 13H00 GMT/NIMES.
SUZEL F. BRAESCH / 10/01/1928/05H10/PARIS. (SCIENTIFIQUE /RECHERCHES EN ASTROLOGIE).
MICHEL GAUQUELIN : 13/11/1928/22H15 GMT/PARIS.

JOELLE DE GRAVELAINE : 21/01/1929/04H40 GMT/ST GERMAIN EN LAYE.
ALAIN DE CHIVRE : 17/11/1946/22H30 GMT/ NANTES.
MORIN DE VILLEFRANCHE : 23/02/1583/8H30/BORDEAUX.
ANTOINE DE VILLON : 24/02/1589/9H10/ FRANCE.
LIZ GREENE: 04/09/1946/17H GMT/ENGLEWOOD/ NJ USA.

HENRI. G. GOUCHON : 01/03/1898/07H00/PIQUEREL (Italie).
HADES: 06/11/1931/16H20 GMT/ST GERMAIN EN LAYE 78.
MAX HENDEL:27/07/1865/COPENHAGUE.
MARC. E. JONES : 01/10/1888/8H35/ST LOUIS USA.

LAURENCE LARZUL : 21/05/1962/6H05 GMT PARIS.

PIERRE LASSALLE : 06/03/1955/07H15 GMT/MAISON LAFFITE 78.
ALAN LEO : 07/08/1960/4H50/LONDRES.
NOSTRADAMUS : 24/12/1503/11H40 GMT / ST REMI DE PROVENCE.
JP NICOLAS: 08/05/1929/ 07H45/NICE.
DANE RUDYAR: 23/03/1895/OH40/PARIS.
CLAIRE SANTAGOSTINI : 09/05/1838/ 07H00/PARIS.
ELIZABETH TESSIER : 06/01/1938/ 06H00 GMT/ALGER.

CENTENNAIRES

JEANNE CALMENT : 21/02/1875/7H/ARLES.
HENRI PERIGNON : 14/10/1879/9H/SEVRE.
LYDIE VELLARD : 18/03/1871/3H/LOIRET.

CINEMA INTERNATIONAL FÉMININ

KIM BASSINGER: 08/12/1953/ ATHENS GEORGIE.
INGRID BERGMAN: 28/08/1915/STOCKHOLM.
BO DEREK: 20/11/1956/ 15H15/LONG BEACH USA.
MARLENE DIETRICH: 27/12/1901/16H/WEIMAR.
MARIA CALLAS: 03/12/1923/6H/N. Y.

FARRAH FAWCET : 02/02/1947/15H10/CORPUS CHRISTI USA.
JANE FONDA : 12/12/1937/18H 15/ N. Y/ USA.
GRETA GARBO : 18/09/1905/21H/STOCKHOLM.
MADONNA : 15/08/1959/DÉTROIT. (CHANTEUSE ET ACTRICE).
JANE MANSFIELD : 19/04/1933/PHILADELPHIE.

LIZA MINELLI: 12/03/1946/ 15H58 GMT/L.A. USA
MARYLIN MONROE: 01/06/1926/9H30/L. A.USA.
ROMY SCHNEIDER: 23/09/1938/21H45/VIENNE.
ELIZABETH TAYLOR: 27/02/1932/9H/LONDRES.
UMA THURMAN: 29/04/1970/BOSTON/USA.

AMANDA TAPPING : 08/8/1965 ESSEX ANGLETERRE
RANI MUKHERJEE: 21/03/1978 KOLKATA 18h30
ALANA DE LA GARZA : 18/06/1976 COLOMBUS OHIO USA

CINEMA INTERNATIONAL MASCULIN

WOODY ALEN : 01/12/1935/N. Y. (ACTEUR).
HUMPHREY BOGART : 25/12/1899/N. Y. (ACTEUR).
RICHARD BURTON : 10/11/1925. (ACTEUR).
LUIS BUNUEL : 22/02/1900/12H15 GMT/CALANDA. (CINEASTE).

CHARLIE CHAPLIN:16/04/1889/20H GMT/LONDRES. (ACTEUR).

SEAN CONNERY: 25/08/1930. (ACTEUR JAMES BOND).
RICHARD CHAMBERLAIN:31/03/1934/18H20/L. A USA. (ACTEUR).
JAMES DEAN : 08/02/1931/2H/INDIANA USA. (ACTEUR).
KIRK DOUGLAS : 09/12/1916/N. Y. (ACTEUR)
CLINT EASTXOOD : 31/05/1937/ 17 H 35 SANS FRANSISCO. (ACTEUR).

PETER FALK:16/09/1927. (ACTEUR LIEUTENANT COLOMBO).
FREDERICO FELINI: 20/01/1920/21 H /RIMINI ITALIE. (CINEASTE).
HARISON FORD: 17/07/1942/06H45 GMT/CHICAGO. (ACTEUR).
TERENCE HILL: 29/03/1939/15H00/VENISE. (ACTEUR).
DUSTIN HOFFMAN : 08/08/1937/17H/L. A. (ACTEUR).

ROBERT HOSSEIN : 30/12/1927/2H30/PARIS. (ACTEUR).
HARDY KRUGER: 12/04/1928/16H20/BERLIN. (ACTEUR).
STANLEY KUBRICK: 26/07/1926. (CINEASTE).
FRITZ LANG : 05/12/1890/VIENNE. (CINEASTE).
GEORGES LUCAS: 14/05/1944/13H40 GMT/MODESTO CAL. (CINEASTE/ACTEUR).

ROGER MOORE : 14/10/1927/01H00/LONDRES. (ACTEUR).
NIJINSKI : 27/02/1890/3H/KIEV. (DANSEUR ETOILE).
ELVIS PRESLEY : 08/01/1935/12H/MISSISSIPI. (ACTEUR).
ROBERT REDFORD : 19/08/1936/20H/CALIFORNIE. (ACTEUR).
OMAR SHARIFF : 10/04/1932/15H30 GMT/ALEXANDRIE. (ACTEUR).
STEVEN SPIELBERG: 18/12/1946/18H16 GMT/CINCINATI USA. (CINEASTE).

ARNOLD SWARTZENNEGER: 30/07/1947/ 02H10 GMT/GRAZ AUT. (ACTEUR)
LINO VENTURA : 14/07/1919/9H45/PARME. (ACTEUR).
JOHN WAYNE: 26/05/1907/ 13 H 00 /WINTESET /IA/USA. (ACTEUR).
KEANU REEVES: 02/09/1964 BAYRUTH LIBAN 05H40 (ACTEUR).

CINÉMA / MIMES / COMEDIE FRANCAIS

FANNY ARDENT : 21/03/1949/11H00 GMT/SAUMUR.
RICHARD ANCONINA : 28/01/1953/09H45 GMT/PARIS.
BRIGITTE BARDOT : 28/09/1934/12H20 GMT/PARIS. (ACTRICE).
NATALIE BAYE : 06/07/1948/05H10 GMT/EVREUX.
GUY BEDOS: 15/06/1934/22 H 00 /ALGER. (COMEDIEN).

J. P BELMONDO: 09/04/1933/9H/NEUILLY. (ACTEUR).
LUC BESSON: 18/03/1959/ 13h45/PARIS. (METTEUR EN SCENE).

SANDRINE BONNAIRE : 31/05/1967/11H30 GMT/GANNAT 03. (ACTRICE).
BOURVIL : 27/07/1917/ 11H30/ SEINE MARITIME. (ACTEUR).
ROBERT BRESSON : 25/09/1901/13H45/ PUY DE DOME 63. (CINEASTE).

COLUCHE : 28/10/1944/18H20/PARIS. (COMEDIEN CREATEUR REST DU COEUR)
LOUIS DE FUNES : 31/07/1914/1H/COURBEVOIE. (ACTEUR).
ALAIN DELON : 08/11/1935/3H30/SCEAUX. (ACTEUR).
CATHERINE DENEUVE : 22/10/1943/13H45/PARIS. (ACTRICE).
EDWIDGE FEUILLERE : 29/10/1907/17H/VESOUL. (ACTRICE).

JEAN GABIN : 17/05/1904/2H/PARIS. (ACTEUR).
ROBERT HOSSEIN : 30/12/1927/02H30 GMT/PARIS. (ACTEUR).
LOUIS JOUVET : 24/12/1857/5H/FINISTERE. (ACTEUR).
CHRISTOPHE LAMBERT: 29/03/1957/11H40/NY USA. (ACTEUR).
THIERRY LE LURON : 02/04/1952/ 04H00 GMT/PARIS. (COMIQUE).

MARCEL MARCEAU:22/03/1923/8H/STRASBOURG. (MIME).
SOPHIE MARCEAU : 17/11/1966/2H20/PARIS. (ACTRICE ET CHANTEUSE). MICHELE MORGANE : 29/02/1920/9H30/NEUILLY. (ACTRICE).
PHILIPPE NOIRET ; 01/10/1930/20H50 GMT/LILLE. (ACTEUR).
FERNAND RAYNAUD : 19/05/1926/11H30/CLERMONT FD. (COMEDIEN).

LINE RENAUD: 02/07/1928/ 01 H 30 /NIEPPE. (ACTRICE ET CHANTEUSE).
J. B POQUELIN DIT MOLIERE : 15/01/1622/02H/PARIS. (COMEDIEN).
FRANCOIS TRUFFAUT : 06/02/1932/6H/PARIS. (CINEASTE).

CHANSON FRANCAISE

ISABELLE ADJANI : 27/06/1955/01H05/PARIS.
GUY BEART: 16/07/1930/3H/LE CAIRE.
GEORGES BRASENS: 22/10/1921/18H/SETE.
GILBERT BECAUD: 24/10/1927/23H/TOULON.
JACQUES BREL : 08/04/1929/3H/BRUXELLES..

FRANCIS CABREL : 23/11/1953/20H00 GMT/AGEN.
MAURICE CHEVALIER : 12/09/1888/2H/PARIS.
JACQUES DUTRONC : 28/04/1943/5H30/FRANCE.
LEO FERRE: 24/08/1916/16H/MONACO.

SERGE GAINSBOURG: 02/04/1928/05H55/PARIS.

JEAN. J. GOLDMAN: 11/10/1951/ 00H50 / PARIS.
MARIE LAFOREST: 05/10/1939/4H/GIRONDE.
GERARD MANSET : 21/08/1945/ 03H40/ST CLOUD.
YVES MONTAND: 13/10/1921/12H/FRANCE.
CLAUDE NOUGARRO: 09/09/1929/10H/TOULOUSE.

VANESSA PARADIS: 22/12/1972/5H10/ST MAUR LES FAUSSE.
PIERRE PERRET : 09/07/1934/18H00/ CASTEL SARRAZIN (82).
EDITH PIAF: 19/12/1915/5H/PARIS.
RENAUD: 11/05/1952/02H30 GMT/PARIS.
VERONIQUE SANSON : 24/04/1949/09H00/PARIS.

ALAIN SOUCHON : 27/05/1944/6H/CASABLANCA.
CHARLES TRENET: 18/05/1913/16H/NARBONNE.
SYLVIE VARTAN : 15/08/1944/18H/SOFIA.

CHANSON / MUSIQUE / COMPOSITIONS INTERNATIONALE

LOUIS ARMSTRONG : 07/07/1900/6HGMT/NEW ORLEANS. (JAZZ).
DAVID BOWIE: 08/01/1947/23H50/BUXTON GB.
MILES DAVIS:25/05/1926/5H/ILLINOIS USA. (JAZZ).
BOB DYLAN: 24/05/1941/21H05/DULUTH USA.
ELA FITZGERALD: 25/04/1918/VIRGINIE.

MICK JAEGGER: 26/07/1943/6H30/DARTFORD. (ROLLING STONES).
MICHAEL JACKSON: 29/08/1958 /23 H 45 /GARY /IN /USA.
JONH LENNON: 09/10/1940/0H58 GMT/LIVERPOOL.
LUIS MARIANO : 12/08/1914/22H/ IRUN. (GUITARISTE).
BOB MARLEY: 06/02/1945/2H30/ST ANNE JAMAIQUE.
RINGOSTAR: 07/07/1940/0H58 GMT/LIVERPOOL.(BEATLES).
ADELE ADKINS: 05/05/1988 LONDRES ANGLETERRE 03H00
SHAKIRA RIPOLL : 02/02/1977 BARANQUILLA COLOMBIE 10H10
MICHAEL HOLBROOK PENNIMAN (MIKA) : 18/08/1983 BAYTUTH
LIBAN 17H30
RIHANNA : 20/02/1988 BARBADE 17H00
AVRIL LAVIGNE : 27/09/1984 BELLEVILLE CANADA 07H50

BILL KAULITZ : 01/09/1989 LEIPZIG ALLEMAGNE 08H40

COMPOSITEURS CLASSIQUES ET MODERNES

J. S BACH : 21/03/1685/5H45/ EISENACH/ ALLEMAGNE.
HECTOR BERLIOZ: 11/12/1803/17H/COTE ST ANDRE.
JOHANES BRAMS: 07/05/1833/3H30/HAMBOURG.
HENRI BUSSER: 16/01/1872/5H30/PARIS.
FREDERIC CHOPIN: 22/02/1810/18H/VARSOVIE.

JEAN MICHEL JARRE: 24/08/1948/03H00 GMT/LYON.
FRANZ LIZT: 22/10/1811/01H/ODENBOURG HONGRIE.
WOLFGANG. A. MOZART : 27/01/1756/20H/SALZBURG.
JACQUES OFFENBACH: 20/06/1819/3H/COLOGNE.
FRANTZ SCHUBERT: 31/01/1797/13H30/LICHTENTHAL.

ROBERT SCHUMANN: 08/06/1810/21H30/SAXE.
P. TCHAIKOWSKI: 07/05/1840/7H/VOTKINSK.
LUDWIG VAN BETHOVEN: 17/12/1720/13H30/BONN.
GIUSSEPPE VERDI : 10/10/1813/20H/ITALIE.
RICHARD WAGNER:22/05/1813/7H/LEIPZIG.

CRIMINALITÉ (HORS LA LOI / PIRATES)

BARBE BLEU : 21/10/1404. (PIRATE).
KLAUS BARBIE : 25 / 10 / 1913 / 07H 00 / BONN. (NAZI ASSASSIN).
ROBERT BRASILLACH : 31/03/1909/22 H 30/PERPIGNAN. (ASSASSIN).
DILLINGER: 22/06/1903/5H30/INDIANAPOLIS USA. (HORS LA LOI).
SERGE DE LENZ : 07/11/1892/7H/PARIS. (HORS LA LOI).

JACQUES DUCRESNOY : 22/ 08 / 1931/15 H 30/ PARIS. (ASSASIN).
LANDRU : 12/04/1869/5H54 GMT/PARIS. (CRIMINEL).
PIERRE LOUTREL : 05/03/1918/01 H / SARTHRE. (ASSASSIN).
CHARLIE MANSON : 12/11/1934/ 16 H 40/ CINCINNATI. (ASSASIN).
DR PETIOT : 17/01/1897. (CRIMINEL).
GEORGES RAPIN : 31/08/1936/ 11 H 00 / PARIS. (ASSASIN).
RAVACHOL : 14/10/1859/5H/ST CHAMOND. (CRIMINEL).
ROBERT SURCOUF : 12/12/1773/ST MALO. (PIRATE).
GUY TREBERT : 15/07/1933/ 22 H 45 / LAVAL. (ASSASIN).
JOSEPH VACHER: 16/11/1869/ 01 H 00 /BEAUFORT. (ASSASIN).

CONTES / BANDES DESSINNÉS/ DESSINS ANIMÉS

HANS. C. ANDERSON:02 / 04 / 1805 / 1H / ODENSE. (CONTES POUR ENFANTS).
WALT DISNEY : 05/12/1901/06H30 GMT/CHICAGO.(CREATEUR DESSIN ANIMES).
PHILIPPE DRUILLET : 28/06/1944/09H00 GMT/TOULOUSE. (BD SF).
JACQUES FAIZANT : 31/10/1918/04 H 00/ LAROQUEGROU FRANCE. (DESSIN).
RENE GOSSINNY : 14/08/1926/6H/PARIS. (DESSINATEUR ASTERIX).

GOTLIB : 14/07/1934/13H45/PARIS. (DESSINATEUR).
JACOB GRIMM : 04/01/1785/HANAU (Allemagne). (CONTES)
WILHELM GRIMM : 24/02/1786/HANAU (Allemagne). (CONTES).
HERGE : 22 / 05 / 1907/ 7H30 / BRUXELLES. (DESSINATEUR TINTIN).
JACQUES MARTIN : 25/09/1921. (DESSINATEUR ALIX).
PEYO : 25 / 06 / 1928 / 08H00 GMT/ SCHAERBEEK (Belgique). (DESSINATEUR Schtroumphs)
ROSINSKI : 03/08/1941/POLOGNE. (DESSINATEUR THORGAL).
VAN HAMME : 16/11/1939. (DESSINATEUR THORGAL).

DICTATEURS

FIDEL CASTRO: 13/08/1927 / 12H/ CUBA.
OLIVER CROMWELL: 05/05/1599/03H30 GMT/HUNTINGTON GB.
FRANCO : 04/12/1892/ 06H00 GMT/ESPAGNE.
ADOLF HITLER : 20/04/1889/18H30/BRUNEAU/S/INN.
SADDAM HUSEIN: 28/04/1937. IRAK.
BENITO MUSSOLINI: 29/07/1883/14H/PREDAPPIO.

SPIRITUALITÉ ET RELIGION

BÔ YIN RÂ : 25/11/1876 / ASCHAFFENBOURG. (GD SPIRITUEL DU VERSEAU).
ST THERESE D'AVILLA: 28/03/1515/5H/AVILLA. (RELIGIEUSE).
C. DE FOUCAULT : 15/09/1838/ 16H29 GMT/ STRASBOURG. (MISSIONNAIRE).
MARTIN LUTHER : 19/11/1483/23 H 30 / EISLEBEN SAXE. (RELIG. REFORMISTE).
JEAN PAUL II : 18 / 05 / 1920 / 13 H 30 / POLOGNE. (PAPE).
ABBE PIERRE : 05 / 10 / 1912 / LYON / 8H. (PRÊTRE).
RAMAKRISHNA : 18/02/1836/5H/KAMARKUPUR. (GUIDE SPIRITUEL).

SHRI AUROBINDO : 15/08/1872/ 04 H 55 /CALCUTA. (GUIDE SPIRITUEL).
BERNADETTE SOUBIROU : 07/01/1844/14 H /LOURDES. (VISIONS DE LA VIERGE).
MERE THERESA : 27/08/1910/SKOPLJE. (RELIGIEUSE).

P. YOGANANDA: 05/01/1893/20H40/GORAKPUR INDE. (GUIDE SPIRITUEL).
SRI SRI RAVI SGHANKAR : 13/05/1956 BAIDYABATI INDE 14h00

INDUSTRIE ET COMMERCE

FRANCIS BOUYGHES : 05/12/1922/09H00 / PARIS. (INDUSTRIEL DU BATIMENT).
JACQUES CALVET : 19/09/1931/02H00 (92). PDG PEUGEOT.
ANDREW CARNEGIE : 25/11/1835/6H15 TU/EDINBOURG. (INDUSTRIEL).
ANDRE CITROEN : 05/02/1878/0H30/PARIS. (EX CONSTRUCTEUR AUTO).
HENRI FORD: 30/07/1863/14H20/GREENFIELD. (EX CONSTRUCTEUR AUTOMOBILE).

BILL GATES: 28/10/1955/13H15 GMT/SEATLE. (EX PDG MICROSOFT).
ANTOINE RIBOUD: 24/12/1918/14H50 GMT/LYON. (EX PDG DE BSN).
JOHN ROCKEFELLER: 08/08/1839/16H/N. Y. (INDUSTRIEL).
GILBERT TRIGANNO: 28/07/1920/15H00/PARIS. (FONDATEUR DU CLUB MED).
JAMES JACKSON: 14/03/1771 PRESTON ANGLETERRE 09H00 (INDUSTRIEL)
STEEVE JOBS 24/02/1955 SAN FRANFISCO CALIFORNIE 19H20

LITTÉRATURE ET POESIE FRANCAISE

GUILLAUME APOLINAIRE : 26/08/1850/5H/ROME. (ECRIVAIN POETE).
GASTON BACHELARD : 27/06/1884/11H/BAR SUR AUDE.
RENE BARJAVEL : 24/01/1911/3H30/ORANGE. (SCIENCE FICTION).
CHARLES BAUDELAIRE : 09/04/1821/14H54 GMT/PARIS.
GEORGES BERNARDOS: 20/02/1888/9H/PARIS.

ALBERT CAMUS: 07/11/1913/2H/MONDOVI ALGÉRIE.
JEAN COCTEAU : 05/07/1889/01H/MAISON LAFITTE.
HONORE DE BALZAC : 20/05/1799/11H / TOURS.
ALPHONSE DAUDET: 13/05/1840/18H/NIMES.
SIMONE DE BEAUVOIR : 09/01/1908/4H/PARIS.

JEAN DE LA FONTAINE : 08/07/1621. (POETE).
GUY DE MONTPASSANT : 05/08/1850// 07H41 GMT / 50°44N, 0°.09E.
MARQUIS DE SADE : 02/06/1740.
ANTOINE DE ST EXUPERY : 29/06/1900/9H15/LYON. (AVIATEUR ET
ECRIVAIN).
ALEXANDRE DUMAS : 24/07/1802/17h54 GMT/VILLERS COTTERET.

GUSTAVE FAUBERT: 13/12/1821/04 H/ ROUEN.
JEAN GIONNO: 30/03/1895/7H/MANOSQUE (FRANCE).
ALFRED JARY: 08/09/1876/05 H /LAVAL. (UBU ROI).
FRANTZ KAFKA : 03/07/1833/7H/PRAGUE.
MAURICE LEBLANC : 11/12/1864/03H50 GMT/ FRANCE. (ARSENE
LUPIN).

BERNARD HENRI LEVY: 05/11/1948/23H30/BENI SAF.
ANDRE MALRAUX : 03/11/1901/12H/PARIS.
JACQUES PREVERT : 04/02/1900/23H50/PARIS. (POETE ECRIVAIN).
MARCEL PROUST : 10/07/1871/23H30/PARIS.
FRANCOIS RABELAIS : 04/02/1490/4H/LA DEVINIERE.

ARTHUR RIMBAUD: 20/10/1854/5H40 GMT/ CHARLEVILLE.
GEORGES SAND: 01/07/1804/22H24 GMT.
JEAN PAUL SARTRE : 21/06/1905/15H03 GMT/PARIS.
GEORGES SIMENON: 13/02/1903/0H10/LIEGE. (MAIGRET).
PAUL VERLAINE:30/03/1844/20H45 GMT/METZ.

JULES VERNE : 08/02/1828/12H/NANTES.
BORIS VIAN : 10/03/1920/6H/PARIS. (CHANTEUR ECRIVAIN).
MARGUERITE YOURCENAR : 08/06/1903/7H GMT/BRUXELLES.
EMILE ZOLA: 02/04/1840/22H54 GMT/PARIS.

LITTERATURE ET POÉSIE INTERNATIONALE.

ISSAC ASIMOV : 02/01/1920/PETROVOCHI / EX URSS.
WILIAM BLAKE: 28/11/1757/19H30/ LONDRES.
RAY BRADBURRY: 22/08/1920/12H50 GMT/ILLINOIS/USA. (ECRIVAIN
SF).
EMILIE BRONTE: 30/07/1818/14H/YORK..
LORD BYRON: 23/12/1546/10H45/KNUDSTRUP DK. (DON JUAN).

LEWIS CAROL: 27/01/1832/3H45/BARESBURY. (CONTES).
CARLOS CASTANEDA: 25/12/1925/13H45/PEROU.

MIGUEL CERVANTES: 09/10/1557/ 11 H 45 / ALCARA DE HENARES/ ESPAGNE.
AGATHA CHRISTIE: 15/09/1890/4H/DEVONSHIRE GB.
CHARLES DICKENS: 07/02/1812/23H00/PORTSMOUTH.

CONAN DOYLE: 22/05/1859/5H/EDIMBOURG. (SHERLOCK HOLMES).
FEODOR DOSTOIEVSKI: 11/11/1821/MOSCOU.
KALIL GIBRAN: 06/01/1883/04H30 /BECHARE (Liban).
WILLIAM FAULKNER: 25/09/1897/23 H 00 / NEW ALBANIE / USA.
J. W GOETHE: 28/08/1749/12H/FRANCKFORT.

GUNTER GRASS: 16/10/1927/7H/DANTZIG.
HERMANN HESSE: 02/07/1877/18H30/CALW.
ALFRED HICHCOCK: 13/08/1899/20H GMT/LONDRES.
JAMES JOYCE: 02/02/1882/6H/DUBLIN.
RUDYAR KIPLING: 30/12/1865/12H20 GMT BOMBAY.

FREDERICO GARCIA LLORCA: 05/06/1898/ 23 H 55/FUENTE VAQUEROS. (POETE).
JACK LONDON: 12/01/1872/14H/SAN FRANSISCO.
THOMAS MANN: 6 / 06 / 1875 / 12H15 / LUBECK.
HERMAN MELVILLE: 01/08/1819/N. Y. (MOBY DICK).
GEORGE BERNARD SHAW: 26/07/1856/1H05 TU/DUBLIN.

ROBERT LOUIS STEVENSEN: 13/11/1850/13H00/EDIMBOURG.
JONATHAN SWIFT: 10/12/1667/DUBLIN.
J.R TOLKIEN : 03/01/1892/BLOEMFONTEIN (29,07S/26,14E Afrique du sud).
TOLSTOI: 09/09/1828/IASNAIA POLANIA.
H. G WELLS: 21/09/1866/ 16H GMT/BROMLEY GB. (SCIENCE FICTION).
OSCAR WILDE: 16/10/1854/2H30/DUBLIN.
MARION ZIMMER BRADLEY: 03/06/1930 ALBANY USA 09H00

MÉDIAS FRANCAIS

JOSE ARTHUR: 20/05/1927/3H/ST GERMAIN EN LAYE. (PRESENTATEUR TV).
PIERRE BELMARRE : 21/10/1929/10H15 GMT/PARIS.
JACQUES CHANCEL : 22/07/1928/21 H 00/OST FRANCE. PRESENTATEUR RADIO).
CLAIRE CHAZAL: 01/12/1956/08H00 GMT/THIERS. (JOURNAL TV 20H00).
STEPHANE COLARO: 20/05/1943/23H15//PARIS. (TV Bébête show).

PATRICK.P. D'ARVOR: 20/09/1947/18H50 GMT/REIMS. (Journal TFI 20H00).
EVELYNE DHELIAT: 19/04/1948/6H/COLOGNE. (PRESENTATRIVE TV).
MICHEL DRUCKER : 12/09/1942/11H/NORMANDIE. (PRESENTETEUR TV).
PATRICE.B. FRANCAR : 19/05/1942/00H30 GMT/MARSEILLE. (Animateur/Pdg Radio).
GERARD HOLTZ : 08/12/1946/21H15 GMT/PARIS. (TV Journal sportif).

BRUNO MAZUR : 14/10/1947/4H30/LILLE. (PRESENTATEUR TV).
CHRISTINE OKRENT: 24/04/1944/22H45/BRUXELLES. (PRESENTATRICE TV).
PATRICK SABATIER: 12/11/1951/4H30/PARIS. (PRESENTATEUR TV).
PATRICK SEBASTIEN: 14/11/1953/10H30/BRIVE. (PRESENTATEUR TV).
ANNE SINCLAIR: 15/07/1948/ 20H50 GMT/NY USA. (PRESENTATRICE TV).

CAROLINE TRESCA: 21/07/1959/10H/ANGERS. (ANIMATRICE TV).

MÉDICAL ET PARAMÉDICAL

GUY BENON : 07/07/1941/ 03 H 00 /TANANARIVE MADAGASCAR (GUERISSEUR)
ANDRE DALLELE : 03/02/1950/ TANANARIVE. (GUERISSEUR).
MAURICE MESSEGUER : 14/12/1921/16H30/CALEYRAC ST CIRQ. (HERBORISYE).
LEON SWARTZENBERG: 02/12/1923/ 23H GMT/ PARIS. (CHIRURGIEN).

FRANCOIS QUESNAY : 04/06/1954/PARIS. (MEDECIN ECONOMISTE).

MILITAIRES / JUSTICE

BISMARCK: 01/04/1815/13H/PRUSSE. (MILITAIRE ET HOMME POLITIQUE).
CESARIO BORGIA : 17/09/1475/5H/ROME. (STRATEGE POLITICO-MILITAIRE).
MARECHAL DE LATTRE : 02/02/1884/12H/VENDEE. (MILITAIRE).
ALFRED DREYFUS : 09/10/1859/14H45/MULSOUSE. (MILITAIRE).
MARECHAL FOCH : 02/10/1851/22H40/TARBES. (MILITAIRE).

JOSEPH GOEBELS: 29/10/1897/22 H 30/REYDT. MILITAIRE NAZI WW2).
H GOERING: 12/01/1893/ 4H/ ROSENHEIM. (GENERAL DE L'AVIATION NAZI).
MARECHAL JOFFRE : 12/01/1852/8H/RIVESALTES. (MILITAIRE).
MARECHAL LECLERC : 22/11/1902/ 19H50 GMT (80). (MILITAIRE).
CLIFF MONTGOMMERY: 17/10/1920/8H30 GMT/OMAHA NEBRASKA.
MURAT: 25/03/1767/LOT. (MARECHAL DE FRANCE).
JACQUES VERGES : 03/05/1925/23H00/MUANG UBON THAILAND. (AVOCAT).

MODE / HAUTE COUTURE / PARFUMS / DESIGN

JEAN BOUSQUET CACHAREL : 30/03/1932/00H00/PARIS.
CHRISTIAN DIOR : 21/01/1905/ 01H25/ GRANVILLE.
PIERRE CARDIN : 02/07/1922/13H00 GMT/SAN BAGIO DI CALLATA/I.
GABRIELLE COCO CHANEL : 19/08/1883/16H/SAUMUR.
COURREGES : 09/03/1923/10H45/PAU.

JEAN-CHARLES DE CASTELBAJAC : 28/11/1949 CASABLANCA 22H00
GABRIELLE DUFWA : 24/02/1964/ 22 H 05/ JONKOPIN SUEDE.
JEAN PAUL GAULTIER : 24/04/1952/19H00 GMT/PARIS.
ELODIE GOSSUIN : 15/12/1980 RHEINS 02H00 (MANNEQUIN ET MODE).
DANIEL HECHTER : 30/07/1938/ 14H50/PARIS.

CHRISTIAN LACROIX : 16/05/1951/10H30 GMT/ARLES.
EDMOND LAPIDUS : 23/06/1929/ 04H00 GMT/PARIS.
PACO RABANE: 18/02/1934/11H45 GMT/SAN SABASTIEN.
SONIA RYKIEL : 25/05/1930/22H55 GMT/PARIS. (HAUTE COUTURE).
ELIE SAAB: 04/07/1964 BEYROUTH 12H00

YVES ST LAURENT: 01/08/1936/19H45 GMT/ ORAN.
CLAUDIA SCHIFFER:25/08/1970/12H25/RHEINBERG (51,33N/06,35E). (MANNEQUIN).
PHILIPPE STARCK : 18/01/1949 04H45 PARIS (DESIGNER)

PEINTURE / PHOTOGRAPHIE / SCULPTURE

PAUL CEZANNE : 19/01/1839/00H46 GMT/AIX EN PROVENCE.
Mme CAMILLE CLAUDEL : 08/12/1864/04H45 GMT/ (02) FRANCE. (SCULPTURE).

GUSTAVE COURBET: 18/06/1819/3H/ORNANS.
SALVADOR DALI : 11/05/1904/8H45/FIGUERAS.
EDOUARD DEGAS : 19/07/1834/20H20/ PARIS.

EUGENE DELACROIX : 26/04/1798/CHARENTON.
RAOUL DUFY: 03/06/1877/7H00/LE HAVRE. (FAUVISTE).
GOYA: 30/03/1746/FUENTETODOS.
HENRI T. D LAUTREC: 24/11/1864/06H/ALBI.
RENE MAGRITTE : 21/11/1898/ LESSINES BELGIQUE.

EDOUARD MANET : 23/12/1832/19H/PARIS.
CLAUDE MONET : 14/11/1840//PARIS.
HENRI MATISSE : 31/12/1869/ 19H45 GMT/ 50°07N, 0°14 E.
MICHAELANGE : 06/03/1475/2H/TOSCANE. (RENAISSANCE).
AMADEO MODIGLIANI : 12/07/1884/19H/LIVOURNE..

PABLO PICASSO : 25/10/1881/23H50/MALAGA.
RAPHAEL : 27/03/1483/ 20H25 GMT/ URBINO. (RENAISSANCE).
AUGUSTE RENOIR : 25/02/1841/6H/LIMOGE.
AUGUSTE RODIN : 12/11/1840/12H/PARIS. (SCULPTEUR).
MAURICE UTRILLO : 26/12/1883/12H48 GMT/PARIS.

VINCENT VAN GOGT:30/03/1853/11H / PAYS BAS.
JEAN. A. WATTEAU : 10/10/1684/VALENCIENNES.
JEAN-BAPTISTE VALADIE : 29/12/1933 BRIVE LA GAILLARDE

PHILOSOPHIE ET IDÉOLOGIES

DESCARTES: 31/03/1556/(IDEOLOGUE).
EMMANUEL KANT : 22/04/1724/3H/ KONIGSBERG. (PHILOSOPHE).
KARL MARX: 05/05/1818/02H/PRUSSE. (IDEOLOGUE).
J. J ROUSSEAU : 28/06/1712/18H30/GENEVE. (IDEOLOGUE).
FREDERIC NIETZSCKE : 15/10/1844/10H00/LUTZEN. (PHILOSOPHE).
ALICE   BAILEY: 16/06/1880/7H40/MANCHESTER.   (ECRIVAIN
SPIRITUALISTE).
GEORGES   GURDIEFF: 13/01/1877/21H25
GMT/ALEXANDROPOL.(ECRIVAIN).
MONTESQUIEU : 18/01/1689/BORDEAUX. (IDEOLOGUE).
O.   MIKHAEL   AIVANHOV   :   01/02/1900/0H30/SOFIA.   (ECRIVAIN
SPIRITUALISTE).
BADEN   POWEL   :   22/02/1857/6H/BIRMINGHAN.   (INVENTEUR   DES
BOY SCOUTS)
RUDOLF   STEINER   :   25/02/1861/23H15/KRAJEVIC.   (ECRIVAIN
SPIRITUALISTE).

PSYCHOLOGIE / PSYCHANALYSE.

ALFRED ADLER : 08/02/1870/ 14 H 00 /VIENNE. (PSYCHOLOGUE).
BLEULER: 30/04/1857. (PSYCHOLOGUE).
FRANCOISE DOLTO : 06/11/1908/20H10/PARIS. (PSYCHANALISTE).
SIGMUND FREUD : 06/05/1826/18H30/FREIBERG. (PSYCHANALYSTE).
PIERRE JANET : 30/05/1859/PARIS. (PSYCHOLOGUE).
CARL. C. JUNG: 26/07/1875/ 19H30 GMT / KESSWIL (Suisse). (PSYCHOLOGUE).
JACQUES LACAN : 13/04/1901/14H20 GMT/PARIS. (PSYCHANALISTE).

JEAN PIAGET : 09/08/1896/00 H 45 /NEUCHATEL. (PSYCHOLOGUE ENFANTS).
WILHELM REICH: 24/03/1897/2H23 GMT AUTRICHE. (PSYCHANALISTE).
ELIZABETH ROSS : 08/07/1926/22H45/ZURICH. (PSYCHANALISTE).

RESPONSABLES POLITIQUES FRANCAIS HISTORIQUES

MARIE ANTOINETTE : 02/11/1755/ 19 H 30 / VIENNE. (REINE GUILLOTINEE).
NAPOLEON BONAPARTE: 15/08/1769/11H GMT/AJJACCIO. (EMPEREUR).
CHARLEMAGNE : 02/04/742. (EMPEREUR).
J. B COLBERT : 29/08/1619/7H/REINS. (HOMME POLITIQUE).
CONDORCET : 17/09/1743/AISNE. (HOMME POLITIQUE).
JOSEPHINE DE BEAUHARNAIS : 27/06/1763/4H/MARTINIQUE. (REINE).
DENIS DIDEROT : 01/01/1713/LANGRES. (HOMME POLITIQUE).
LOUIS XIV : 23/08/1638/11H10/ST GERMAIN EN LAYE. (ROI DE FRANCE).
JULES MAZARIN : 14/07/1602/19H/PESCINA. (HOMME POLITIQUE).
NAPOLEON III : 20/04/1808/1H/PARIS. (EMPEREUR).
CARDINAL RICHELIEU : 09/09/1585/9H53/PARIS/HOMME POLITIQUE.
ROBESPIERRE : 06/05/1758/2H/ARRAS. (HOMME POLITIQUE).

RESPONSABLES POLITIQUES / PRINCES / FRANCAIS CONTEMPORAINS

EDOUARD BALLADUR : 02/05/1929/12h/IZMIR (Turquie). (PREMIER MINISTRE).
RAYMOND BARRE : 12/04/1924/6H/LA REUNION. (PREMIER MINISTRE).
PIERRE BEREGOVOY : 23/12/1925/10H GMT/ (76). (PREMIER MINISTRE).
LEON BLUM : 09/04/1872/11H GMT/PARIS. (HOMME POLITIQUE).
ALAIN CARIGNON : 23/02/1949/03H15 GMT/ (38). (MINISTRE).

JACQUES CHIRAC : 29/11/1932/12H/PARIS. (PRESIDENT FRANCAIS).
CHARLES DE GAULE: 22/11/1890/3H47GMT/LILLE. (PRESIDENT FRANCAIS).
JACQUES DELORS : 20/07/1925/12H30/PARIS. (HOMME POLITIQUE).
VALERIE. G. D'ESTAING : 02/02/1926/21H00/ COBLENCE. (PRESIDENT FRANCAIS).
PHILIPPE DE VILLIERS : 25/03/1949/04H00/BOULOGNE. (HOMME POLITIQUE).

PIERRE MENDES FRANCE : 11/01/1907/14H/PARIS. (HOMME POLITIQUE).
ROBERT HUE : 19/10/1946/9H45/CORMEILLES.(PARTI COMUNISTE).
JEAN JAURES : 03/09/1859/12H/CASTRES. (HOMME POLITIQUE).
ALAIN JUPE : 15/08/1945/02H00 GMT/ (40). (MINISTRE).
GRÂCE KELLY: 12/11/1929/10H31 GMT/PHILADELPHIE. (REINE DE MONACO).

BERNARD KOUCHNER : 01/11/1939/ 06H00/AVIGNON. (HOMME POLITIQUE).
BRICE LALONDE : 10/02/1946/13H30/ (92). (ECOLOGISTE).
JACK LANG : 02/09/1939/18H00/MIRECOURT.(MINISTRE).
J M LE PEN : 20/06/1928 / 3H/LA TRINITÉ SUR MER. (FRONT NATIONAL).
FRANCOIS LEOTARD:26/03/1942/3H45/CANNES. (MINISTRE).
PIERRE MENDES FRANCE : 11/01/1907/14H/PARIS. (HOMME POLITIQUE).
FRANCOIS MITTERAND : 26/10/1916/4H/JARNAC. (PRESIDENT FRANCAIS).
CHARLES PASQUA : 18/04/1927/15H00/GRASSE. (MINISTRE).
GEORGES POMPIDOU: 05/07/1911/7H30/CANTAL. (PRESIDENT FRANCAIS).

MICHEL ROCARD : 23/08/1930/9H/HAUT DE SEINE. (PREMIER MINISTRE).

NICOLAS SARKOZI : 28/01/1955/ 21H00 GMT/PARIS. (PRESIDENT).
BERNARD TAPIE : 26/01/1943/5H/PARIS. (MINISTRE).
DOMINIQUE VOYNET : 04/11/1958/17H45/MONTBELIARD. (ECOLOGISTE).
ANTOINE WAECHTER: 11/02/1949/04H20/MULHOUSE. (ECOLOGISTE).
SIMONE WEIL: 13/06/1927/8H/NICE. (MINISTRE).

RESPONSABLES POLITIQUES AMERICAINS. (PRESIDENTS DES USA)

JIMMY CARTER: 01/10/1924/6H/USA.
BILL CLINTON: 19/08/1946/ 15H51 GMT/HOPE ARIZONA USA.
LYNDON B JONHSON: 27/08/1908/6H/TEXAS.
JF KENNEDY: 29/05/1917/15H/BOSTON USA.
ABRAHAM LINCOLN: 12/02/1809/2H/KENTUCKY USA.

JAMES MADISSON : 16/03/1751/VIRGINIE USA.
RICHARD NIXON : 09/01/1913/21H30/L. A.
RONALD REGAN: 06/02/1911/2H/ILLINOIS USA.
FRANKLIN ROOSEVELT: 30/01/1882/20H15/N. Y.
HOWARD TAFT: 15/09/1857/10H/OHIO.
HARRY TRUMAN: 08/05/1884/MISOURI.
RESPONSABLES POLITIQUES / ROIS / PRINCES INTERNATIONAUX.

KONRAD ADENAUER : 05/01/1870/10H30/COLOGNE. (D).
YASSER ARAFAT : 27/08/1929/12H00 GMT/LE CAIRE
SILVIO BERLUSCONI: 29/09/1936/5H30 GMT/MILAN. (ITA).
WILLIE BRANDT: 18/12/1913/13H/LUBECK. (D)
LEONID BREJNEV : 19/12/1906/UKRAINE. (EX URSS).

JUAN CARLOS: 05/01/1938/ 12H15 GMT/ ROME. (ex ROI D'ESPAGNE).
WINSTON CHURCHHILL: 29/11/1874/1H30/OXFORD. (GB).
LADY DIANA: 01/07/1961/19H45/Sandringham (52,50N/00,30E). (PRINCESSE). (GB).
CATHERINE DE MEDICIS:23/04/1519/7H/FLORENCE. (ITA).
CHRISTINE DE SUEDE: 18/12/1926/STOCKHOLM. (SWE).

ELIZABETH II: 11/04/1926/2H40/LONDRES. (REINE D'ANGLETERRE).
BORIS ELTSIN: 01/02/1931/10H GMT/BOUTKA. (PRESIDENT DE LA RUSSIE).
MAHATMA GANDI: 02/10/1869/ 18H11 GMT/ (25,27N/80,23E). (INDE).
MICHAEL GORBATCHEV: 02/03/1931/20 H30 GMT/ PRINAMOVALIC. (EX URSS).
VACLAV HAVEL: 05/10/1936/15H00 GMT/PRAGUE. (PRESIDENT CZ).

GOLDA MEIR: 03/05/1898/KIEV. (ISRAEL).
ANOUAR EL SADATE: 15/01/1918/ALEXANDRIE. (EGYPTE).
HELMUT SCHMIT: 23/12/1918/22H/HAMBOURG. (D).
JOSEPH STALINE: 02 / 01/ 1880/ GEORGIE. (EX URSS).
MARIE STUART : 07/12/1542/ 13H40 GMT/ EDIMBOURG. (FEMME POLITIQUE GB).

MARGARET TATCHER : 13/10/1925/9H/GRANTHAM GB. (FEMME POLITIQUE GB).
LEON TROTSKY : 26/10/1879/0H30 / ODESSA. (HOMME POLITIQUE). (EX URSS).
MAO TSE TUNG : 26/12/1893/8H/HUNAN. (CHINE).
REINE VICTORIA : 24/05/1819/04 H 15 GMT/LONDRES. (GB).

RÉVOLUTIONNAIRES

CHE GUEVARA : 07/06/1928/2H/ROSARIO ARGENTINE. (REVOLUTIONNAIRE).
LOUISE MICHEL : 29/05/1830/17H/VRONCOURT. (RÉVOLUTIONAIRE).

SCIENCES / INVENTIONS/ RECHERCHE

JOHN LOGIE BAIRD: 13/08/1888 08H00 EDIMBOURG (INVENTEUR TV).
MARCEL BICH : 29/07/1914 12H30 TURIN (INVENTEUR STYLO BILLE JETABLE).
GRAHAM BELL: 03/03/1847/ 07H 00 GMT/EDIMBOURG. (INVENTEUR D'INTERNET).
TIM BERNERS LEE : 08/06/1955 11H20 LONDRES
NIELS BOHR : 07/10/1855/COPENHAGUE. (PHYSICIEN).

JF CHAMPOLION : 23/12/1790/ 02H08 GMT/ FIGEAC. (EGYPTOLOGUE).
NICOLAS COPERNIC : 19/02/1473/16H45/TORUN (Pologne). (ASTRONOME).
WILLIAM CROOKES : 17/06/1832 17H30 LONDRES (PHYSICIEN)

MARIE CURIE : 07/11/1867/VARSOVIE. (PHYSICIENNE NUCLEAIRE).
LEONARDO DA VINCI: 14/04/1452/21H50/FLORENCE. (INVENTEUR).
THOMAS EDISSON : 11/02/1848/13H30/OHIO USA. (INVENTEUR).
ALBERT EINSTEIN : 14/03/1879/11H45/ULM. (SCIENTIFIQUE).
GALILEI GALILEO : 24/02/1564/ 15H18 GMT/ PISE. (ASTRONOME).
HEISENBERG: 5/12/1901/WURZBURG. (PHYSICIEN NUCLEAIRE).

WILLIAM HERSCHEL: 16/11/1738/ HANOVRE. (ASTRONOME découvreur d'URANUS).
JOHANES KEPLER : 25/12/1572 (Cal Julien)/13H40 GMT/MAGSTAD. (ASTRONOME).
ANTOINE LAVOISIER : 26/08/1743/PARIS. (CHIMISTE).
URBAIN LE VERRIER : 11/03/1811/10H/ST LO. (ASTRONOME).
GUGLIELMO MARCONI : 25/04/1874/BOLOGNE. (INVENTEUR DE LA RADIO).

DIMITRI MENDELEIV : 29/04/1834. (INVENTEUR TABLE DES ELEMENTS).
ROBERT OPPENHEIMER: 22/04/1904 08H20 NEW YORK (PHYSICIEN NUCLEAIRE).
ISSAC NEWTON: 04/01/1643/01H/WOOLSTHORPE -GB. (SCIENTIFIQUE).
LOUIS PASTEUR : 27/12/1822/2H/DOLE. (SCIENTIFIQUE).
MAX PLANCK : 23/04/1858/KIEL. (PHYSICIEN NUCLEAIRE).

HENRI POINTCARRE : 29/04/1854/NANCY. MATHEMATICIEN).
HUBERT REEVES : 17/07/1932 / 18H/MONTRÉAL. (ASTRONOME ECRIVAIN).
WILHEILM ROENGTEN : 27/03/1845/LENNEP-D. ((INVENTEUR DES RAYONS X).
NICOLAS TESLA : 10/07/1856 CROATIE
RAY TOMLINSON: 02/10/1941 13H00 NEW YORK (INVENTEUR COURRIER ELECTRONIQUE)
VERNER VON BRAUN : 23/03/1912/8H15 GMT/WIRSITZ. (FUSEES).

SECTES

HELENA BLAVATSKI: 12/08/1831/01H47/MOSCOU. (FONDATRICE SOCIETE
THEOSOPHIQUE DE FRANCE).
BAGWAN SRI RAJNESH : 10/12/1931/23H43 GMT/KUSHWADA INDE. (ILLUMINÉ FONDATEUR D'UNE SECTE).
E SWEDENBORG : 29/01/1688/6H14/STOCKHOLM.(FONDATEUR D'UNE SECTE).

SPORTS

MOHAMED ALI: 18/01/1942/ 23H30/ 38°13N, 5°43 O. (BOXEUR).
BORIS BECKER: 22/11/1967/7H45 GMT/LEIMEN AL. (JOEUR DE TENNIS).
SERGE BLANCO : 31/08/1958/12 H /CARRACAS. (RUGBY).
BJON BORG: 06/06/1956/23H05/SUEDE. (JOUEUR DE TENNIS).
ERIC CANTONNA : 24/05/1966/0H30/MARSEILLE. (FOOTBALLEUR).

MIKLE CHANG : 22/02/1972/ 22 H 00 /PEKING. (JOUEUR DE TENNIS).
JIM COURIER: 17/08/1970/USA. (TENNIS).
STEPHY GRAF: 14/06/1969/ 04 H 40 /MANNHEIM /D. (TENNIS).
MIGUEL INDURAIN : 16/07/1964/ 08 H 00/VILLAVA /ESP. (CYCLISME).
CARL LEWIS: 01/07/1961/13H49
GMT/Birmingham/Alabama/USA.(ATHLETE).

CHRIS EVERT LOYD: 21/12/1954/ FORT LAUDERDALE USA. (TENNIS).
J. CLAUDE KILLY: 30/08/1943/5H10/ST CLOUD. (SPORTIF/ORGANISATEUR J. O).
DIEGO MARADONNA : 30/10/1960/07 H 05 / BUENAS AIRES. (FOOTBALL).
YANNICK NOAH:18/05/1960/16H. (JOUEUR DE TENNIS).
MICHEL PLATINI : 21/06/1955/9H/JOEF. (FOOTBALLEUR).
PELE: 21/10/1940/ 3 H /TRES CORACOES (21.42 S,45.16 O). (FOOTBALL).
ALAIN PROST : 24/02/1955/11H45/LORETTE. (PILOTE AUTOMOBILE).
STEVEN ROCHE: 28/11/1959/01H30/DUBLIN. (CYCLISTE).
AYRTON SENNA: 21/03/1960/2H45/SAO PAULO. (COUREUR AUTOMOBILE).

RAFAEL NADAL : 03/06/1986 MANACOR Espagne 18H00 (TENNIS)
NADIA COMANECI : 12/11/1978 ROUMANIE AS 22 SAG

VOYAGES / EXPLORATIONS / AVIATEURS

NIEL ARMSTRONG: 05 / 08 / 1930 / 05 H 10 GMT / WAPAKONETA /OHIO / USA (ATRONAUTE.)
JEAN LOUP CHRETIEN : 28/08/1938 / 18H GMT/ LA ROCHELLE. (COSMONAUTE).
JACQUES. Y. COUSTEAU : 11/06/1910/15H00 / ST ANDRE. (EXPLORATEUR).
HENRI DURVILLE : 30/11/1888/14H10/PARIS. (AVIATEUR).

ROLAND GARROS : 06/10/1888/05H03GMT/ST DENIS/LA REUNION. (AVIATEUR)

NICOLAT HULOT: 3 0/04/1955/07H50 GMT / LILLE. (REPORTER TV).
JEAN MERMOZ : 09/12/1901/02H00/ AUBENTON/ AISNE (02). (AVIATEUR).
ALEXENDRA. D. NEEL : 24/10/1868/5H/PARIS (EXPLORATRICE CENTENAIRE).
AMELIA EARHART : 24/06/1897 AS 3° TAUREAU

VOYANCE / PARAPSYCHOLOGIE

EDGAR CAYCE : 18/03/1877/15H/LOUISVILLE/KENTUCKY USA. (VOYANT GUERISSEUR).
DIDIER DERLICH : 22/04/1965/ 00 H 30 /MOULINS. (VOYANT).
URI GELLER : 20/12/1946/TEL AVIV. (PARAPSYCHOLOGUE).
ALAN KARDEC : 03/10/1804/19 H 00 GMT/ LYON. (SPIRITISME).
FRANCOISE ROBIN : 15/11/1930/8H/LYON. (VOYANTE).

L'Almuten nous vient de l'astrologie Arabe. Le mot signifie « la planète victorieuse », c'est-à-dire la planète la plus forte, celle qui se fait obéir par les autres planètes, même par une planète maîtresse. L'Almuten est souvent la planète dominante ou une planète maitresse mais pas toujours. De quoi une planète peut-elle être la maitresse ? Elle peut être la maitresse d'un signe, d'une maison où d'une autre planète mais aussi de tout élément qui se trouve quelque part dans un signe, comme une cuspide de maison ou un nœud lunaire ou encore une part.

Nous avons vu qu'une planète pouvait être maitresse d'un signe entier, c'est-à-dire être en domicile, qu'elle pouvait être exaltée dans un signe, qu'elle pouvait être en exil ou en chute. Nous avons enfin vu qu'une planète dans un signe de même élément que le signe dont elle est la maîtresse attitrée peut s'exprimer avec une certaine aisance. Elle est alors dite en signe de triplicité parce qu'il y a trois signe de chaque élément. Nous avons vu dans le livre 1 « Les bases pratiques de l'astrologie » que les anciens astrologues avaient également décomposé chaque signe astrologique en différents espaces de 10 degrés nommés décan et de six degrés nommé termes et qu'une planète était maîtresse de chacun de ces espaces.

Une planète peut ainsi plus ou moins bien s'exprimer suivant où elle se trouve. Certains espaces renforcent les possibilités d'expression d'une planète et l'on disait qu'ils dignifiaient la planète en lui donnant de la dignité et en accroissant ces possibilités d'expression. Les domiciles, exaltation, triplicité, termes et décans étaient ainsi appelés dignités et les anciens disaient qu'une planète dans une dignité voyait sa forme augmenté de 5 quand elle est en domicile, de 4 quand elle est en exaltation, de 3 quand elle est en triplicité, de 2 quand elle est dans son terme et de 1 quand elle est dans son décan.

Domicile	+5
Exaltation	+4
Triplicité	+3
Terme	+2
Décan	+1

Chaque espace dans un signe est influencé par les cinq dignités et leur maîtres. Quand, pour un espace donné, l'on attribue les points pour la planète en domicile dans cet espace, puis les point en exaltation, puis en triplicité, puis en terme et enfin les points en décans, l'on s'aperçoit qu'une planète à plus de points que les autres.

C'est cette planète qui est l'Almuten. Si deux planètes ont le même nombre de points, il faudra alors voir le calcul de la dominante planétaire et prendre alors comme Almuten la planète qui a le plus de points. Quand l'Almuten est aspectée à une autre planète, c'est elle qui dirigera la relation.

Voici les tableaux d'attribution des points dans les signes pour les naissances diurnes naissances après le lever du Soleil) et pour les naissances nocturnes.

ALMUTEN POUR UN THEME DIURNE

Signe	Degrés	Domicil 5 pts	Exalt. 4 p	Tripl. 3 p	Term 2p	Décan 1 p	ALMUTEN
♈	0-6	♂	☉	☉	♃	♂	☉
♈	6-10	♂	☉	☉	♀	♂	☉
♈	10-12	♂	☉	☉	♀	☉	☉
♈	12-20	♂	☉	☉	☿	☉	☉
♈	20-25	♂	☉	☉	♂	♀	♂☉
♈	25-30	♂	☉	☉	♄	♀	☉
♉	0-8	♀	☽	♀	♀	☿	♀
♉	8-10	♀	☽	♀	☿	☿	♀
♉	10-14	♀	☽	♀	☿	☽	♀
♉	14-20	♀	☽	♀	♃	☽	♀
♉	20-22	♀	☽	♀	♃	♄	♀
♉	22-27	♀	☽	♀	♄	♄	♀
♉	27-30	♀	☽	♀	♂	♄	♀
♊	0-6	☿	-	♄	☿	♃	☿
♊	6-10	☿	-	♄	♃	♃	☿
♊	10-12	☿	-	♄	♃	♂	☿
♊	12-17	☿	-	♄	♀	♂	☿
♊	17-20	☿	-	♄	♂	♂	☿
♊	20-24	☿	-	♄	♂	☉	☿
♊	24-30	☿	-	♄	♄	☉	☿♄
♋	0-7	☽	♃	♀	♂	♀	☽
♋	7-10	☽	♃	♀	♀	♀	♀
♋	10-13	☽	♃	♀	♀	☿	☽♀
♋	13-19	☽	♃	♀	☿	☿	☽
♋	19-20	☽	♃	♀	♃	☿	♃
♋	20-26	☽	♃	♀	♄	☽	☽♃
♋	26-30	☽	♃	♀	♄	☽	☽
♌	0-6	☉	-	☉	♃	♄	☉

Signe	Degrés	Dom 5 p	Exal 4 p	Tri 3 p	Termes 2p	Déc 1 p	ALMUTEN
♎	0-6	♀	♄	♄	♄	☽	
♎	6-10	♀	♄	♄	☿	☽	
♎	10-14	♀	♄	♄	☿	♄	
♎	14-20	♀	♄	♄	♃	♄	
♎	20-21	♀	♄	♄	♃	♃	
♎	21-28	♀	♄	♄	♀	♃	
♎	28-30	♀	♄	♄	♂	♃	
♏	0-7	♂	-	♀	♂	♂	
♏	7-10	♂	-	♀	♀	♂	
♏	10-11	♂	-	♀	♀	☉	♂
♏	11-19	♂	-	♀	☿	☉	
♏	19-20	♂	-	♀	♃	☉	
♏	20-24	♂	-	♀	♃	♀	
♏	24-30	♂	-	♀	♄	♀	
♐	0-10	♃	-	☉	♃	☿	
♐	10-12	♃	-	☉	♃	☽	
♐	12-17	♃	-	☉	♀	☽	
♐	17-20	♃	-	☉	☿	☽	
♐	20-21	♃	-	☉	☿	♄	
♐	21-26	♃	-	☉	♄	♄	
♐	26-30	♃	-	☉	♂	♄	
♑	0-7	♄	♂	♀	☿	♃	
♑	7-10	♄	♂	♀	♃	♃	
♑	10-14	♄	♂	♀	♃	♂	♄
♑	14-20	♄	♂	♀	♀	♂	♄
♑	20-22	♄	♄	♀	♀	☉	♄
♑	22-26	♄	♂	♀	♄	☉	
♑	26-30	♄	♂	♀	♂	☉	

Signe	Degrés	Domi	Exalt.	Tripl.	Terme	Décan	ALM
	6-10	☉	-	☉	♀	♄	☉
	10-11	☉	-	☉	♀	♃	☉
	11-18	☉	-	☉	♄	♃	☉
	18-20	☉	-	☉	♀	♃	☉
	20-24	☉	-	☉	♀	♂	☉
	24-30	☉	-	☉	♂	♂	☉
♍	0-7	☿	☿	♀	☿	☉	☿
	7-10	☿	☿	♀	☿	☉	☿
	10-17	☿	☿	♀	♃	♀	☿
	17-20	☿	☿	♀	♃	☿	☿
	20-21	☿	☿	♀	♂	☿	☿
	21-28	☿	☿	♀	♄	☿	☿
	28-30	☿	☿	♀	♄	☿	☿

Signe	Degrés	Domi	Exalt.	Tripl.	Terme	Décan	ALM
♒	0-7	♄	-	♄	☿	♀	♄
	7-10	♄	-	♄	♀	♀	♄
	10-13	♄	-	♄	♀	☿	♄
	13-20	♄	-	♄	♃	☿	♄
	20-25	♄	-	♄	♂	☽	♄
	25-30	♄	-	♄	♄	☽	♄
♓	0-10	♃	♀	♀	♀	♄	♀
	10-12	♃	♀	♀	♀	♃	♃
	12-16	♃	♀	♀	♃	♃	♃
	16-19	♃	♀	♀	☿	♃	♀
	19-20	♃	♀	♀	♂	♃	♀
	20-28	♃	♀	♀	♂	♂	♀
	28-30	♃	♀	♀	♄	♂	♀

ALMUTEN POUR UN THEME NOCTURNE

Signe	Degrés	Domi 5 pts	Exalt. 4 p	Tripl. 3 p	Terme 2p	Décan 1 p	ALM
♈	0-6	♂	☉	♃	♃	♂	♂
	6-10	♂	☉	♃	♀	♂	♂
	10-12	♂	☉	♃	♀	☉	♂☉
	12-20	♂	☉	♃	☿	☉	♂☉
	20-25	♂	☉	♃	♂	♀	♂
	25-30	♂	☉	♃	♄	♀	♂
♉	0-8	♀	☽	☽	♀	☿	♀☽
	8-10	♀	☽	☽	☿	☿	☽
	10-14	♀	☽	☽	☿	☽	☽
	14-20	♀	☽	☽	♃	☽	☽
	20-22	♀	☽	☽	♃	♄	☽
	22-27	♀	☽	☽	♄	♄	☽
	27-30	♀	☽	☽	♂	♄	☽
♊	0-6	☿	-	☿	☿	♃	☿
	6-10	☿	-	☿	♃	♃	☿
	10-12	☿	-	☿	♃	♂	☿
	12-17	☿	-	☿	♀	♂	☿
	17-20	☿	-	☿	♂	♂	☿
	20-24	☿	-	☿	♂	☉	☿
	24-30	☿	-	☿	♄	☉	☿
♋	0-7	☽	♃	♂	♂	♀	☽♂
	7-10	☽	♃	♂	♀	♀	☽
	10-13	☽	♃	♂	♀	☿	☽
	13-19	☽	♃	♂	☿	☿	☽

Signe	Degrés	Dom 5 p	Exal 4 p	Tri 3 p	Termes 2p	Déc 1 p	ALM
♎	0-6	♀	♄	☿	♄	☽	♄
	6-10	♀	♄	☿	☿	☽	♀☿
	10-14	♀	♄	☿	☿	♄	♀♄☿
	14-20	♀	♄	☿	♃	♄	♀♄
	20-21	♀	♄	☿	♃	♃	♀
	21-28	♀	♄	☿	♀	♃	♀
	28-30	♀	♄	☿	♂	♃	♀
♏	0-7	♂	-	♂	♂	♂	♂
	7-10	♂	-	♂	♀	♂	♂
	10-11	♂	-	♂	♀	☉	♂
	11-19	♂	-	♂	☿	☉	♂
	19-20	♂	-	♂	♃	☉	♂
	20-24	♂	-	♂	♃	♀	♂
	24-30	♂	-	♂	♄	♀	♂
♐	0-10	♃	-	♃	♃	☿	♃
	10-12	♃	-	♃	♃	☽	♃
	12-17	♃	-	♃	♀	☽	♃
	17-20	♃	-	♃	☿	☽	♃
	20-21	♃	-	♃	♄	♄	♃
	21-26	♃	-	♃	♄	♄	♃
	26-30	♃	-	♃	♂	♄	♃
♑	0-7	♄	♂	☽	☿	♃	♄
	7-10	♄	♂	☽	♃	♃	♄
	10-14	♄	♂	☽	♃	♂	♄♂

Signe	Degrés						
	19-20	☽	♃	♂	♃	☿	♃
	20-26	☽	♃	♂	♄	☽	☽♃
	26-30	☽	♃	♂	♄	☽	☽
♌	0-6	☉	-	♃	♃	♄	☉♃
	6-10	☉	-	♃	♀	♄	☉
	10-11	☉	-	♃	♀	♃	☉
	11-18	☉	-	♃	♄	♃	☉
	18-20	☉	-	♃	☿	♃	☉
	20-24	☉	-	♃	☿	♂	☉
	24-30	☉	-	♃	♂	♂	☉
♍	0-7	☿	☿	☽	☿	☉	☿
	7-10	☿	☿	☽	♀	☉	☿
	10-17	☿	☿	☽	♀	♀	☿
	17-20	☿	☿	☽	♃	♀	☿
	20-21	☿	☿	☽	♃	☿	☿
	21-28	☿	☿	☽	♂	☿	☿
	28-30	☿	☿	☽	♄	☿	☿

Signe	Degrés						
	14-20	♄	♂	☽	♀	♂	♄
	20-22	♄	♄	☽	♀	☉	
	22-26	♄	♂	☽	♄	☉	
	26-30	♄	♂	☽	♂	☉	
♒	0-7	♄	-	☿	☿	♀	♄
	7-10	♄	-	☿	♀	♀	
	10-13	♄	-	☿	♀	☿	
	13-20	♄	-	☿	♃	☿	
	20-25	♄	-	☿	♂	☽	
	25-30	♄	-	☿	♄	☽	
♓	0-10	♃	♀	♂	♀	♄	
	10-12	♃	♀	♂	♀	♃	♀
	12-16	♃	♀	♂	♃	♃	
	16-19	♃	♀	♂	☿	♃	
	19-20	♃	♀	♂	♂	♃	
	20-28	♃	♀	♂	♂	♂	
	28-30	♃	♀	♂	♄	♂	

L'Almuten du thème astral

Les astrologues arabes ont mis un point un system de calcul de la dominante planétaire d'un thème astral. La dominante est appelée l'Almuten du thème. Voici comment ils procédaient.

1 : Pour le Soleil, la lune, l'ascendant et la part de fortune, vous attribuez, en fonction de là où ils se trouvent, cinq points pour la planète maitresse du signe, quatre points à la planète qui y est exaltée, trois points aux planètes qui y sont dites en triplicité (voir tableau ci-dessous pour localiser les planètes en question), deux points au maître du terme et un point au maître du décan.

Voici le tableau des triplicités.

	Maitre 1	Maitre 2	Maître 3
Feu	Soleil	Jupiter	Saturne
Terre	Vénus	Lune	Mars
Air	Saturne	Mercure	Jupiter
Eau	Vénus	Mars	Lune

2 : Vous attribuez 12 points à toute planète en maison 1, 6 points à toute planète en maison 2, 3 points à toute planète en maison 3, 9 points à toute planète en maison 4, 7 points à toute planète en maison 5, 1 point à toute planète en maison 6, 10 points à toute planète en maison 7, 4 points à toute planète en maison 8, 5 points à toute planète en maison 9, 11 points à toute planète en maison 10, 8 points à toute planète en maisons 11 et 2 points à toute planète en maison 12.

Certains astrologues considéraient qu'une planète était dans la maison suivante si elle était à huit degrés avant la pointe d'une maison angulaire ou cardinale (1, 4, 7,10), à cinq degrés avant la pointe d'une maison succédente ou fixe (2, 5, 8, 11) et à trois degrés avant la pointe d'une maison cadente ou mutable (3, 6, 9, 12).

3 : Vous attribuez 7 point au maître du jour, c'est-à-dire à la planète dont le jour porte le nom. Lundi est le jour de la Lune, mardi de Mars, Mercredi de Mercure, Jeudi de Jupiter, Vendredi de Vénus, Samedi de Saturne et Dimanche du Soleil. Les astrologues de l'antiquité considéraient que le jour commençait au lever du soleil et se terminait au levez du Soleil du jour suivant. Si vous êtes né(e) un mercredi à 01h40 du matin, votre maître du jour sera Mars car vous êtes né(e) avant le lever du jour.

4 : Vous attribuez 6 points au maître de l'heure de naissance. Pour trouver le maître de l'heure, il faut démarrer à partir du maître du jour qui gouverne le moment où vous êtes né(e). Il faut savoir à quelle heure s'est levé le Soleil le jour où vous êtes née, c'est-à-dire à quelle heure l'ascendant était pile sur le Soleil. Il vous faut pour cela utiliser un logiciel d'astrologie. Vous calculez ensuite le nombre d'heures écoulées depuis le lever du jour. Vous suivez ensuite la séquence Saturne, Jupiter, Mars, Soleil, Vénus, Mercure, Lune en partant du maître du jour de votre naissance. Si par exemple une personne est née le mercredi à 01h40 du matin, le Soleil s'est levé pour le jour concerné à 08h30 heure légale le mardi précédent et le nombre d'heures écoulée entre mardi 08h30 et mercredi 01h40 est de 17 heures. 01h40 se situe donc dans la dix-huitième heure.

Maître du jour						
♂	☉	♀	☿	☾	♄	♃
1 (8h30-9h30)	2	3	4	5	6	7
8	9	10	11	12	13	14
15	16	17	18 (minuit trente à 01h30)	19ème heure		

Pour l'exemple choisi, la Lune est donc la maîtresse de l'heure de naissance.

Pour calculer l'Almuten, vous pouvez faire un tableau comme suit. Prenons comme exemple une personne née un mercredi à 01h40 avec le Soleil et la Lune à 20 degrés et 23 degrés Capricorne la part de Fortune et l'Ascendant à 23 degrés et 26 degrés Balance. Le Soleil, la lune et mercure sont en maison 3, Vénus est en maison 4, Mars est en maison 12, Jupiter est en maison 9 tout proche du milieu du ciel et Saturne est en maison 5.

	Soleil	Lune	Mercure	Vénus	Mars	Jupiter	Saturne
Soleil	1	3		2+3	4+3	1	5
Lune	1	3		3	4+3	1	5+2
Ascendant			3	5+2		3	4+3
Part de Fortune			3	5+2		3	4+3
Maisons	3	3	3	9	2	5 ou 11	7
Jour					7		
Heure		6					
Total	5	15	9	31	23	13 ou 19	33

L'Almuten du thème est onc ici Saturne suivi de près par Vénus.

Annexe : L'avenir thérapeutique de l'astrologie

Le rêve éveillé astrologique (REA) : C'est une technique créée par Michel Tabet dans les années « 2000 ». Elle part sur le principe que bien souvent, les rêves parlent d'une partie de la structure psychologique de façon symbolique et que l'âme vit avec la structure qui la porte.

Des amies thérapeutes, qui ignoraient tout de l'astrologie, m'ont régulièrement raconté(e) leurs rêves, sachant que je maîtrisais l'astrologie. J'ai été chaque fois surpris de voir un lien clair et évident avec soit leur thème natal, soit avec un transit astrologique. C'est comme s'il existait une hygiène de l'âme qui permet à la personne d'intégrer et de faire évoluer sa structure d'âme à travers le rêve. Comme le thème astral est le reflet de la structure psychologique d'une personne, une personne qui connait l'astrologie et qui est connectée vibratoirement aux planètes peut naturellement faire le lien entre le symbolisme d'un rêve et la partie du thème astral, et donc de l'âme, qui s'exprime à travers le rêve. Cette technique se pratique par une personne qui est à la fois formée en tant que coach ou thérapeute et en tant qu'astrologue.

Ce sont beaucoup les planètes, qui sont les acteurs vivant de l'astrologie, que l'on retrouve, personnifiée, dans les rêves. Le rêve éveillé astrologique prend en compte une dimension à la fois psychologique et énergétique car les planètes agissent tant au niveau de l'âme qu'au niveau du corps physique par l'intermédiaire des centres énergétiques ou Chakras. Cela se ressent au cours d'une séance où les images sont accompagnées de sensations plus ou moins fortes.

L'un des objectifs du REA est de rééquilibrer, par rapport au thème astral, des planètes du thème qui ne s'expriment pas, qui s'expriment de façon déséquilibrée parce qu'elles sont associées à des peurs ou à des mémoires de souffrance ou qui s'expriment de façon excessive.

Le thème astral étant très lié aux mémoires généalogique et aux mémoires dites de vie passées, le REA peut prendre en compte ses dimensions et effectuer un rééquilibrage, une réintégration et un nettoyage de mémoires douloureuses.

C'est très souvent par le pardon et par une modification de la vision que vous avez de vous-même que vous pouvez neutraliser la charge émotionnelle nocive d'une mémoire et d'une planète en souffrance et que l'on peut ainsi « reprogrammer » une planète pour lui permettre de s'exprimer sous une forme positive. L'astrothérapeute accompagne le patient sur son chemin d'évolution, avec sa présence, ses connaissances, sa connexion avec les planètes et avec l'intelligence de l'univers et avec son éveil du cœur.

- La préparation du thème astral et détection de ce qui vibre en ce moment dans le thème.
- Un entretien qui permet au patient de formuler son vécu et ses attentes.
- Une phase de détente, de relaxation et de préparation énergétique, avec un exercice d'éveil à la conscience corporelle.
- Une phase de plongée à l'intérieur de soi ou le patient choisi librement où il veut aller.
- Le temps du rêve et de l'exploration.
- Une phase de synthèse, de conclusion puis de retour à l'état normal.
- Un entretien de synthèse, une validation du travail qui a été effectué et un engagement à retourner à la vie quotidienne.

Le thérapeute en REA demande souvent au patient, lors des premières séances, de visualiser un paysage qui sera une porte d'entrée dans le thème astral. Puis il laisse le patient s'exprimer tout en étant attentif aux liens entre ce qui est dit et le thème astral. Il cherche à ressentir ce qui veut émerger, ce que l'âme de son patient cherche à exprimer et vers où elle veut aller et l'accompagne dans ce sens.

La finalité du REA est de vous reconnecter, dans chacune de vos cellules et dans chaque partie de votre âme, à votre Soleil, à « la Source de toute vie » qui est une source d'amour et de joie profonde située au centre de votre être, au cœur de votre identité profonde, dans votre corps spirituel, afin que vous puissiez exprimer votre thème astral, c'est-à-dire votre structure d'âme, sous sa meilleure forme possible et rayonner comme un soleil en tant qu'enfant de « la Source de toute vie ».

Astrologie et visualisations : Le livre de Monsieur Carroll, cité en bibliographie propose des visualisations à effectuer en lien avec les planètes.

Astrologie et constellations : Des astrologues et thérapeutes commencent à proposer des constellations astrologiques où le thème astral est constellé afin de le conscientiser et de le vivre sous sa meilleure forme possible.

Cycle 1 - Du début à la maîtrise. Environs 20 heures.

Cours 1 : Situer l'astrologie et ses composantes au sein d'une démarche de développement personnel.

1) Qu'est ce que l'astrologie ? Déontologie :
2) Lois de la synchronicité. Ce qui est en haut et ce qui est en bas.
3) Qu'est ce qu'une carte du ciel ou un thème astral ?
4) Bases psychologiques. Les archétypes et les croyances.
5) Déterminisme et libre arbitre.
6) Histoire de l'astrologie
7) Applications de l'astrologie dans le monde moderne.
8) Composantes de bases : Les Planètes, les signes, les secteurs et les aspects. Les identifier sur une carte du ciel.
9) Appropriation des symboles astrologiques et de leur signification.
10) Le couple Soleil et Lune.

Cours 2 : Identifier en vous les planètes. Besoins et mots clefs

1) Le couple Vénus et Mars, 2) Mercure, 3) Le couple Jupiter et Saturne.
4) Le couple Uranus et Neptune, 5) Pluton
6) Les planètes rétrogrades.
7) La notion de dominante planétaire et de planètes aveugles.
8) Les âges planétaires.

Cours 3 : Les signes astrologiques.

- Leur polarité : Masculine et Féminine.
- Leur mode vibratoire : Cardinal, Fixe ou Mutable
- Leur élément : feu, terre, Air, Eau.
- Leur(s) planètes Maîtresses : Le "Système des maîtrises"
-Les axes astrologiques : Bélier et Balance, Taureau et Scorpion, Gémeaux et Sagittaire, Cancer et Capricorne, Lion et Verseau, Vierge et Poissons.

Cours 4 : Les secteurs ou maisons astrologiques.
- Les significateurs astrologiques.
- Les interactions entre une planète et un signe et un secteur.
Interprétation : planètes en signes et en secteurs puis secteur en signes.

Cours 5 : Interprétation des aspects astrologiques et des cycles planétaires.
Aspects harmoniques et aspects dynamiques.
- Scénarios et niveaux d'interprétation.
- Exemples.

Cours 6 : Astrologie karmique (spirituelle)

- **Rappel de la notion de karma** : La chute et l'incarnation dans la matière, la scission avec la source, l'éclatement de l'âme, les mémoires généalogiques et les mémoires d'âme. Cheminer sur le chemin du retour à son unité. Réincarnation du corps spirituel et des forces d'âme.
- **Les composantes de l'astrologie karmique :**
  - Saturne, Uranus, Neptune et Pluton en signes, en maisons et en aspects
  - Les nœuds lunaires, La lune noire, La part de Fortune
  - Les planètes rétrogrades
  - Les 2 mi-points Uranus-Saturne, Sat.-Uranus et Chiron
- **Synthèse**
- **Structure possible d'une interprétation de thème avec le karmique**
  - **Dominante, Soleil, Lune, AS, DC, MC, FC**
  - **Planètes en signes et en secteur puis les maîtres**
  - **Les aspects**
  - **Nœuds lunaires, Lune Noire, Part de Fortune, Planètes R.**
  - **Prévisions (Transits, RS, Progressions)**

Cours 7 et 8 : L'interprétation : Méthodologie et pratique. Les règles de l'interprétation.

- La répartition des planètes en hémisphères
- Le calcul de la dominante vibratoire, élémentaire et planétaire
- Apprendre à combiner synthétiquement le cœur de l'être : Les signes solaires et lunaires, ascendants et descendants, MC/FC, les Nœuds Lunaires, la Lune Noire et la Part de Fortune.
- Interpréter les planètes en signes et en secteurs, les secteurs en signe puis interpréter leurs maîtres.
- Interpréter les aspects. Effectuer la synthèse. Exemples.

COURS 9 : (en option) Calcul/dessin manuel du thème astral

- 1-Calcul des positions planétaires avec les éphémérides
- 2-Calculs des maisons avec les tables des maisons
- 3-Dessin du thème. 4-Visualiser astronomiquement les planètes en signes, en maisons et les aspects.

COURS D'ASTROLOGIE - Cycle 2 - Approfondir l'interprétation - 20h.

COURS 10 : Orientation professionnelle :

Les significateurs ou symboles de la vie professionnelle

A-Généralités :

1- Dominante planétaire
2- Secteur occupé par le Soleil et signe solaire
3- Signe et planètes en secteur 6 = service/intelligence technique

B-Spécificités :
   1- Femme : Vénus en signe et en secteur et en aspect
   2- Homme : Mars en signe et en secteur et en aspect
   3- Femme et Homme : Jupiter en signe et en secteur
   4- Signe MC et Planète conjointe au MC et/ou en secteur 9

B-Evolution et autres :
   1- Signe et maison occupés par le nœud sud et le nœud nord
   2- Maison 2 = richesse et Maison 11 = appuis/solutions

COURS 11 : L'amour, le couple et les relations

1-Introduction : le couple pourquoi faire ?

2-L'analyse individuelle : Les significateurs et images masculines et féminines avec le Soleil et la Lune, Mars et Vénus et enfin Ascendant/Descendant en signes et aspects.

3-Les périodes de rencontre. (Mars, Jupiter, saturne, Uranus, Neptune et Pluton sur le Soleil, Vénus, Mars, le descendant ou le significateur d'une rencontre dans un thème.

4-Comparaison des thèmes.
-correspondance des images masculines et féminines
-nombre d'inter aspects entre les planètes de A et celles de B
-Equilibre magnétique
- Planètes de A sur les angles de B et réciproquement.
-karma, ancêtres et environnement économique
-La sexualité (maison 8 et mars/Vénus/Pluton)
-Le thème composite avec les mi-points rapprochés et éloignés
5- Exemples :

Cours 12 : Astrologie médicale. La santé.

1-Introduction et historique de l'astrologie médicale
2- Connaissance du terrain : prédispositions pathologiques : liens entre psychologie et santé.
3- Les quatre éléments.
4- Correspondances signes-santé et planètes/santé.
6- Analyse de la santé.
7-Correspondances types de médecins et signes astrologiques
8-Exemples.

Cours 13/14 : Les prévisions astrologiques

1-Introduction :   Prévisions   ou   prédictions ?
2-Les transits planétaires :
3-La   technique   des   profections :   Soleil/Lune/ascendant/Jupiter.
4-La révolution solaire ou thème annuel :
5-les directions symboliques secondaires : (1 jour=1 année)
6-Les directions primaires : (un degré=4 minutes=une année)

7-Les caps importants : Jupiter, Saturne et Uranus.
8-Exemples

**Cours 15/18 : 4 cours : Pratique de l'interprétation.
Approche globale.**

1-Organisation d'une consultation.
2-Montage et interprétation d'un thème parmi vos proches et/ou
3-Montage et interprétation d'un thème d'un(e) personne célèbre.
4-Apprendre à interpréter les différents domaines de la vie :
      -L'activité. La relation à la matière et à l'argent
      -La communication et le commerce
      -Le foyer, nourriture et le bien-être, les relations familiales
      - Trouver sa place dans le monde, la vie professionnelle,
      -La vie sentimentale, le couple.
      - La santé, la sexualité, l'éveil à l'au-delà
      - L'évolution spirituelle...
5-Identification des difficultés/déséquilibres et propositions d'évolution.
Coaching en développement personnel.
***

>*Ces deux cycles peuvent être effectués en ligne par e-learning.*
>*Vous pouvez vous renseigner au 06 62 51 32 26.*
Il y a des informations sur le site : www.ericjacksonperrin.com

Bibliographie

**L'art de l'interprétation en astrologie et Transits planétaires et destinée
Georges Antares
L'astrologie, la psychologie et les 4 éléments, Les cycles astrologiques
Astrologie, Karma et transformation
Stephen Arroyo
Traité pratique d'astrologie, De la psychanalyse à l'astrologie, Uranus et Neptune
André Barbault
Les transits : Sylvie Beauget
Les aspects astrologiques : Bernard Blanchet
Les trois dimensions de votre thème astral : Patrick Giani
Dictionnaire astrologique et Les directions primaires simplifiées
Henri G Gouchon
L'Astrologie et Le retour de Lilith : Joëlle de Gravelaine
Saturne, Guide astrologique des relations humaines
Le développement personnel par Liz Greene
Saturne et Uranus/Pluton et Astrologie mondiale : Hadès
La condition Solaire : Jean Pierre Nicolas
Le cycle de la lunaison et Le rythme du zodiaque : Dane Rudyar
Le rêve éveillé astrologique : Michel Tabet
Visualisations Guidées Pour Vivre l'Astrologie : Richard Carroll**

La nouvelle vague : trois livres sympas
2015/2020 : Trouver le bonheur avec l'astrologie de coaching par Sébastien Michel
2019 : Initiation à l'Astrologie par Emilie Charton
2020 : L'Astrologie Miroir par Marie Sélène

Services proposés en Développement Personnel

Outils de conscience

Votre Diamant de Naissance

En tant qu'être humain créé par la Source, vous êtes un Diamant qui ne demande qu'à briller ! Pour faire briller le Diamant que vous êtes, il est nécessaire de polir, c'est-à-dire de prendre conscience, puis d'exprimer chacune de vos facettes ! Véritable outil de connaissance de soi, ce « Thème Numérologique », basé sur votre nom+prénom+date de naissance, vous révèle dans toutes vos dimensions à travers les 24 facettes de votre être. Etude de 80 pages et/ou consultation qui dure entre 1h et 2h.

Votre Thème Astral Approfondi

Votre thème de naissance représente la structure et le cheminement de votre âme, mais aussi ce qu'elle a choisi de rencontrer comme expériences. Axé sur la dimension psychologique et karmique, ce thème astral révèle votre structure, vos fonctionnements, vos atouts, vos contradictions et vos possibilités d'expression. Il vous aide à comprendre certaines difficultés et schémas de vie répétitifs, afin de les résoudre. Etude de 100 pages et/ou consultation qui dure entre 1h et 2h.

Votre Thème annuel

Chaque année (à la date de votre anniversaire), un nouveau thème se dessine pour vous…c'est votre Révolution solaire (nouvel ascendant, nouvelles configurations planétaires). Elle est le paysage de votre année, avec ses propositions, ses potentialités à exprimer, ses difficultés à transcender. Cette étude offre un éclairage sur votre année. Elle vous aide à l'optimiser et à lui donner du sens. Etude d'environ 15 pages. Consultation de 1 à 2 heures.

Plus d'infos sur www.ericjacksonperrin.com

Ou sur demande par mail à : jacksoneric@neuf.fr ou 06 62 51 32 26

Édition Janvier 2026 – Trois livres extraordinaires

ISBN : 978-2-48785-705-6
Prix : 35,00€

Ce premier livre est consacré au corps, à la santé et à la prise compte de l'état de conscience sur la santé.
Il permet de développer des repères concrets et d'explorer :
- La compréhension du corps et ses systèmes de correspondan
- La bonne gestion de l'eau, de la nourriture et des compléme alimentaires.
- Les soins avec les plantes (Phytothérapie, l'Aromathérapie (les huiles essentielles) et la Gemmothérapie)
- Les exercices physiques : le Tai Chi, l'éveil corporel, le fitnes les haltères, le Yoga sur chaise, le Yoga des mains, le Yin Yoga Hatha Yoga et la méthode Pilates. - Le massage sonore (bols/diapasons), les massages Californiens, Métamorphiques thermiques (Ito-Thermie).
- Le repérage des états de conscience, les identifier, les resser les transformer et les gérer. (Echelle de Hawkins)

ISBN : 978-2-48785-706-3
Prix : 35,00€

Ce second livre vous aide à explorer votre structure d'âme e son fonctionnement, au niveau numérologique, astrologique psychologique, avec 7 différents outils ; L'Ennéagramme, la Matrice de la Destinée, l'Astrologie, le Diamant de Naissance, Design Humain, les Clefs Génétiques et l'Astrologie Maya. Il vo propose d'identifier vos conditionnements, vos croyances, vo forces et faiblesses, vos mémoires, votre intelligence émotionelle/relationnelle et votre mission de vie, afin d'avance sur le chemin vers votre plein potentiel. Il vous propose d'identifier et gérer/lâcher vos émotions, de conscientiser, transformer et vous réapproprier vos mémoires personnelles familiales et de vies passées, d'explorer votre chemin de l'Amc envers vous-même, au sein du couple, dans vos relations et av la Source de toute Vie puis de manifester cette fréquence d'amour.

ISBN : 978-2-48785-710-0
Prix : 45,00€

Ce troisième livre, d'éducation spirituelle, vous propose, grâc aux enseignements pratiques de la Gnose, de redevenir l'Étincell Divine que vous étiez avant votre expérience d'oubli/d'incarnati dans la matière et d'apprendre à ne plus vous réincarner san cesse. Vous découvrirez l'histoire de la Terre et les origines d l'espèce humaine. Vous comprendrez pourquoi le monde est comme il est. Vous pourrez entreprendre un chemin intérieur v différentes compréhensions et pratiques, afin d'avancer sur l chemin vers votre éternité et acquérir les moyens d'aller vers vraie lumière au moment de votre mort. Sont explorés : Les dimensions de la réalité, la Conscience, l'ego, l'âme, l'enfant intérieur, le Moi Supérieur, l'incarnation, l'éveil, la gestion des énergies invisibles, le voyage astral, les guides spirituels, la Gnose Chrétienne et comment manifester dans la réalité. De nombreuses pratiques sont proposées.